メディア考古学

過去・現在・未来の対話のために

エルキ・フータモ 著
太田純貴 編訳

MEDIA ARCHAEOLOGY

Media Archaeology: Dialogues between the Past, Present, and Future

Erkki Huhtamo
Edited and translated by Yoshitaka Ota

NTT出版

エルキ・フータモによる序文

新しい考えが世に広く受け入れられるまでには、二〇年かかると時に言われる。この言は、メディア考古学という考えに関して私が経験してきたことにまったくもって当てはまる。私のメディア考古学的アプローチは一九八〇年代から進展しだし、さまざまな——そして変化に富んだ——関心がゆっくりではあるが次第に収斂していくことでその進展に拍車がかかった。文化史と芸術理論についての研究、エルンスト・ローベルト・クルティウスが先鞭をつけた文学におけるトポス理論との出会い、ロラン・バルトとウンベルト・エーコの文化記号論による魅了、そして同じ関心を共有する人たちとの（特にジークフリート・ツィーリンスキーとの）やりとりと、それらと並行する私の活動、すなわち、ヴァーチャルリアリティやインタラクティヴなコンピュータアートといった最新のメディア文化の形式に関与する、展覧会キュレーター・批評家・TVディレクターとしての活動と、渾然一体となりだしたのだ。

確かに私は「最新中の最新」に興味をそそられていた。だが、技術のブレイクスルーがまるで魔法でも使って引き起こしていると言われているような、明瞭な文化的断絶という考えには懐疑的になっていった。共有のサイバースペースのなかで生活を送るというとっぴな見通しが、ヴァーチャルリアリティ偏愛家《フェティシスト》たちにより大まじめに——香具師顔負けの威勢のよい口上の助けを借りて——謳われていた。その様は、まるでそうした生活の「新しい存在論」がついそこの角先からもうすでにぼうっと顔を見せているかのようであった。だが、そうした偏愛家たちが喧伝するように、ヴァーチャルリアリティには全く先例はなかったのだろうか？　私は自問自答するようになっていった。そして、立体写真にパノラマおよびジオラマといった初期メディアの形式について研究を進めていったところ、こうして謳われている内容が真ではないことが次第に明らかになっていったのだ。

新しいテクノロジーがもたらした可能性、「デジタルの驚異」とさえ呼べるかもしれないもの（ヴァーチャルリアリティはその一つである）は確かにあった。だが、そこで想像されていた「完全な没入」とは、トポスすなわち人類の歴史を通して何度も繰り返される定型文句であった。つまり、「完全な没入」と称されるような現象は古くからあり、その文脈と解釈が変わったにすぎなかったのだ。なんとも皮肉なことに、二〇一五年の今、新たな「オタク」世代がオキュラスのヘッドマウントディスプレイ（現在ではソーシャルメディア帝国Facebookの製品だ）やGoogleグラスといったデヴァイスを取り上げ、それらが前例無比の品であるかのように議論している。もちろんことはそうではない。だからこそメディア考古学がすぐにでも必要なのだ。メディア考古学は、テクノロジー偏愛家のヒートアップした頭をクールダウンしてくれる。歴史を学び、文化的文脈を知ることで、「［技術的］特異点」［☆1］を求めるテクノロジー偏愛家たちの理想主義の熱を帯びた主張と近代の神話を相殺しなければならない。

私がメディア考古学の要点をはっきりと述べたのは、初めてカンファレンスの基調講演を行なった一九九四年のこと（ヘルシンキで開催された第五回電子芸術国際会議において）であった。それ以来、世界中の公的なスピーチ、書籍、研究論文で、メディア文化やメディアの歴史のさまざまな側面を分析するのにメディア考古学が用いられるようになった。私や他の学者たち——何人か挙げるとすれば、ジークフリート・ツィーリンスキー、後期のフリードリヒ・キットラー、ヴォルフガング・エルンスト、そしてユシー・パリッカ——が何年もかけて発信してきたメッセージが、他の研究者にアーティスト、そしてアクティヴィストたちの耳に届いては、彼／彼女らによって中継され、さらなる発展を遂げている、と今では——ようやく——感じているところだ。

自分の書いたものが選集というかたちをとり、日本の読者のみなさまにお届けできることをとても嬉しく思っている。翻訳を巧みにやり遂げてくれたのは、若きメディア考古学者でありそのエキスパートの太田純貴である。収録されている大半のテクストは英語ですでに出版されてはいるが、選集というかたちでまとめられて出版されたことはないため、この選集は新著である。本書は広範囲に及ぶ話題を取り扱っているが、メディア考古学とは何かということや、メディア考古学とはどのようなものであり得るのかということを普遍的に説明するものではない。学者がさまざまであればその考えもさまざまであり、そうした考えはしばしば互いに共鳴することはあっても、完全に一致することはほとんどない。こうした状態は望むところである。というのも、それは対話につながり、対話の場では異なるパースペクティヴや考えが開かれていて学際的なプロセスのなかで提示・検証されるためである。この本の目的は、あくまでも私の仕事を通して、その姿を現わしてきたメディア考古学というアプローチを紹介することなのだ。

大半のメディア考古学者たちに共通するのは、メディア文化についての規範的で正統的な物語を突き抜けて「掘り下げ」て、省かれたものや的外れに終わった解釈を指摘することを決心している、という点である。それらの下には、イデオロギー的なバイアスが意図的に隠されているのかもしれないのだ。したがって、メディア考古学者たちはメディアの歴史の「隠され」、抑圧され、そして無視された側面を掘り出す。メディア考古学者にとって「袋小路」や「敗者」に見えるものごとは、世に知られた（トーマス・エジソンからスティーヴ・ジョブズまでの）「勝者」よりも重要であり、メディアの進展を決定論的で直線的な歴史として物語ることよりも大切なのである。そうした歴史の語り口は一八世紀の進歩概念を土台としているのだが、現在メディア考古学への関心が高まっているのは、この進歩という理想主義的な概念への不信感が募っているため、というところがある。少なくとも、テクノロジーに加え、絶え間なく前進するグローバルな繁栄や現世生活の向上ということを語るのに用いられる進歩概念には不信感が突きつけられている。

私の日本および日本文化との関係は、メディア考古学の研究を開始したほとんどその瞬間から活発であり続けている。私は何度も日本を訪れては、レクチャーを行ない、シンポジウムに出席し、展覧会に足を運んできたし、職業的にも個人的にもつながりを育んできた。本書以外にも、私のメディア考古学的研究は日本語に翻訳されている［巻末リスト参照］。フィンランドの公共TV放送であるYLEのために、日本のメディア文化を取り上げた「モニターの帝国」というテレビシリーズ（一九九三－一九九四）を制作指揮していたこともあるし、岩井俊雄のメディア考古学的アートの展覧会をキュレーションしたこともある。この展覧会は、一九九四年から一九九五年にかけてフィンランド、ドイツ、オランダを巡回した。NTTインターコミュニケーション・センターのプロジェクトにほとんどその最初の段階から外部アドヴァイザーとして参加し、一九九五年には寄稿者兼編集者としてインターコミュニケーション・センターの雑誌『InterCommunication』のメディア考古学とメディア考古学的アート特集号にも携わった。この号は、芽生えつつあったメディア考古学という領域を日本の読者に紹介としたものとしては、最初期のものの一つである。

本書の出版の背景となったのは、私にとっては荘厳な儀式とでも呼べる出会いであった。太田純貴の努力なしには本書の実現は不可能であった。彼は京都大学の博士課程の大学院生で、私とともにカリフォルニア大学ロサンゼルス校で一年間を過ごし、メディア考古学に焦点を合わせた研究を行なった。太田氏を私に紹介してくれたのは、京都大学での彼の指導教官である吉岡洋教授である。吉岡教授は、知り合って以来、いくつもの点で私の仕事をサポートしてくれた。早稲田大学の草原真知子教授は、二〇年以上にわたり私の研究に深い影響を与え、見守り続けてくれた。IAMAS元学長の坂根厳夫教授からは、キャリアを通じて、勇気とインスピレーションをいただいた。四人以外にも、長年にわたり私を助けてくれたとともにインスピレーションを与えてくれた日本の友人や同輩たちがたくさんいる。紙面の都合上全員の名前を挙げることはできないが、そうした方々にもここで謝意を表したい。最後になったが、この本の出版を引き受けてくれたNTT出版と、編集を担当してくれた柴俊一氏にも厚く御礼を申し上げたい。

二〇一四年一二月二一日　東京から京都へと向かう新幹線の中で

エルキ・フータモ

メディア考古学——過去・現在・未来の対話のために　目次

メディア考古学——過去・現在・未来の対話のために

凡例

・註は本文の該当する箇所に★および☆を付した。★は原註、☆は訳註を指す。

・簡単な訳註および訳者による補いは、本文中に［　］で示した。

・本書中で言及される芸術作品のタイトルについては、原則として《　》を使用した。

・本書中で言及されている著作や作品に関しては、可能な限り日本語訳のあるものを参照したが、訳文の都合上、表現を変更した箇所もある。著作や作品のタイトルについて定訳がない場合は、カタカナ表記にするか試訳した。日本人アーティストによって英語タイトルが作品につけられている場合は、原則としてそのタイトルをそのまま使用した。

・フータモ自身の造語や本文の内容に深く関係すると思われる語句については、原語も（　）でくくり併記した。

・原註で言及される文献等に関しては、読者のアクセスを考慮し、原則訳出せず、原語表記を優先した。またリンク切れのＵＲＬも存在するが、削除せず原文に対応するかたちで残した。

第Ⅰ部

理論編

第1章 メディア考古学の考古学

エルキ・フータモ＋ユシー・パリッカ

「ニューメディア」（一般的には、インターネット、デジタルテレビ、インタラクティヴ・マルチメディア、ヴァーチャルリアリティ、モバイルコミュニケーションとヴィデオゲームなどの現象の緩やかな集まりを指す）の到来によって、多くの研究者たちは後期モダニティのメディア文化を調査するようになった。研究項目はネットワークの分析からソフトウェアの研究まで多岐に及んでいる。それはネットワーク経済という新たな帝国の地図作製から、「見る方法」（もしくは聞く方法、読む方法、そして触る方法）としてのニューメディアを分析することにまでわたっているのだ。ソーシャルネットワーク、インタラクティヴゲームやデータマイニングの「新しさ」がどこにあるかを特定して、ニューメディアの「哲学」と「言語」のための基礎を築くことに力が注がれてきた。主たる関心が社会的もしくは心理的である研究者がいる一方、経済とイデオロギーに関心を持つ研究者もいれば、無数のメディアの登場の背後で決定因として作用するテクノロジーを調査することを動機として研究を行なっている者もいる。

これらのアプローチがどれだけ多様であっても、諸々のニューメディア研究にしばしば共通するのが、過去を無視しているという点である。現代のメディア文化によって課せられる問いは複合的であるが、過去がそうしたもつれをほどくことに貢献するとはほとんど考えられていないのだ。ニューメディアは包括的で「時間に縛られることなく」、その内側から説明し得る領域として扱われてきた。しかしながら、変化の兆しはその頻度をいや増しながら現われ出ている。近頃では、現在のメディア文化と関係するメディアの（複数の）過去に取り組む数多くの研究と論集が出現しだしている[★1]。歴史を志向するメディア研究がこうして満ち満ちてくることには、喝采をもって歓迎しなければならない。だが依然として、方法やアプローチを定義し、議論するのに充てられてきた注意力がいかに少ないか、ということに気がつかないわけにはいかないのだ。過去が訪問されてきたのは、メディア文化全体にとってもともと刺激的であったり意味深かったりするという事実ゆえであった。しかし、これらの「事実」の性質の取り上げ方はしばしば最初から決められており、観察者との関係、および観察者が占める時間的・イデオロギー的に固有の環境《プラットフォーム》は問題とされないままである。

　この本[☆1]がめざしているのは、こうした状況の改善である。そのために、「メディア考古学」として知られつつあるアプローチ――もしくはそれと密接に関連する一群のアプローチ――を紹介／導入する。「メディア考古学」という用語はアカデミックな学問領域を明示するものではない（それ専用の公的な機関、ジャーナルや会議は存在しない、ということだ）が、それが登場する研究の数はますます増加し、メディア考古学という題目で行なわれる大学の講座やレクチャーも現われている[★2]。全くもって相異なるシラバスや文献リストが証明しているように、メディア考古学の原理やメディア考古学という専門用語のどちらに関しても、普遍的な了解が得られているわけではない。しかし、この用語によって歴史が奏でるしらべに合わせた研究が触発され、学者たちは勇気づけられて自身の指針を定めてはその理論的・哲学的含意を熟考し始めている。この本――アメリカ合衆国において出版されたメディア考古学についての最初の論文集――の目的は、こうした自らの立ち位置と定義を明確にするプロセスを手助けすることとなのだ。

　とはいえ、「正しい」原理や方法のガイドラインをはっきりさせるために、もしくは新たな学問領域を画定する不動の線を引くために、尽力するわけではない。この本は、「正統派的学説」を措定するのではなく、むしろそれ自体を千差万別の声のための開かれたフォーラムとして提示し、この新興の領野の問題と展望に関する「ポリローグ」のトリガーとなることを願っているのだ。もちろん、すでに出版されているテキストたちを編纂してもこうした目的には間に合っていたのでは、と言われるかもしれない[★3]。だが、私たち編者は異なる道を選んだ。熟練のそして台頭しつつある学者たちに「新しい」原稿を寄せてもらうよう依頼し、後ろではなく前を見て、彼/彼女ら特有のメディア考古学についての解釈を反映するよう、お願いしたのである。舞台を整えるために、すでに完了している研究についてはこのイントロダクションで振り返っておこう。「メディア考古学の考古学」の叙述を試みる、というわけだ。〈メディア考古学〉ということばが明示的に発せられてきたケースのみを取り上げるのであれば、話はあまりにも限定的になっていたであろう[★4]。それ自体を〈メディア考古学〉としては定義していないが、それにもかかわらず同様の興味と目的を共有してきた研究を認めることも重要である。

ミシェル・フーコーの著作は、多くのメディア考古学者にとって重要な原体験である。しかしながら、メディア考古学の種子を含み、理論的かつ批判的に貢献してくれる研究は他にも存在する。ヴァルター・ベンヤミン、ジークフリート・ギーディオン、エルンスト・ローベルト・クルティウス、アビ・ヴァールブルク、そしてマーシャル・マクルーハンのような理論家と歴史家たちはみな、ある意味で、その名称が存在する以前の「メディア考古学者」である。より最近では、新歴史主義についての論争によって、メディア考古学者の頭を同様に占めているテーマとモチーフが提示された。そのため、メディア考古学者は煎じ詰めれば新歴史主義者ではないのかと言われてしまうかもしれないが、それはあまりにも大雑把な一般化であろう[★5]。幅広い領域から生じる多数のアイディアが、メディア考古学にインスピレーションを供給している。文化唯物論、言説分析、非線形的時間性という考え、ジェンダー論、ポストコロニアル研究、視覚メディア人類学、そしてネオ・ノマディズムの哲学。メディア考古学には、これらがみな混ざり合っているのだ。

メディア考古学者たちのアプローチと興味を繋ぎ合わせ、メディア考古学という用語に満足のいく説明を与えるものはいったいなんなのか？　メディア文化とメディア史についての「権威化／規範化された」物語に対する不満は、最も明瞭で共通する原動力であろう。メディア考古学者たちが推断してきたのは、現代のメディア文化とメディア史の両方について幅広く受け入れられている説明は、しばしばそのストーリーから選り抜いた部分を語っているにすぎないので必ずしも正確ではないし、その選り抜かれた部分も適切ではない、ということだ。大半は、怠慢やイデオロギー的バイアスゆえに、道端に捨て置かれたままなのだ。メディア批評家ヘアート・ロヴィンクにとって、メディア考古学とはそもそも筋目に逆らう読解の「学問《ディシプリン》」、すなわち過去の筋目に逆らって「新しさ」を「説明できる読解を行なうことであって、過去から現在に至るテクノロジーの歴史を語ることではない」[★6]。メディア考古学者たちは、これまで注目されてこなかった連続性と断絶を指摘することで、近代のメディア文化とメディア理論から拒絶された歴史に取り組んできた。その一つの結果として、メディアスタディーズという領域は数世紀分押し戻され、西洋世界を越えて拡張された[★7]。こうして見出された土台の上にメディア考古学者たちが構築し始めたのが、抑圧され、無視され、忘れ去られたメディアの歴史である。それは、現在のメディア文化的状況が「完全無欠で正統《パーフェクション》」である、と目的論的に指し示すものではない。行き詰まり、敗者、そして決して製品化されなかった発明は、語るに値する重要なストーリーなのだ。

　メディア考古学を学問分野としての考古学と混同してはならない[★8]。自分たちはメディア文化現象を「発掘している」とメディア考古学者たちが述べるとき、「発掘している」ということばは特定の意味で用いられていることを理解すべきである。例えば、産業考古学は取り壊された工場、寄宿舎とごみ捨て場の基礎を掘り抜いて、習慣、生活様式、経済的社会的成層、そして場合によっては、命に関わる病気についての手がかりまで露出させる。[一方]メディア考古学は人工遺物のコレクション同様、テキストと視聴覚に関わるアーカイヴを見つけ出し、言説と物質、両方のレヴェルにおける文化の現れを強調する。その探求は複数の研究分野のあいだで流動的になされ、どこか特定の分野に恒久不変の住処を持っているわけではない。そうした「ノマディズム」は障害ではなく、実際には、メディア考古学の目的と作業方法に適っているように思われる。メディア考古学は人文科学と社会学の風景のなかを逍遥できるし、時には芸術にまで足を伸ばすこともできる。メディア考古学は、ミーケ・バルによって提案されたアイディアを参照すれば、「旅する学問分野」になるかもしれない――ひょっとしたらそうすべき――のだ［★9］。

メディアの「考古学的」次元の発見

おそらく、メディア考古学的アプローチを最初に発展させ、それにメディア考古学という名前を与えた最初の学者はジャック・ペリオーで、その著書『陰と音の記憶――視聴覚の考古学』（一九八一）においてである。この本のタイトルが明示しているように、彼の言う「視聴覚性の考古学」とはもっぱら過去の視聴覚メディアに関わるものであった。ペリオーは、彼が「使用機能」と「社会表象」と呼ぶものごとの関係を分析した［★10］。彼は、過去のテクノロジーの形式と当時のそれとの関係も論じているのだが、現代のメディアの習慣に恐れをなして「歴史に逃げ込んでいる」と自身の研究を見なしてほしくない、ということを強調している［★11］。自分をプロの歴史家とは考えていなかったために、ペリオーに偏見を持たない柔軟なアプローチをとれたのかもしれない。

ペリオーより遡ること十数年前に、〈考古学〉ということばを著作のタイトルに使用していたのが、C・W・ツェーラムの『映画の考古学』（一九六五）である。ツェーラム、本名クルト・ヴィルヘルム・マレク（一九一五―七二）は、考古学ということばを大衆に広めた人物としてよく知られている。だが、映画前史に応用されている彼の「考古学」というアイディアは、伝統的な実証主義的歴史学のめざすところから一歩も外れるものではなかった。ツェーラムは、映画に至る発展に関して、まさに直線的で目的論的に説明しているのだ。ツェーラムは一八九七年まで論じたところで話を打ち切るのだが、彼によればそれは「映画〈産業〉の誕生」の年であった[★12]。ツェーラムが焦点を合わせているのは、映画撮影を導いた発明家と技術の歩みである。この物語にそぐわないものはすべて置き去りにされた。たとえそれが他の状況ではどれだけ興味深くあったとしても、である。一方、イギリスの学者オリーヴ・クックにより選定されたその図版（大半はジョン・アンド・ウィリアム・バーンズ・コレクションからである）は全く異なるストーリーを語っており、ツェーラムによって省かれた現象や潜在的な繋がりを指摘している[★13]。これは興味深い断絶であり、動く《ムーヴィング》イメージの歴史について全く異なる二つの考えの緊張関係を具現化している。

その後、〈考古学〉ということばはロラン・マノーニの著作のタイトルである『光と影の大いなる術――映画の考古学』（一九九四）に登場する[★14]。力点は明らかに変化した。広範囲にわたるアーカイヴの資料調査（ゆえに〈考古学〉ということばを使用するのは何ら問題ない）を土台としたことで、マノーニの本は不可避的に映画へと至る一連の因果の鎖として順序立てられた、閉じた歴史の物語をもはや提示しようとはしない。むしろ、五〇〇ページからなるこの書籍では、動くイメージの文化のさまざまな面について注意深く調査されたケーススタディが続々と登場し、その範囲は数世紀にも及ぶ。とりわけテクノロジーを強調してはいるが、マノーニはその用途と言説の現われについても議論している。一つずつ話は進んでいくが、何もつけ加えることはないと偽ってみたりはしないし、もっともらしく切れ目を覆い隠そうとしたりもしない。マノーニの議論は分析対象との距離は近いままで理論的な思弁を避けてはいるが、この本は新たな洞察を誘い、さらなる解釈のための道を開いているのだ[★15]。

しかしながら、これらのパイオニア的著作はメディア考古学へと延びる可能な道の一つを表わしているにすぎない。一九世紀以降には近代のメディアテクノロジーが出現し、大衆社会における精神にとってその重要性が増したために、メディアテクノロジーの性質やインパクトを分析する必要性が出てきた。漂う切迫感ゆえに、初期の学者たちはもっぱら政治や社会に関与する当時の問題に集中し、「メディア考古学的」な関心が占める余地はほとんど残されていなかった。『啓蒙の弁証法』(一九四四)でテオドール・W・アドルノとマックス・ホルクハイマーが、そして『読み書き能力の効用』(一九五七)でリチャード・ホガートが練り上げたマスメディア批判が、よい例である［★16］。これらの著者たちが初期メディア史に眼を向けたとき、たいていの場合彼らの心を占めていたのはメディアの技術的・産業的発展を復元することであり、新たな芸術の形式としてそのポテンシャル——写真と映画のケースにおいてみられるような——を述べることであった。こうした議論では発明家と実業家が重要な役割を果たしていた。その構造はたいてい直線的であり、さまざまなメディアの形式に関しては、互いに組み合わされることなくばらばらに取り上げられるのが常であった。

マーシャル・マクルーハンは、メディア研究に新たなアプローチ・組み合わせ・テーマを導入した。彼の初期の著作『機械の花嫁』(一九五一)は同時代のマスメディア批評を展開し、神話と歴史の偶発的な類似点を引き出し、ハイカルチャーとポピュラーカルチャーのあいだを明らかに簡単にそして無頓着に(と見る人もいる)行き来している。『グーテンベルクの銀河系』(一九六二)では、より正確な意味でのメディアの歴史がマクルーハンの視野に含まれるようになった。そこでは、声の文化、グーテンベルクの印刷革命、テレビ放送によって代表される新たな声の文化、この三者のダイナミクスが追跡されている［★17］。また、中立的で直線的な語り口の代わりに、マクルーハン固有の言説が本質的要素として浮かび上がってくる。マクルーハンの言説の物質性と有為転変的な性質は、コラージュ的な本(『メディアはマッサージである』『グローバル・ヴィレッジの戦争と平和』『カウンターブラスト』)でさらに強調される。マクルーハンは、『メディアの理解——人間の拡張』(一九六四)の国際的な成功の後、グラフィックデザイナーであるクエンティン・フィオーレとともにこれらの本を作り出したのだ。

マクルーハンのメディア考古学者たちへの影響は多方面にわたっている。最も重要なのは、メディア同士の束の間の繋がり、翻訳そして吸収合併を強調している点である。ジェイ・デイヴィッド・ボルターとリチャード・

グルーシンはこれに刺激を受けて「リメディエーション（再メディア化）」という考えを発展させ、初期メディアの形式の特徴がデジタルメディアに組み込まれているさまを吟味している［★18］。ボルターとグルーシンの試みは「メディア考古学」としては定義されないが、両立不可能に思える現象間に相似点を見つけ出すというメディア考古学者たちの手法と類縁性を備えている。マクルーハンの「メディア」と「メディウム」［メディアの単数形］の理解は広い範囲に及び、物質的なものと精神という観念といった既存の二項対立に異議を申し立てた。新しいメディアを「拡張」として、そして社会変革のための「原動力」として考えるマクルーハンのアイディアは、フリードリヒ・キットラーの研究を通して、メディア考古学のなかのドイツ「メディア唯物論学派」に影響を与えている。最後に述べることになってしまったが、マクルーハンは型にはまった「方法」とお決まりの概念のセットに安住するのを好まなかった、という点も劣らず重要である。それは、マクルーハンは自らのディスクールと自己言及的に戯れているという点と同様に、「アナーキー的気質」のメディア考古学者たちの目に魅力的に映り、制度的＝学理的ドグマに感染しないよう自身のアプローチを隔離しておくことをそうしたメディア考古学者たちに決心させたのだ［★19］。

もののいわぬものの歴史、アーケード、壁のない美術館

初期のメディア学といえばテクノロジーが人間の文明に与えた衝撃についての研究であり、その典型的な例がルイス・マンフォードの名著『技術と文明』（一九三四）である［★20］。ジークフリード・ギーディオンの『機械化の文化史』（一九四八）では、機械化の形式と衝撃が詳細に述べられている。人間の動きをグラフ化して捉える技法からバスタブのような日常家庭用品の特徴までを取り揃えて、ギーディオンは個別の装置よりもそれらのあいだの諸関係に重きを置いた歴史を語った［★21］。機械化は非人格的力として示され、西洋社会では日常生活のき

わめて些細なところにまで浸透した。ギーディオンの主な関心は物質文化、すなわち「われわれの現在の生活を形作ってきた道具」にあった[★22]。彼が提示した「ものいわぬものの歴史」が追い求めたのは、精神史と実証主義の〈総合〉であり、そこではあらゆる細部が「ある時代全体をおおう指導的な理念と直接に結びついている。しかし一方でその歴史は、その基礎にある具体的な事実に照らして検証しなくてはならない」[★23]。

上述の内容よりもずっと前に、ドイツの文化批評家であるヴァルター・ベンヤミンがある種のものいわぬものの歴史をすでに提案していたが、それはギーディオンのもっぱら唯物論者的な洞察よりもはるかに文化の言説の層を見通していた。明らかに、ベンヤミンは——フーコーと並び——メディア考古学的なやり方で文化を分析した、最も卓越した先駆者であり、カルチュラル・スタディーズに多大なる影響を与えている[★24]。特に未完の『アーケード・プロジェクト』(『パサージュ論』)はメディア考古学者たちが扱うような問題についての一つのケーススタディとなった[★25]。ベンヤミンはパリを中心として一九世紀を再構築してみせる。彼は多数の資料に依拠したのであるが、そこにはテキスト、挿絵、都市環境、建築、パノラマとジオラマのような公共のスペクタクル、そしてその時代を象徴するとされるものが含まれていた。そのアプローチは相当に開かれていて、変わりやすく、多層的であり、政治的経済的要因だけでなく集合心理的要因も考慮していた。ベンヤミンの研究は、物質の形式に加え、消費者主義と初期モダニティが織りなす「夢の世界」を照らし出したのだ。

押し寄せる〈精神史〉の高波に逆らって、ベンヤミンは収集した膨大な証拠を、その時代の特徴と目されるシンボルがどのようなものであっても、ただ一つのそうしたシンボルのもとにまとめあげようとは決してしなかった。一貫してそうしたまとめあげを拒絶したことが、ベンヤミンの研究が未完で終わった理由の一つである。読者たちは、覚え書き、イメージ、そしてアイディアの莫大な集まりとともに残された。それらはあらかじめ整えられた物語というよりもデータベースとなっている。ベンヤミンは時間、空間性、自然、そして新たな感覚領域として現われたモダニティについて熟考することを提議した。ベンヤミンは先行する著作でアレゴリーという概念と手法をすでに発展させていたのだが、それは時間を有機的な連続としてではなく、荒廃と衰退の形象を通して理解するもう一つの方法である。変化への関心と心身の「荒廃」は彼の他の著作においてもはっきりと示されており、それが知覚のモードの歴史的変化に触れていることはよく知られている。

ドルフ・シュテルンベルガーの『一九世紀のパノラマ』はもともと一九三八年にドイツで出版されたのであるが、この著作もメディア考古学にとって重要となる諸問題を先取りしていた。それが『アーケード・プロジェクト』と類似点を持っていることは少し読んだだけでも明らかになる。というのも、この著作は、時代の肖像を描くのに多数の情報源を頼りにするという方法をとっているためである［★26］。ベンヤミンとシュテルンベルガーはともに一九世紀文化の視覚的表現としてパノラマに興味を持っていた。しかしながら、両者のアプローチはいくつかの重要な点において異なっている。ベンヤミンにとってパノラマは彼が捉えようとしていたより広いトピックの現われの一つにすぎなかったが、シュテルンベルガーにとってパノラマは時代の肖像を表わすまさに体系的なメタファーとなり、本のサブタイトルを用いれば「一九世紀の人間《マン》が自分自身《ヒムセルフ》と周りの世界をどのように理解し、歴史を経験していたか」という秘密を解き明かす鍵となったのである。この本でシュテルンベルガーが扱っているのは具体的／物質的なパノラマではなく文化現象におけるパノラマの現われであり、それは蒸気力、鉄道旅行、西洋のオリエント概念、進化論、家庭の照明と同様に多様であった。こうした総計的な考えは明らかに〈精神史〉から派生しているが、それはフーコーの「エピステーメー」の扱い方ともある種の類似性を備えているように思われる。

二〇世紀の冒頭数十年において、美術史も受け継がれてきたテキストのなかで芸術を再文脈化する方法を提案し、伝統的にその範囲の外に置かれてきた視覚資料に手を伸ばし始めた。「無視されてきた伝統」の再評価を提案したのがホルスト・ブレーデカンプである。彼はドイツで登場した〈イメージ学（Bildwissenschaft）〉を二〇世紀初頭のテクノロジーとメディアのための先駆的アプローチに結びつけた。ブレーデカンプによれば、一九〇〇－

一九三三年頃、新たな「イメージについての学」がドイツ語圏で姿を現わした。それは広告と写真から、映画と政治的イコノグラフィーといったさまざまなイメージのジャンル同士の連続性に関してラディカルな考えを備えていた［★27］。美術史家アビ・ヴァールブルクと、彼の影響を受けたエルヴィン・パノフスキーとE・H・ゴンブリッチといった学者たちは、傑出した「イメージ史家」であった。彼らの興味の矛先は反復する視覚的モチーフとそれらの文脈化であって、美術史からそうしたポピュラーなものを取り除くことではなかった。ヴァールブルクの未完の「ムネモシュネ・アトラス」（いくつかの点で、ベンヤミンの〈アーケード・プロジェクト〉と類似している）が示唆しているのが、時間的に反復して何度も登場するイメージとそうしたイメージ同士の関係を理解する非線形的な方法である。ヴァールブルクは、今の私たちならメディアプラットフォームとでも呼ぶであろうものごとを介して変化・変形するモチーフを指摘することで、「間メディア性（インターメディアリティ）」という問題も喚起している［★28］。さらにそのうえ、ヴァールブルクのこのプロジェクトは、イメージのダイナミクスについて新しいアイディアを示唆し、起源は違えどメディア考古学と同じ仕方で、イメージとモチーフが本来的に「タイムマシン」としていかに機能し得るかということに注目させたのだ［★29］。

慣習にとらわれずにメディア考古学の関心事のいくつかを先取りしていた研究がもう一つある。一九四七年に出版されたアンドレ・マルローの『空想の美術館』（英訳では『壁のない美術館』）である［★30］。マルローは、機械による複製、特に写真よって私たちのイメージと視覚文化一般に対する理解が変化しているさまを議論している（一九三六年に出版されたベンヤミンの「複製技術時代の芸術」については言及していない）。彼は、これまでになく容易に利用できるようになった複製物により過去がアーカイヴ化されていく様子を例証し、それまでは無関係とされてきた視覚的伝統とモチーフを関連づけてみるよう読者を挑発したのだ。

影響──知の考古学と新歴史主義

ミシェル・フーコーの研究は、メディア考古学に強烈なインパクトを与えている。彼の「知の考古学」という考古学は有用であろうが、ここでは詳しく説明する余裕はない[★31]。メディア考古学を分類する際には、社会的文化的志向性を備えたアングロ＝アメリカン的研究とハードウェアテクノロジーにアプローチするドイツの研究者たちという二元的な区分けが通常なされてきた。後者が研究の手引きとしたのがフリードリヒ・キットラーである。キットラーは、フーコー、情報理論、メディア史、そしてマクルーハンが重視した「メディアはメッセージである」という点を総合した[★32]。こうしたドイツ的伝統は〈第一動者〉としてのテクノロジーの役割を強調していると言われてきた。ゆえに、技術決定論として非難されてきたのだ。その一方で、アングロ＝アメリカン的学者たちは、テクノロジーは先在する言説の文脈へと取り込まれ、その文脈から意味を得ている、と考えている。

こうした二分化はフーコーの読解の相違から生じているとするのが、それを説明する方法の一つである。アングロ＝アメリカン的伝統では、フーコーは知が文化と社会権力と結びつく位置としての言説の役割を強調した理論家として評価されている。物質としての身体、出来事、そして制度、これらはみな言説編成によって構成される。「ハード」なテクノロジーの影響は、それらの使用を差異化し仲介する非物質的な力に比べると、二次的とされる。その一方、メディア考古学のドイツ的変奏では全く異なったフーコーの読解が見られる。それはキットラーの『書き込みシステム1800/1900』（一九八五）に強く影響されていた。キットラーの先駆的なこの著作は大学教員資格を得るための論文で、一九世紀の文学と書くことの実践にたいするメディアテクノロジーの衝撃を扱っていた[★33]。続く『グラモフォン・フィルム・タイプライター』（一九八六）では、基本的な前提は同様に共有しつつも、メディアテクノロジーにより直接的に焦点を合わせていた[★34]。

フーコーが強調したことばと図書館の優位を調整して、よりメディア・スペシフィックに文化を理解する方法とする必要性をキットラーは論じた。彼によれば、「実際の状態は何らかの方法論のための単なる例ではなく、それぞれのケースにおいて技術的な出来事、それも実際に起こった歴史的出来事であるということを、言説分析は無視している」点が問題であった[★35]。タイプライターから映画、さらにはデジタルネットワークとコーディングのパラダイムにまで至るメディアテクノロジーを理解できるようになるためには、それら固有の物質的性質を考慮しなければならない――ヴォルフガング・エルンストのようなキットラーの弟子たちが自らの研究に応用している考えである[★36]。マイケル・ウェッツェルが「メディアの考古学のための前段階的考察」で、フーコーとキットラーを組み合わせることを主張したのは、おそらくこの意味においてであった。彼の主張は一九八九年に出版された著作集に収められているのだが、そのタイトルにすでに「メディアの考古学」ということばが含まれている[★37]。

しかしながら、キットラーは、自分が焦点を当てているのはテクノロジーや技術装置だけだとは決して言わなかった。当初から、彼は技術メディア[☆2]のネットワークの結節点としての制度の役割を強調していた。キットラーはメディア論を意味と解釈から遠ざけることを決心したドイツの人文科学者の世代に属しているとしばしば見なされてきたが、彼はテクノロジーが暗に含み持つ権力との関わり合いを無視はしなかった。『グレイ・ルーム』の最近号の編集者が説明しているように、「知を産出し加工するエピステーメー的なメディアの影響」と「権力のメカニズムのメディアに関わる次元」を強調するドイツのメディア論という「焼き印《ブランド》」が存在する[★38]。単純な二者択一的モデルで自身の研究と知的立ち位置を推し量られるのを防ぐために、キットラーはメディア考古学との類縁性を、それがどのようなものであっても否定してきたのである[★39]。近年の彼はハイデガーの影響をさらに強く受け、音楽と数学を通した西洋文化の歴史の発掘に取り組んでいる[★40]。

アングロ＝アメリカン的なメディア考古学者たち――自身がメディア考古学者であると認めようと認めまい

と――は、一九八〇年代に現われた新歴史主義から推進力を得ている。新歴史主義が最初に現われたのは文学研究においてであるが、歴史学を含む他の領域にもすぐに広まり、新しい文化史《ニュー・カルチュラル・ヒストリー》として知られる動きを触発した[★41]。それを触発した源は他にもあるが、無条件に是認されはしなかったものの、新歴史主義もやはりフーコーに影響されていた[★42]。H・アラム・ヴィーザーは新歴史主義の「鍵となる前提」を巧みに要約し、次のように述べている。すなわち、(1)すべての表現行為は、諸々の具体的実践のネットワークに組み込まれている。(2)仮面をはがし、批評し敵対するすべての行為は、それが呪詛する道具を使い、それが暴く実践行為の犠牲になる危険を犯す。(3)文学と非‐文学のテキストは分け隔てなく流通する。(4)想像的と事実記録的とを問わず、いかなる言説も、不変の真理へと到達したり、不可変である人間の本性を表わしたりはしない。(5)最終的に、資本主義下の文化を記述するのにふさわしい批評方法と言語は、それらが記述する経済活動に参与する[★43]。

歴史研究へと応用された新歴史主義が促進した自己言及的で言説志向のアプローチは、しばしば近接する学問領域を引き寄せた。そこには、クリフォード・ギアーツの象徴人類学と相当に流動的な領域であるカルチュラル・スタディーズが含まれていた[★44]。それにより、ある種の二重焦点が現われる。一方では、歴史家たちは過去に没入して、あたかもその同時代人の眼を持って過去を観察するよう要求された。他方では、歴史家たちは自分たちが現在詰めている監視所は、必然的にそれが含意するあらゆるイデオロギーとともにあることを絶えず自覚することを要求されたのだ[★45]。この二重焦点を持った研究は、過去の事実――意味のある布置になるよう整理されつつ――と観察者の主観性のあいだをひっきりなしに揺れ動いて進展する。歴史解釈は、静的というよりも動的である多様な決定因を伴ったダイナミックな領域の上に／として築かれたのである。

メディア考古学的な著作はこうした思考様態の影響の基で練り上げられ、言説の現われを通して物質的なものと技術的なものを検討する。ジュリアーナ・ブルーノの『情動のアトラス――芸術、建築そして映画の旅』

（二〇〇二）は、非線形的なやり方で歴史（場所や地図として扱われている）を横断していく「旅」というネットワークを作り上げた。そのきっかけとなったのはブルーノの「情動＝運動」（そして病気）である［★46］。この本は「文化史」として定義されたが、観察すると同時に感覚もする主体が著しく質の異なる素材たちをまとめあげているため、フィクションや日記のような特性を何度も帯びる［★47］。もう一つの例は、ブルーノよりも主観性の関与具合は小さい、ジェフリー・スカンスの『憑依されたメディア――電信からＴＶまでの電気的／電子的メディアの現前性』（二〇〇〇）である。この著作は、遠隔通信と放送メディアの文脈における超自然的なものの言説を探求している［★48］。スカンスは自身の著作を「電気的／電子的メディアの現前性についての文化史」と定義しているが、変動する社会的構築物としての電気的／電子的メディアについての彼の関心は、「新しいメディウムが到来するたびに新たな姿形で現われるお馴染みのお話」により露呈する連続性と断絶という分析も合わせて、明確にメディア考古学的である［★49］。

（ほとんど）すべての筋目に逆らって

ジークフリート・ツィーリンスキーが語るところのメディア考古学とは抵抗の実践である。それは、主流的メディア文化にますます強まる均一性と彼が見なしているものに対してのみならず、メディア考古学それ自体に対しての、より的確には、メディア考古学が同時代のメディアスタディーズの常態に同化吸収され、硬化することに対する抵抗の実践なのだ［★50］。メディア考古学をアカデミックな教科書にピン留めされた「方法」と考えることは、ツィーリンスキーをぞっとさせることは明らかであろう。彼は自らの「活動」を他の名前、例えば「アナーキー考古学（anarchaeology）」「食い違い学（variantology）」とも呼ぶことで、恒久不変のカテゴリーと教義に不快感を表明している。ツィーリンスキーにとって、メディア考古学とは「プラグマティックな視点のもとで歴史の秘密の小道を掘り出すことであり、それは私たちが未来への道を発見することを助けてくれるだろう」[★51]。こうした表現には、ユートピア的でロマン主義的なツィーリンスキーの思考基盤がはっきりと見てとれるが、そこには――生産的な?――矛盾がないわけではない。

　初期のツィーリンスキーの研究には、「メディア考古学的」な点はまだ認められなかった。『ヴィデオレコーダーの歴史』(一九八六)は、ヴィデオレコーダーの濃密で詳細な探求で、その射程は社会文化的問題と同様、技術的、制度的、そして経済的問題にまで及んでいる[★52]。この本には「イメージにおけるヴィデオレコーダー」という特別な節が設けられていたのだが、それは視覚的資料のみによる小論の一種で、この段階ではすでにメディア考古学的な関心があることが示されている。彼の次の主著は一九八九年に出版され、後に『オーディオヴィジョンズ――歴史の間劇としての映画とテレヴィジョン』と英訳された。この著作は「視聴覚の歴史のアウトライン」、もしくは「統合的なメディア史(*integriete Mediengeschichte*)」への貢献として自らを位置づけている[★53]。きわめて異種混交的で膨大な量の原資料に依拠しつつ、二〇世紀のあいだにさまざまに異なる視聴覚メディア同士の区別が次第に消滅していくさまをこの本は例証している[★54]。

　キットラーの議論に触発されて、メディアの考古学に関する議論がドイツで現われ出したのは一九八〇年代後半であったが、ツィーリンスキーがこのときはまだそこに与していなかったことは明らかである。彼は全く異なるところから影響を受けていた[★55]。『オーディオヴィジョンズ』を支える理論構成は明白というよりは暗黙的ではあった(ツィーリンスキー自身が認めている)が、彼は「テクノロジー=文化=主体」の三幅対を選び出して、それぞれを自らに影響を与えた近年の知的動向と結びつけている。それは、レイモンド・ウィリアムズに代表されるイギリスのカルチュラル・スタディーズ、特定の系統的アプローチを用いたドイツのテクノロジー史学史(ギュンター・ロポール)、そして、ジャン=ルイ・ボードリー、ジャン=ルイ・コモリ、およびクリスチャン・メッツのメタ心理学的映画論――シネマ装置《アパラトゥス》という概念を強調する議論――、この三者である[★56]。ツィーリンスキーが語ったところによれば、彼は「メディアのプロセスの技術＝構造を大いに強調する研究モデル（例えば、キットラーとその弟子たちによるような研究）と張り合うことは望んでいない」。彼は自らの研究を「補遺」として考えているのだ［★57］。

ツィーリンスキーが『オーディオヴィジョンズ』からメディア考古学へと向かうのは納得いくところであろう［★58］。自らのプロジェクトにより、彼は「映画とテレビの終焉」へと至った。そこで唯一目にしたのは画一性と産業による無制限の搾取であり、驚くほど多くの事柄がアドルノとホルクハイマーの見地と一致していた。「ニューメディア」は安堵をもたらしはしなかったのだ。というのも、それらの可能性は支配の形式を再提供し、永続させるためにもっぱら使用されたからであった。［以降］ツィーリンスキーは、一見したところ正反対の二つの方向を目すようになった。最終的にこの二つの方向は一つの目的へと合流し、近代メディア文化の〈メディア病〉［☆3］を突き破ろうとする。片目が見ていたのは、彼と同じ時代を生きるラディカルなアーティストたちである。彼／彼女らは、文化産業の忌むべき目的を突破するポテンシャルを秘めていたのだ。もう片目は、文化の刷新の鍵となるような隠された過去の財物に向けられた。こうしたツィーリンスキーの見方に影響を与えたのは、ケルン・メディア芸術大学の創始者そして後の学長という立場である。その立場ゆえ、ツィーリンスキーはメディアスタディーズとメディアの実験的な実践に繋がりをつける機会を得られたのだ［★59］。

ツィーリンスキーの次なる本は、『メディアの深厚なる時間――テクノロジーを用いた聞くことと見ることの考古学』（原本は二〇〇二年刊行）と英訳された。この本で、彼はメディアの〈深厚なる時間〉［☆4］に突然取り組み始めたのだ。この著作は、従来メディア文化とはほとんど結びつけられてこなかった人物たちの業績に捧げられた一連の研究で、「批判的ではなく、賛美称揚の精神で」執筆されている［★60］。エンペドクレス、アタナシウス・キルヒャー、チェーザレ・ロンブローゾなどの人々が、愛と霊感で現実世界という敵を乗り越えて、研究を遂行した天才たちの見本となった［★61］。少なくともツィーリンスキーの考えにおいては、彼らは、メディアとともに活動する現代のアーティストというもう一組の文化的英雄たちと同族関係にある。そうしたアーティストの例としては、ヴァリー・エクスポート、デイヴィッド・ラーチャー、ナム・ジュン・パイク、ステイナ&ウッディ・ヴァスルカとペーター・ヴァイベルらが挙げられている［★62］。ツィーリンスキーのイデオロギー的な立場は、トーマス・カーライルのロマン主義的古典『英雄と英雄崇拝、および歴史における英雄的なもの』（一八四一）とほぼ同じであろう。ツィーリンスキーはがむしゃらにそして〈パトス〉をもって英雄たちの世界へと飛び込むのであって、批判的、懐疑的そして理論本位の見方は慎んでいる［★63］。

ツィーリンスキーのメディア理解は自由闊達（マクルーハンのアメーバ的定義が自然と思い出されるかもしれない）であり、その知的欲求はとどまるところを知らない［★64］。彼が最近押し進めているプロジェクトは「食い違い学」と銘打たれた国際的なワークショップを土台とした一連のアンソロジーで、ラディカルな異種混交性を新たなレヴェルへと進めたいという彼の願いを汲んでいるかのようだ。「食い違い学」を理解するためのよいキーワードとなるのがラテン語の動詞〈*variare*〉の諸々の訳語、「異なっている、逸脱する／させる、変化する／させる、置き換わる／置き換える、修正する」などである［★65］。「食い違い学」は、ツィーリンスキー流のメディア考古学のように、「局地的」探求を好む。ジョナサン・クレーリーのような歴史に重心を置いた視覚理論家たちがするように、局地的探求を発展させて全体を統括する説明とすることは嫌っているのだ［★66］。開かれ、好奇心、そして学問領域間の「交易」を訴えるツィーリンスキーの言は立派である。しかし、体系化と理論化に露骨に反対する彼の姿勢はアトミズムに陥る危険性をはらんでいる。

ニュー・フィルム・ヒストリー、メディア考古学、デジタルの挑戦

ニュー・フィルム・ヒストリーは、明らかにメディア考古学と並行する大仕事として考えられる。両者の起源

は一九八〇年代で、以来、倦むことなく進化を続けている［★67］。ニュー・フィルム・ヒストリーのプロフィールは明らかであるとはとても言えないが、その実践者の多くは、多彩な一次資料の渉猟に基づき、拡張された文化的、社会的そして経済的文脈化を引き入れることで、そして映画のインターメディア的関係を強調することで、映画の特質を見抜く力を手に入れようとした。ある意味、ツィーリンスキーの『オーディオヴィジョンズ』もこの方向を指しているが、ツィーリンスキーの著作はテクノロジー・文化の形式・眺める主体の三者間の相互作用に焦点を当てることで、かつ、映画やテレビ番組の中身にほとんど注意を払わないことで、大半の映画史家の地平を超え出ている。そこでは、文脈と技術装置に中心的な位置が与えられていた。「メディア考古学としてのニュー・フィルム・ヒストリー」というトマス・エルセサーの論文タイトルは、文脈の設定とインターメディア性の必要性を巧みに表わしている。

例えばサウンドである。無声映画が静かになることはあったとしてもめったになかった。ならば、フォノグラフの歴史がもう一つの支流としてリストにあがらないのはなぜだろう？　そして、私たちは今や映画をマルチメディア的環境の一部として理解しているのだから、電話は不可欠のテクノロジーとみなしてはどうだろう？　電波や電磁場、航空史もそう考えてみては？　バベッジの階差エンジン［☆5］を、彼の友人であるヘンリー・フォックス＝タルボットのカロタイプ［☆6］やルイ・ダゲールの感光性をもたせた銅板と併置してみる必要性は無いのか？　これらの問い自体が、映画についての私たちの考え――そしておそらく私たちの定義さえも――が、一テクノロジーであるデジタル化にことさら訴えなくても、どれだけ変容してきているのかを示している。にもかかわらず、デジタル化は「パースペクティヴの修正」を言外に強く漂わせるので、このように過去を遡及的に書き直す動機となる。［★68］

エルセサーに従えば、ニュー・フィルム・ヒストリーの目的の一つは、一九一七年頃までの映画経験の固有の性質を探求することであった[★69]。トム・ガニングのアトラクションの映画についての著作、チャールズ・マッサーの映す習慣の歴史研究、そしてアンドレ・ゴドローの初期光学メディアの探求、これらが代表的な例である[★70]。ガニングは他にも数多くの研究書を出版し、初期映画と、他のメディア、心霊写真とX線のようなテクノロジーがもたらした現象、そして万国博覧会のような新興のモダニティの制度を結びつけた。ガニングと同様に、アン・フリードバーグは『ウィンドウ・ショッピング』（一九九三）で映画の諸起源をたどって台頭しつつあった一九世紀の大衆文化と消費文化の形態と制度にまで到達し、メディア考古学的な関心をはっきりと惹起するアプローチを生み出した[★71]。『ヴァーチャル・ウィンドウ』（二〇〇六）では、彼女は数百年遡って分析を加え、映画研究のパラダイムからいっそう遠ざかっている。

エルセサーにとっての難題の一つは、メディアテクノロジーのあいだの繋がりとギャップの再評価である。デジタル化の猛攻撃によって、映画はその文化的立ち位置と歴史の両方を再考するよう迫られている。デジタル性を断絶と考えれば、メディアの歴史とは定期的な再評価に晒される非連続的な企てと見なす概念的な道筋が与えられる。レフ・マノヴィッチの『ニューメディアの言語』（二〇〇一）は、歴史と足並みを揃えたニューメディアについての理論である。議論の土台となったのはシネマ・スタディーズと映画理論で、ニューメディアを「近代の視覚文化とメディア文化の歴史のなかに」位置づけることを試みている[★72]。マノヴィッチは、初期のアヴァンギャルドおよびアニメーション映画の実践と、数字による表象・モジュール性・自動化・可変性・トランスコーディングを基礎として台頭しつつあるデジタルカルチャーの連続性を指摘した。映画史と映画理論に加え、マノヴィッチはエルヴィン・パノフスキーの研究を含む〈イメージ学〉の伝統に依拠している。ニューメディアに焦点を合わせることで、映画の歴史的な意味と文脈は、物語映画から、インタラクティヴィティ、航行可能性[☆7]そしてデジタル方式による表象と放送に十分耐え得る映画へと変化した。それでも、フィルムスタディーズをバックグラウンドとするメディア史的でメディア論的著作は、メディア考古学を絶え間なく更新するのに障害となってしまう。映画以外のあらゆるメディアは動くイメージの歴史の脚註へと切り詰められてしまうのだ。それを避けるにはどうすればよいのだろう？　そのための道の一つが、近年に登場した、文化と歴史の聴覚的次元に傾注する考古学的志向性を備えた研究である［★73］。

メディア考古学、アート、日常生活

おそらく、メディア考古学はそれ自体を学問領域として編成したことはない。それは、制度の周辺部をぶらついて、今のところは確立された学問領域に身を捧げている大学勤めの人間たちの眼を引くかもしれない。もしくは、メディア考古学が自身のアイデンティティを定義することをたまたま忘れている、または無視さえしており、まだ自己発見の途上にあるのかもしれない。だが、メディア考古学はフーコーやキットラーの研究の脚註にはとどまらない。それらをすでにはるかに超えているのだ。郵便制度についてのベルンハルト・ジーゲルトの研究、ヴォルフガング・エルンストの技術メディアとアーカイヴの考古学の研究、クラウス・ピアスのコンピュータゲームの歴史的布置についての研究、もしくはユシー・パリッカのコンピュータウィルスと「昆虫というメディア」の考古学を忘れてはならない。もちろん、仮にメディア考古学として自身を認めていないとしても、「メディア考古学的」として認めることのできるような専門的研究は言うまでもない［★74］。このような異種混交性を強調することは、既存のメディア考古学の理論と実践の体系を意図的に多様化するというよりも、言説と学問領域のあいだを「旅する」ことを奨励する一つの試みなのである。

しかし、多様性の真只中にあっても、アプローチを定義し、事と次第ではそれらを「方法」として結晶化する必要さえ出てくる。少なくとも、局地的かつ戦術的な意味においては、そうなのだ。エルキ・フータモ流メディア考古学はそうした試みの一つで、それはトポス概念——ドイツの文学者であるエルンスト・ローベルト・クルティウスが古典的著作『ヨーロッパ文学とラテン中世』（一九四八）で発展させた概念——をメディア文化の領域に応用しようとするところから生じている［★75］。フータモのトポス概念を用いたアプローチは、批評と流行の両方に関わる「新しいものごと」——非常にしばしばメディア文化の言説の焦点となる——を避けている。そのかわり、クリシェ、ありふれたものごと、そして（『ワイアード』誌のことばを借りれば）「飽き飽きしたもの」を強調するのだ。メディア文化の既知のものごとへのすがり方を見極めることは、それが今までに見たことのないものごとをどのように具現化し促進するのかを画定することと同じくらい、必要不可欠である。実際のところ、これら二つの側面は相互に関連し合っている。新しいものごとが何百年も昔からある決まり文句で「着飾る」一方で、古いものごとは文化の刷新と新たな方向づけのために「鋳型」を提供するだろう。

　フータモのアプローチはトポスを同定するだけでなく、それらの軌跡を追跡し、再出現する状況を探求することにまで及んでいる。それはまたトポスが定期的に文化の動作主体《エージェント》により呼び起こされるさまを実証することを意図している。こうした文化の動作主体とは、スポークスパーソン、販売代理店／人そして政治家から、作家、ジャーナリスト、展覧会キュレーター、そしてそれらに劣らず重要なメディアアーティストたちにまで至る。こうした人々は、トポスをさまざまな目的のために用いており、その範囲はセールストークとイデオロギー的信条からメディア文化と歴史についての美的反省にまで及んでいる。こうしたことに力点を置いているため、フータモのアプローチは文化批評的性格を帯びる［★76］。文化の動作主体たち自身は常には認めないかもしれないが、メディアとコミュニケーションによってひっきりなしに攻め立てられている現代の思考態度には、メディア考古学的次元は必要不可欠な要素である。メディアの過去（たち）が今現在も息づいており、人々の日常生活における姿勢を左右し、その性格を形作っていることを論証することによって、トポスを用いたアプローチは目新しさ、新奇な事物、そしてメディア文化の断絶をも探知することを助けてくれるのだ。

フータモが一九九六年の評論「ギャラリーにあるタイムマシン――メディアアートにおける考古学的アプローチ」ですでに指摘していたように、ますます多くのアーティストたちがメディア考古学を意識するようになり、メディア考古学的探究により見つけた事柄からインスピレーションを受けては自分たちの作品や発見の一助としている[★77]。それによって、研究と芸術活動のあいだに魅力的な並行関係と繋がりがもたらされる[★78]。ポール・デマリニスや岩井俊雄のようなアーティストたちは彼ら流のメディア考古学的探求方法を用いて、もう一つの《オルタネイト》仮説的メディア史を築き上げた。その一方で、ゾーイ・ベロフ、ハイディ・クマオとエレン・ツヴァイクのようなアーティストたちは、過去のテクノロジーに暗に含まれていた心理的かつ／もしくは性限定的な意味合いを考察し、過去のテクノロジーを再創造することでそうした暗黙の意味を可視化している。さらに、他のアーティストたちも「廃退」メディアという特有の見方を生み出し、今までは知られていなかったそれらのポテンシャルを解き放っている。ケン・ジェイコブズ、バーニー・ルベルとゲープハルト・ゼングミュラーがそうしたアーティストたちの代表である。

　岩井、デマリニスそしてジュリアン・メールが、メディア考古学をハイテク作品の着想源としているさまには驚かされる。例えば、岩井の《エレクトロプランクトン》(Nintendo DS)と《TENORI-ON》(ヤマハとの共同開発)、デマリニスの《レインダンス》と《ファイヤーバーズ》、メールの二一世紀版幻燈劇である《半歩》がそうだ。これらの作品がメディア考古学を着想源としていることがわかるかといえば、必ずしもそうではない。しかし、それらは、メディア考古学者の多くが明らかに支持するやり方で、循環運動を作り出している。断絶は存在しないのだ。その代わりに、絶え間ない入れ替わり、時間のなかの巡航がある。過去が現在に、現在が過去に繰り込まれる。両者は互いに互いをかたちづくっては説明し合い、問題を提起し、存在するかもしれないし存在しないかもしれない複数の未来を指し示しているのだ。

第2章 妖精エンジンを分解する

トポス研究としてのメディア考古学

文学的伝統の連続性——これは非常に錯綜した一つの事実を単純化して表現するものである。

——エルンスト・ローベルト・クルティウス

メディアの小人たち——彼らはどこからやってきたのか?

ちょっと前のことだが、機内で雑誌を繰っていたら、ある広告が眼に飛び込んできた。それは当時開催されていたイヴェント——トリノでの冬季オリンピック——の一環で、サムスンの携帯電話を宣伝していた［図1］［★1］。広告の舞台は、就業時間後の人気のない仄暗いオフィスである。一風変わったミニオリンピックが手前の机の上で開催中だ。凍りついたラップトップと霜で覆われたコーヒーカップのあいだで、リリパット人選手——フィギュア・スケート、スキー、アイスホッケーにカーリングのプレーヤー——が、ところ狭しと動いている。一番の目玉は、サムソンの携帯電話がかぶさった雪山である。この雪山は携帯電話の画面のなかのヴァーチャル世界にまで続いており、その斜面にはジャンプ台が築かれているのが見える。一人のジャンパーが中空にいる。ジャンパーはジャンプ台から滑り降りてきた、すなわち携帯電話の画面からその外へと飛び出してきたのだ。

こうした小人たちには、前に会ったことがあるのをすぐに思い出した。それも頻繁に出会っていたのだ。例えば、一九五九年の『ニューヨーカー』に掲載された風刺漫画である［図2］。就業時間後にフロアのモップがけをしている掃除婦のそばに、メインフレーム型のコンピュータがある［★2］。首を回した彼女が目にしたのは、巨

図1 「オリンピックは最も個性が発揮される場だと想像してごらん」、Samsung D600E冬季オリンピック仕様の広告、『スキャノラマ（*Scanorama*）』（スカンジナビア航空の機内誌）、2006年2月、p. 85。

大なコンピュータについているとびらから出て行こうとしている小さな男性である。彼はしっかりとスーツケースを握り、帽子を持ち上げるという通り一遍の仕方で挨拶をしているところだった。また、「リトル・コンピュータ・ピープル」——コモドア64用のコンピュータゲーム（一九八七）——も私の頭に浮かんできた。自分たちはコンピュータの内部に小人たちが住んでいるのを見つけたと、アクティヴィジョン社が販促キャンペーンで喧伝していたのだ。この製品のアイディアは、そうした小人の一人を説得して「カセットの家」と呼ばれるソフトに住んでもらい、小人の日々の活動を観察して交流するというものであった。そのプロジェクトは、ラジオとTVセットのなかには小人たちが住んでいるという、広く一般に伝わっている信仰に影響を受けたに違いない［★3］。さらに遡ってみれば、フォノグラフとグラモフォンの広告の文脈に小人たちがすでに登場している［★4］。他にも、初期のトリック映画と、フランスのメディアアーティストであるピエリック・ソランによる陽気で茶目っ気たっぷりのヴィデオ・インスタレーションにも小人たちは登場している［★5］。もっと時間のトンネルを遡行すれば、妖精・地の精《ノーム》・リリパット人の王国へとたどり着くだろう［★6］。

図2　メインフレーム型コンピュータに住む小人、チャールズ・アダムズによる風刺漫画、『ニューヨーカー』誌、1959年。

「小人」はトポス——装いを絶えず変えてはさまざまな目的のために何度も繰り返し呼び出されるお決まり《ステレオティピカル》の文句——である。そうしたトポスはメディア文化の発展に連れ立ち、それに影響を及ぼす。文化の欲望はトポスのなかに埋め込まれて表現される。トポスは伝統というデータバンクから抽出された殻や容器として機能して、文物の〈諸々の〉意味を型取るのだ。つまり伝統的なトポスである「妖精エンジン」を使えば、先端テクノロジーを別ものとして表象できる。言ってみれば、トポスは文化を当たり前のものに、耳慣れないものをお馴染みのものに偽装するのだ。ピーター・バークが書くように、「伝統というファサードで革新が覆い隠されるのかもしれない」[★7]。言説の意味を加工処理するプロセッサーとして、トポスは諸々の信仰を表わすだけでなくレトリックと説得といった目的にも役立ち得る。広告の分野を見ればそれは明らかである。新製品は、それを観る側に新しさを印象づけるよう意図された定型文句へと押し込まれて販促される。しかし、そうした定型文句は文化的アーカイヴから引っ張ってきた諸要素を寄せ集めて一つにしたものなのだ。それゆえ、バークの主張を次のように逆転することもできる。革新というファサードが伝統を覆い隠すのかもしれない、そして表面上の断絶が秘められた連続性を偽っている、と。

トポスを識別してその軌跡と変形を分析し、時空を超えたトポスの「さすらい」を左右する文化の論理を明らかにすることが、メディア考古学の目的の一つとして考えられる[★8]。本章では、この種のアプローチのための理論的・歴史学的基礎を築くつもりである。私はこうしたアプローチをより戦略的に用いて、数多くの研究にすでに応用してきた[★9]。私にとってメディア考古学とは一つの批判的実践である。すなわち、無視され、誤り伝えられ、そして／もしくは抑圧されたメディアの〈複数の〉過去と現在の両面に関して手がかりとなるメディア文化的証拠を掘り起こし、それらを互いに対話させてみることなのである[★10]。それは、失われたメディア文化的現象と目的／儀式の軌跡を発掘し、それらの背後にあるイデオロギーのメカニズムを照らし出すことを意図している。また、歴史という物語の多様性を強調し、それは本質的には構築されたものであり、イデオロギーによって左右されることを際立たせることでもあるのだ。

まずはエルンスト・ローベルト・クルティウスの研究における〈トポス研究〉の起源について議論し、クルティウスが受けた影響のいくつか——C・G・ユングの元型理論と視覚文化研究にたいするアビ・ヴァールブルクのイコノロジー的アプローチとの関係を含む——を査定するところから始めたい［★11］。これらを踏まえて、メディア文化研究にたいするクルティウスの考えの関連性／妥当性を議論し、最近のトポス概念の応用を考慮に入れていくつかの修正を提案する。それに続けてメディア文化においてトポスが果たす役割を例証し、最終的にはこの章で輪郭づけられるアプローチの潜在的な利点と問題を議論する。

クルティウスとトポス研究

トポス研究は一九三〇年代に、ドイツの文学研究者エルンスト・ローベルト・クルティウス（一八八六―一九五六）によって提唱された［★12］。トポス研究が広く知られるようになったのは、彼の大著『ヨーロッパ文学とラテン中世』（一九四八）の出版後——英訳は一九五三年——である。この本が「純粋な学問的な目的から成立したのではなく、西洋文化の維持についての配慮から生じた」ことを、クルティウスは英語版の序文で認めている［★13］。クルティウスは伝統的教育を受けた古典研究者かつ近代フランス文学・文化の専門家であったが、一九三〇年代のヨーロッパで全体主義と国家主義という終局的状況が出現したことで、学者たちは断固たる態度をとることを余儀なくされるという結論に至ったのであった。ナチスの体制下では自身の研究活動の幅は容赦なく制限された。そこで彼は、中世の文学的伝統の研究に没頭することに手立てを見出した。古典古代の文化的遺産の要素がどのように保護され、中世から初期近代へと伝えられたかを論証することで、クルティウスは新たな暗黒時代によって脅かされた西洋的伝統の連続性と普遍性を擁護したのだ。

数年間にわたる古文書研究のあいだに収集した膨大な量の資料をまとめあげるため、クルティウスは言語学を土台とした新たなアプローチを練り上げた。トポス（複数形はトポイ〔*topoi*〕）はそこで中心的な役割を担うことになる。クルティウスが着想源としたのは古典古代の修辞学理論であったが、彼は独自のやり方でトポス概念を用いている。最初期の、そして第一級の権威の一人であるクインティリアヌスが『弁論家の教育』（九五年頃）で説明するところによれば、弁論術《レトリック》ではトポスは「諸々の思考のつながりの貯蔵庫」（論法の庫 5.10.20）であり、雄弁を構成するのに用いられた決まり文句として体系的に分類される。クルティウスは、雄弁家が自身の都合に合わせて練り上げ手を加えるのにおあつらえ向きの知的テーマとして、トポスを見なした。修辞学《レトリック》はギリシア都市国家とローマ共和国ではきわめて重要であったのだが、古代において寡頭政治から民主政府へと交替したとき、公事における意義を失った。とはいえ、教育のカリキュラムにおいては引き続き用いられ、文学の諸ジャンルには浸透していた。トポスは「クリシェとなり、文学において把握され形成された人生のあらゆる分野へとひろがった」[★14]。

古代では、ある種の言説に特有のトポス（*topoi idioi*）と、どのような種類の言説にも現われるトポス（*topoi koinoi*、ラテン語 *loci communi*）が区別されていた[★15]。クルティウスが興味を持ったのは後者であるが、古典の修辞学とその晩年にのみ注目していたわけではなかった。後期古代以来新たなトポスが創造され、それらは必ずしもその起源が修辞学ではないことを彼は示唆している。詩におけるメタファーとして生を受けた後、修辞学の大系に取り込まれたということも十分あり得るというわけだ。クルティウスはこれらのトポスを「歴史的トポス」と呼んだ。彼は自らの大著で歴史的トポスの反復、移り変わり、再生について集中的に取り組んだ。彼が文学的伝統を「旅行」するトポスを追跡したところ、それはおびただしい数に上った。そこには「書物としての世界」「世界劇場」「理想の景観」「詩神ムーサ」「逆立ちした世界」「魂の眼」そして「すでに日暮れになったので、われわれは止めねばならぬ」といったトポスが含まれていた[★16]。

トポスは事実の陳述と間違われることもある。中世を端緒として、中世北方で生育するオリーヴやヨーロッパに生息するライオンについてまことしやかに語られることがある。だが、クルティウスにしてみれば、「こうしたすべての異国風の樹木と動物は南方から輸入された——それも、果樹園や動物園からではなく、古代の詩と修辞学からなのだ」［★17］。一見したところ退屈な定型文句、例えば「この眼で見た」のようなものもトポスとなり得る。この文言は一六世紀にイタリアを旅行した外国人たちが書いた旅行記において、何度も繰り返し使用されたのだ［★18］。そうした旅行者たちが描写した場所を訪れていたのは明らかではあるが、「直接の体験談」を書くのに、ガイドブック、旅行記、そしておそらく口頭による民間伝承から選びとったモデルが利用された。自分自身の眼識に頼る代わりに、旅行者たちは権威の意見と判断を借用したのだ。グランド・ツアーのイデオロギーがこうした実践を強固なものとし、一七世紀と一九世紀のあいだに確固たる修辞のシステムを作り上げたのである。教育の総仕上げを目的として、厳密に系統立てて体系化されたルートでヨーロッパを旅行中の何千もの貴族の子弟たちが、ほぼ同じ内容の手紙を故郷に送っている。彼らが実際に何を見て何を感じたのかを語るよりも、彼らが操ったトポスの伝統を指摘するほうがはるかにたやすいのだ［★19］。

クルティウスの研究にたいする批判

クルティウスの研究はきわめて大きな影響力があったが、いくつかの理由から批判もされてきた［★20］。彼のトポス概念はあまりにも漠然とし、かつ、包括的にすぎるとされたのだ。クルティウスのトポス概念が、文体と内容の両方に関わる定型文句にまで及んでいたためである［★21］。ベルトルト・エムリッヒによれば、古代のトポスは常に形式に関わるものであって、決して内容に関わるものではなかった［★22］。クルティウスは、もちろん、自分のこの概念の用い方がオーソドックスでないことは自覚しており、自著は〈新修辞学書《ノヴァ・レトリカ》〉であるとさえほのめかしている［★23］。とはいえ、修辞の歴史を執筆することは彼がめざすところでは決してなかった［★24］。クルティウスの関心は「ヨーロッパ文学の内的関連についての新しい直観」であり、「西洋の精神史」であったのだ［★25］。これらの関心に影響を与えたのが、アンリ・ベルクソンの進化の解釈である。ベルクソンは進化を意識へと向かう、そして〈エラン・ヴィタール〉によって貫かれた宇宙的プロセスと見なす。また、ベルクソンの〈仮構機能〉の観念も同様に影響を与えている。〈仮構機能〉は人間が想像力によってフィクションを作り出すことを生の基本要素として強調する［★26］。「ベルクソンは、われわれの思考には創造的に新しいものを既成のもの、先在するものに還元しようとする傾向のあることを、再三にわたって強調する」ことをクルティウスは指摘して、「既成のもの」を取り上げる理由を哲学的に裏打ちしたのだ［★27］。

クルティウスは、カール・グスタフ・ユングと元型についてもしばしば言及している［★28］。〈元型〉という概念でユングが理解していたのは「プラトンの〈エイドス〉を説明するのに役立つ言い換え」、すなわち、集合的無意識のなかに存在し、神話・フィクション・詩におけるのと同様に、夢と幻覚において顕現するある種の共有された原初的イメージである［★29］。「霊魂の構造状態」としての元型は、変わるのではなく「具体的な外界の性質を帯び」て「覆われる」。ユングの弟子であるヨランデ・ヤコービが明確に述べているように、元型の「「根本的なパターン」は不変であるが、その顕われ方は常に変化し続けている」［★30］。メタファーを使えば、元型とは「生という水が深く掘り進んだ水路であり、道筋であり、川床である」と言えるだろう［★31］。クルティウスは、出会ったトポスが歴史的な力によって左右されているのか、それともそれを不変の元型として解釈すべきなのか、決めかねることがしばしばあるように思われる。地理的にも時間的にも隔たっている諸々の文化から〈年とった子ども〉［のトポス］を見つけ出した際には、それは「C・G・ユングが言うところの集合的無意識のひとつのイメージ」に違いない、とクルティウスは結論づけている［★32］。

同じことが「老いて若くある超人間的な女性」についても言える。クルティウスはクラウディアヌスとボエティウスのような古代ギリシア・ローマの文筆家だけでなく、彼らの一五〇〇年後にバルザックもそのトポスを用いていることに気づいている。「老いて若くある超人間的な女性」が再び現われるのは、「それが霊魂のより深い層に根ざしているという事実によってのみ理解される」［★33］。ここではクルティウスの自己を担保する基盤に揺れが見られる。彼が大著に取り組んでいた際、ユング的な深層心理学は新しく魅力的な理論であり、民間伝承と神話の研究に強烈な影響を与えていた。だがそれ以降、ユング的深層心理学が引き合いに出されることはほとんどなくなった。特に文化研究においてそれは顕著である。認知科学が盛んになったことで再び無意識が注目されて、両者に共通する認識パターンがいくつか見出されたが、それらは歴史を志向する研究にはほとんど寄与しない。メディア考古学にとってトポス概念が有益であり続けるためには、トポスの起源と現われの両方は、諸々の文化的な力によって生み出されもするが、条件づけられてもいる、という前提を信頼しなくてはならないのだ。

批判の的になっている問題はもう一つある。クルティウスはトポス研究を文学的伝統、すなわち文学研究にきっぱりと限定してしまっているのだ。素っ気なくではあるが音楽のトポスもあることは認めてはいたものの、視覚芸術に対しては悪名が知れ渡るほどの攻撃ぶりで、文学は「思想を担うが芸術はそうではない」、そして「形象を扱う学問は書物を扱う学問にくらべ骨が折れない」と主張しているのだ[★34]。彼のもの言いの激しさには戸惑ってしまう。『ヨーロッパ文学とラテン中世』がアビ・ヴァールブルク（一八六六－一九二九）という、クルティウスが個人的にも親交のあった偉大な視覚文化学者の思い出に捧げられていたことを考えれば、なおさらそうである。一九三八年には、クルティウスは諸々のテキストを伝承している自らのこの著作を「名前なき美術史」になぞらえているのだが、美術史家ハインリヒ・ヴェルフリンを連想させる有名な文句を、驚くことにヴェルフリンの名に触れることなく繰り返している[★35]。クルティウスは次のように書いている。「トポスには名前がない。それは文学の記憶として作者の筆へと流れ込む。トポスは、彫刻のモチーフのように、時間的にも空間的にも遍在する。［トポス研究は］個々の巨匠たちの歴史とは対照的な「名前のない」美術史に類似している。それは、非個人的な文体形式を促進させる。これらの非個人的な文体の手ほどきに与ることで、私たちは生きた歴史の層に触れる。それは個人が発明した文体の層よりも深いところに埋め込まれているのだ」[★36]。ヴェルフリンの目的は、科学的で形式主義的な様式史を展開することであった。こうしたヴェルフリンの目的は、クルティウスの関心事であるトポスの〈内容〉とは異なっている。だが、この両学者は、視覚的なものにせよ文学的なものにせよ、芸術作品は直接的に観察された現実よりも先行する作品から選り抜かれたモデルに大部分を負っているという信念を共有していたのだ。だが、E・H・ゴンブリッチが述べるように、その「慎み深さ」ゆえにヴェルフリンは「歴史の変化の究極因についての思索には決して踏み込まなかった」[★37]。それはクルティウスにも当てはまる。対照的なのはヴァールブルクである。彼は社会的、経済的、そして他の文脈的要因から分離した独立的領域としての美術史という考えに異議を唱えた。ヴァールブルクは美術史を「文化科学」にしようと決心し、「境界監視人を恐れることなく、自由に動き回ることのできる」学際的アプローチを求めたのだ[★38]。リチャード・ウッドフィールドが認めたように、ヴァールブルクにとって「イメージの研究は、具体的な歴史的状況における緊張関係を理解するというまさにそのための手段であった」[★39]。ゆえに、哲学、宗教、科学、神話、詩そして文学を含む、多分野の知識を参考にすることが必要だったのだ[★40]。

一九二九年にヴァールブルクが亡くなった後、エルヴィン・パノフスキーやフリッツ・ザクスルらは、ヴァールブルクのアイディアを、「イコノグラフィー」と「イコノロジー」として知られる一対の方法へと発展させた[★41]。その基本的な考えは、視覚芸術を、それがその内で現われ、かつそれなしでは十全には理解することのできないテキスト的伝統と結びつける、というものであった。こうしたことが、文脈から文脈へと移動するイコノグラフィーの図式と定型文句の軌跡を追うことに繋がった[★42]。ヴァールブルク自身は、クルティウスの歴史的トポスの前身と考えられる、〈情念定型〉という概念を作り出した[★43]。そもそもヴァールブルクが情念定型という概念を用いたのは、いかに「〈一五世紀《クアトロチェント》〉の芸術家たちが、以前は純粋観察の代表と見なされていたのだが(……)しばしば借り物の形式に頼っている」かということを実証するためであった[★44]。パトスという定式により、キリスト教の教義によって抑圧されていた異教古代の視覚要素と主題を表現するルートが明らかになる。数多くのトポスが文学のテキスト〈と〉視覚芸術作品の〈両方〉に顕われていたことを、ヴァールブルクは理解したのだ。それらの共存と相関関係を追跡することは、アカデミックな学問領域のあいだの障壁を打破する論理的な方法であった。

トポス研究の領域を拡張する

フランシス・ハスケルが示唆するところによれば、クルティウスの視覚芸術への敵意のこもった反応は、学者たちが次第に視覚的な証拠を用いることが増えたためかもしれない。クルティウスはテキストの権威が脅かされているので、擁護せねばならないと感じたかもしれないのだ[★45]。ある意味で、ヴァールブルクの最後のプロジェクトである〈ムネモシュネ・アトラス〉は、こうした視覚的なものの流行の最たる表現であった。それは、写真《ピクチャー》を注意深く選び結びつけることで再度生み出されるイメージのみを使用して、「テキストなき美術史」を執筆しようという試みだったのだ[★46]。同様のことはアンドレ・マルローの『空想の美術館』（英訳『壁のない美術館』）でも提示された。マルローのこの本は、クルティウスの大作とほとんど同時期の一九四七年に出版された[★47]。マルローは、機械による複製によって私たちの視覚文化理解が変化しているさまを取り上げている。写真という複製物が従来に例を見ないほど広く普及したことがきっかけとなって、それまでは無関係もしくは存在していないと考えられていた諸々の視覚的伝統同士が結びつけられたのだ。「これまで注意が払われなかった転調という方法によって、特定の形式が息を切らすことなく、過去から亡霊のように何度も繰り返し現われる」ことを見破ってみようと熱心に語るマルローは、クルティウスを彷彿とさせる[★48]。『空想の美術館』は、『ヨーロッパ文学とラテン中世』に勝るとも劣らない、メディア考古学の基礎文献と考えられよう。

自分は「文献学的な微視的分析」を実践しているとクルティウスは主張していたが、彼のアプローチは広範囲にわたっている。彼はそれを航空写真になぞらえている。航空写真は、考古学が地上レヴェルからでは目で捉えきれない大規模な土地家屋を発見するに役立つ。発見後は、航空写真は引き伸ばされて細部を精査しなければならない、というわけだ。クルティウスは自身のアプローチを「普遍主義なき個別主義は盲目である。個別主義なき普遍主義は空疎である」という格言にまとめている[★49]。彼がそれとして理解していた普遍主義は文学的伝統にのみ割り当てられ、それは独立した領域として扱われた[★50]。どのようにして特殊なトポスが作家から作家へと受け継がれていたのかということに関しては綿密に細部に至るまで論証しているとはいえ、クルティウスはそれらの意味が本質的な変化を被っていることには気づかなかった。彼が気づいたのは、スタイルの変化に関してのみであったのだ[★51]。「メシア思想と終末観に沸き立つ時代では、生気のない象徴的形姿が新たな生命で満たされることがある。血を吸った亡霊のごとくに」という、文脈に依存する言明を時折発していたのにもかかわらず、クルティウスがトポスを文学的伝統とは無縁と考えられるファクターと関連させて説明することは全くなかったのだ[★52]。

トポスを、それが召喚される時空間の徴候として分析しようとしていれば、トポスの現われは連続性だけでなく、文化的断絶と非連続性をも示すという結論にクルティウスはたどり着いていたかもしれない。この点を強調しているのが後のトポス研究者たちである。エルンスト・ウルリヒ・グローセにとっては、あるトポスの使用方法に違いが見られるのは類似していることよりも興味深い。というのも、そうした差異は変化と歴史のターニング・ポイントを露わにするポテンシャルを秘めているからである。グローセにとって、トポスの現われ方はいくつかのファクターによって潜在的に条件づけられている。例えば、著者の意図と同様にそれを取り巻く環境がそうである。また、心性史と同様に文学ジャンルの進化もファクターとなる[★53]。トポスが出現するときには、複数の指示内容と決定因からなる複雑なネットワークの結び目としてそれを扱うべきである。トポス研究は文化による文脈設定という問題に包まれているのだ。そうした文脈設定がどれほど困難で把握しづらくあったとしても、そうなのである。

『ヨーロッパ文学とラテン中世』の書評で、「クルティウスは一八世紀までしか生き残れなかった［トポスという］過去の埋葬地に身を潜めるという逃げ道を見つけた」と、言語学者のレオ・シュピッツァーは皮肉たっぷりに結論を下している［★54］。本当にそうだとしたら、クルティウスの分厚い墓碑的な著作にかかずらって時間を浪費する理由などどこにもないだろう。しかし、実際には、多くの古代のトポスが今日でもその命脈を十二分に保っている。それだけでなく、新たなトポスもめまぐるしく作り出されている。ドイツの学者たちのあいだでは方法論が共有されていない、もしくはトポスということばの定義について意見の一致さえ見られないようなのだが、彼／彼女らは今日のトポスを発見しているのだ［★55］。テオドール・フィーヴェクの博士論文『トピクと法律学』（一九五三）は法律のトポスに関する活発な議論を導き、ドイツの修辞学的な法学理論についての礎石となった［★56］。社会のトポスはドイツの社会学者と政治学者たちにより議論されており、労働者階級の文化のなかで、教師や販売員により使用された定型文句が取り上げられている［★57］。しかしながら、メディア文化のトポスはこれまでのところほとんど無視されているのだ。

　言語学者、中世研究家、および他の「境界監視人」たちによって留保がつけられているにもかかわらず、トポス研究はメディア文化を理解するための有用なツールである。だが、盲目的にクルティウスに追従するのは逆効果であろう。以下では、クルティウスの考えからは〈逸脱する〉次の六つの前提に立って、メディア文化におけるトポスについて議論していこう。

1　トポスは特定の歴史的状況で作動する文化的諸要因によって創られ、伝達され、修正される。すなわち、トポスは文化を〈超えて〉存在する不変の元型や原イメージではない。

2　トポスは文学的伝統に限定されるものではない。視覚的なそれを含む数多くの種類のトポスが存在する。そして、トポスそれ自体は、機械やユーザー・インターフェースのようなデザインとして表現される可能性もある。

3 トポスは形状と意図の両方に影響する変質を被る。一つのトポスがあるメディウム（ヴィークル）から別のそれへと転じる可能性がある。

4 トポスは、その伝統の内側で内的に分析するだけでなく、それらが現われる文化的コンテクストとの関係を通して外的にも分析すべきである。

5 トポスのすべてが古代に起源を持つわけではない。なかには近年に登場し、姿を現わしてまだ間もないものの可能性もある。

6 トポスは文化的連続と断絶、両方の徴候として研究すべきである。

メディア文化におけるトポスの役割

メディア文化においてトポスが演じる役割のいくつかを今では確認できる。少なくとも、次の三つのケースに分けて分析できよう。実際には、それらはしばしば相互に結びつき、重なり合っているのだが。（1）他文化の伝統に繋がりをつけるコネクターとしてのトポス、（2）メディア文化に関わる形式・テーマ・空想の註釈と彫琢としてのトポス、（3）アトラクション文化の運び手、および、文化産業によって使用される言説の決まり文句としてのトポス。この三つである。以下では、これらのケースを個別に取り上げ、いくつか例を挙げつつ説明してみよう。

他文化の伝統と繋がりをつけること

現代の世界では「メディア文化」が最も力を持つようになったかもしれない。しかしながら、いかに優勢になったとしても、おそらくそれが網羅的な領域を作り上げることはないだろう。全体主義的な議題を掲げたメディア論者たちによる主張にもかかわらず、メディア文化は統一的な生活様式を形作ったりはしないし、在るものすべてをカヴァーしたりもしない。メディア文化は他の諸々の文化形式と共存し、それらのなかに組み込まれさえするかもしれないのだ（メディア文化と「他のものすべて」とのあいだに境界線を引くのは難しい。おそらく不可能である）。それゆえ、メディア文化以外の領域からのトポス——古代のトポスを含む——が、メディア文化の文脈に再登場することは予想できるだろうし、実際そうしたことはよくあるのだ。以下で、具体例を挙げて論証してみよう。

まずは、本論考の最初で遭遇した「小人たち」のところをもう一度訪れてみよう。このトポスはさまざまなメディア文化中にその姿を現わしているが、そのうちの一つでは異なる別のトポスと結びついている。二〇世紀初頭のヴィクター・トーキング・マシン・カンパニーの広告を見てみよう。そこでは、リリパット人演奏者たちが一列に勢揃いしてグラモフォンのラッパ部分から姿を現わしている［図3］。一方で、「どうしてこんなにでてくるの？」というキャッチフレーズも添えられている［★58］。この問いに対する答えは神話の領域から

図3　「どうしてこんなにでてくるの?」　ヴィクター・トーキング・マシンCo.、キャムデン、ニュージャージー州、アメリカ合衆国、1920年頃。パブリックドメイン。

返ってきた。グラモフォンのラッパ部分は古代のトポスの〈コルヌコピア〉すなわち豊穣の角の表現となっていたから、というのが答えである。音を増幅するためラッパのかたちが選ばれたのは、聴覚的理由の命じるところが第一ではあったが、コピーライターは頭をひねってそれを古来の神話と結びつけたのだ。その結果、技術者の努力に、それとは異なる新たな意味の層が追加される。すなわち、当代のテクノロジーにそれよりもはるかに長期にわたる時間的パースペクティヴが結びつけられたのだ。

もう一例挙げてみよう。人間の生活に干渉するミステリアスな神の手（しばしば、雲もしくはヴェールの背後から伸びてくる）というトポスである。それは文学とイコノグラフィー、両方の伝統において現われる——神の手は罰や保護を与え、破壊をもたらし、地上における「王権神授」の正当性を担保し、壁に予言（「数えられ《メネ》、数えられ《メネ》、

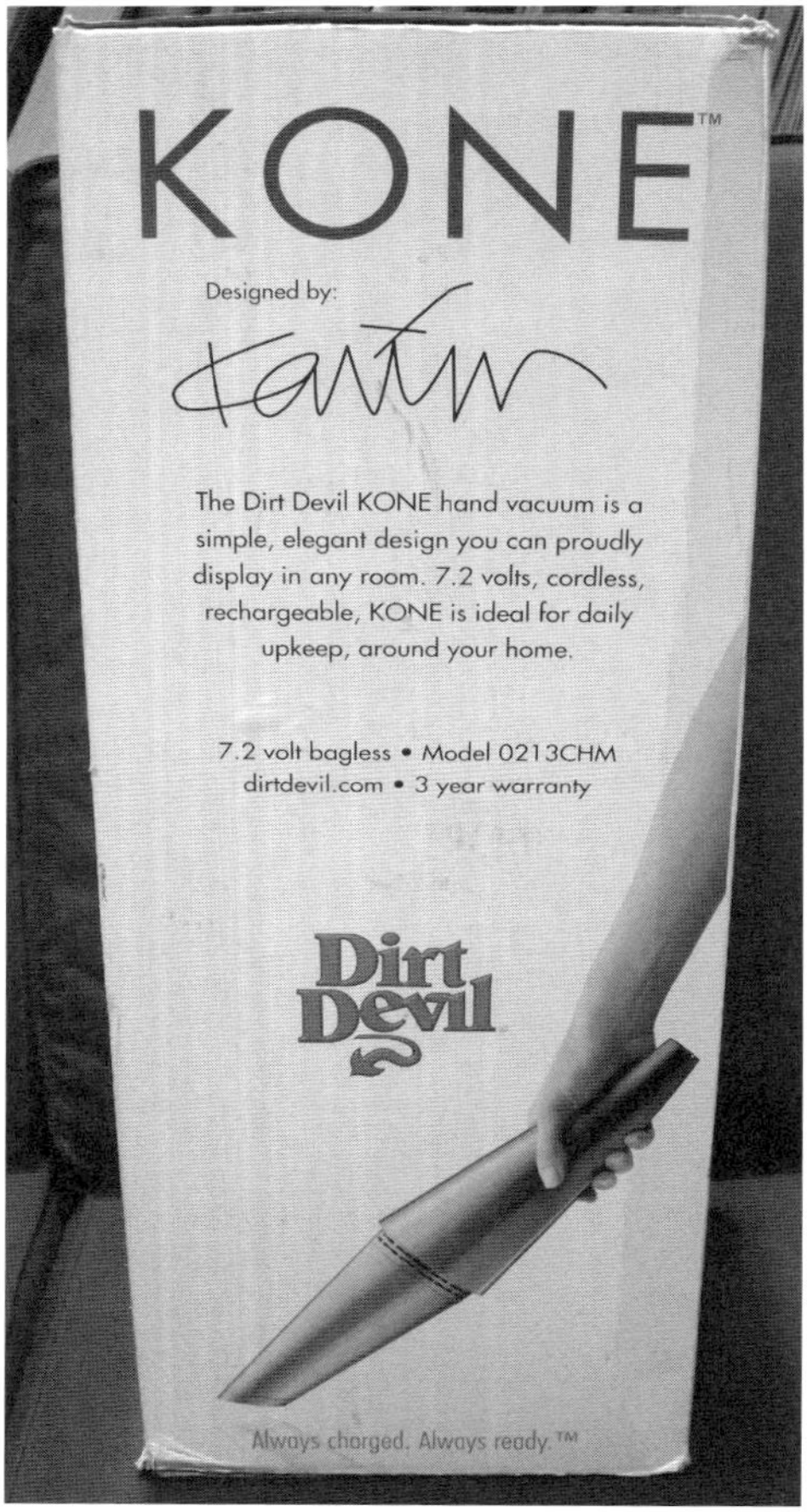

図4　カリム・ラシッドによる真空掃除機「KONE」のパッケージデザイン、ダート・デビル社、アメリカ合衆国、2006年。著者蔵。

量られ《テケル》、分けられた《ウバルシン》！」）［☆1］を書きつけたりするのだ［★59］。二〇世紀になると、このような肉体から分離した「彼方からの」手は世俗的な目的に流用される。T型フォードから、カリム・ラシッドがデザインしたダート・デビル社の真空掃除機「コーン」にまで至るさまざまな消費財に、「彼方からの」手はこの世のものならぬ雰囲気をまとわせたのだ［図4］。この手は、《X-Devian：人々の組織のための新たなテクノロジー》（二〇〇六）――スペインのソフトウェア・アーティストであるダニエル・ガルシア・アンドゥハルによる、オルタナティブな部分仮想オペレーティングシステム兼芸術作品――のためのグラフィックデザインにも登場している。ここでは、フェイクのキャンペーンポスター中でDVDを握っている手が、上方ではなく下方から現われている点が重要である［図5］。オープンソースという動向の文脈でのアンドゥハルによるトポスの再現／再演は、強調点が変化しているこ

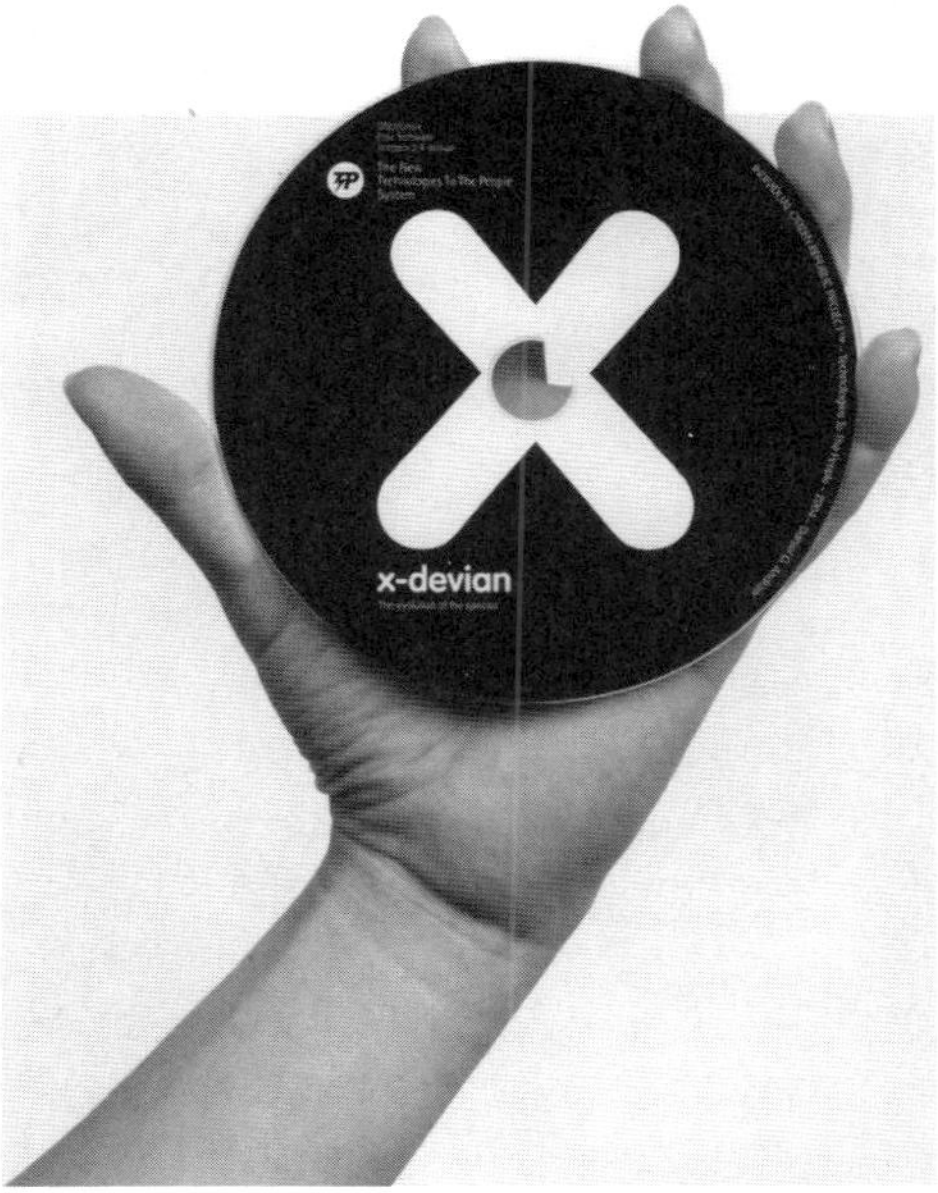

図5　ダニエル・ガルシア・アンドゥハルによる「X-Devian: 人々の組織のための新たなテクノロジー」展招待状。アールス・クンストビューグニング現代アートセンター、デンマーク、2007年5月。著者蔵／アーティストによる提供。

とを示しているのだが、それは何とも皮肉が利いている。ミステリアスな手は、今や（技術の）神の如く振る舞う人間のものなのである［★60］。これを如実に物語っているのが、エミール・コールと他のパイオニアたちによる、カートゥーン・アニメのなかで動く「肉体から分離した」描く手（クロースアップのフレーミングにより体から手が切り離されている）である［図6］。それよりもあいまいなやり方ではあるが、ロベルト・ロッセリーニの古典的映

図6　自然に干渉する神の手、『ジェイコブ・キャッツ全集』の寓意画、オランダ、1558年。パブリックドメイン。

図7　舞台を整える神の手、ロベルト・ロッセリーニ『殺人カメラ』のオープニングシーンより、イタリア、1952年。スチル。コピーライト所有者不明。

画『殺人カメラ』(一九五二)の最初の場面に登場する上からの手も、コールらと同様の事柄を証言している[図7][★61]。「ザ・シムズ」のような「神の視点」を用いた人気のヴィデオゲームでも、同様のトポスが現われているとつい思ってしまう。マット・ウォルフによれば、「プレーヤーの位置は、世界の上に浮かぶ神、将軍、もしくは魔術師として表わされ、都市、軍そして配下を掌握する」[★62]。こうしたことは初期のトポス表現とは文字どおりの意味では一致しないかもしれない(今や、形而上学的な手はプレーヤー自身の相互作用的な手として具体化し、プレーヤーの意志と同格の関係にある)が、それでも、深く根づいたトポスの伝統との連続と断絶が同時に存在することの論拠となり得るのだ。

インターネットの時代では、古代の伝統から現代のメディア文化に至るトポスの流れは枯渇するどころか、その勢いをいっそう増すかのようである。それは、今までに前例を見ないほど世界中の文化アーカイヴにアクセスができるようになったことに関係している。急速に成長するデジタル・オンライン・データベースと従来よりもはるかに強力な検索エンジンのおかげだ。アーカイヴを渉猟するというポストモダン的嗜好も一役買っている[★63]。インターネットは巨大なトポス伝達装置として(そしておそらくトポス生成装置としても)見なせるだろう。マルローとヴァールブルクはこうしたことを直観していたかもしれない。しかし、多様なメディアにわたってトポスという伝統だこれほどまでに爆発的に広がる可能性は、限定的でアカデミック志向のクルティウスの視野では捉えきれないのだ。

メディア文化に関わる形式、テーマ、空想についての註釈

メディア文化はそれ以外の伝統に端を発するトポスを再演/再現するだけでなく、メディア文化それ自身のトポスを生み出す(単に古代のトポスのふりをすることもある)。まずは具体例から始めよう。思い出されるのが、一九世紀の風刺漫画中でしばしば見られた図像学的モチーフ、すなわち単眼のモンスターとしての写真家である。写

図8 「エレファンズ・フォトグラフィクス」、『パンチ』（イギリス）の風刺画、1862年4月24日。パブリックドメイン。

真を撮影するためには写真家がその下に「隠れ」なければならなかったフードがモンスターの身体で、レンズが単眼、すなわち「サイクロプス的」な目にあたる。このトポスは、早い時期に顕われたサイボーグ、すなわち生物学的なものと技術的なものの交配についての言説として認めることができる。ある例では、この徘徊する新たなモンスターは新種と見なされて「エレファンズ・フォトグラフィクス」と呼ばれた［図8］。チャールズ・ダーウィンの『種の起原』（一八五九）の出版が引き金となった進化論についての同時代の議論と結びつけられたのだ［★64］。サイボーグが初めて重大な物質的・産業的な力、および、際立った文化的イメージの両方になったのは、おそらく二〇世紀後半以降になってからのことだが、それは決して出し抜けにぽっと登場したのではない、ということをメディア考古学は例証できるのだ。

一九世紀には、テクノロジーで装った女性の挿絵や写真の出現も見られた。例えば、カメラ型の帽子と写真で覆われたドレスや、彩色された電球で覆われた衣装を彼女たちはまとっていたのだ。このような「テクノロジーでのドレスアップ」は、空想の投影として、かつ、労働生活という新しい現実において現われたもう一つのトポスである。電話交換手として働く女性たちは一日中ヘッドフォンで「ドレスアップ」していたので、まさに彼女たちはある種のサイボーグとなっていたとも主張できよう［★65］。こうした展開の顕われで魅力的なものの一つが、田中敦子のよく知られた《電気服》である［図9］。田中は日本の具体に属したラディカルな芸術家で、一九五〇年代に自身のパフォーマンス用に《電気服》を制作した。彼女が自分の作品を先取りするトポス的伝統に気づいていたかどうかは定かではない。おそらく気づいてはいなかったであろう［★66］。以上と同様に、近年のスマートファブリック［☆2］とサイバーファッションの公開デモンストレーションも一例として挙げられるだろう。

さらにもう一つ一九世紀のトポスから例を挙げよう。「そのとき背後では？」とでも名づけることができるかもしれないトポスである［★67］。その最も典型的な表現が、母親が覗きからくりを覗き込んでいるために、無防備となった少女にキスをする陸軍将校の図である［図10］。このトポスはデヴァイス（覗きからくり、マジックランタ

図9　田中敦子による《電気服》（1986年に復元）、ドクメンタ12（カッセル、ドイツ、2007年）での展示。エルキ・フータモ撮影。

図10　「見ているものと見ていないもの」、F・マローンの絵画をもとにしたシュルツによる色彩リトグラフ、ルメルシエによる印刷、パリ。「笑いの美術館」シリーズNo. 18、1850年頃。著者蔵。

ン、望遠鏡、万華鏡、ダゲレオタイプのカメラなど）を転々としており、「一定の図式やステレオタイプの、ある対象から別の対象へと転置もしくは転住に焦点を合わせる」べし、というピーター・バークの言を裏打ちする［★68］。一九世紀半ばまでには、唇を盗む男は、艶事を追い求める向こう見ずな陸軍将校からステレオ写真の訪問販売を行なうセールスマンへと変形した。彼は、夫が怪しむことなくサンプルを覗き込んでいる最中にその妻と事に及ぶのだ［図11］［★69］。

同一トポスの別ヴァージョンが一八〇〇年頃にはすでに知られていた。覗きからくりを覗き込んでいる男性が、スリの餌食となっているヴァージョンである。スリは、政府の戦争行動に資金を供給するために国民から金を掠める税務署の役人として表象されている。政府だけでなくテレビ宣教師《テレヴァンジェリスト》［☆3］のようなグループによる放送に使用されるテレビのようなメディアの用い方も、依然としてこれとほとんど変わりはしない。百年後、別の覗き装置であるミュートス

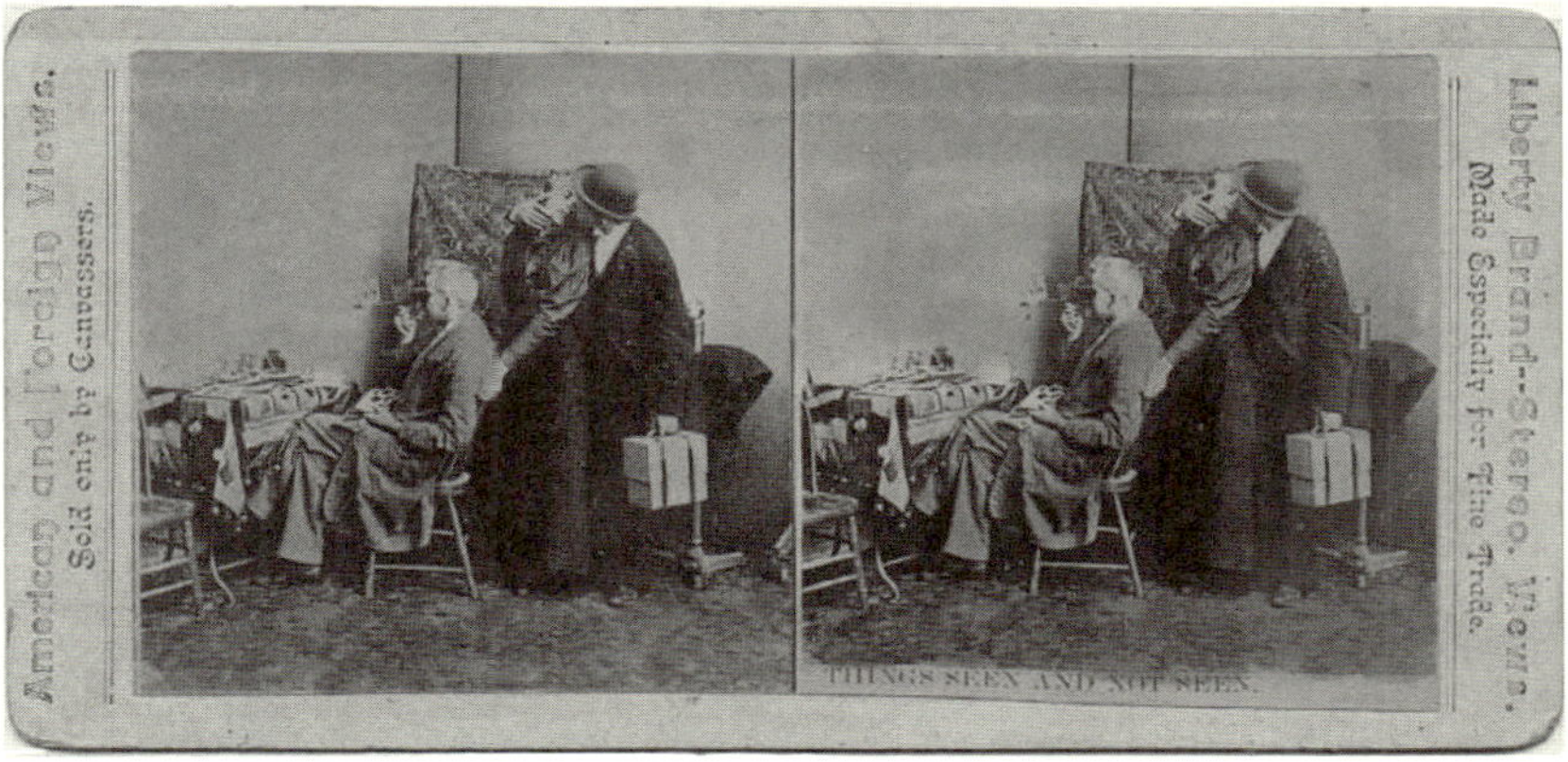

図11 「見えるものと見えないもの」、立体写真、リバティ・ブランド・ステレオ・ヴューズ／アメリカン&フォーリン・ヴューズ（ともにシリーズ名）、製造元不明、アメリカ合衆国、1890年頃。著者蔵。

図12 ダルバ作の風刺漫画。ミュートスコープのような鑑賞装置（入浴中のパリの女性を見せている）を覗き込んでいる男性の腰元を、スリがまさぐっているところが描かれている。雑誌『笑い』（フランス）、1910年2月26日。パブリックドメイン。

コープの文脈において同じトポスが再び出現するが、政治的な含みはホモエロティックなそれへと置き換わっている。フランスの風刺漫画（一九一〇）では、ミュートスコープを覗き込んでいる男性がスリにまさぐられて性的に感じており、その姿勢はアナルセックスを連想させる［図12］［★70］。ピエリック・ソランの一連のヴィデオ・インスタレーションでも、それと同じトポスの別ヴァージョンが再度その姿を現わしている。類似点がいくつもあるために、ソランが実際にこのトポスを知っていたのか、それとも、彼が無意識的にそのアイディアを把握していたのか、考えさせられてしまうのだ［★71］。

メディアがもたらすスペクタクルにより生じたトポスは単なるステレオタイプ的なメタファーにとどまるかもしれないが、それらが反復して現われることは、広い範囲にわたる関心と文化のパターンを示しもしよう。「そのとき背後では？」のトポスは、通常、喜劇的なエピソード中に現われるのでジョークとして片づけられてしまうかもしれないが、過度のメディア使用のリスクに関して繰り返される警告としても解釈できるだろう。のめり込みすぎてしまえば、その人の社会的関係は狂い、直接の身の回りのものごととの結びつきは混乱してしまうかもしれない、と言っているかのようだ。さらにまた、トポスはある種の言説的緩衝器としても機能する。新しいメディアとそれが仲介する環境との遭遇が引き起こすショックを和らげる。この話題は、他のメタファーでも表わされたのかもしれないが、テレビを見ることやヴィデオゲームをすることなどに関する後代の議論でよく知られている。

ファンタスマゴリア、万華鏡、ディゾルヴィング・ヴュー［図13、14］、ジオラマ、ムーヴィング・パノラマ［図15］、そして他にもたくさんのメディア文化的現象がトポスを生み出してきた［★72］。実際クルティウス自身も、ものを書く際にはメディア文化的現象が生み出したトポスに頼っている。「ふたたび多彩さが求められるのは古代末期においてである。しかしそれは万華鏡の多彩さである」［★73］。また、次のようにも述べている。「万華鏡のように次々に新しい模様が現われる。それは修辞をつくした箇所であり、その満ち溢れる華麗さは、さながら瀑布となって流れる」［★74］。多くの「メディア文化的」トポスは、その大本が物質的に消え去った後になっても、長い間消えることなくその姿をとどめ続ける。〈ムーヴィング・パノラマ〉は、もともとは一九世紀のポピュラーなスペクタクルであった［★75］。トポスとしてのムーヴィング・パノラマは、知覚経験、内なる眼（「今際の際にこれまでの人生がムーヴィング・パノラマのように心の目の前を通り過ぎていく」）、宗教的なお告げ（神は空中でのムーヴィング・パノラマのごとくその御業を啓示する)、天体力学、そして他にも多くの意図を表現するようになったのだ。『エルヴィスは神を求めて』(一九九八)では、ジェス・スターンは依然としてムーヴィング・パノラマのトポスを使い、「光り輝く時代がムーヴィング・パノラマとしてしばらくのあいだそばを流れているかのように、感情の高まりを感じた」エルヴィス・プレスリーのさまを描いている[★76]。クルティウスが述べるように「トポスはどのような文脈でも使用できる」のだが、その現われは当の文脈の特定の性質から影響を受ける[★77]。

図13　カーペンター&ウェズレイのマジックランタンのペア(ロンドン)。ディゾルヴィング・ヴューを上映するための「三日月型」シャッターが備えつけられている。1850年頃。著者蔵。

メディアと関連するアイディアは、それらが実際の品として物質化するずっと以前に「想像メディア」としても文化を横断することがある。「遠くから見る」がそうしたトポスの一つだ。私たちはマジック・ミラーに関する言説でそれにすでに遭遇しているし、想像によりテレビを先取りしたテレクトロスコープに関するテクノ文化的空想ではいっそうはっきりとしたかたちで、こうしたトポスに出会っている［★78］。その一方で、ジェフリー・

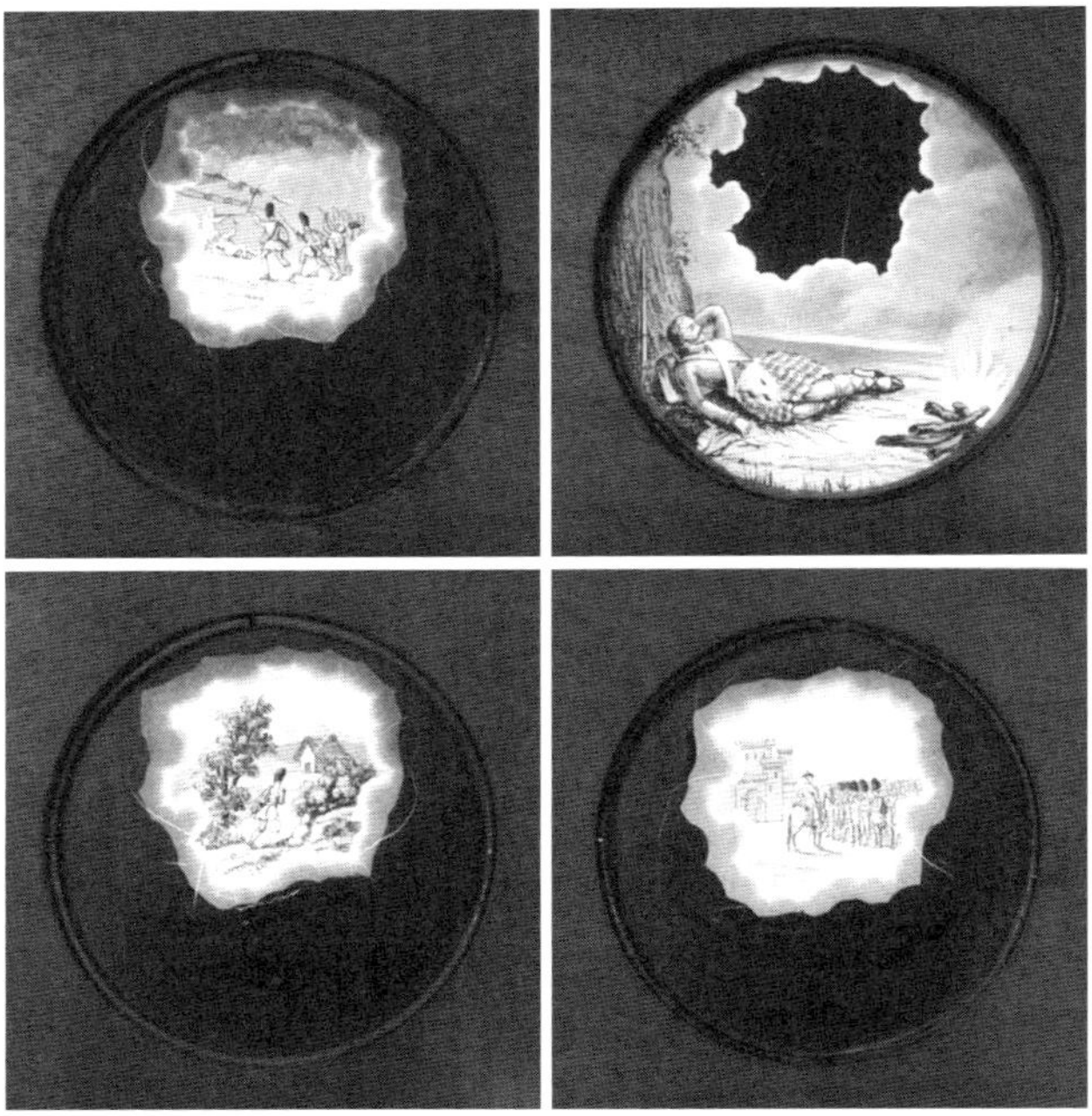

図14　「戦士の夢」。ディゾルヴィング・ヴューのシリーズでマジックランタンのスライド。一連の夢が描かれている。メーカー未詳、イギリス、1870年頃。著者蔵。

図15　ジョン・バンヴァードのミシシッピ川のムーヴィング・パノラマのメカニズム。『サイエンティフィック・アメリカン』vol. 4、no. 13（1848年12月16日）。パブリックドメイン。

バッチェンが論証したように、写真への欲望は一八世紀後半にむしろ突然現われ、それに先行する直接的な空想はほとんどなかった［★79］。しかしながら、いったん写真が大きく躍進すると、その言説の水門は開かれて、写真への欲望は強烈なトポス活動へと翻訳されたのだ［★80］。

新製品のプロモーション

文化的アーカイヴへのアクセス（その最もシンプルな形態が、まさにネットサーフィンによるアクセスである）がますます容易になったおかげで、トポスはハイテク促進者《プロモーター》たちによって定期的に再活性化することになる。プロモーターとして挙げられるのが、映画、ヴィデオゲーム、ミュージックヴィデオの作り手と広報係である。メディアアーティストたちもそうだ［★81］。トポスは、その作用が存分に意識された状態で、体系的に再活性化することはめったにない。実際、トポスは現代の宣伝・広告と他のポピュラーな表象の形式においてひょっこりと現われ、たまたまメディア考古学者たちの注目するところとなり、過去とのつながりを再考しなければならなくなった、このように思われることがしばしばである。ある意味で、トポスは完全には意識されていない文化的議題を〈通して〉思考する、と提案してみたくなるかもしれない。それはクロード・レヴィ゠ストロースが文化における神話の作用について明確に述べている箇所を彷彿とさせるだろう［★82］。このような結論は魅力的だが、抵抗しなければならない。というのも、それは集合的無意識、知性もしくはエピステーメーに関する不要な全体主義的仮説にたやすく至ってしまうからである。

プロモーション戦略でトポスが使用される際には、トポスの人目を引くという真価だけでなく、「人目を引かないという真価」も利用される。アトラクション文化の長い伝統に従えば、トポスは人目を捉えるために使用される［★83］。すなわち、トポスは心を打つ視覚的なもしくはテキストによる決まり文句を供給して、見る側の好奇心をそそるのだ。商業的なメディア文化では、トポスは中継ぎ的な特性を帯びる。見る側にそれとわかる特定の歴史的もしくは文化的な余剰価値を製品やスペクタクルに付与するために、トポスは駆り出されるのだ。目に留まらず・目立たず・ありふれているという特性によって、トポスが効果を発揮するのは明白である。それは、トポスを使用して、過去に例を見ない新奇なもののふりをしようとするコンテンツに枠組みを与える、というケースに関わってくる。

どちらの場合にしても、トポスは広告主にとって信頼のおける定石である。こうした定石を用いて新しい消費者製品が紹介されるのだが、その際には消費者がすでに知っている（消費者が気づいているかどうかは問題ではない）型のなかに製品が埋め込まれる。ここでパラドックスが生じるように思われる。最新中の最新が、最古中の最古によって包装されるのだ。その最も明らかな事例として心のなかに浮かんでくるのは、スクリーン技術のマーケティング戦略に関わるものである。製品がどれだけ「革命的」であろうとも、広告では人間やものがスクリーンを内に外にぶち破る姿が何度も示されてきた。そうした広告の明示的な特徴はファッションとスタイルの動向に応じて定期的にアップデートされるが、その奥底にはイリュージョンを使った表象の歴史と関連する古代のトポスが感じられるのだ。何千年ものあいだ、絵画に描かれた人々は画面からの出入りを続けてきた。今日のフラットパネルのプラズマスクリーン上で離れ業をしてのけているのも、依然としてそうした人々なのである。

ハイテクを気軽に採用するポストモダンの文化では、繰り返し登場する「スクリーンを横断する」トポスはパスティーシュ、ノスタルジア、そして断片的な雑学知識《サウンドバイト》を愛する消費者へのアピールに深く関わってくるのかもしれないが、このトポスが繰り返し現われるのは、消費者の新しいものへの抵抗感を減らそうとしているためであろう。インダストリアルデザインもこの問題で頭がいっぱいだ。未来的なスタイルとレトロ的なスタイルの正しい比率を見つけようと必死なのである。初期のＴＶセットはしばしば木製のキャビネットに収められており、伝統的な家具にそっくりであった。一方で、ジョナサン・アイヴがデザインしたiMac（一九九九）は、アクリルのプラスティックケースを通して「内臓」が透けて見えるようになっていた。アップルはこの点を最大限活用して、ほぼすべての広告にわたって、コンピュータを正面からではなく側面から見えるように配置した。iMacのキャンペーンは「スクリーンをぶち破る」という伝統は捨てたが、小人のトポスを再活性化させたようだ。少なくとも、何人かの消費者たちの心中においてはそうであった。すなわち、iMacの内側はミニチュア世界のようにこしらえられていたので、コンピュータの小人が住むには十分だったかもしれない、と。

小人のケースが例証しているのは、文化的主体は産業によって与えられた表象をそのままのかたちで消費するわけではないということである。ユーザーたちは自分たちの信じているものごとを発展させて広めるだけでなく、それらを試すのに実際に行動しさえする。ＴＶセットの内側に繋がる穴に食べ物を押し込んだり、その背後にそっと忍び寄って小人たちが自分たちの仕事場を離れるところを見ようとしたり、彼らを解放するために物理的にスクリーンを破壊しようとさえしたりするのだ［★84］。

メディア文化に関連する今日の信仰は、オーラルコミュニケーション（少なからず携帯電話を介した）によって依然として流通しているが、ホームページ、ブログ、そしてFacebook、MySpaceとYouTubeのようなＳＮＳによっても、ますます普及するようになっている。トポスの伝統はウィルスのように拡散する。それは産業側に立って駆け引きする人間により意図的に利用されるが、ユーザー自身によって生み出され修正されもする。古くからのトポスの伝統がメディア産業によってどのように徴用され、利用されるかということを把握するだけでなく、それがオンラインのコミュニティ内部でどのように議論され変形を被るのかを把握することも、メディア考古学にとってその重要度を増しているタスクとなっている［★85］。

小人とのかくれんぼ

メディア考古学を遂行する理由はいったいなんなのか？　トポスの捉えにくい道筋を追跡することに時間を割く理由は？　答えは、クルティウスをして彼の非常に困難な仕事を完遂せしめる動機となったものともはや同じではない——少なくとも〈全面的に〉同じわけではない。人類の世界と歴史についての大半の普遍的知識は、TVのクイズショー向けの断片的な雑学知識へと堕し、それらが実際に意味をなす文脈からは絶望的なまでに遠ざかってしまったと主張はできよう。とはいえ、こうした傾向に逆らう発展もある。アーカイヴのデジタル化が急速に進み、そのますます多くがオンラインで、場合によっては無料で、アクセスできるようになっている。その一つとしてGoogle Booksの名前を挙げておこう。Google Booksにより、何百万もの本、地図、雑誌など他の文書資料がインターネット上で利用できるようになった。コンテンツに応じた検索システムにより、研究者たちは全く忘れ去られていた多くのこれらの文章資料の内部から、特定の情報を探すことができるのだ。そうした情報は、まず書籍の索引や図書館の目録に列挙されることはない。これはメディア考古学者にとっては、今までになかった好機である。

インターネットは力を結集するためのプラットフォームにもなっているので、メディア考古学はそれも活用できる。〈デッド・メディア・プロジェクト〉は、ブルース・スターリングによって一九九五年に開始されたプロジェクトである。それ以来、プロジェクトリストに登録されたメンバーたちは、初期メディアの形式について有用な作業メモを執筆しては、〈デッド・メディア・プロジェクト〉のウェブサイトにアップしてきた[★86]。自らを「初期視覚メディアの考古学への歴史的窓口」と位置づけている包括的なウェブサイト「初期視覚メディア」は、トーマス・ウェイナンツという一個人の手による労作である[★87]。「ボタンの歴史」と名づけられたあるブログは、日常的に使用されるがゆえに眼につかなくなっていた些細で平凡なインターフェースに焦点を合わせ、それが複雑で魅力的な歴史を備えていることを立証している[★88]。このブログは、ウェブユーザーたちに発見したものごとを寄せてくれるよう請うことで、多くの忘れ去られていたボタンの使用法とそれについての情報源を明らかにすることができたのだ。こうした情報のすべてを一人の学者が集めることは難しかったであろう。もちろん、そうしたウェブサイトは生のままの資料を提供するにすぎない。そこから結論を引き出すことがメディア考古学者のタスクなのだ。

貯め込み、アーカイヴ化することへのポストモダン的な熱狂にもかかわらず、過去を消し去る、少なくとも選択的にそれを書き直すことを目的とする趨勢が依然として存在する。ハイテク産業とそのマーケティング機構は、エンターテインメントビジネスと同様に、こうしたいかがわしい活動にしきりに携わる。社史の関心は自分の側からストーリーを語ることだけではない。それは部分的で不公平であるだけでなく、会社とその事業が可能な限りよく見えるように編まれているのだ。先端テクノロジーの新たな形式はどれも、先行するテクノロジー形式に突然廃れた感を与え、ごみ捨て場もしくは強迫観念に取り憑かれたコレクターの地下室行きが関の山となってしまうよう意図されている——仮に、それらがまだ全く問題なく動くとしてもだ。広告は「類のない大発見」「前例のない達成」「今までには見たことがない」といったスローガンでいっぱいだ。そうした決まり文句それ自体をトポスとして扱うことができるだろう。不運なことに、消費者たちはこれらのもっともらしい表層の下にあるトポスの伝統を探知できずに、額面どおりにそのメッセージを受けとってしまうのだ。

ゆえに、メディア文化のなかで作動するトポスの発掘は重要なタスクであり、大学勤めの人間たちの知的暇つぶしにはとどまらない。メディア文化は確たる事実にだけ関わるのではなく、メディア文化の現われを覆い隠す言説にも関わるというアイディアを受け入れたうえで、メディア文化の基本的な前提を明らかにし、拡張し、そしてそれに疑問を投げかける際には、トポス研究は文化批評のためのツールとなる。メディア考古学は「創造的に新しいものを既成のもの、先在するもの」に還元する(ベルクソンについてのクルティウスのコメントだ)ことをめざすのでは決してない。メディア考古学はむしろその逆、すなわち、真に新しく進歩的なものごとを私たちに理解させてくれるのだ。それを成し遂げるために、文化的資料をメディア考古学の「トポスフィルター」を通して濾過することは有益であり、思いもよらない結果をもたらしてくれるのだ。

「ほとんど何でも」説明してしまうという見通しは魅力的に思われるかもしれないが、トポス研究を見かけ倒しのものの探求とすることは避けるべきである。記号論的にあらゆるものごとを記号として読むことは可能かもしれないが、あらゆるものごとをトポスとして解釈するという誘惑には抵抗すべきなのだ。また、トポスを一貫した実体のようなものとして見なすべきでもない。言説中にその姿をいくらはっきり見せていたとしても、トポスとしての小人たちは本当の意味での「小人」ではないのだ。小人たちが研究者とかくれんぼをしている場所には、今、小人たちが身を隠しているもの以外にも身を隠すための文化的存在は無数にある。時にはこれらの存在も調査の対象に溶け込んでいることがあるだろう。いちばん良いのは、トポスは継続する文化的伝統のある一時的な現われであると考えることである。そうした文化的伝統のある一時的な現われは、トポスが姿を現わした当の過去と文化的コンテクストの両方に由来する、他の諸々の文化現象と無数の糸により結びついている。このような魅力的な相互連結のネットワークを理解することこそ、メディア考古学という大枠のなかの一部を占めるトポスを用いたアプローチにとって、本当の挑戦なのである。

第3章

異文化間のインターフェース

西洋びいきのメディアの歴史を修正するために〔★1〕

一七九二年九月一四日、イギリスの風刺画家ジェームズ・ギルレイは、《乾隆帝に謁見するマカートニー使節団》と題した版画《エングレーヴィング》を出版した〔図1〕〔★2〕。親交と通商を求めて編成されたマカートニー卿の使節団が中国へ派遣される直前のことであった〔★3〕。ギルレイが描いたのは、種々雑多に揃えられた滑稽な贈り物の数々である。それらには、ねずみ取り、珊瑚でできた子ども用のがらがら、おもちゃの風車、ラケット、羽子、壺と骰子——そして、マジックランタンとその種板《スライド》が含まれていた。ギルレイの見解は何とも皮肉が利いている。彼に従えば、イギリス側が古来より続く中国文明に自らを印象づけるために朝貢するのは、こうしたちゃちな品々なのだから。換言すれば、中国皇帝は、外にも世界があることにたまたま気がついた離島の村の長とほとんど変わらない扱いをされているのだ。贈り物のなかにマジックランタンが含まれているのは、決して偶然ではない。一七世紀中葉に発明されたマジックランタンは、すでに馴染みのものとなっており、碩学の驚異の部屋のなかと、旅回りのランタン屋もしくは「聖書行商人」によるお粗末な演し物、この両方でその姿を見ることができた〔★4〕。実際、中国ではマジックランタンはもはや目新しいものではなかった。イエズス会の宣教師であるクラウディ

図1　ジェームズ・ギルレイ《乾隆帝に謁見するマカートニー使節団》、手彩色によるエッチング、イギリス、1792年。マカートニー卿率いる外交使節団による中国皇帝への謁見についてのカリカチュア。著者蔵。

オ・フィリッポ・グリマルディにより、一世紀以上早く朝廷に持ち込まれていたのである［★5］。それとは別のイエズス会士であるジャン＝バティスト・デュ・アルドが、『シナ帝国全誌』（一七三五）のなかで、グリマルディによるランタンの実演について次のように述べている――

> とうとう、彼は［皇帝に］「筒」を見せた。燃えているランプが収められていて、光が筒の小さな穴から出てくる。筒の開口部には望遠レンズがはめられていて、その内側ではさまざまな絵が描かれたいくつかの小さなガラスがスライドする。それと同じ絵が、向かい合う壁面に再現される。壁との距離に応じてサイズは大きくなったり小さくなったりする。この見世物は夜通し、もしくは、非

常に暗い場所で行なわれ、仕掛け《アート》を知らない人には多大な恐怖を、すでに手ほどきを受けた人には多大な楽しみを生じせしめた。マジックランタンという名の所以である。［★6］

グリマルディの映写にたいする中国の観客たちの反応は、どこかで聞いたことがある。実際、アルドは「自然魔術」に関する初期の本で見つけたのかもしれないお決まりの文言（すなわち〈トポス〉）を、単に繰り返しているように思われる。なんといっても、グリマルディの実演から六〇年以上が過ぎていたのだから［★7］。ここで二つの受容の様態を指摘しておこう。一つ目は、観客がその「トリック」に通じているため魅力が生まれる、というケースである。二つ目は、原因がよくわからないため恐れや恐怖が生まれる、というケースである［★8］。両者はともに、西洋人たち——宣教師、教師、商人、政治家としての西洋人たち——が、他民族と他文化をうならせ、恐れさせ、しつける《ディシプリン》ために何度も用いてきた戦略である。

もう一つ例を挙げよう。一八二七年に記された匿名の筆者［イギリスの外交官］による旅行記では、駐ペルシア英国大使が西洋のテクノロジーを用いてペルシア人たちをうならせる方法が描写されている。電気ショックマシンがあまりにもお馴染みになりアトラクションとしての魅力を失った後、英国大使はファンタスマゴリア用のマジックランタンを購入し、任務の一部としてそれを実演した。ファンタスマゴリア、すなわち幽霊ショーは、当時の最先端技術《アート》である［★9］。すぐに「老いも若きも、富者も貧者も、うっとりとなった」［図2］［★10］。大使によれば、この装置はその土地の人々に西洋のテクノロジーの優秀さを納得させるだけではなかった。マジックランタンによる娯楽は「場を打ち解けさせ」るのにも一役買い、リラックスした雰囲気を作って堅苦しい外交のしきたりをうっちゃってしまったのだ。この大使のアイディアは活用できると得心したのか、旅行記の筆者は「ファンタスマゴリアやその類似品は、あらゆる未来のペルシア大使一行が成功するための肝心要の必需品！」と推薦している［★11］。

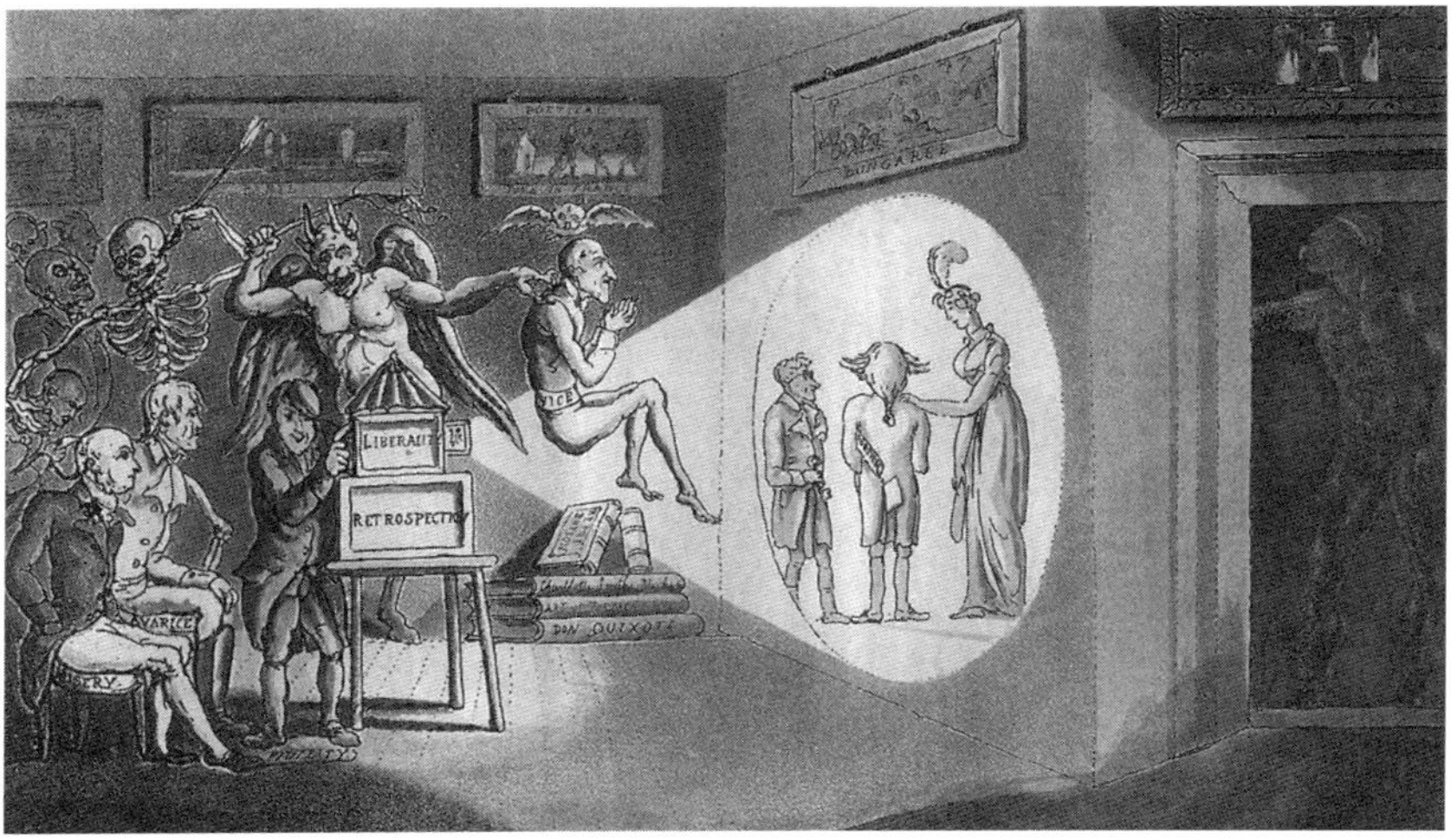

図2　トーマス・ロウランドソンの風刺版画《ファンタスマゴリア：エレファンタ島眺望》、『団長、もしくはヒンドゥスタンでのコイハイの数々の冒険。クイズ氏による八篇のなかの滑稽風刺詩』（*The Grand Master, or Adventures of Qui Hi? in Hindostan, A Hudibrastic Poem in Eight Cantos by Quiz*, London: Thomas Tegg, 1816）より。この風刺版画は、ファンタスマゴリアによるマッジクランタンショーをアレゴリーとして使用し、インドにおけるイギリス政府の政策と領土拡大の野望を批判している。著者蔵。

事実として正確かどうかにかかわらず、これらの言説の断片が指し示しているのは周知のパターンである。すなわち、テクノロジーの歴史（この場合は「メディアテクノロジー」）ということになると、西洋は再三再四中心に位置づけられて、技術的イノヴェーションはそこから残りの世界へと広まる、というパターンである。名うての人類学者ジャック・グッディは、最近出版されて激しい論争を巻き起こした本でヨーロッパ——ヨーロッパ人学者を含む——を「歴史の窃盗」の咎で告発している［★12］。時空間、資本主義、科学と技術、さらには恋愛といったトピックをヨーロッパ人学者たちがどのように扱っているか議論した後に、ヨーロッパ人たちは「自分たちのカテゴリーと道理をヨーロッパ以外の世界に押しつけることで、歴史を盗み取ってきた」とグッディは結論づける［★13］。ヨーロッパが最高位にあることは、繰り返し証拠立てられ強化される。最も極端なものの一つが、歴史家H・R・トレヴァー＝ローパーによる次のあからさまな主張である。「ここ五〇〇年間の世界の歴史は、重要な意義があるという限りにおいては、西洋の歴史であった」[★14]。

西洋の権威が非西洋文化の偉業と優越を明確に認めているという稀なケースにおいてさえも、グッディは問題を嗅ぎとっている。ジョゼフ・ニーダムの複数巻からなる古典的著作『中国の科学と文明』(一九五四-)は、数千年間にわたって中国文明が成し遂げた偉業の息づかいを論証し、ヨーロッパを重要で影響力のあるすべてのものごとの起源として取り上げることに対して猛烈に反論している[★15]。しかしながら、ニーダムそのひとでさえ、「ニーダム問題」として知られるようになったジレンマに陥ってしまった[★16]。ニーダムによれば、中国が成し遂げた偉業にもかかわらず、一六世紀以降は西洋が先頭に立つ。ニーダムが考えるところによれば、その第一要因は、ブルジョワたちによる民間企業がルネサンス期に出現し、科学の開花に有利な土壌となったためである[★17]。一方、中国社会は厳格な官僚制により抑圧されていたので、競争と科学についての開かれた議論が許されていなかった、というわけだ[★18]。こうした説明が普遍的に受け入れられているわけではない。ニーダム問題は依然として議論の渦中にある。

西洋中心主義の向こう側にメディアの歴史を連れていく

明らかに、ヨーロッパの他文化への姿勢は無私無欲ではなかった。それどころか、そうしたヨーロッパの姿勢は、しばしば相互に絡み合った政治的・経済的・教育=プロパガンダ的・文化=ヘゲモニー的な目的に適うものであった。西洋人たちは、少なくともいくつかのケースでは、文化人類学者たちが「カーゴ・カルト」と呼ぶモデルを他文化のなかに据えつけようとしてきた、ということさえ言えるかもしれない。カーゴ・カルトはその土地固有の習わしと象徴的顕現の複合体であり、西洋という——地平線から現われては消えていく貿易船や貨物輸送機により表象される——「海の向こう側の」文明を、魅力的なものすべての源として見なす。すでに見知りされてはいるが、土着民の理解をほとんど超えている西洋のものごとが部族の儀式で再現され、象徴的さらには呪術的な性質を帯びるようになる。「カーゴ・カルト」が最初に発展した太平洋の島嶼文化を、イギリス大使のファンタスマゴリアのランタンを渇望するも断られてしまう（それが外交官たちの巧妙な企み——欲望を満たすよりも宙づりにするほうが、自分たちの目的にうまく働くのだ——であるのは疑いの余地はない）ペルシア王子の宮廷と結びつけようとすることは、議論に飛躍があるように見えるかもしれない。もちろん、これらの文化的コンテクストは全く異なっているのでそのような比較はできないが、どちらの場合でも、西洋は文化的な大文字の他者、超自然的な発明品の在所、そして富のありかとして位置づけられているのだ。

西洋を中心とした歴史の叙述は疑わしい、という点で私はグッディに賛成である。それは本当にすべての歴史を語っているのだろうか？　異なる語り口によって、非西洋圏の人々を末梢的で受動的な役割から解放することはできないのだろうか？　例えば、非西洋文化的な動作主体《エージェント》自身による説明といった、本質的なものが欠けてはいないだろうか？　グッディが例証しているのは、上述のトピックの多くは他のどこかの場所で、ヨーロッパ人の注意を引くようになる数百年も前に現われているということなのだ。どうすればこうした多様性は考慮できるだろう？　異なる視点を一つにして、文化的な貢献、移住、影響そして合併についての、より「真実味のある」叙述をどうすれば構築できるだろう？　本論文では、「メディア」の歴史というより具体的な問題に絞って、いくつかの提案を試みる。タイトルにメディアということばが使ってある本であれば、どれを見ても容易にわかってしまうように、メディアの歴史はとりわけ西洋的な「関心事」であった。それを如実に示す例を一つ挙げよう。エイザ・ブリッグスとピーター・バークの『メディアの社会史（*A Social History of the Media: From Gutenberg to the Internet*）』（二〇〇二）には、「グーテンベルクからインターネットへ」という印象的な副題がつけられている［★19］。タイトル中の「A」という冠詞で、これは可能性のある見解の一つにすぎないと読者は気がつくとはいえ、非西洋圏の発展（中国と日本については少々言及がなされている）は、四〇〇ページ近くにも及ぶこの著作では何の役割も果たしていないも同然である。グーテンベルクによる印刷革命とそのコンテクストから始まって、この著作は初期近代のヨーロッパにおけるメディアと公共空間への議論に移り、蒸気と電気、情報、教育とエンターテインメントという話題が並び、サイバースペースで終わる。

それとは異なるやり方でメディアの歴史は扱えるということを実証しているのが、タイモン・スクリーチの注目すべき著作『大江戸視覚革命――一八世紀日本の西洋科学と民衆文化』である。厳密に言えば、スクリーチは「メディアの歴史」について書いているのではない。彼は、比較的外界から隔離されていた江戸期（一六〇三－一八六八）の日本における西洋科学（とりわけ視覚＝光学）の有為転変を調査している。［彼によれば］日本人は、決して受け身ではなく、数々の西洋の学識を自らの文化的な習慣・実践・想像力に積極的に組み込んでいたのだ。スクリーチは、自身の使命を次のように簡潔に述べている――

もうひとつのテーマは、国と国との出会い、つまり、ある国の中にあった「異foreign」なるものの存在とそれへの強迫観念である。ひとつの文化的集合体である日本（当時は連邦制のばらばらな国家だった）が、いかに他の文化的集合体を使って自己をつくりあげていったかを考えてみたい。この国際社会との遭遇は、日本においてはとりわけ、さまざまな視覚による認識のシステムにかかわり、実際には視覚という機能全体の見直しにかかわる変化をもたらした、ということを明らかにしてみたい。［★20］

日本の貢献は言説のレヴェルにのみとどまるものではなかった。それは具体的な形式にも見てとれる。例えば、〈からくり〉（木製のオートマトン）と写し絵である［図3］。日本式マジックランタンショーである写し絵は、アジアの影絵、西洋のマジックランタンショーと日本で人気のあった講談の特徴を組み合わせ、独自の文化形式へと至った［★21］。日本人は盲目的に異国の影響を真似したのではない。日本人は異国の影響に手を入れて自身の

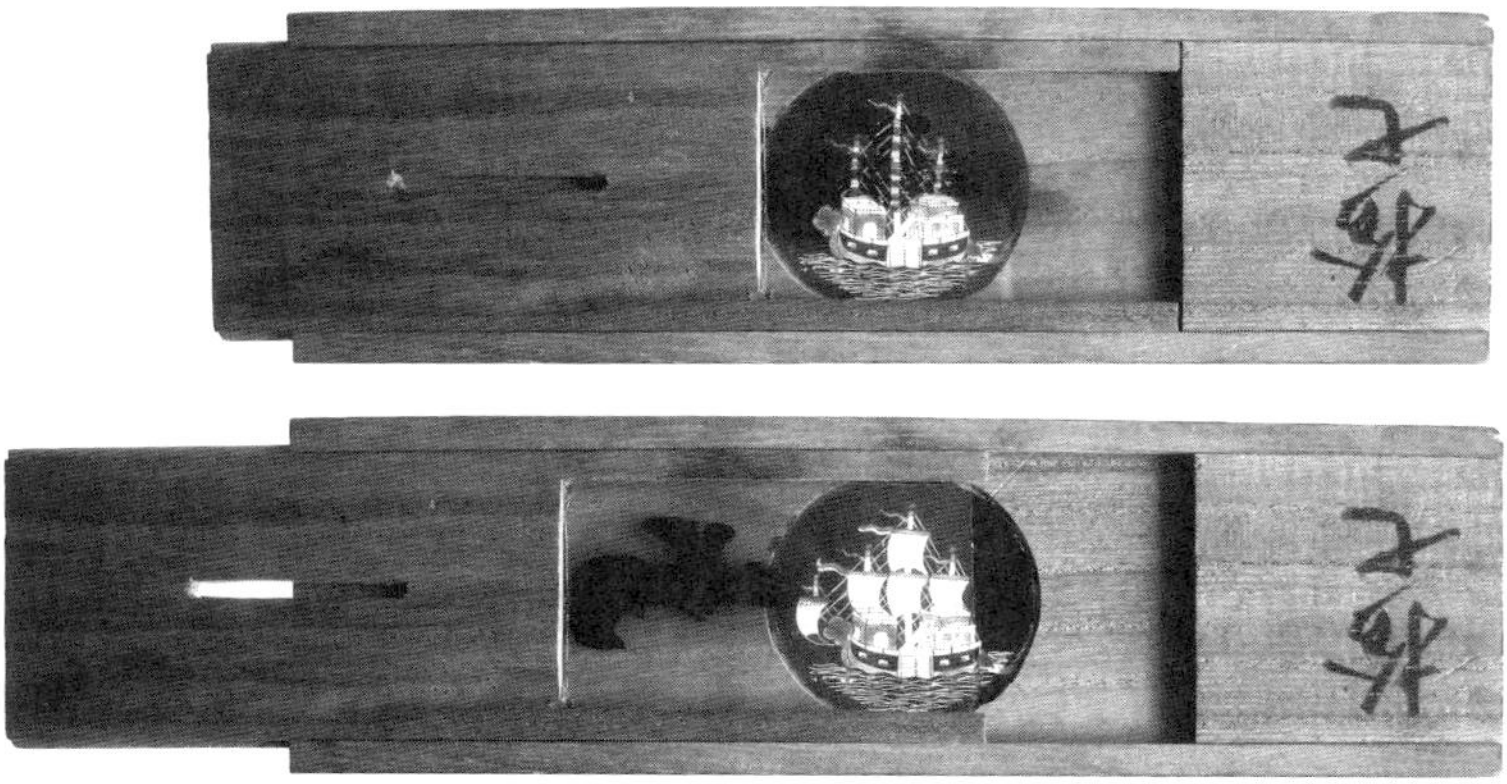

図3上）　写し絵に使用される動くマジックランタンスライド、すなわち和製の「種板」。描かれているのはオランダ船。江戸時代後期。草原真知子コレクション（東京）による画像提供。

中）　近年に復元された江戸時代の「風呂」（写し絵用の和製マジックランタン）と種板（和製マジックランタンスライド）。劇団みんわ座（東京）座長の山形文雄による復元。著者蔵。

下）　劇団みんわ座による写し絵の上映の様子。みんわ座は失われかけていた伝統である写し絵を復活させた。山形文雄／みんわ座（東京）による画像提供。

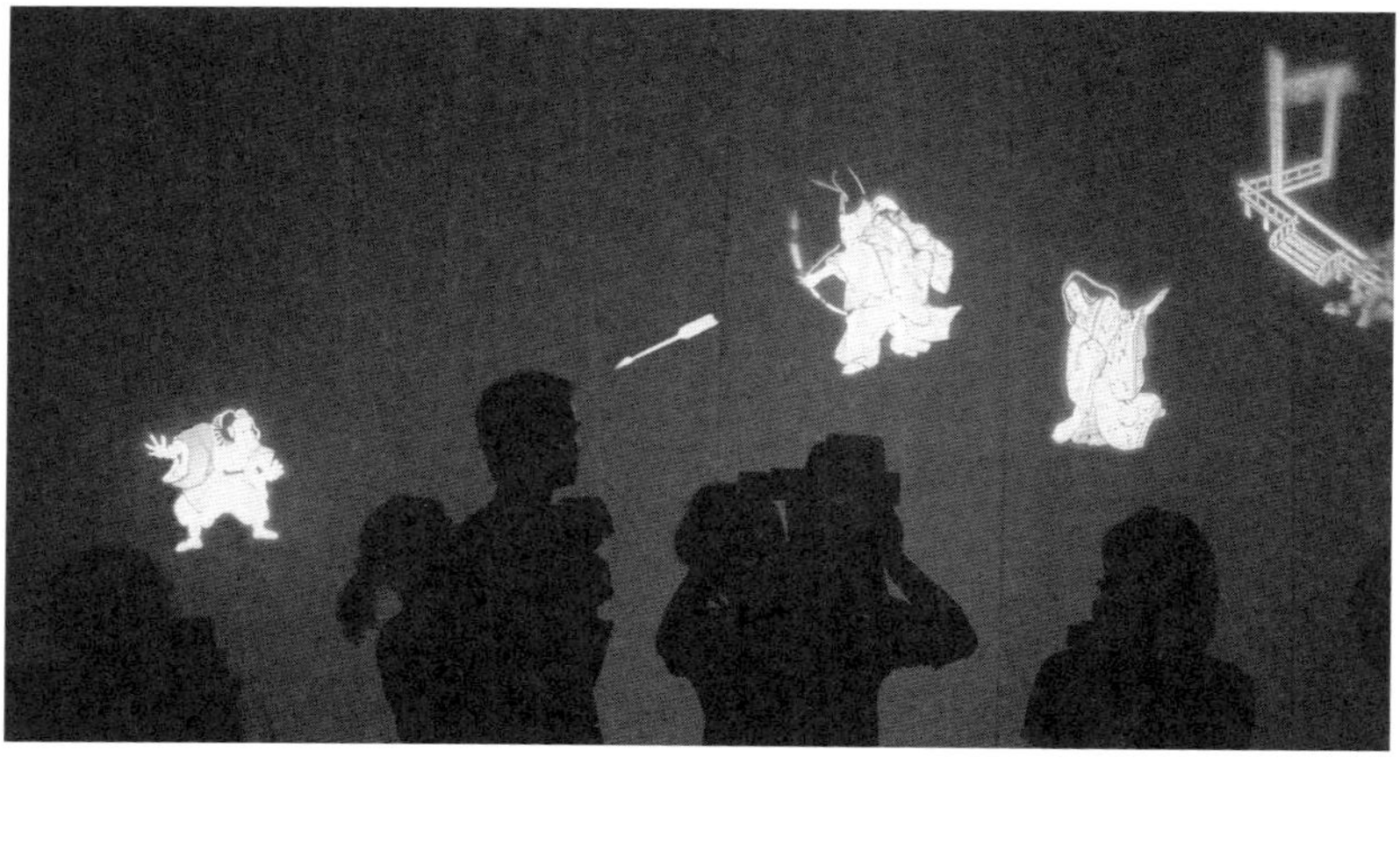

アイディアと合成し、後の技術的・文化的偉業のための土台を段階的にそして静かに築き上げた。それでようやく、そうした偉業は他の国へと伝えられたのだ。西洋的な記述では、たいていの場合、そうしたプロセスの広がり、範囲および深みについては意識されることはない。今日のメディア文化への日本の貢献は重要であると考えられるが、直近のものとしては、第二次世界大戦後の進展が重要である。日本の功績としては、異国の影響の巧みな模倣がしばしば言及される。［その一方で］例えば、〈マンガ〉や〈アニメ〉といった人気のある文化形式が含んでいる要素——技法、テーマ、物語の語り口——が日本的文脈のなかで長い時間をかけて発展してきた、ということはほとんど理解されていない［★22］。西洋のコミック、アニメーション、そしてそれら以外の二〇世紀のポピュラーカルチャーの形式との出会いが刺激となって、これらの伝統は再活性化していっそうの進展を見せ、現代のメンタリティに相当するものを生み出した。現代のメンタリティは、何もないところから突然現われたわけではなかったのだ［★23］。

メディアの歴史への比較アプローチのために

「ニューヒストリシズム」の台頭によって明らかになったように、歴史の記述は、変わり続ける現在の価値判断とパースペクティヴから逃れることはできない［★24］。だが、歴史記述はそれらを鋳型として過去に重ね合わせるべきでもない。この二極のあいだで理論的に裏打ちされたダイナミクスを作り出すべきなのだ。これを基にメディア史研究の現状を鑑みれば、グローバル化が進行するメディア文化の状況の下では、〈アプリオリ〉に西洋を中心とする歴史を擁護することはできない、ということになる。同時に、単に過去を「多文化」の鋳型で型取ることでこの状況を正そうとして、特異性を偽りの多様性に置き換えてしまう（換言すれば、ヨーロッパ中心的なメディアの歴史を、複数のローカルな「メディアの歴史」の集合体によって修正する）のも不適切であろう。必要なのは、〈質的〉に新たな方向を見据えることである。すなわち、異なる文化同士の交流と影響を考慮する歴史が必要なのである。そのような歴史では、例えばメディアテクノロジーの進化といったような厄介な物質的事実にのみ眼を向けるべきではない。西洋的な意味で「メディアテクノロジー」と認められるであろうガジェットは、それ以外の文化では開発されていないかもしれない。しかしながら、そうした文化は、類似した機能を果たす〈他の〉文化形式を生み出してきたのかもしれないのだ。もちろん、それらの文化形式の機能はヨーロッパのそれとは全く別もので、ローカルなコンテクストによる要求と関心事から浮かび上がってくることもあり得る。最終的には、象徴的なものと言説的なものも考察する必要がある。部族の「カーゴ・カルト信奉者」は、西洋のデヴァイスを自分なりにブリコラージュして、儀式に使用し、それを中心として神話的物語を編み上げてある種の「メディア文化」に実際には参与してきたのかもしれない。このような現象を説明し得るためには、メディアの歴史はその境界を越えて、他の学問領域へと目を向ける必要があるだろう。

そのための有益なモデルを、視覚文化人類学と比較文化研究に見出せる。重要なのは、グッディが自らを「人類学者（もしくは比較社会学者）」と呼んでおり、「近代史への人類学的＝考古学的アプローチ」を提唱している点である［★25］。文化人類学は、長い時間をかけて、異文化同士の遭遇の複雑さと陥穽を扱えるようになった。観察者と観察対象の関係は問題だらけである。とりわけ、権力、文化的差異と経済的不平等が絡み合った問題を解きほぐすときにはそうなのだ。視覚人類学ならば、エリック・マイケルズの著作である。オーストラリアのアボリジニ、西洋のメディアテクノロジー、オーストラリア政府、そして部内者／部外者としてのこの文化人類学者が織りなすきわめて込み入った関係について記した彼の著作は、比類のない、かつ、理論的な道標となってくれる例の一つである［★26］。不幸なことに、歴史家はフィールドワークの機会には恵まれていないので、多種多様でばらばらの源から情報を寄せ集めて、説明を作り上げなければならない。遠く離れた過去に起こったかもしれない異文化同士のコミュニケーションということになると、情報源となる資料を発見して解釈するという作業は、きわめて複雑になってしまう。ある程度、憶測になってしまうのは避けられない。

比較史的アプローチがどこまで行けるのかを身をもって示しているのが、ヴィクター・H・メアの『絵画とパフォーマンス――中国絵図の講唱と起源としてのインド』(一九八八)である[★27]。唐代(六一八-九〇六)の「変文」として知られる中国の通俗文学というジャンルの限定的な研究を皮切りとして、この著作は「絵図講唱」、すなわち「視覚的説き語り《ヴィジュアル・ストーリーテリング》」が数千年にわたってたどった広大な文化的・地理的経路のマッピングへとその射程を広げている。説得力はあるが、必然的に仮説的にならざるを得ないメアの結論によれば、こうした「伝統」のもともとの「発祥地」はおそらく古代インドである。そこから四方八方へと広がって、自身を変形させつつ、次第に局地的な影響と結びついていったのかもしれない、というわけだ。興味深いのは、メアが明らかにしている文化的道筋のなかにはヨーロッパを起源とするものがないということである。ヨーロッパには、大道歌もしくはモリタートという、一八世紀と一九世紀に人気を博し、「映す習慣《スクリーン》」の他の形式を触発した「流しの見世物」の伝統がある[図4]。このヨーロッパの伝統は、それよりはるか昔のアジアの視覚的説き語りの伝統といくつも共通点を持っており、十中八九、アジアのそれに影響されていた[★28]。直接的なつながりを示す資料は今のところ見つかっていないが、もう一つの西洋のメディア文化的現象で、長大な絵巻を使った見世物である一九世紀のムーヴィング・パノラマも、ジャワのワヤン・ベベル[☆1]のような東方のモデルから影響を受けていたのかもしれない[図5、6][★29]。

比較を用いる方法は、他の視覚文化の形式の形跡を追うのにも応用できるだろう。例えば、影絵と覗きからくりがそうである。両者は、さまざまな文化的・民族的文脈によって「ローカル化した」状態で、地理上では区分けされた地域において広く遭遇する。影絵の起源は明らかにアジアである。一方、覗きからくりは西洋に端を発し、貿易ルートに沿って広まって、その途中のさまざまな文化によって再解釈されたのかもしれない。覗きからくりの習慣の痕跡は、エジプト・シリア・インド・シンガポール・中国・ロシア・日本・ヨーロッパと北アメ

図4 《市での歌い手》、アントワーヌ・ルイ・ロマヌによるエングレーヴィング。下敷きになっているのはヨハン・コンラート・シーカッツの絵画。ビュルド（パリ）およびメチェル（バーゼル）による刊行。1766年。この版画には旅回りの大道歌手（Bänkelsänger）（フランス語ではchanteur en foire。市で歌を歌いながらパフォーマンスをする芸人）が描かれている。歌い手の妻は歌詞（もしくは「瓦版」）を売っている。著者蔵。

図5　オランダの言語学者G・A・J・ハゼウのためのワヤン・ベベルのパフォーマンス。ジャワのジョグジャカルタの宮殿にて、1902年。カッシアン・シーファス撮影。KITLV／オランダ王立東南アジア・カリブ地域研究所による画像提供。

図6　バスフォード&チャンダーの「ポリオラマ」のイラスト。ポリオラマとは巡回するムーヴィング・パノラマショーのこと。1882年の上映会（アメリカ合衆国）のための広告ビラの一部として刊行。著者蔵。

リカといった、幅広い地域で発見できる〔図7、8〕〔★30〕。諸々の覗きからくりの外見のデザインはその場所の伝統と美意識に従ってさまざまであるが、その内部の「からくり」の構造はしばしば酷似している（それらが互いに孤立した状態で発展したのではないことを暗示している）。これらのからくり箱には一つの歴史的問題が含まれている。少なくとも中国と日本のいくつかのからくり箱では「異国の風景画」を見せていたようなので、おそらくそれが異国起源であることはわかっていたであろう。一七八二年に描かれた日本の挿絵では、覗きからくり屋が一席ぶっているところが描かれている。からくり箱の上に立てられた看板には「おらんだ大からくり」と書かれている〔★31〕。覗き穴を覗き込むことは、身の回りのものごとからのかりそめの逃走、すなわち、視覚＝光学的な異国への旅であった。それは同時に二重の意味で「手の届かない」旅であったのだ。今までのところ、さまざまな文化

図7　「からくり画像を見せる女性」。旅回りの女覗きからくり屋が描かれたポストカード。インド、1910－1920年代。この習慣は一般的であったに違いない。というのも、後にインドでは、「女覗きからくり屋」が商業目的の数々の長編フィクション映画で呼び物となっているからである。著者蔵。

図8　一列に並んだコイン式の覗きからくりマシン。奄美観光ハブセンター、名瀬、奄美大島、日本、2006年。エルキ・フータモ撮影。

にわたる覗きからくりの軌跡は、研究者たちの興味をほとんど引いていない［★32］。その理由の一つは、大道芸としての性格からきているのかもしれない。影絵は、社会的・文化的・宗教的な意味合いを暗に含んでいたので、その記憶や上演の習慣を保つ助けとなって、今日まで続いている。それに対し、覗きからくりは束の間のものとして考えられていた［★33］。そのため、文化的には幅広く存在していたのにもかかわらず、その痕跡はほとんど残っていないのだ。

何が「メディウム」を構成するのか？

すでに示唆してきたように、異文化同士の比較に基づいてメディア史を追求すれば、「メディア」と「メディア文化」の意味はどうしても定義し直さなければならなくなるだろう。これらの概念は西洋の思考を反映して、西洋で発展した。ゆえに、吟味なしにそれらを他文化へと重ね合わせるべきではない［★34］。もちろん、いくつかのケースではそうすることは容易である。私がすでに別の論考でそうしているように、「覗きメディア《ピープ・メディア》（peep-media）」ということばを普遍的な用語として使っても大きく外れはしないだろう［★35］。「ピープメディア」の置かれた文脈と形状は無数に存在していて、それらは占めていた場に違いはあったにもかかわらず、互いに類似していたのだ。覗きからくり箱は、視覚表象を眺めるために設計された〈装置〉（「メディアマシン」）である。そうした視覚表象を、運動や「雰囲気」を変えるといった「視覚効果」によって強めることさえできた。覗きからくりは「メディア文化的」現象と見なすことができるだろう。というのも、覗きからくりが、日々の経験とは視覚的かつ経験的に隔たった「媒介された」経験をもたらしていたためである。箱で仕切られたなかに「視覚＝光学的」に入り込むと、時代錯誤的な言い回しであるが、絵によって「ヴァーチャル旅行」という経験がもたらされた［★36］。現代のメディア文化でも覗く習慣は依然として存在していることも指摘できるだろう。それは、宮利目的のウェブサイト（とりわけアダルトサイト）で用いられている「惹きつけの《アトラクション》論理」のなかに、最もはっきりと現われている。その種のウェブサイトはユーザーを誘惑するのに、とても小さなサムネイルやアニメーションを使い、料金を払ってそれらに「入る」よう彼／彼女をせき立てているのだ（クレジットカードが覗きからくり屋に手渡されていたコインに取って代わった）［★37］。こうした現象がどのように過去の覗きからくりと結びつき得るかということは、歴史学的で文化理論的な問題なのである。

　では、影絵も「メディウム」として考察できるのだろうか？　それはむしろ行為遂行的《パフォーマティヴ》なジャンル、すなわち儀式に関わる劇の形式ではないのか？［★38］　日本の〈写し絵〉で見られたように、マジックランタンによるプロジェクションが影絵に加わると影絵はメディウムになるのだろうか？　写し絵は明らかに「純粋な」エンターテインメントの形式であったから、というまさにこうした理由ゆえにそうなるのだろうか？　「視覚的説き語り」の軌跡に関してはどうだろう？　市場で絵解きをする旅回りの歌い手を、「メディアアーティスト」という名前ができる以前の、ある種の「メディアアーティスト」として見なすことはできるだろうか？　異文化の文脈で意味を持つためには、コミュニケーションを扱う文化形式で、それも身体を何らかの媒介物で「置き換え」てはおらず、身体という人間的要素を含んでいる文化形式を「メディア」概念を拡張してカヴァーするようにすべきであろう。最先端の「メディアテクノロジー」の使用を絶対的な基準として考えるべきではないし、メッセージを広め交換するために制度的に維持されているネットワークの存在を求めるべきでもない。そうした観点からいくと、実際のところ影絵は「メディウム」と考えられるだろう。というのも、それは視聴覚的な表象方法を使って、社会・文化・美的感覚と関連する複雑な意味合いを観客へと伝達しているからである［★39］。そうしたメッセージが、スクリーンの背後で人形を操る生きた人間によってリアルタイムで生み出される、ということはさほど重要ではない。影絵は「テクノロジー」ではないかもしれないが、確実に文化的「技法」として見なすことができるのだ。

「メディア文化」という考えを、物質的な形式にのみ限定してはならない。物質的な形式は、非物質的なものごと——ベンヤミンをもじれば文化の夢の世界——に常に関わる。ゆえに、伝統的な視覚的表象の様態《モード》もまた「メディア」として機能するだろう。というのも、そうした様態に関わる物質的存在は「メディアに関連する」言説の現出を誘い、そうした言説は文化という織物のなかでそれ自身の生を送り始めるからだ。美術史家ウー・ホンは『屏風のなかの壺中天——中国重屏風のたくらみ』という興味深い著作で、中国の伝統において描かれた衝立《スクリーン》を取り巻く意味の広がりを論証した［★40］。単なる物質的な芸術品である（家具かつ「芸術」作品である）ことにとどまらず、衝立の意味は文化的想像の深みへと達する。それは、物理環境をヴァーチャルに拡張し、その前にいる人々を「包み込ん」だのだ（描かれた衝立の前で、儀礼用の身なりをした皇帝が描写されている。その衣服や装飾品が衝立に描かれたそれらと溶け合っている）。また、衝立は他の世界への想像上の出入り口としても機能していた。中国の衝立から連想されるその使用と意味の多くは異国的でエキゾチックな印象を西洋人に与えるが、その先を見る、もしくはその本質を見抜こうとすることに価値がある。ウー・ホンが議論している衝立《スクリーン》は、明らかに、西洋のメディア文化的な意味での「スクリーン」（ダイナミックなヴィジュアルデータを見せるための面）ではない。にもかかわらず、それらは、その文化の動作主体《エージェント》にはわかる、体系的な視覚的メッセージと文化的意味合いを伝達している［★41］。

内爆発なき拡張?

もちろん、「メディア」概念をあまりに広げてしまえば問題を引き起こし、最悪の場合、それは抜け殻になってしまうだろう。あらゆる種類の視覚形式を「メディウム」として解釈できるとしたら、内爆発が起こってしまうのだ。そのため、いくつかの問題は心に留めておかねばならない。「メディア文化」とは何か? その射程は？　いつどこでそれは始まったのか？　こうした問いに少しでも答えられるよう、「技術的に進んだ社会」において進展し、「スペクタクル社会」（ドゥボール）・「文化産業」（アドルノ＋ホルクハイマー）・「ハイパーリアリティ」（ボードリヤール）といった発想と関係する、特定の、それもきわめて最近の文化状態のためだけに「メディア」概念をとっておくべき、と考えるのは理に適っているかもしれない。二〇世紀以前の社会の大半では、そうした状態は全く存在していなかったのだから。ならば、「メディア」概念はそれ以前の「未開の」状況に応用できると言うことさえできるのは、なぜだろうか？［★42］　それに対する答えは一時的なものでしかあり得ないし、さらに議論が必要になるのは確実である。私を含むメディア考古学者たちが提示しようとしてきたように、「メディアの深厚なる時間」（ツィーリンスキー）は以前に考えられていたのよりもはるかに長い［★43］。おまけに、横方向にも、すなわち文化・大陸・伝統を横切って広がりもする。そのため、別々である、さらにひどい場合には、存在しないと今までのところ思われていたものごとが結び合わされることになる。「メディア文化」として定義されてきたものは、実際にはより大きな文化的（諸）構造《フォーメーション》の（一）部分であり、私たちはその輪郭をようやく理解し始めたにすぎないと論じることには理由があるのだ［★44］。

ここから真の挑戦が始まる。以下の問いをそのための土台としよう。すなわち、目的も、概念も、興味も、学術的伝統と理論も、そして言語さえも共有していない文化的環境のなかで、そして、そうした文化的環境のあいだで、私たちは「グローバル」なメディアの歴史をどのように紡ぐのだろう？［★45］　本論考で縁どられた問題が追求に値するとすれば、学術的コラボレーションという問題がすぐさま生じてくる。比較メディア史は、国際的に認知された研究領域としては存在しない［★46］。また、重要な貢献をしてくれる研究者たちの学術的背景はおそらく非常に多岐にわたっており、彼／彼女らがメディア学者でもメディア史家でもない、ということも十分あり得る。そうした研究者を世界の片隅から捜し出して、ポリローグを創出するにはどうすればよいのだろう？　国際会議は出発点としては申し分ない。だが、それはいくぶん保守的で問題含みのアイディアである。オンラインでのフォーラムを設けることは、国際会議よりはよい皮切りとなろう。しかし、オンラインでのコミュニケーションにおける英語の支配的な役割を含む、さまざまな問題がそれにもついてまわる。コラボレーションの形式がどのようなものであろうとも、まずは次のいくつかの根本的な問題を議論するところから始めるべきである。「メディア」とは何か？　そして異なる文化的コンテクストでそれはどのように理解されるのか？　多種多様な文化的観点に基づいてメディア史を紡ぐと同時に、それらを互いに調整することはどうすれば可能なのか？　結局のところ、そしておそらく最も重要なのは、そうした「全体的」なアプローチは可能なのだろうか、もしくはそもそも望ましいものなのだろうか？　という問題なのだ。

第II部

実践・架橋編

図1　台座式万華鏡、1860年頃、おそらくイギリス製。著者蔵。

第4章

「世界はみな、一つの万華鏡」

メディア文化揺籃期へのメディア考古学的見通し

要旨：本論考では、万華鏡［図1］の発明およびそれが誘発した初期の論争に注目することで、メディア文化の諸々の起源に関連する論点を議論する。万華鏡は、スコットランドの科学者デイヴィッド・ブリュースターにより考案され、一八一七年に初公開された。本論考は、広範な研究プロジェクトの一環であり、そのなかでも最初に公刊されるものである。その研究プロジェクトでは、過去二〇〇年間において、絶えず変化しながら万華鏡につきまとってきた意味を取り上げている。筆者は、このトピックにメディア考古学的見地からアプローチする。物質的な万華鏡に加え、「言説における万華鏡」――文化とテキストの伝統のなかに万華鏡が残した足跡――と、筆者が呼ぶものごとにも注意を向ける。

万華鏡のように次々にあたらしい模様が現れる。それは修辞をつくした箇所であり、その満ち溢れる華麗さは、さながら瀑布となって流れる。

――エルンスト・ローベルト・クルティウス『ヨーロッパ文学とラテン中世』（一九四八）

イントロダクション

テクノロジーは流行《はや》っては廃れていく。数百万のデヴァイスが今年生産されたかと思えば、次の年にはもう叩き売られている。無慈悲なペースで、新しいモデルが古いモデルに取って代わる。過ぎし年のガジェットのなかには、蚤の市と驚異の部屋のなかで生き延びるものもあるが、大半はゴミくずとして捨てられて、文化的記憶から除去されてしまう。以上の内容を鑑みれば、万華鏡が生存し続けていることは注目に値する。スコットランドの自然哲学者デイヴィッド・ブリュースター卿（一七八一－一八六八）［図2］により、万華鏡の特許が取得されたのはほぼ二〇〇年前のことであるが、廃れて終わりになる徴候は見られないのだ［★1］。世界のほとんどどのような場所でも、人々は熱心な目でブリュースターの絵筒を覗き込んでは、変転する有様に驚嘆し続けている。万華鏡は子どもと大人、両方のお気に入りで、膨大な数が毎年売れている。安価な大量生産品のちゃちなお土産品から職人の手による無二の「王侯貴族の秘宝」まで、各自の懐具合に応じた万華鏡がある。特許のアーカイヴは、指数関数的に増大する人間の創意工夫の共同墓地であるかもしれないが、Google Patent Searchが明らかにするところによれば、万華鏡に関わるものごとについての特許申請はとどまるところを知らないのだ。

過去二〇〇年のあいだに、数えきれないほど万華鏡が製造されてきた。しかし、万華鏡には、それよりもはるかに多くの「実体のない楽器」による伴奏がついていたのかもしれない。このことばで私が意味しているのは、テキストおよび視覚に関わる伝統において万華鏡が言説という姿をとって現われ出る、ということである。この論点については、ジョナサン・クレーリーが簡単にではあるが触れている。クレーリーは、シャルル・ボードレールにとってはなぜ「万華鏡が近代そのものと符合したのか」ということについて述べている。「意識を授けられた万華鏡」になることは「普遍的生活を愛する者」の目標であった、というわけだ［★2］。また、マルクスとエンゲルスにとって「万華鏡はまったく別の機能を担っていた」こともクレーリーは指摘している。『ドイツ・

イデオロギー』でサン＝シモンを批判する箇所で、マルクスとエンゲルスは万華鏡のもたらすイメージを、イデオロギー的まやかしの寓話として使用した。万華鏡がもたらすイメージは見たところ多様であるが、同じパターンを〈永遠に〉繰り返すことで生み出されている、というわけだ［★3］。そうした寓話を私は「言説における万華鏡」と呼んでいる。「言説における万華鏡」にはテキストと視覚の諸々の伝統のなかで何度も出会うことになるが、その意味をかたちづくるのは「言説における万華鏡」を誘起する文脈である。

　アルノー・マイエは、万華鏡が一九世紀の視覚的抽象と装飾の理論に与えたインパクトを調査した結果、万華鏡が応用芸術と工業生産に与えたインパクトに目をつけ、「万華鏡に関する思考が、いかにクリエイティヴな想像力の供給源となり、一九世紀初頭に手工業の拡大を導き、産業へと応用されるようになったのか」ということを論証している［★4］。結論部で彼はさらに議論を進め、化学と万華鏡が作り出す像を比較して、万華鏡は一九世紀後半に「想像力の再定義」に一役買っていたということを示唆している。マイエはこの重要な論点にはほとんど手をつけてはいないが、彼の見方は正当である。ぞんざいに「アーカイヴを掘り起こす」だけでも、言説における万華鏡が大量に出土する。ほとんど開かれたことのない本のページには、数えきれない実録・空想・寓話が埋まっているのだ。このような言説の活動は、本のタイトル・目次・索引をすり抜けてしまうが、Google Booksとインターネットのアーカイヴのようなデジタルデータの情報源を使うことで、研究の土俵

図2　万華鏡発明者のデイヴィッド・ブリュースター卿の肖像。パブリックドメイン。

に持ち込むことができる。オンラインのアーカイヴのおかげで、目印も索引もないテキストおよび視覚資料の流れから、言説における万華鏡を掬いだせるのだ。

ムーヴィング・パノラマの歴史に捧げた浩瀚《こうかん》な著作『イリュージョンズ・イン・モーション』を上梓した後、私は失われた言説としての万華鏡を求めてタイムトラヴェル的探検に乗り出した[★5]。それは骨折りに値するのか、訝《いぶか》しむ人もいるだろう。結局のところ、万華鏡はなくても困らない玩具であり、魅力的ではあるが実用的ではなく、とどのつまりはとるに足らないものとして通常は考えられている。すなわち、万華鏡は真剣に注意を払うほどのものではない、というわけだ。以上に対して、私は次のように主張し、反論しよう。すなわち、テクノロジーによってもたらされたデヴァイスと接続することについての論理、人の手によって作り上げられた現実との遭遇、そして外的な刺激を変形してユーザーの精神中に内面化されたパターンを形成すること、これらを理解する際に万華鏡はたくさんの事柄を提供してくれる、と。言説における万華鏡の現われは、私たちが「メディア文化」と呼ぶところの文化状況がもうそこまで忍び寄ってきていることを示すしるしとして、読みとれるのだ。

それゆえ、私の探検の最終到達地は、言説における万華鏡の現われを越えたところにある。それは次のように定式化できるだろう。すなわち、メディア文化のなかに暮らすとはどのような意味か？　メディア・マシンとの交流は、現実との関係にどのような影響を与えるのだろうか？　「メディア文化がもたらし、人々の精神の中に内在化した想像」は存在するのか？　存在するのならば、それはどのように現われるのだろうか？　同時代人たちの万華鏡の受容と「精神の変容」を探ることは、比較的最近の現象であるメディア文化の揺籃期に光を当てることなのである。メディア文化は、例えば書籍の大規模流通が示すように一九世紀以前に芽生えはしていたが、メディア文化の重要な形成発展が起こったのはやはり一九世紀および二〇世紀初頭の期間である。しかし、その定義・歴史・構成要素に関して合意は存在しない。私はメディア考古学というアプローチを用いて、今まで人の手が入ったことのないデータの層――物質的な層から言説的な層までの――に侵入することを試みる。それにより、一八一〇年代と一八二〇年代に起こった一群の絡み合った発展とやりとりに光を当ててみよう。それらは主にイギリス・フランス・ドイツの事例であるが、他の場所でも「共鳴するもの」として取り上げることにする[★6]。

私が影響を受けた研究の一つは、カルロ・ギンズブルグらにより実践されたミクロ歴史学である。とはいえ、歴史的動作主体《エージェント》の視点・心性と同一化することは重要だと思うが、歴史の観測者が現在によって彼／彼女に課せられる精神的図式を回避できるということを、(少なくとも暗黙のうちに、以上の内容を信じているように思われる何人かのミクロ歴史学者とは異なり)私は信じていない。研究者と「過去」の主体＝客体関係は、対話的であり、お互いに支え合い、問いを投げかけ合うことができるようになっているべきなのだ。メディア考古学は、文脈的なもの(特定の時間と場所)につぶさに焦点を合わせる代わりに、歴史を横断するものごとを強調する。そのために埋もれた文化の主題すなわちトポスの軌跡を追跡することになる。なぜなら、トポスが一見無関係に思われる諸々の文化的景観を横切っては繫いでいるためである[★7]。

この論考は、それを含む私の研究プロジェクトのうちで最初に刊行されるものである。本ジャーナル[☆1]には字数制限があるため、ここで私にできるのは、イントロダクションを提供して、より広い研究への道筋をつけることだけである。よって、万華鏡の発明と、それによりほとんど時をおかずに「文芸共和国(Republic of Letters)」のなかで火がついた論争をもっぱら取り上げることにする。最後に、万華鏡が世に出て最初の数年間の一般大衆による万華鏡の受容の様子について簡潔に議論する(より詳細な分析は追って行なう)。万華鏡は、同時代人が描写するところの「万華鏡熱」という大衆的熱狂を突如引き起こしたと言われている。「万華鏡熱」はそれ以降に生まれるようになった「メディア熱」の走りであり、それゆえ注目に値するのだ。言説における万華鏡の(そして万華鏡それ自体の)反響は、驚くほど急速に遠く広く鳴り響いて、西洋世界を飛び出した。言説における万華鏡は、物質としての万華鏡が世に出たのと時をほとんど同じくして出現し始めて、今日までその姿を見せている。それらがどのように文脈を移動し、変化する文化状況のなかで新たな意味を付与されたのかということは機会を改めて論じることにしよう。

万華鏡の発明と文脈

ブリュースターは世人の視神経を歓喜させる
彼の名高き覗きからくりとその千変万化の光景により……

――『ザ・プレス、もしくは文学四方山話』

デイヴィッド・ブリュースターは、スコットランドの自然哲学者であり、作家であり、ジャーナリストでもあった。そのブリュースターが万華鏡（ギリシア語で「美しい」を示す*kalos*、「かたち」を示す*eidos*、そして「見ること」を示す*scope*から作られた）の特許を取得したのは、一八一七年の夏のことである［★8］。一八一九年に出版した本では万華鏡について解説をしてその特許所有権を立証しているのだが、この著作中で、彼は一八一四年に万華鏡の着想を得て、次第にそれを発展させて完全無欠な器具にしたと力説している［★9］。ブリュースターは、何があっても自分の発明品が一番優れていると主張することで知られているので、彼自身の語ることを額面どおりに受けとるべきではない。しかしながら、彼の最初の著作『新しい科学的《フィロソフィカル》器具についての書』は、A・D・モリソン＝ロウが述べるように、「改良のためのアイディアと新しい器具でいっぱいであった」［★10］。ブリュースターは光学に焦点を合わせ、水晶による偏光、反射面、そして宝石を使用した顕微鏡レンズといった問題を研究している［★11］。最後の章は「新たな構造に基づいた、オペラグラスとナイトグラス」に捧げられており、そこには単なる哲学的・科学的探求を超えようとする彼の欲求が垣間見える。

ブリュースターの多岐にわたる興味が、万華鏡に集約されるのは道理であった。万華鏡の基本的なかたちはシ

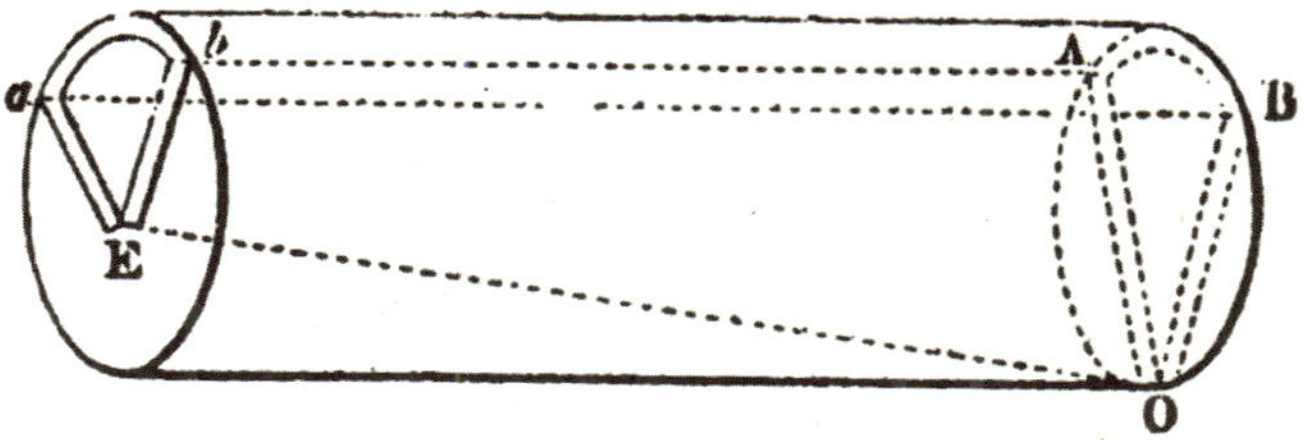

図3　ブリュースター式万華鏡の設計図。ブリュースターの著作『万華鏡。その歴史、理論および構造』ロンドン：ジョン・マレー、1858年、p. 61。パブリックドメイン。

図4　フィリップ・カーペンター社製の豪奢なブリュースター式万華鏡の装飾付き覗き穴。1818-1819年頃。http://www.fleaglass.com/ads/brewster-kaleidoscope-c1850/

ンプルである。二枚の細長い反射面が、注意深く計算された角度で、筒の内側に配置された〔図3〕。筒の一端には覗くためのすきま（しばしばレンズがついている）が開いており、もう一端には、彩色されたガラス片で満たされた透明なセル〔☆2〕がある。セルを回転させたり万華鏡全体を回すことで、セルに詰められた小片が動く。すると、相称的で絶えず移り変わって、無限に増殖する光景が生み出される。ブリュースターは、バーミンガムのフィリップ・カーペンターのように、評判の科学器具屋が製造した上等の見本を改良した〔図4〕。初期に特許を受けた万華鏡には、小さなオブジェクトが詰まった交換用セル一式がしばしば付属していたが、空のセルがついてくることも多かったので、好きなようにものを詰めることができた。ブリュースターの「望遠鏡式《テレスコピック》万華鏡」のオブジェクトセルが、拡大レンズのついた真鍮のリングと入れ替えることができたという点は重要である［図5］。覗き筒は引っ張って「望遠鏡のように」伸ばすことができたので、焦点を合わせれば、どんな距離にあるものでも万華鏡模様に映し出すことができたのだ。

特許申請の文章中で、ブリュースターは万華鏡に二重の機能を見込んでいる。「常に変化する壮麗な色合いと相称的なかたちの連続により目を喜ばせる、もしくは、どんな装飾芸術にも最適と思われるものを観る側がいつでもつくれるようにする。万華鏡はある意味このどちらかを目的として作られている」［★12］。大げさなタイトルがつけられた万華鏡に関するブリュースターの著作の第二版（一八五八）によれば、万華鏡は「ファインアートと実用芸術」――審美的観照と実用――の両方に役立つのだ［★13］。万華鏡を眺める側は「色彩が規則的で美しいかたちと結びつけば」満足したであろう。だが、万華鏡は目の快楽と手の使用を結びつけることも意図されていた。それは視覚的《オキュラー》なものごとと触覚的《タクタイル》なそれを橋渡しすることになる。ブリュースター曰く、彼の発明は「建築家、装飾画家、石膏師、宝石職人、彫金師、高級家具職人、針金細工師、製本師、サラサ捺染師、陶器メーカー、および、これら以外にも、装飾のパターンを必要とするどの職業にとってもたいそう有用」であった［★14］。

増殖と変形による抽象のプロセスが、万華鏡経験の肝である。それを生み出すのが、目、手、眺めるための装置、そして、ありふれたものの一種の変貌を通して一変した実生活の痕跡、この四者の遭遇であった。ブリュースターは、エジンバラのルースヴェン&サンズ社によって販売された万華鏡に同封されていた説明書（一八一八年三月一二日付け）のなかで、こういったことを表明している。望遠鏡式万華鏡で観察するのに向いた対象には、「懐中時計の鎖、秒針、硬貨、絵画、宝石、貝殻、花、植物の葉と花弁、刻印など」どこにでもあるものが含まれていた［★15］。オブジェクトセルをレンズに代えると、こうした身の回りのものすべての様相は一変する。「部屋の家具、卓上の本と書類、壁にかかった絵画、燃え盛る火、木とやぶの揺れる枝葉、花束、大庭園の馬と牛、動いている馬車、川の流れ、蠢く虫。要するに、レンズの助けによって、自然のあらゆるものがその器具が創り出す模様として取り込まれるのだ」[★16]。

しかしながら、万華鏡を視覚文化・芸術における純粋な抽象の先触れとして見なすことは早計であろう。その背後には生産主義的な姿勢が見え隠れしている。外的な現実は、筒を通って光学的に濾過されて再び外界へと送り返される際には、模様入りの織物と建築装飾品のためのスケッチになっているのだ。科学的《フィロソフィカル》なものから功利主義的なものへのずれは初期産業革命のエートスを表わしているが、発明者自身の状況からも説明できる。当時のブリュースターは、教育や研究に関わる正規の常勤職についていない独立した存在であった。ブリュースターは、

図5　フィリップ・カーペンター社製のブリュースターの望遠鏡式万華鏡。1818−1819年頃。http://www.fleaglass.com/ads/brewster-kaleidoscope-c1850/

主に雑文を書き散らすことで、育ち盛りの家族を養ってもいた。新たな収入源が必要だったのだ。自然哲学者としてのブリュースターは活動的ではあったが、セミアマチュアにとどまっていた。だからこそ、彼は、活気づくエジンバラの知的サークルで科学者として何としても認められたかったのだ。ブリュースターは、自身の発明を「何にでも応用できる一般向け科学的《フィロソフィカル》玩具」と思ってほしかったのだ［★17］。

万華鏡の特許を得るのには多大な費用がかかったが、それは金銭的な利益を期待して取得したことには間違いなかった［★18］。不幸にも、ことは計画したとおりには進まなかった。ブリュースターの娘が後ほど述べたところによれば、彼女の父は「万華鏡でびた一文稼《ファージング》ぎはしなかった」。だが、彼女はすべてを語ってはいないだろう［★19］。ブリュースターは『万華鏡に関する論文』（一八一九）で、次のように自身の見解を述べている。

> いくつかのロンドンの光学器械商で特許取得済みの万華鏡を展示したのだが、そのうちの一台がきっかけとなり、万華鏡の特筆すべき性質が漏れてしまった。売り出せるように数を揃える前のことである。万華鏡の効果を早まって披露してしまったためにロンドンで巻き起こったセンセーションは、筆舌に尽くし難い。その激しさは、実際に目の当たりにした人たちでなければ想像できない。この件について最もうまくまとめているひとたちの評価を借りて、ロンドンとパリでは三月《みつき》のあいだに二〇万台売れたと述べれば十分であろう。莫大な台数が捌けたわけだが、科学的原理に基づいて組み立てられていて、万華鏡の力に関して何でもいいので正しい理解のようなものをもたらしてくれるものは千台とないだろう。そして、万華鏡の効果を目撃した数百万人のうち、万華鏡の土台となっている科学的原理についてどの程度でもいいので理解している人、本物の万華鏡と偽物のそれを見分けられる人、または、万華鏡の原理について十分知っていてあまたの実用装飾芸術の領域に応用できる人は百人といないだろう。［★20］

ブリュースターは具体的な証拠を全く提示しなかったが、彼の見解は事実として受け入れられている。それに加え、後述するように、万華鏡がほとんど即座に注目を集めて流行し、遠く広く普及していったことも明らかである。一八一八年五月一七日にシェフィールド——ブリュースターは、エジンバラの小売り商人ジョン・ルースヴェンのため万華鏡の製造の段取りをつけに訪れていた——で書かれた妻への手紙のなかで、ブリュースターは「成功」を報告しているのだが、その内容は何とも悲喜劇的だ。トンチンホテルに入ると、彼はすぐに二つの貧弱な作りの万華鏡を目にし、給仕人が次のように説明するのを耳にした。「こちらの万華鏡を発明したのはロンドンの学者先生で、特許をお持ちです——ものによってはブリキ屋がその特許を侵害しておりましたので、その学者先生はそいつらを見つけ出して、告訴しようとしているところなのですよ！」[★21]。この手紙への返事で、ブリュースター夫人は万華鏡を求める声が高まってエジンバラを覆った様子を描写し、在庫を売り切ってしまったためにひっきりなしに万華鏡を求める客に対応できず、破れかぶれになっているルースヴェンについて書き記している[★22]。

ブリュースターを悩ませたのは、自身の特許権の正当性をうまく主張できなかったり、効果的で信頼のできる生産方式の整備がうまくいかなかったりしたことだけではなかった[★23]。万華鏡はブリュースターの独創的な発明などではない、むしろそれ以外の人々によってもたらされた原理の応用品でありずっと前から知られていた、と速やかに主張されたことにも悩まされていたのだ。早くも一八一八年には、E・L・シモンズという名前のぱっとしない発明家が匿名で発行した小冊子に「現在万華鏡と呼ばれている器具の説明と使用について。その真の発明者である、ケンブリッジ大学植物学教授リチャード・ブラッドレー英国学士院会員に成り代わり出版す」というタイトルがつけられていた[★24]。実際、その小冊子の大半は、ブラッドレー（一六八八－一七三二）の「植樹と造園に関する新たな改善策」（一七一七）の一節のほぼ転載である。この一節にブラッドレーが考案したと思しき「新発明」の描写が含まれていた。その名もなき発明品は「より迅速に」「庭園図面」を引く方法をもたらした。「それを用いれば、現存するすべての〈造園〉の書のなかで見つけることができるどの図案よりも、ヴァラエティに富んだそれを一時間で産み出すことができる」[★25]。このデヴァイスは蝶番のついた二枚の平面鏡でできていた[図6]。それを幾何学的な図形が描かれた紙の上に直立させると、角度のついた鏡が映し出す反射によって庭園図面は「完成する」。

シモンズの「一般の人々への呼びかけ」が意図するところは、全くもって明瞭である。ブラッドレーの発明は、庭園の設計にのみ関係していたがゆえに忘れ去られていたが、「後代になって、万華鏡という耳触りのよい名前がつけられて、より使いやすいかたちになって［一般大衆に］紹介された［……］」と、シモンズは主張しているのである[★26]。だが、シモンズによれば、万華鏡はブラッドレーのデヴァイスのコピーとすら呼べないものであった。というのも、「いくつかの例外を除いて、正確かつ簡単に調節できるという点で、万華鏡なるものはオリジナルの発明品に格段に劣っていた」ためである。我流の万華鏡メーカーと「かの万華鏡の特許権所有者により特別に選ばれたような人」では「正確に組み立てるのは難しい」という点をシモンズは強調している。彼によれ

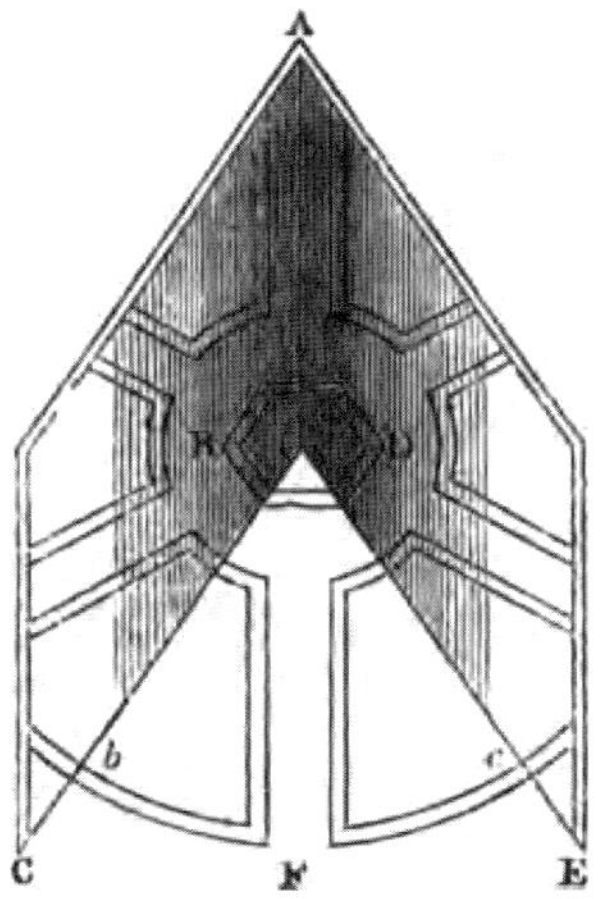

図6　リチャード・ブラッドレー（1688-1732）の折り畳み式鏡。E・L・シモンズ『現在万華鏡と呼ばれている器具の説明と使用について。その真の発明者である、ケンブリッジ大学植物学教授リチャード・ブラッドレー英国学士院会員に成り代わり出版す』（ロンドン：フィンズベリー・ペイヴメントのE・L・シモンズのために発行、グレイスチャーチ通りのダールトン、ハーヴェイ＆Co.販売、1818年）の図より。パブリックドメイン。

ば、そうした人々によって組み立てられた器具は「不正確で不規則な反射」をもたらし「ヴァリエーションを産み出すことはできなかった」。それに対し、ブラッドレーの器具の鏡の角度は「意のままに、そしていともたやすく」調整できる。「一般大衆が熱狂する万華鏡で一儲けする」ために、シモンズは自身が手を加えたブラッドレーの鏡を売りに出した。彼は、小冊子の最後に目立たないように添えられたパラグラフで、こうしたことを記し、価格の一覧もそつなくつけている［★27］。

ブリュースターは即座に反撃を開始した。同僚と支援者に自分を擁護するよう説いたところ、『科学《フィロソフィー》年報』が三号連続（一八一八年五月号、六月号、七月号）して主張を取り上げたのだ［★28］。編集を担当したのは、ブリュースターの仕事をよく知っており個人的にも面識があった、グラスゴー大学欽定化学教授トーマス・トムソンである。「ある投稿者」が二本の論文を寄せて、ブリュースターを擁護している。その内容は、すぐ翌年に出版予定であったブリュースターの万華鏡に関する著作のかなりの部分を言い換えたものであった［★29］。ブリュースターの発明のオリジナリティを疑う主張はつぶさに反駁され、アカデミックの権威たちからの支援の書簡から文章が引用されて公表された（ブリュースターはそれらと同一の書簡を自分の著作に収録している）。仮にこの「投稿者」がブリュースター自身でなかったのならば、その人物は彼にとってきわめて近しい人であったに違いない。

最も詳細に比較が行なわれたのは、ブラッドレーの鏡装置にたいしてである。おそらく、それが目に見えて危機感を煽ったためであろう。七つの特徴を列挙しつつ、万華鏡の側から反論が行なわれて、「万華鏡は、あらゆる点において「ブラッドレーの鏡装置よりも」優れた器具である」と結論づけられた［★30］。さらなる一撃として、ブラッドレーが使っている折り畳み式鏡は、一六世紀および一七世紀におけるジャンバッティスタ・デッラ・ポルタとアタナシウス・キルヒャーの「自然魔術」についての著作にすでに登場していることが例証された。彼らの書籍の節々を忠実に書写し、翻訳したブリュースターによれば、デッラ・ポルタとキルヒャーは「劇場鏡」に反射光学箱、さらにはそれ以外のデヴァイスでも増殖鏡を使っているが、それは単に光と反射でごまかしているにす

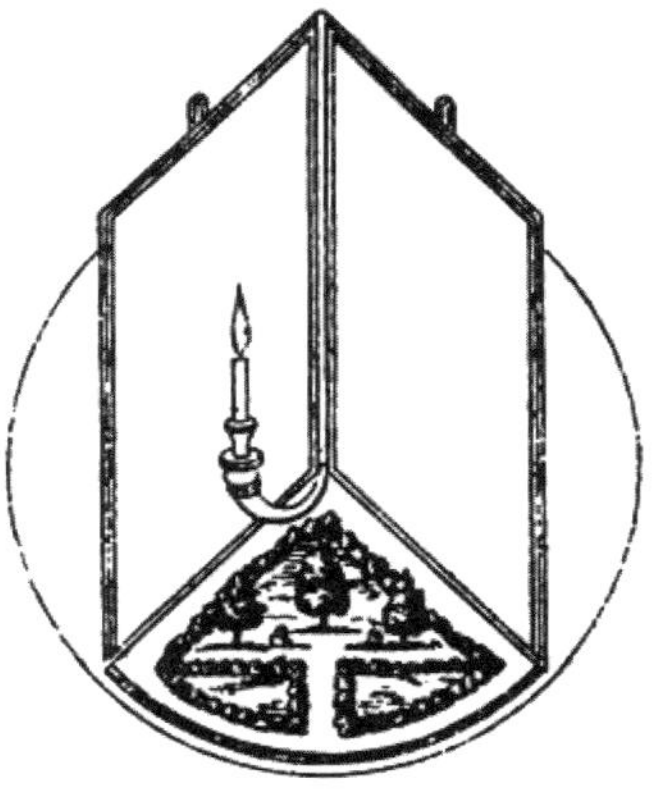

図7　アタナシウス・キルヒャーの準静止鏡。デイヴィッド・ブリュースター『万華鏡論』（エジンバラ：アーチボルド・コンスタブル＆Co., 1819年）。UCLAヤング・リサーチ・ライブラリー・スペシャル・コレクションズによる画像提供。

ぎない［★31］。イメージの質――「平面鏡により美しい相称的なかたちを産み出すこと」――には全く注意が払われていなかった、というわけである。万華鏡の場合とは異なり、デッラ・ポルタとキルヒャーのデヴァイスは観察者の目を「外側」（角度のついた鏡の正面）に置いたために、光の強さと向きを調節・集中してイメージを鮮明にすることは不可能だったのだ［図7］。

　ブラッドレーはデッラ・ポルタやキルヒャーからアイディアを盗用した、とブリュースターが主張しなかったのは、誹謗中傷する人間たちよりも自分を道徳的に高みに置くためだったのだろう（だが、ブリュースターは、ブラッドレーが「デッラ・ポルタとキルヒャーの装置の名声を相当損ねた」ことには我慢ならなかった）［★32］。ただ、折り畳み式鏡は「すっかり忘れ去られてしまったかもしれないが、これらの作り手たちのあいだに横たわる長大な時間のなかで、彼らの一人一人が少しずつ改良してきた」ことは、ブリュースターもしぶしぶながら認めてはいた［★33］。ブリュースターにとっては、筒形の「覗きからくり」のデザインこそが、なによりも肝要であった。彼は万華鏡を精密器具、すなわち、進歩的な自然哲学が生み出した製品として販促した。万華鏡は、単に驚きや気晴らしをもたらすためにこしらえられたしがない玩具ではなかったのだ。ブリュースターは万華鏡は単なる玩具以上の存在だと請け合ったが、それに得心した人はほとんどいなかった。ブリュースターは著作の一つである『自然魔術についての書簡』（一八三二）で、キルヒャーの創造物と後代になって人が作り上げたおびただしい数の驚異については紙幅をたっぷりとって筋道たてて説明している一方で、万華鏡については一言も触れていないのは、こうしたことが原因かもしれない［★34］。万華鏡に言及していないのは学問的自己防衛のように感じられるのだ。

我こそが万華鏡の正統な発明者なりという声が上がったのは、イギリス諸島だけにとどまらなかった。インターネット時代に暮らす人々は、手紙に印刷メディア、および伝統的な交通機関しかなかった世界において、いかにニュースが素早く広まったかということを知れば驚くかもしれない。なかでも「文芸共和国」は、同輩同士によるネットワークとアカデミックなジャーナルを備えたコミュニケーションシステムとして、特に効果的に機能していた。そのため、ジャーナルは国と言語の境界を越えて読まれたのだ。ゆえに、一八一八年には、シモンズの小冊子の刊行と『科学年報《フィロソフィー》』でのそれに対する弁護活動（『科学年報《フィロソフィー》』以外のイギリスの出版物にも転載された）が起こっただけでなく、万華鏡を表紙に使い、『万華鏡、あるバイエルン人の発明品（*Das Kaleidoscop, ein Baierische Erfindung*）』という印象的なタイトルがつけられたドイツ語の著作も登場したことは驚くことではない［図8］［★35］。その著者は、ユリウス・コンラート・フォン・イェリン。哲学博士（*Weltweisheit*）にして、バイエルン王立科学アカデミー会員であり、バイエルン王室の数物理学キャビネットの管理人である。

イェリンの著書が、情報の流れの速さと広汎さを証明している。彼は進行中の国際的な論争を細部に至るまで追っていたので、その発明はバイエルン人の手によるものだという主張を実証的にまとめあげることができた。イェリンその人が、自分を発明者だと認めるよう要求したのではなかった（デザインを改良したとは言っているが）。そうではなくて、イェリンはアウクスブルクの機械工の息子でヘシェルという名の人物が発明者だと示唆し、そのうえ、彼は関連するアイディアを持っていた一八世紀のドイツ人たちの作品を取り上げたのである［★36］。イェリンが述べるところによれば、ブリュースターの発明がスコットランドで最初に公表されたのは『諸技芸の庫（*The Repertory of the Arts*）』誌上で一八一七年のことであったが、ヘシェルの「反射光学プリズム」についてはすでに一八一六年一〇月に記述されている［★37］。それは、プリズムのように内向きに繋ぎ合わせた三枚の鏡を使って、透かし絵を連続的に反射させるものであった。これはブリュースター考案の筒形のデザインとは異なっている。

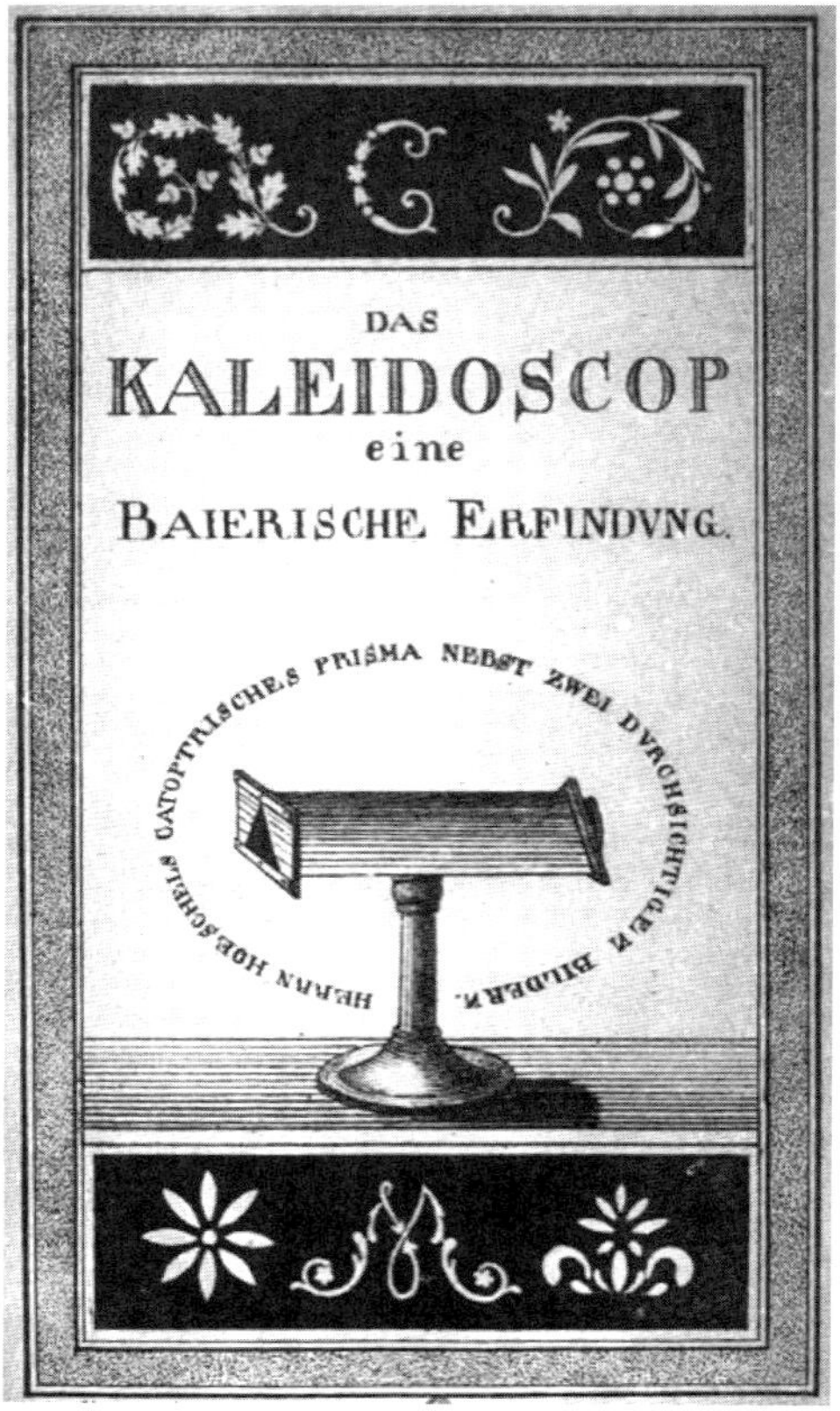

図8　ユリウス・コンラート・フォン・イェリン『万華鏡、あるバイエルン人の発明』（ミュンヘン：カール・ティーネマン、1818年）の表紙。

とはいえ、ヘシェルとブリュースターは二人とも、「実用芸術」のために自分たちの発明品を実際に応用していくことを強調していた。

フランス人も黙ってはいなかった。一八一九年一〇月の『エジンバラ・レヴュー』は、あっという間に万華鏡のアイディアがパリで盗用されたことに不満をこぼしている。「世界初の万華鏡をロンドンから受けとって一カ月もしないうちに、それもその創意工夫に富んだ器具への熱狂がそこで最高潮の状態にある最中に、パリではイギリスのモデルに精確に基づいた万華鏡が製造され、万華鏡もしくは「フランス眼鏡《リユネット・フランセーズ》」の名前で店頭に陳列された。明確かつ厳密なルールをもって、天才的で誉れ高きこの美事な商品に関しての、自他の所有権という紛糾しがちな問題が調停されることを衷心より願う」[★38]。懸念は現実となる。万華鏡の特許権はフランスにあるという主張が、ブリュースターの発明が公開されたほとんど直後に始まったのだ。以下は、一八一八年九月に雑誌『アシーニアム』に掲載された内容（『アシーニアム』のこの号はそれに先行して出版されていた同年の『美しき集い』六月号からこの内容を引用している）である。「フランス人たちはあらゆる手練手管で万華鏡を別物にしてしまっている。あるフランス人の芸術家によれば、この〈手玩《ジュジュ》〉から〈情愛《サンテイマン》〉を感じとれるようにしたとのこと。ポリコニスコープと名づけられたそれには、愛しい人たちの陰影肖像画《シェイド・ポートレイト》がいっぱいに映し出されるそうだ。別の芸術家にいたっては、自らの万華鏡を「変様鏡《トランスフィギュラトウール》」と呼び、花束、花かご、果物さえそこに入れて楽しめると言っているのだ」[★39]。

すでに一八一八年には、『哲学雑誌』が、「二〇人の競争相手」のなかから、二人の有望な発明家を選り抜いている[★40]。［その一人が］エティエンヌ＝ガスパール・ロベールソンである。ベルギーの興行師で血気盛んな自然哲学者のロベールソンは、マジックランタンショーである「ファンタスマゴリー」により（加えて気球飛行によっても）、一七九〇年代以来パリで名声を博していた。彼が「［フランスに万華鏡の特許の先取権を返還するよう要求するための］証拠として持ち出した器具は、非常に重要ではあったものの何年ものあいだ彼のキャビネットの肥やしとなっていた品である。その器具はさまざまな絵図でキャビネットを彩っていた。それと同じ絵図を抜け目のない山師［ブリュースター］が万華鏡に導入した、というわけだ」[★41]。証拠として出された品は、からくりによって特殊効果を発揮するランタン用スライドだったかもしれない。ロベールソンは嵩のあるファンタスコープという映写機を使ってこのスライドを映し出し、ショーを行なっていたのだ。ロベールソンとともに選ばれたもう一人は、ジャン・シュヴァリエである。著名な科学器具製作者のシュヴァリエは、万華鏡の効果がすでに描写されていると思しき「五〇年以上前に出版されたある本」を取り上げ、「魔法のような効果を大いに高めることから、〈フランス式増殖器〉という彼の命名に何ら恥じるところのないランプ」を紹介した[★42]。早くも一八一八年三月には、そのデヴァイスの細かな描写に続けてA・L・ミリャンが明らかにしているように、シュヴァリエは「あらゆるサイズを取り揃え、多少なりとも上品に見えるよう装飾し、驚くような方法で多彩な効果をもたらす箱いっぱい

図9　アルフォンス・ジルー制作・販売のシンプルなスズ製の万華鏡、もしくは「変様鏡」。パリ、1818年頃。著者蔵。

の付属品をつけて」、フランス式増殖器をすでに販売していた［★43］。
一八一八年のフランスでは、少なくとも三つの万華鏡の特許権が下付された。そのうちの一つはアルフォンス・ジルーにたいしてである。流行に敏感なお金持ち向けに珍品と玩具を扱う店のオーナーであったジルーは、一八一八年六月に「変様鏡もしくはフランス眼鏡」に関する五年間の権利を受けた［図9］［★44］。三つの万華鏡の特許権が数週間の間隔でそれぞれに下付されたという速さには、驚かずにはいられない。そもそも特許権が下付されたという事実も奇妙である。というのも、それらの「発明品」は非常に類似していたからである。個人的な関係、そして、おそらくは金銭といった外的なファクターが一因となっていたのかもしれない。経済的な好機がドアをノックしていたことは明らかであった。政治も一役演じていたのかもしれない。ワーテルロー（ウォータールー）でのナポレオンの敗戦（一八一五）は直近の出来事であったが、人々・アイディア・商品の国境を越えた流入は「その前から」すでに激化していた。かつての敵国から目新しいものを横領することには価値があった。あたかもそれをフランスが発明したかのように申し立てることは、国家的自尊心を取り戻す助けとなったかもしれない。絵筒のなかで千変万化する光景は、心躍らせる新しい風潮であると同時に、瞬間的に別の領域へと没入する方法——現実逃避による暇つぶし——であったのだ。それゆえ、〈相称鏡《スイメトリサトウール》〉、〈ポリメタモルフ〉、〈変様鏡〉、〈メタモルフォシスコープ〉、〈素晴らしき手玩《てまもり》〉……といったいくつもの名前で知られる「万華鏡《リュネット》」を、フランス人は目で舐め回さんばかりにして覗き込んだ［★45］。

結尾《コーダ》――「万華鏡熱」と余波

万華鏡以上にあらゆる階級の人々の注目の的となった発明はない。

――『ニュー・マンスリー・マガジン』(一八一九)［★46］

万華鏡は激しい「熱」、絵筒への燃え盛る集団熱狂を生み出したという事実を、数多くのテキストと視覚資料の両方が物語るだろう。当時の人々はその事実に気がついており、記事、詩、そしてイラストであれこれ論評しているのだ。『フィロソフィカル・マガジン・アンド・ジャーナル』では次のように強調されている。「人類の記憶のなかには、想像力に訴えてみても知性に訴えてみても、今までにそうした影響を及ぼした発明も作品も見当たらない。その器具への熱は遍在し、最下層のものから最上層のものまで、最も無知であるものから最も学識高いものまで、あらゆる階層のひとびとの心を鷲掴みにした。誰しもが自分の生活に新たな娯楽がつけ加わったと感じただけでなく、そうした感情をあらわにしたのだ」［★47］。この新しい器具を褒めそやすために、多くの詩が作られた。その一つは、突然に噴出した「伝染病」について思いを巡らしている。

グリーンランド行の船が出港し
ウェリントン卿への狙撃が不首尾に終わりし近頃は
話題は奇妙なまでに途絶え出した
流行を招来するものはなく、
心動かされる新たな熱や気まぐれな情熱もなし。

畏きかの御方は衣装の柄を使い尽くし、
そしてバイロン卿の第四篇も依然として印刷中。
世界がものいわずに見つめ、色あせるなか、
賢き御魂は音に聞こえし発明に目を向ける。［★48］［☆3］

たくさんのテキストと視覚資料で示されているように、万華鏡言説は当時の大衆メディアへと急速に広がり、果ては通りやカフェにまで及んだと言われている。だが、万華鏡言説が「通りレヴェル」にどれくらい強く広く浸透したのかを見極めるのはやはり難しい。フランスでは、〈万華鏡熱〉に関する風刺版画が発行されている。そのうちの一枚では、身なりのよい女性が絵筒を覗き見しているところを、スマートな着こなしをした彼女のパートナーが見物している様子が描き出されている。二人は大通り（シャンゼリゼ？）に沿って外に置かれた椅子に腰掛けており、その背後にはたくさんの散歩者たちがいる［図10］。別の版画は《万華鏡の素晴らしき奇跡》というタイトルで、一人の男が台に据えつけられた大きな万華鏡を覗き込んでいる一方で、別の男は手のひらサイズの小さな万華鏡を覗き込んでいる［図11］。このシーンの舞台となっているのは、パレ・ロワイヤルの噴水のある中庭で、そこはすべてのパリっ子に開かれたお馴染みの暇つぶしの場所であった。三つ目の版画は《万華鏡熱、もしくはイギリスのアクセサリー愛好家たち》と題され、熱狂が高まるあまりにおかしなことになった新たな熱の模様を描いている［図12］。この版画には、二枚目に挙げた版画のように、夫が万華鏡を覗き見ている最中に一人の男が彼をまんまと出し抜いて、夫の背後でその妻を愛撫している光景が含まれている。このモチーフの出所は万華鏡ではない。それは、ドゥビュクールの有名な版画《二つのキス》が実証している［図13］。このモチーフはトポスとなって新しいメディアデヴァイスが導入されたときにしばしば呼び出され、そしてそれはいまだに現われ続けている。マイクロソフト社が、二〇一〇年のWindows Phone 7用広告キャンペーン「リアリィ？」で、

図10　《流行りの玩具、韻を踏んだ逸話》、手彩色によるエングレーヴィング、フランス、1818年頃。フランソワ・ビネトリュイ・コレクション、フランス。

図11　《万華鏡の素晴らしき奇跡、もしくはパレ・ロワイヤルの噴水のある中庭で使用される玩具》、フランスのエングレーヴィング、1818年頃。情報源不明。パブリックドメイン。

図12 《万華鏡熱、もしくはイギリスのアクセサリー愛好家たち》、風刺画、ドロネーによるリトグラフ、パリ、1818年頃。情報源不明。パブリックドメイン。

図13 《二つのキス》、フィリベール = ルイ・ドゥビュクール（1755-1832）によるエッチングとアクアチント、1786年。著者蔵。

このモチーフに頼っているのだ［★49］。

上述の版画が当時の現実をくまなく「証言」していると見なすのは難しいが、イギリスの旅行家トーマス・フログナル・ディブディンの観察により、少なくとも部分的には裏はとれるだろう。一八一八年六月一八日付けのパリからの手紙で、ディブディンは「パリ市民たちが醒めることのない興奮状態にあるような」大通りを詳しく描写している。彼は「青空の下に並べられた」商品、すなわちテーブルと椅子を出した露店市で販売されていた商品を列挙しているのだが、そこには「(露店市でちょうど取り扱われるようになったばかりの)〈万華鏡〉」が含まれている［★50］。万華鏡熱は強烈だったようだが、短命であった。一八二〇年にはすでに、万華鏡は流行遅れとなったという記述が見られる［★51］。一八二二年には、『ザ・プレス、もしくは文学四方山話』という名の風刺小説の脚註に「あれだけあった万華鏡に何が起こったのだろう？　ブリキ屋たちはそれで一山当てたものだが、今ではただの一つも見られない」という文が記されている［★52］。

万華鏡熱は引いたかもしれないが、万華鏡はヴィクトリア朝時代でも残り続け、以来それは物質と言説、両方の対象として文化の一翼を担ってきた。万華鏡は、なくても困らない玩具、過ぎ去りし素朴な時代の民俗芸術の現われ、そして先端技術を用いたメディア文化とは何の関係もない存在のように見えるかもしれない。しかし、万華鏡の影響は微々たるものではなかったと主張できるだろう。万華鏡はそれ以外のメディアがもたらすスペクタクルと文化的想像力に、無数の方法で影響を与えてきた。ビートルズの「ルーシー・イン・ザ・スカイ・ウィズ・ダイアモンズ」でジョン・レノンが「万華鏡の目をした女の子」と歌い、それがネット上でウィルスのように広まり響きわたっていくことは一例にすぎない。現代の文化では、万華鏡という存在はかつてないほど広範囲に及んでいる――それは途轍もなく大きなトピックで、余さず調べてくれるのを待ち構えているのだ。

第5章 愉快なスロット、困ったスロット

アーケードゲームの考古学

そうか——それはピンボールマシンなんだ！

——スティーヴ・〝のろすけ《スラッグ》〟・ラッセル（「スペースウォー！」のクリエーター）

社会学者であり音楽家のデヴィッド・サドナウの『ミクロ世界の巡礼者』（一九八三）は、不当にも無視されている初期のエレクトロニックゲーミング研究である［★1］。この本でサドナウは家庭用ヴィデオゲーム機であるアタリの「ブレイクアウト」［☆1］を極めるための悪戦苦闘を、ピアノ演奏を習得するために払ってきた長期にわたる努力と比較している［★2］。

以前はピアノが最も人間の精髄に関わる楽器であった。身体の外にあるあらゆるもののなかで、私たちの指がデリケートなアクションをすみずみまで連続して行なえるようにしてくれるものといえば、ピアノがいの一番に上がる。解剖学的にぎりぎりのところまで手を広げるので、いやでも薬指と小指は鍛えられて、独立

して動くようになる。そうなるのに他の道具や作業はほとんど必要ない。このピアノという楽器により、手はそれに割り当てられた莫大な脳みその容量の大半を完全に使い切ってしまう。手には他の身体のどの部位よりも多くの脳みその容量が割り当てられているにもかかわらず、だ。このように遺伝子に組み込まれた楽器により、私たちは脳《オルガン》の最も精妙な能力にどっぷりと浸ることになる。［Sudnow, 1983, p. 26］

サドナウはヴィデオゲームに出会うとすぐにはまり、ユニークな本を書くことになった。それは、プレーヤーとゲームのあいだ（つまりユーザーとコンピュータのあいだ）で生まれる精神物理学的な紐帯を、依然として最も精緻に記述している研究書なのである。筋金入りのゲーマーたちが自身の経験を概念化する必要性をほとんど感じていないのに対し、サドナウが行なったのはまさにそれである。彼は社会的相互作用のアカデミックな研究者でジャズピアニストという、二重のバックグラウンドを活かしたのだ［★3］。サドナウの微に入り細を穿った記述は、中毒と回復の日記、現象学的研究、そして——グレアム・ウェンブレンによれば——サミュエル・ベケットを連想させる自己言及的な文学作品、これら三者の混合体である［Weinbren, 2002, p. 182］［★4］。思いがけなく自身の心と指を占めるようになったメディウムに関して、サドナウは次のように魅力的な結果を報告している。

イメージの動くさまを明確にしろと？　私は画家ではないし鏡相手に踊ることもないが、ゲームをしているときには画面の向こう側で自分の動作が神秘的に変化するのを見ることができた。生き物のように動くインターフェースにより、私のやることは光・色彩・音のめくるめくスペクタクルとして表現される。それは即興の絵画であり息のあったいたずら書きなのだ。描き続けるようにといたずら書きで挑んでくる何者かとの。［Sudnow, 1983, p. 23］

『ミクロ世界の巡礼者』の第一の関心事は著者サドナウ自身と「ブレイクアウト」の関係を分析・描写することではあるが、この本は読者がテレビゲームの文化的背景について考察するきっかけにもなる。というのも、サドナウが示唆するように、人類の歴史が「発話と指の動き……つまり最大ではなく最小の動作を通して」掘り起こされたとしたら、ヴィデオゲーミングは先例のない現象ではなくなるかもしれないからである。少なくとも、キーボードを使用する伝統――ピアノ演奏から「ヒューズ・マシン」（ピアノのようなキーボードのついた電信装置《アパラトウス》）のキーやタイプライターを叩くことまでの伝統――と、ヴィデオゲーミングは繋がるだろう。しかしながら、サドナウは自身の分析結果の歴史的・文化的分岐を詳細に論じてはいない。実際、「キーボードの伝統」はより広い伝統の一部、すなわち、あらゆる種類の人工物と人間の結合の一部であると考えられる。そうした結合の歴史は数千年にわたっているが、その重要性が跳ね上がったのは一九世紀のことである。産業革命とその社会的、歴史的および文化的影響の結果であった。機械による大規模生産の導入に付随して、ゲームをすることだけにとどまらない娯楽用のさまざまなデヴァイスが押し寄せた。仕組みはしばしば単純（少なくとも二一世紀初頭の基準に照らせば）で、それが備えていたインタラクションの可能性は限られていたとはいえ、そうしたデヴァイスが土台となり、応用されて、電気／電子メディアを利用したアーケードゲームなどが生み出されることになる。どのように・なぜ・いつ・どこでこういったことが起こったのかという問題が、学者に突きつけられている。つまり「ゲーム《ゲーミング》の考古学」が必要とされているのだ。

過去を振り返る――ゲームの歴史を超えて

本論考は、エレクトロニックゲーミングの文化的・歴史的見取り図を作成する。その基本となる前提は、少なくとも見かけはシンプルである。すなわち、エレクトロニックゲームは何もないところから現われたのではなか

図1　ノーラン・ブッシュネルとテッド・ダブニーによるアーケード式ヴィデオゲーム「コンピューター・スペース」。ナッチング・アソシエーツ社、1971年。エルキ・フータモ撮影。

った、という前提である。エレクトロニックゲームには文化的背景があり、それを掘り起こす必要があるのだ。ヴィデオゲームの歴史についての既存の文献は、こうした目的を達成することにはほとんど貢献していない。実際のところ、その歴史／物語の語り方は通常大変に画一的で、決まりきった指標的な出来事、飛躍的発展と創始の父（母については一言もない！）が中心である。コイン式のゲームセンターのヴィデオゲームの歴史は、ノーラン・ブッシュネルの「コンピュータスペース」（一九七一）［図1］と「ポン」（一九七二）の登場に始まると繰り返し言われてきた。「ポン」は、マグナボックス社のオデッセイ（一九七二）を紹介するのに使用された家庭向けゲームのアーケード版である。世界初の家庭用ヴィデオゲーム機であるオデッセイは、ブッシュネルとともにもう一人のゲームの創始の父とされるラルフ・ベアによって考案された［★5］。これらの指標的な出来事の前身とされているのが、「スペースウォー！」である。それは、スティーヴ・〝のろすけ〟・ラッセルの名前と結びついているが、実のところ、一九六〇年代初頭にそれを制作したのはＭＩＴの学生ハッカー集団であり、その後、一九六〇年代を通じて、アメリカのさまざまな大学のコンピュータサイエンス学部の学生たちが、一体となって改良を続けたのだ［★6］。テレビゲーム「前史」に関する議論で中心になるのが、「スペースウォー！」の地位である——それは、本当に最初のヴィデオゲームなのだろうか？　大半の人々はそれに賛成するように思われるが、この名誉に真に浴するのは、一九五八年にブルックヘヴン国立研究所で物理学者ウィリアム・ヒギンボーサムがアナログコンピュータを利用して生み出した「テニス・フォー・トゥー」である、と主張する人々もいる[★7]。また、大半のゲーム史家は、ヴィデオゲーム現象の必須条件としてのコンピュータ計算の出現に関して言いたいことがあっても、「テニス・フォー・トゥー」以上に踏み込んで言及することはほとんどない。スティーブン・L・ケントの浩瀚な著作『決定版ヴィデオゲーム史』には機械仕掛けのアーケードゲームの歴史の概要が収録されているが、ヴィデオゲーム「前史」が収録されていたとしても、たいていの場合「義務」からそうされたのであって、過去との繋がりを打ち立てる（そして、そうした繋がりを調べる）という批判的な衝動に駆られたわけではない。

ゲーム史が執筆される昨今を、ゲームの「年代記の時代」と呼ぶことができるかもしれない。レオナルド・ハーマン『フェニックス――ヴィデオゲームの興亡』、ヴァン・バーナム『スーパーケード』、スティーブン・L・ケント『決定版ヴィデオゲーム史』、および、ラッセル・デマリア＋ジョニー・I・ウィルソン『ハイスコア！』といった本の主な関心は、データを収集し系統立ててまとめることである[★8]。ハーマンがゲームのハードウエアの発展に焦点を当てる一方で、ヴァン・バーナムの圧倒的なまでにヴィジュアルに訴えた『スーパーケード』は、ゲームそれ自体を賞賛し「ゲームの美学」の諸要素を描き出そうとしている。デマリアとウィルソンは、おびただしい数のゲーム会社の「小史」を軸に議論をまとめている。だが、これまで公刊されたもので、ゲームというテーマにたいして批判的で分析的な姿勢で臨んだ歴史研究はない。おそらくそれは外的な要因によって説明できるだろう。スティーブン・L・ケント、レオナルド・ハーマン、およびヴァン・バーナムといったゲーム史家たち（本の袖で「ヴィデオゲーム中毒者《ジャンキー》」と紹介されている）は、大雑把に言ってみな同い年（三〇代前半）であり、子どもであった一九七〇年代にエレクトロニックゲームに親しむようになった。同じことが、J・C・ヘルツ、アラン&フレデリック・ル・ディベルデール、およびスティーブン・ポールにも言える。彼／彼女らの本もゲーミングの歴史を扱っているが、それを一番の目的としているわけではない［★9］。これらの書き手はみな、エレクトロニックゲームとともに育った最初の世代に属している。彼／彼女らにとって、ゲームをすることが強力な原体験となったのだ。これは、強みであると同時に弱みでもある。強みである理由は、そうした書き手たちはみな、自らが専門とするゲームに精通したゲーマーであり、ファンおよび事情通としての目でゲームを観察しているためである［★10］。弱みである理由は、彼／彼女らには、自分たちが取り扱うトピックにたいして距離をとって批判的に考察するという点がしばしば欠けており、同時代のメディア文化を含むより広い文化的枠組みに、自らが専門とするゲームを関係づけることができなくなっているためである。

本稿では、いくつかの文化的・歴史的論点を掘り起こして、インタラクティヴなメディウムとしてのゲームの出現を批判的に検討することにしよう。文化的ハイブリッドとしてのエレクトロニックゲームが複雑であることは十二分に承知しているが、私はいくつかのヴィデオゲームを歴史的に「構成する要素」については扱わないことにした。例えば、初期のゲーミングの形式とプレイの形式に関わる動機と、口承および文学によって受け継がれる物語の語り口がそうである。ギリアン・スキローが草分け的研究「ヘリヴィジョン――ヴィデオゲーム分析」（一九八六）で指摘しているように、ゲームには古代の神話と寓話がしばしば現われる。それらは、ゲームの題材とその物語の深層構造の両方に関与している。こうしたことは、時間、空間そしてさまざまな「メディア」を横切る神話の渡りについての、込み入った問いを引き起こす。また、それは、ゲーム、文学、映画、そして他の文化形式に見られる神話の役割と機能についての問いへと繋がっていく。これらの論点の探求は、文化人類学者と文学研究者にまかせよう。代わりに、私は公共空間、特にゲームセンターにおけるゲーム《ゲーミング》の考古学の輪郭を描き出すことにする。というわけで、家庭内でゲームをプレイすることとノマド的（モバイル、ポータブル的）にゲームをプレイすることといった論点は将来の論考のために残しておこう。公共のメディアによる消費と家庭内メディアによる消費の相互関係は重要な論点で、場を改めてきちんと扱うべきである。あるゲームが一つのプラットフォームから別のプラットフォームへと適合するようしばしば調整されても、そのゲームをプレイする文脈により違いがもたらされ、その文脈は頻繁に他のメディア形式と関連しながら、ゲームをプレイするという経験の性質に影響を与えるのだ［★11］。

インタラクティヴなメディウムとしてのエレクトロニックゲーミングのルーツは、一九世紀および二〇世紀初頭の産業革命の時代に遡る。人間と機械の接続は、当時の文化・経済・社会にまたがる重要な問題であった。新たなエネルギー源としての機械と合理化された大量生産方式が導入されることで、激しくかつ永続的な論争が引き起こされた。この論争をさまざまな角度から取り上げて印象的な全体像を作り上げているのが、断片的なテクストをコラージュ風に並べたハンフリー・ジェニングスの奇書『パンデモニアム』（一九八七）（ハンフリー・ジェニングス『パンディモニアム　汎機械的制覇の時代　1660-1886』浜口稔訳、パピルス、一九九八）である。この本は、機械到来の物語を機械が到来した時代の資料からの引用により語るという、ベンヤミンの夢の一つを実現している。工場やオフィスでは生産を目的として機械が使用されるようになっていたのだが、それを背景として娯楽と気晴らし用に種々の機械が現われた。まずは、これらの「非実用的」機械の到来をもたらした文化的背景をスケッチしてみよう。次に、公共の娯楽機械――コイン式マシン、すなわちスロットマシンとしてよく知られている機械――に焦点を合わせ、その文化的役割を取り上げ、それらがもたらした諸々の人間＝機械の関係のあり方を分析することにしよう。ニック・コスタとリチャード・M・ビューシェルのようなコレクター兼作家たちのおかげで事実に関する情報は豊富だが、文化的見地から分析が施されているとはとうてい言い難い［★12］。初期のコイン式マシンとゲームセンターのヴィデオゲームの関係について、詳細に論じている著者はほとんどいないのだ［★13］。

最後のセクションでは、現代のメディア文化と特にエレクトロニックゲーミングにたいする「メディア考古学的」発見／所見の意義を熟考し、二〇世紀の文化構造のいたるところにある連結環を指摘する。私はエレクトロニックゲーミングはそれに先行して形成された諸々の文化と関係し得るという点を強調するが、ヴィデオゲームの「本質」がこの小論で言及する諸現象によって余すところなく説明し尽くされると主張するつもりはない。エレクトロニックゲームとそれが現代の文化のなかで果たしている役割の多くはユニークであり、先例のないものである。だが、その「ユニークさ」を正しく査定するためには、メディア考古学により過去を掘り起こすことが有効であるかもしれないのだ。すべての文化的プロセスは、連続と断絶、類似性と差異、伝統と革新、これらの相互関係から成っている。双方の比率と力点を置く箇所が違うにすぎない。文化を批判的に分析するためには、両者の次元を考慮すべきである。

「動物機械は……鉄の機械に繋がれる」

人間と機械は近しくほぼ共生関係にあるという考えは、据えつけ型と可動型の両方にわたるあらゆる種類のデヴァイスでいっぱいの現代文化の産物であるとしばしば考えられている。議論の余地はあるが、最も広く普及し応用されているインタラクティヴ・メディアの形態として、テレビゲームは人間と機械の共生関係という考えを、よくも悪くもぎりぎりのところまで実現しているのかもしれない。だが、人間と機械の結合に関する言説が登場したのは時間的にずっと以前のことである。それが登場したときには、しばしばネガティヴな意味合いで述べられ、進歩の暗い副作用として理解された。こうした論点は、産業化と機械化に関して劇的な変化を被っていた世界のなかで現われた。一八世紀後半を皮切りに、蒸気を動力として作動する機械が工房や工場に導入されるようになり、労働の性質が変化した[★14]。それ以前の商業生産方式では、労働の多くは熟練工たちに割り当てられ、在宅しながら働くことが可能であった。熟練工たちは自身の私生活を維持しただけでなく、多かれ少なかれ自分で仕事のペースを決めることができた。ある程度存在していたこうした自立状態は新しい機械により消失した。労働者たちは中央管理式の工場に集められ、前もって定められた仕事場のリズムとルーチンに従わなければならなかったのだ。熟練工の価値は減少し始める。工場自体が一つの巨大な機械になったと一九世紀初頭にはすでに考えられており、労働者はそのパーツとなったのだ。一八一五年頃、「あの卓越した慎み深い頑固一徹の技師ブルネル氏」の靴工場を訪れた際、リチャード・フィリップス卿が目にしたのは、人間と機械が混ざり合い、一つの機械として作動している様子であった。

一つ一つの手順は、この上なく洗練され精密な機械でなし遂げられる。一人の働き手がそれぞれの作業を実行すると、一つ一つの靴は二十五人の働き手を経ていって、製革工が調達する皮革から一日に百足の丈夫で見事な出来栄えの靴を仕上げるのである。全行程の細部は機械力の精緻な適用によって遂行されるし、すべての部品は精度、均質性、確実性で特徴づけられている。一人一人の人間は全行程のうちの一つの手順を実行しさえすればよく、自分の前後にいる人間の作業について知らないので、雇われているのは靴屋ではなく傷痍軍人であり、それぞれが数時間のうちに自分の持ち分を習得できるわけである。〔Philips, 1817〕〔Jennings, 1987, pp. 137-138 = 1998, p. 255〕

熟練工だけでなく、五体満足な労働者の数も減少した。工場の機械の「歯車」としての労働者の役割は、傷痍軍人たちに割り当てられるようになったのだ。ある意味では、機械は損傷した身体の欠損部を補う「補綴具」として機能したのである。元軍人を雇用することは博愛主義的な振る舞いとして解釈されたかもしれない。だが、それはまた純粋に経済的な動機、すなわち、最も安価で最も忠実な（信頼できる）労働力が手に入る、という発想からきていたのかもしれなかったのだ。すでに一九世紀前半には、労働者が機械（もしくは機械の部品）になりつつあるという事実に、社会批評家たちが注意を払いだしている。一八三二年に、ジェームズ・フィリップス・ケイは紡績工場の労働条件について次のように記している。

機械が作動している間は人間は働かなくてはならない。男も女も子どもも一括りに鉄と蒸気に枷を填められる。何千もの苦悶の源に晒されたまま、最高の状態に置かれてさえ壊れてしまう動物機械が、苦しみも疲れも知らぬ鉄の機械にしかと繋がれているのだ。[Kay, 1832] [Jennings, 1987, p. 185 = 1998, p. 326]

「鉄の機械に鎖でしっかりつながれた動物機械」が、社会の他のところでも現われた。一九世紀後半以降には、事務員たちも機械化の方針に次第に従うようになる。事務員たちは、新たなオフィスマシン——機械式計算機、「電動ペン」とタイプライター、コピー機（すなわち「ミメオグラフ」）［☆2］、口述録音機、電話交換盤——と繋がった状態で、時間を過ごすことを余儀なくされたのだ。労働日とは、工場にならって確立された決まりきった手順を繰り返す日々とされた。エイドリアン・フォーティ（一九八六）が述べているように、新たに合理化された事務作業のイデオロギーは、本質的に全体主義的であった。それは、特別にデザインされたオフィスの備品から自動式タイムカード装置を含む、最も大きなものから最も小さなものまで、すべてのレヴェルに現われていたのだ。広範囲にわたる人間と機械の連結が、空想やパロディの題材となったのは驚くことではない。機械式「ひげ剃り小屋」［図2］、拷問機械を思わせる写真家の椅子、労働者用給仕機（後にチャップリンの『モダン・タイムズ』（一九三六）で取り上げられる）といったデヴァイスが想像された。工場の組み立てラインをきっかけとした奇天烈な機械の応用法が提案されたが、それらはしばしば皮肉めいていた。なかには、労働者をその労苦から解放し自由をもたらす可能性を示すものもあったが、大半は機械への強烈な隷属状態を匂わせていた。そうしたアイディアの一つが自動式「尻たたきマシン」である［図3］。この機械を使えば、一列に並んだ罪人全員に同時に殴打を浴びせることができた。罪人たちは、蒸気を動力とするこの装置に結わえつけられ、横一列となって臀部をさらけ出していたのだ！［★15］

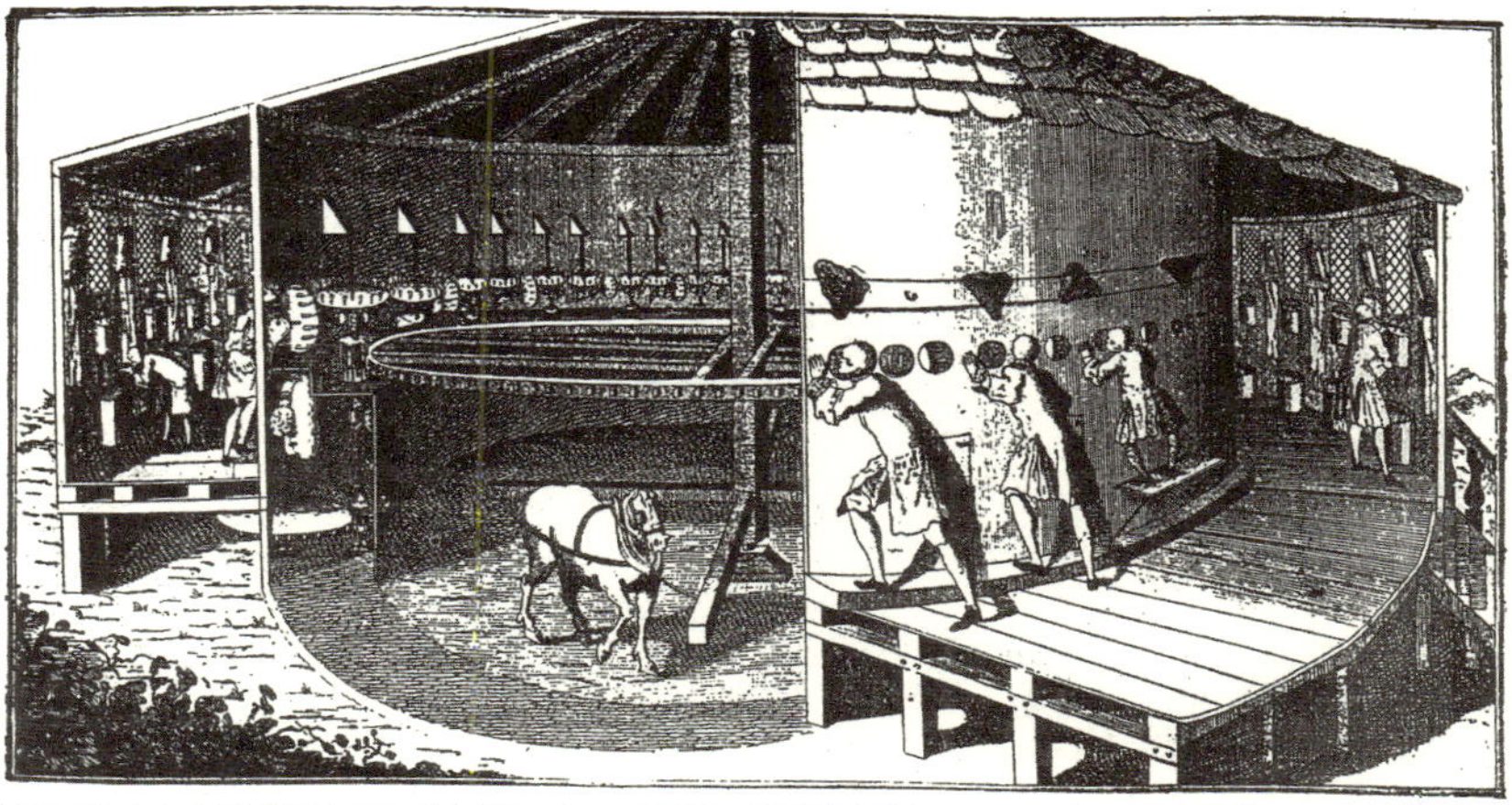

図2　60人まで「自動的に」ひげを剃ることのできる「ひげ剃り小屋」。ヘレツィウスによる考案。1765年頃。パブリックドメイン。

図3　空想の尻たたきマシン。リチャード・ヴレーデ博士『身体罰は一斉に』1898年。ヴレーデによれば、このイラストはもともと1856年に風刺雑誌『空飛ぶ葉』に掲載された。

労働者を機械へと結わえつけることは、社会問題として論争の的となると同時に、科学的にも注意を引いて「労働科学」と「テイラー主義」のような理論をもたらした［★16］。これらの理論は、労働生活において機械が広く利用されるようになったことで引き起こされた問題に、科学的な土台を与えようとした。労働者は注意を一身に浴び、その身体と動作が徹底的に分析されたのだ。労働者が最も効率よく仕事を遂行できるようにする最適な身体言語を明確に定義することが、その主な目的であった。エティエンヌ＝ジュール・マレーとジョルジュ・ドムニーといった人々によるクロノフォトグラフィ研究も同様の機能を果たしていた。一連の連続写真のうちに身体の動きを捕えて凍結することで、身ぶりや動作に「客観的な」科学的分析を加えることができたのだ［★17］。だが、これらの理論の底には、矛盾がいくつも深く根を張っていた。科学的アプローチを支持する人々は次のように主張した。すなわち、明確に定められた方針に沿って、労働者を教育して自身の身体を「科学的に」使用できるようにすることは、労働者が疲れ果てるのを防いで、生活を送りやすくする、と。それに対して、提示された方法は労働者から人間性を奪いとって機械（もしくはその一部）にするにすぎないと機械化を批判する人々は反論したのだ。というのも、マーク・セルツァーが示しているように、機械の単調なリズムに合わせなければならない場合、「病的疲労」や「生気失調」として知られる精神的不調がしばしば生じていたためであった［Seltzer, 1992, p. 13］。

オートマトンから自動機械へ

一九世紀後半には、さまざまな機械が揃って現われた。それらは、多くの点で、生産を目的とした工場やオフィスの機械のアンチテーゼとなっていた。新しい機械は、労働時間外に、自発的に使用された。それらは、考えつくあらゆる公共の場所に設置された。街角、バー、新聞雑誌売店、デパート、ホテルのロビー、駅の待合室、遊園地、海水浴場、そして見本市などである。やがて、新しい機械はそれ用に設計されたペニー・アーケードへと据えつけられるようになった。特に、一八八〇年代以降、さまざまなタイプの機械が数多く開発された。自動販売機、「トレード・スティミュレーター」[☆3]、ギャンブルマシン、力測定器、運勢判断マシン、電気ショックマシン、一般的なアーケードゲーム、自動式ミニチュア劇場（すなわち「実際に上演が行なわれる小型劇場」である）、視聴覚的娯楽マシン、自動体重測定器、などである[★18]。

これらのデヴァイスは、その操作の基本原則に則り「スロットマシン」「コインマシン」もしくは「コイン式マシン」（コイン＝オプ）という用語で総称的に知られるようになった。インタラクションの様態がどのようなものであっても、やりとりを開始するのにユーザーは投入口にコインを入れたのだ。するとマシンは何らかの見返りをくれる。ポストカード、キャンディやタバコ、「治療用」電気ショック、体重や運勢が書かれた紙片、視聴覚的なパフォーマンス、愉快な冗談、心理的にもしくは社会的に励みになる経験、諸々の腕前を磨く機会、正確な射撃を楽しむ機会、または——最後に述べるが今までの内容と負けず劣らず重要である——入れたコインが何倍にもなって戻ってくる可能性などである。

スロットマシンは多様であるが、そのフィードバックの方式に基づけば、大雑把には二つのカテゴリーに分類して、それぞれ「自動式《オートマティック》」、「プロト＝インタラクティヴ」とラベルを貼ることができるだろう。これらのラベルは、今では必然的に時代遅れとなっている。一九世紀後半および二〇世紀初頭には、「自動式」ということばは、どんな種類のコイン式マシンにもたびたび使用されていた。このことばはこれらの流行のデヴァイスの目新しさを高らかに強調し、それらを技術の進歩と社会における機械の繁栄と結びつけた。このことばは、古代のオートマトンの伝統（後述）を彷彿とさせるのと同時に、操作する人間に代わり機械化されたシステムが現われたという状況にも関係する。その様態はどうあれ、人間のユーザーとそのパートナーとしての機械のあいだにコミュニケーションが生まれた、ということなのだ。「自動式《オートマティック》アミューズメント」を謳うアーケード《ゲームセンター》には、さまざまなユーザーインターフェースと操作方式を備えたマシンたちが吟味されて設置されることもあった。そのすべてのマシンを始動させるのは、遊びにきた彼および彼女だったのだ［Pearson, 1992, p. 4］。「自動式《オートマティック》」と「プロト＝インタラクティヴ」というラベルは時代遅れになっているとはいえ、ゲーム《ゲーミング》の考古学にとってその区分は意味がある。それは、私たちがこれらのマシンの操作と文化に関わる論理を解読するのを手助けし、電気／電子仕掛けの、そして、デジタル仕掛けの後継者を誕生させた文化の〈手口〉について糸口を与えてくれる。

図4　エジソンのフォノグラフシリンダーから流れる音を聴くことのできる公衆のエジソン自動式フォノグラフ（しばしばフォノグラフ・パーラーに置かれた）。アメリカ合衆国、1890年頃。情報源不明。パブリックドメイン。

私たちの分類方式に従えば、「自動式マシン」の場合、ユーザーの役割は瞬間的で単純な切れ切れの行為に限定される。コインを入れて、ボタンを押すかレヴァーを引くかすると、箱が開くかカヴァーが外れるだろう。例としては、自動販売機、からくりミニチュア劇場、運勢判断マシン、オルゴール、そしてジュークボックスの前身にあたる「自動式フォノグラフ」［図4］などが挙げられる。最初の動作の後は、ユーザーは製品を手にとる、もしくは、作動中の機械がもたらすものごとを体験するだけである。その体験が持続する時間はまちまちである。タバコやチョコレートエッグを「コイン食い」の自動販売機から取り上げるのは、ほんの一瞬である。一方、視聴覚的娯楽マシンは、それよりもいくぶんか長い視聴覚的体験をユーザーに提供する。最初の動作以外は、体験が受動的である点に留意しておくことが重要である。見世物を楽しむ人が、何らかの方法でその本質に影響を与えることは決してないのだ。上演される見世物の一連の流れや持続時間は前もって決まっていた。終了すれば、ユーザーはもう一枚コインを入れて繰り返すこともあれば、ただ立ち去ることもある。

そうしたデヴァイスによる自動的な体験を先取りしていたのが、オートマトン、すなわち人間もしくは動物の姿を模した驚異のからくりがもたらす経験であった。それらは、話したり、音楽を演奏したり、アクロバティックな離れ業をやってのけたりした。旅回りの興行師とダイムミュージアム［☆4］によって展示されたオートマトンは、数世紀にわたり観衆を驚かせてきた。それらが人々を魅了したのは、テクノロジーによる生命の模倣ということに加え、基本的に観客と距離を置いていたためであったに違いない。オートマトンとの直接的なインタラクションは、許されていなかったのだ。オートマトン体験は、人、すなわちオートマトンのパフォーマンスを紹介・開始・通訳する（そしてまた、時には猿を使って小銭を集める）興行師により仲介された。ある意味、パフォーマンスをするオートマトンは、観客が入ることを許されていない魔法円を自身の周りに描き出していた。また、古典的なオートマトンは「非実用的」であることを強調していた。そうしたオートマトンの仕組みは非常に洗練されていた（ぜんまい仕掛けなど）が、それは実用的すなわち生産向けマシンの対極にあった。オートマトンが目を見張るような離れ業をやってのけたのは、興行主の金稼ぎのためであり、かつ、おそらく作り手（時計や機械仕掛けの織機など、しばしば「有用な」ものも製作する）の技量を宣伝するためであった。見世物的であるが実用的でないという点において、オートマトンは、その後身である無味乾燥ではあるが高性能の工業ロボットと明確に異なっていたのだ。

一九世紀後半、台頭しつつあったデパートがオートマトンの伝統を流用して、それをクリスマスシーズンのウィンドウディスプレイ用の活動《アニメイティッド》ジオラマへと変容させた方法は、当時の時勢を象徴している。その活動ジオラマは最早単なるじらし広告にすぎない。それは背後すなわちビルの内側で待ち構えている、真の消費主義的見世物を宣伝していたのである。こうした展開と同時に、自動式スロットマシンが都市の光景のなかで増殖していく。前もって厳密に定められた限界のうちにおいてではあったが、ここでユーザーには少なくとも主体的な行為《エージェンシー》という幻想が与えられた（だが、こうした限界は決まりをひっくり返すようなやり方で人々がマシンを扱うことを防ぐものではなかった）［★19］。少なくとも一見したところ、ユーザーは魔法円の内側に入ることを許可されていた。そのためユーザーは、マシンに物理的に触ることで、そして最も重要なのが、コインを使ってマシンに「入り込む」ことで、体験を自ら決定しているかのように見えたのだ。こうした行為の心理的帰結はいったいどのようなものであったのか？　それは魔法円を壊す、もしくは、ユーザーをその神秘の一味とすることで、実は魔法円を強化したのだろうか？　コイン＝オプの導入は消費資本主義が採用した代替的な戦略にすぎなかった、と提案できるかもしれない。デパートのショーウィンドウの「触ることのできない」スペクタクルに驚嘆する代わりに、増殖するコイン式のオートマトンは金銭的に余裕のなかった消費者たちに――束の間のそして大部分は幻想であった――指揮官気分を与えた、と［★20］。

自動式のコイン式デヴァイスのなかには、オートマトンが発揮していた魔法円を再び作り出そうとするものもあった。それらは、オートマトンをデヴァイスの内側、しばしば陳列窓の背後に配置し直した。これを最も如実に示していたのが、ガラスケースに収められた等身大の動く像を含んだ運勢判断マシンのケースである――「プリンセス・ドラルディナ」「ゾルタン」といったもっともらしい運勢お告げ人たちは、本質的には新しい文脈において展示されたオートマトンだったのだ［★21］。それらの魅力は、コインで動いているとはいえども、「ミステリアスな」主体的行為《エージェンシー》と「自立」にあった。より複雑なのが、自動式フォノグラフのケースである。フォノグラフは、演説と音楽の録音と再生の両方に初めて成功したデヴァイスで、一八七七年にトーマス・エジソンが発明し、一〇年後には改良版が売り出されるようになった［★22］。なかでも独立型のコイン式フォノグラフは大成功を収め、公共の「フォノグラフパーラー」（ゲームセンターの前身）で展示された。そこでは、フォノグラフはからくり部分ごと木製のキャビネットに収納されていたのだが、からくり部分――それ自体が人目を引くもの《アトラクション》であった――は、ガラスカヴァー越しに見ることができた。録音機能は取り除かれていた。コイン投入後、聴く側はイヤホンを装着してしばしばキャビネットにもたれかかって、少しのあいだそのデヴァイスと接続した。この種の接触は今では重要には思えないかもしれないが、娯楽を目的としてマシンと物理的に繋がって時を過ごすという後代の状態を先取りしている。イヤホンから流れ出る音が聴く側の頭を満たすことで、音を聴いている彼／彼女は新しいヴァーチャル世界、すなわち、別種の魔法円に入り込んだ。その体験は、ポケットをコインでいっぱいにしてマシンからマシンへと移ることで、延長することもできた。

プロト＝インタラクティヴ・マシン

プロト＝インタラクティヴ・マシンのケースでは、人間＝機械の関係はいっそうの進展を見せた。それらの作動原理は、繰り返され、継続されるユーザーの行為にマシンがさまざまに反応する、ということに基礎を置いていた。その関係には触覚性《タクティリティ》が不可欠である。マシンを作動させるためには、インターフェースを使ってそれに触らなければならなかったからだ。その例としては、あるギャンブルマシン（後に「隻腕の盗賊」として知られる）が最もわかりやすい。このマシンの動かし方は、コインを入れてレヴァーを引いて、絵柄が描かれた一組のリール（通常であれば三つ）を、マシン内部で回転させるだけであった。遊戯の結果は、最終的な絵柄の組み合わせ次第であった［★23］。操作方法はユーザーにとって大変わかりやすく、思わず何度もやってしまうほどであった。ギャンブルマシンは、ユーザーを魅惑する効果を持つように作られ、さらに別種の魔法円、すなわちプレーヤーとデヴァイスを結ぶ強烈なフィードバックループを生み出していた。機械がもたらす反復が心理的な反復を誘導し、心理的な反復は強迫観念じみた振る舞いとなって何度も現われ出た。ギャンブルマシンの目的は、ユーザーにコインを使うペースをどんどんと早めさせて、より多くのコインを消費させることにあった。こうした手法の有効性は、依然として、それが世界中のカジノにある何百万台ものスロットマシンの基礎となっている、という事実

図5右）　コイン式ミュートスコープ。イギリス、1898年。バーミンガムのコイン・オペレーティング・カンパニーにより販売された。コイン・オペレーティング・カンパニーは、アメリカン・ミュートスコープ＆バイオグラフ・カンパニーのイギリスにおける代理店であるブリティッシュ・ミュートスコープ＆バイオグラフ・カンパニーと特約を結んでいたことは明らかである。著者蔵。

左）　1898年型ミュートスコープであるリヴィング・ピクチャー・マシンの広告。バーミンガムのコイン・オペレーティング・カンパニーによる。情報源不明。パブリックドメイン。

によって証明されている。

ギャンブルマシンがもたらしたのは、より高度なインタラクションのための最小限の機会であった——ギャンブルの結果は偶然であり、プレーヤーの行為の質に関わるものではなかった。そのようにマシンを使用することは、機械化された工場で労働者がせざるを得ない反復的な身ぶりと全く別ものではなかった。こうしたマシンはプロト＝インタラクティヴと呼ぶのに本当にふさわしいのか、と思う人もいるだろう。ユーザーは、結局のところ、単にプロセスを惹起する存在（そして、おそらくは最終的に報酬を受けとる存在）にすぎないのではないか、ということである。人気のあったホワイティングのスカルプトスコープのような立体視鑑賞マシンのインタラクティヴな性質も、それ以上先に進んでいたわけでもなかった。

ユーザーはコインを投入後、接眼レンズを覗き込み、ボタンを押すかレヴァーを引くかして続きものとなっている立体視（3D）カードをめくる。つまり、ユーザーにできたのは、見るという行為の持続時間に影響を及ぼすことだけだった。カードをめくる前にどれくらい見つめるか、ということだけが決められたのだ。スカルプトスコープとは別のデヴァイスであるミュートスコープの場合、インタラクションの機会はもう少し多かった。ミュートスコープが最初に世に知られたのは一八九七年のことであり、それは「動く写真《アニメイティッド》」を見るための新たな覗きからくり箱であった［図5］［★24］。その前身である、エジソンが発明したモーター式のキネトスコープとは異なり、ミュートスコープは手回し式である［★25］。動画《ムーヴィング・ピクチャー》の一コマ一コマが細長い紙片に転写され、回転式のシリンダーに取りつけられた。見る側はクランクを回すスピードを自由に調整し、どのタイミングでも回すのを止めて、特に興味を引くコマ（おそらく半裸の女性）をじっくり眺めることができた。逆回しはできないということが、唯一の制約であった。もちろん、これは技術的な事情から要請されたのではなく、経済的なそれに起因していた。たった一枚のコインで、あまりにも長い時間、ユーザーがこのデヴァイスに粘り続けることができないようにしていたのだ。利益は最大限に求められなければならなかったのである。

　一八九七年のあるパンフレットが、ミュートスコープのプロト＝インタラクティヴな性質をはっきりと示している。

> ミュートスコープの場合、クランクを回して見物側の意のままに楽しめます。早く動かすもゆっくり動かすも思いのまま……気になる場面があれば、どこでも止めて、コマをゆっくり吟味できます。一つ一つの段階、動作、挙動、表情を細かく調べられます。教育的で、興味深く、魅力的で、楽しくそして驚くべき効果を一挙にご提供します。［Nasaw, 1999, p. 133］

「意のまま」という表現は未来をかいまみせる台詞であり、インタラクティヴ・メディアを取り巻く広告のスローガンとほとんど同じように聞こえる。しかしながら、ミュートスコープとインタラクティヴ・メディアのあいだには一つの重要な違いがあった。ミュートスコープによる窃視症的経験を体験するには、努力して習得した腕前という、ヴィデオゲームの中心を占める特性を必要としなかったのだ［★26］。ミュートスコープのリールを眺めるのに、機械化された工場での流れ作業における単純工程をこなす以上の技量は必要ない。電話交換盤やタイプライターを使用するほうが、はるかに難しかったのだ。力測定器と機械式ゲームマシンが習得した技量ということを構成要素として組み入れるべく一歩を踏み出してはいたが、足運びはおぼつかなかった。初期のタイプのマシンでは、必要とされるのは肉体的な力だけであった。それは、サンドバッグを殴る、電流が身体を走るようハンドルを握る、もしくはアポロやアンクル・サムと腕相撲をするのに求められたのだ。

振り返って見れば、人を模したインターフェースが、その最も注目すべき特徴であったのかもしれない。これらのマシンの大半では手が使われており、インタラクティヴなエンターテインメントの分野で高まる手の重要性を先取りしていたと言える。そうしたマシンのインターフェースには、しばしば（両）手の輪郭が描かれていた、もしくは、（両）手の輪郭がかたどられており、触覚による結びつきが視覚的に明示されていたのだ。一方、人気のアーケードゲームである「*Dance Dance Revolution*」（コナミ）を先取りして、足で操作するマシンも存在した。こうしたマシンのなかで、変わり種で予想もつかないという点でずば抜けているのが「ライオン頭の肺活量測定器」である。空気管に息を強く吹き込んで、機械仕掛けのライオンを吠えさせ目を瞬かせるというように使用したのだ。アーケード用のヴィデオゲームメーカーは、この種マシンの代わりとなるようなものを探ってはこなかったし、おそらくこれからもそうすることはないだろう［★27］。

機械仕掛けのスポーツゲームにより、肉体的な力ではなく腕前の披露が求められるようになる。一九世紀以降、さまざまな種類のゲームが数多く市場に出回るようになった。それらは、ゲーム経験の非物質化という傾向を指し示している。そのなかでも最も成功したジャンルが、射撃ゲーム（狩り、標的射撃）であった。時にそれらは、ソールズベリー卿の「男児たるもの誰しも射撃を学ぶべし！」という格言のように、愛国的なスローガンによって正当化されることもあった［Costa, 1988, p. 21］。コイン式の射撃ゲームは個別化・機械化した射的場という形式をとり、屋外市やフェアで人気のあったアトラクションであった。「*Doom*」や「*Quake*」［☆5］は今日の若者に破壊的な影響を及ぼすと非難するモラリストは誰であれ、こうした背景を考えてみるべきだ。ボクシング・ボウリング・フットボール・競馬など、スポーツをシミュレートしたマシンはたくさん存在していた。プレーヤーは、彼自身もしくは彼女自身としてそうしたヴァーチャルスポーツに参加するか、自身の動作をミニチュア化されたプレーヤー（ある種のプロト＝アヴァター）へと伝えてゲームの世界のなかで操作するかの、どちらかであった。こうして新たな機械仕掛けの競技場が生まれることで、実際のスポーツゲームのジャンルも変容を被っていく。多くの初期のゲームは一人用であったが、多人数プレイの可能性が出てきたのだ。これらのマシンがもたらしたインタラクションの可能性は限定的ではあったが、それらがプレーヤーにたいして、なんとかして欲望をかき立て、楽しさをもたらし、夢中にさせようとした方法は、ゲームセンターのヴィデオゲームが作り出すユーザーとの強烈な関係を予期させるものであった。この意味で一番成功したのが、ヴィクトリア朝時代の室内遊戯であるバガテルを機械化したピンボールである［★23］。ピンボールは一九三〇年代に導入され、第二次世界大戦後に黄金期を迎える。それを支えたのが、よりインタラクティヴな新たな特徴（フリッパー）と戦後のユースカルチャーの出現、この両者であった。

「抵抗の機械《カウンター・マシン》」の社会的文脈

デイヴィッド・ナソーは初期のスロットマシンの意味を次のように述べている。「ここにあるのは都市の人々にとっての完璧な気晴らしであり、相も変わらず決まりきった雑事の瞬間的な中断である。それは何も妨げはしなかったので、日常生活の綾に継ぎ目なく織り込むことができた」［Nasaw, 1999, p. 159］。工場やオフィスで日常的に機械に繋がれている人々が、昼休みや夕べ、そして週末にさまざまなマシンの周りに集ったのだ。それらがもたらした逃避は、日常生活においてしなければならないことからユーザーをさほど遠くに連れ出すようなものではなかった。これらのマシンがもたらした体験は、短く一瞬であり、束の間であった。マシンのカラフルな外見、一風変わったかたち、そして、なによりもそれらは「マシン」という新たなブランドであるという事実、すなわち、時代を先導する概念であるというまさにその事実により、魅力を増大させていった。社会学者のイヴ・エルサンは、これらの新しいマシンの性質を、労働の世界と対比させることで、次のように分析した。

それらはみな労働の否認を土台としているのだが、その社会的文脈では、スロットマシンは己の資本主義的で産業的な役割を逆転させ、富を産むというよりも消費してしまっているのはなんとも皮肉なことである。そのような逆説的な器具を機械学《メカニクス》による副産物であると同時に抵抗の結果として見出せるのは、機械を志向する世界においてのみということは明らかである。［Hersant, 1988, p. 9］

一定した生産性と科学的に管理された仕事の手順という資本主義的思想の外側に、ほんの一瞬踏み出す機会をユーザーにもたらすことで、スロットマシンは明らかに治療という機能を果たしていた。腕相撲で機械仕掛けの怪力男をやっつける、機械仕掛けの動物を撃つ、もしくは、ミュートスコープがもたらすエロティックな空想にふけることで、ユーザーは自身の緊張をほぐすことができた。男性ユーザー（女性ユーザーは稀であった）は、職場の厳格なヒエラルキーのなかでは否定された社会的尊敬を期待することができた。ホワイトカラーの会社員の数がぐっと増えたことを考えれば、実のところ力測定器のようなマシンは近代的オフィスにいる会社員とは無縁となっていた肉体的労苦という世界への逆説的な回帰を示していたのかもしれない。しかし、治療的な価値を備えていたとはいえ、たとえ一瞬であってもスロットマシンが真の解放をなし得たと想定するのはナイーヴであろう。ユーザーが彼／彼女のコインをこれらのマシンの一台に投入したときに「労働の否認」が始まったが、それは労働生活と余暇をいっそう固く繋ぎ合わせる精神工学的なフィードバックループの火つけ役となった、というほうがまだ見込みはありそうだ。スロットマシンは「抵抗の機械」であったかもしれないが、それでもやはり機械であり、機械の論理に従って作動したのである。

マーク・セルツァーは一九世紀後半と二〇世紀初頭の文学における身体と機械の言説を分析する際、機械によって引き起こされる神経衰弱として現われる、奇妙な心的不調に注意を払っている。アンソン・ラビンバッハによって明確に定義されているように、神経衰弱は「あらゆる形態の労働もしくは活動に対する抵抗の倫理的体系」を意味する［Rabinbach, 1992, p. 167］。一九世紀後半と二〇世紀には数多くの研究が行なわれ、神経衰弱は、機械化された工場での単調で反復的な労働によって引き起こされる疲労の徴候として見なされるようになった。こういった現象と、プロト＝インタラクティヴであるコイン式マシンの大成功を結びつけてみたくなるかもしれない。刺激を過剰に受けて神経衰弱に陥った精神は、異なる種類のマシンにのめり込む以外には、リラックスすることができない。機械および抵抗の機械で心はいっぱいになり、そのサイクルから抜け出る方法はなくなってしまう、と。こうした比較に意味があってもなくても、日本で見られる類似した現象を当今の事例として取り上げることには魅力を感じる。日本では何百万人もの「サラリーマン」（ホワイトカラーの労働者）は、無数にあるゲームセンターの一つで、シミュレートされた車や電車を運転したり、パチンコの画面を絶え間なく弾む玉とともにじっと見つめたりして、晩と昼時をしばしば過ごす。労働意欲が相当に要求される集団社会では、ゲームマシンと繋がることは強迫観念であると同時にはけ口となった。

マシン文化が引き起こした精神心理学的な問題の治療薬ではなかったかもしれないが、スロットマシンには社会的側面もあった。一九世紀後半に人気になった遊園地のように、スロットマシンは異性間の社会的交流の新たなかたちを築く好機をもたらした。それらは共通の議論のトピックであり、他者への印象づけを行なう、すなわち自己評価の向上を試みるための機会でもあったのだ［★29］。スロットマシンが促進した社会的価値観は、現象としては新しかったにもかかわらず、大半は保守的であった。ギャンブルマシンと力測定器のようなデヴァイスによって、広く行きわたったジェンダーの区分に疑問が突きつけられるといったことはほとんどなかった。それらは男性のテリトリーに属していたのだ。ギャンブルマシンはバーに設置されたので、「淑女」は目にすることさえ稀であった。力測定器の場合、女性に割り振られたのは参観者という消極的な役割であった。その一方で、男性はサンドバッグを殴ったりハンマーを振り回したりしたのだ。ミュートスコープは男性ユーザーと結びつくもう一つのデヴァイスであったが、その理由は主に多くのリールの内容がエロティックで窃視症的であったからである。そのうえ、男性性はマシンのデザインにも刻み込まれていたかもしれない。リンダ・ウィリアムズは、ミュートスコープの手回しハンドル《クランク》（マシンの前面に配された）を物理的に回転させることと、男性のマスターベーション行為との関係を指摘している［Williams, 1995, p. 19］。風刺漫画家がネタにするほどのいかがわしい評判がしばしば立っていたこともあり、ミュートスコープは「まじめな」動く《ムーヴィング》イメージの歴史からしばしば爪弾きにされてきた［図6］。ミュートスコープは大成功を収め、長期にわたる文化的存在であったのにもかかわらず、である。仮に言及されたとしても、映写式の動くイメージがメインストリームになると、さっさと押しのけられた初期の試みであり、誤った経路として提示されるのだ。ミュートスコープが最後までショートクリップを見せていた一方で、「真の」映画文化は長編映画《フィーチャー》と結びついたのだった。

　しかしながら、スロットマシンの世界は、これまで考えられてきた以上に、異種混交的であったかもしれないと主張できるだろう。世紀の変わり目頃の女性の余暇活動に関する研究のなかには、状況は必ずしも明瞭ではなかったことをほのめかしているものもある。キャシー・ペイスとローレン・ラビノヴィッツのようなフェミニ

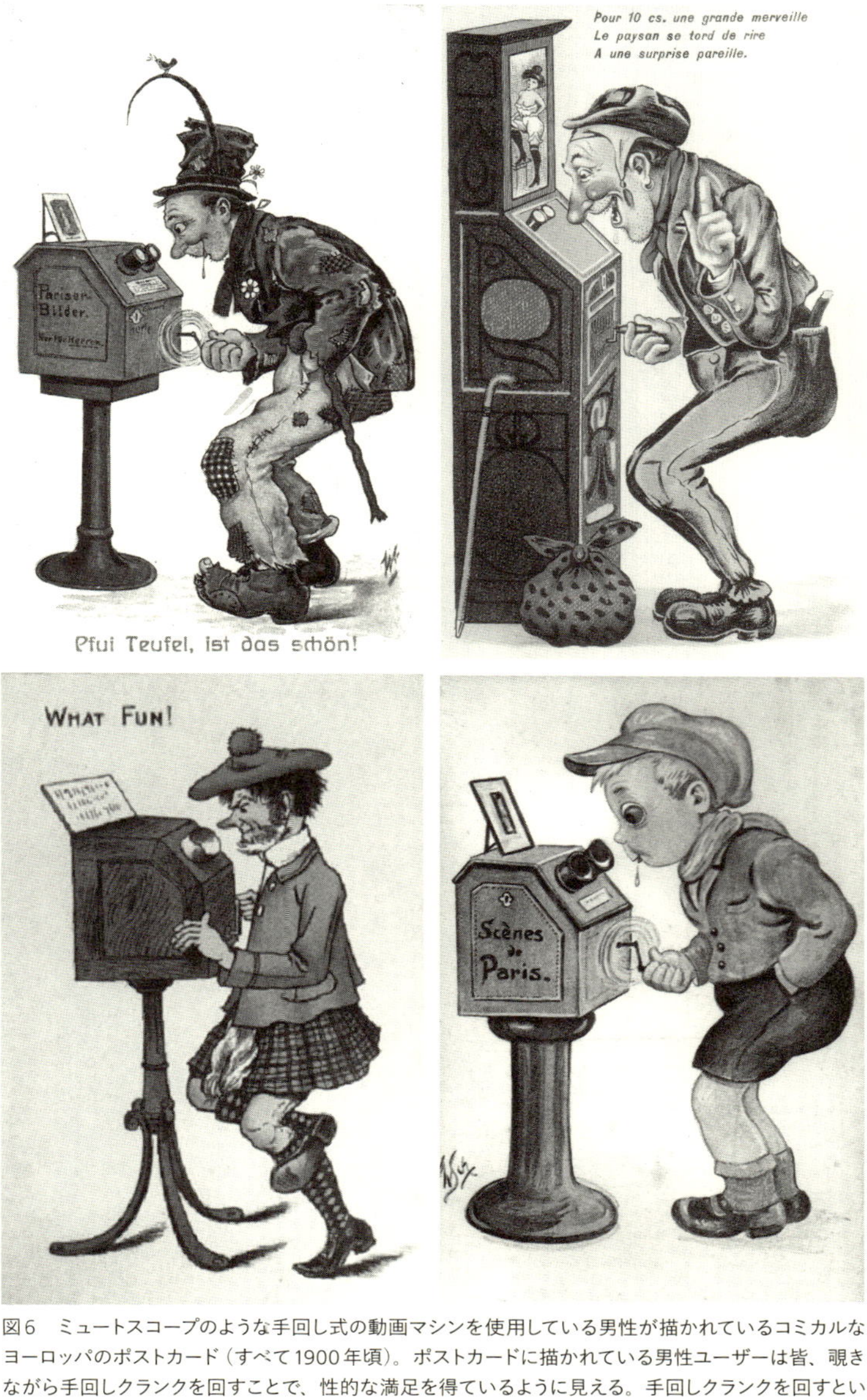

図6　ミュートスコープのような手回し式の動画マシンを使用している男性が描かれているコミカルなヨーロッパのポストカード（すべて1900年頃）。ポストカードに描かれている男性ユーザーは皆、覗きながら手回しクランクを回すことで、性的な満足を得ているように見える。手回しクランクを回すという行為がマスターベーションを想起させる。著者蔵。

図7　コイン式の写真鑑賞装置を覗き込む女の子が描かれたドイツの珍しいポストカード。20世紀初頭。鑑賞装置の一部がふた状になっているので、それをめくって折り畳まれた一続きのハイデルベルクの写真を引き出すことができる。著者蔵。

スト研究者たちは、公共の娯楽にたいして女性は消極的で距離を置いた関係にあるという初期の見解に疑問を突きつけている［Peiss, 1985; Rabinowitz, 1998］［図7］。特に、働く若い女性（売り子、OL、工場労働者）は、地域集会所、遊園地、ニッケルオデオン、果ては市街にある娯楽を探し求めていた。彼女たちは重苦しい生活状態のはけ口を探し、相方を積極的に見つけ出しており、後期ヴィクトリア朝の道徳に関するルールをひっくり返していたのだ。バーとサロン——ギャンブルマシン安息の地——は、おおむね、女性お断りであった。女性はそれらの沽券に関わったのだ。しかし、無秩序に広がる都市環境は、コイン＝オプや他の気晴らし用マシンと触れ合う機会を女性に数多く提供したに違いない。タイピストと電話交換手として勤労生活を送っていた女性は、しばしば男性よりも最新のテクノロジーと直接的に触れ合っていたという事実を無視すべきではない。エレン・ラプトンが示しているように、仲介者という役割に追いやられたことで権力や意思決定からは遠ざけられてしまったとはいえ、女性たちはコイン＝オプを含む新しい機械とは気がおけない仲にあったのだ［Lupton, 1993］。

今のところ、女性のスロットマシンとの触れ合いについての直接的な証拠はないが、ペイスとラビノヴィッツの研究を読んだ後では、しばしば考えられてきたよりもはるかに女性たちはミュートスコープと他のコイン＝オプを使用していたと想定することは道理に適っている［★30］。決定的な証拠にはなっていないとはいえ、何枚かの写真には女性たちが熱心にミュートスコープと触れ合っているところが写っており、ペイスとラビノヴィッツの研究と同じ方向を指し示しているのだ［★31］。スロットマシンが発揮した魅力は、もしかしたら遊園地の乗り物がもたらす快楽と比較できるかもしれない［★32］。しかし、これらのデヴァイスでは主体が占める位置は構造的に大きく異なっていた。スロットマシンの場合には、ユーザーからの意識的な身体的行為が何らかのかたちで必要である。一方、遊園地の乗り物の場合には、「乗る側がマシンに身をまかせると、逆にマシンのほうが何らかの方法により、日常生活で位置と動きに関して諸々の制約を課されている身体を解放する」［Rabinowitz, 1998, p. 143］。これらのアトラクションがもたらした快楽の形態は、互いにどのように異なっていたのだろう？　プロト＝インタラクティヴィティの快楽は、ローラーコースターの「受動的な」感覚がもたらす快楽とは実際には全く異なっていたのではないだろうか？　これらの問いは重要である。というのも、こうした問いはインタラクティヴ・メディアの文脈で、再度活発に議論されているからである。インタラクティヴ・メディアは、映画を見にいったりテレビを見たりといった受動的なスペクタクルとは異なるカテゴリーにあると主張されているのだ［★33］。

通りに置かれたシンプルな自動販売機という例外はおそらくあれど、初期のコイン＝オプの使用からはおおむね締め出されていたグループが、子どもたちであった。それは、多くのマシンのユーザーインターフェースにはっきりと刻み込まれている。力測定器の大半では、子どもが使用するには全くもって力が足りなかった。キネトスコープ、ミュートスコープ、および他の覗きからくりマシンでは、覗き用フードやコントロール用のインターフェースが、地面から高いところにあったので、子どもだと背が届かなかった［★34］。多くの子どもたちが、親たちに覗き用フードとコントロール装置《デヴァイス》のところまで抱え上げてもらい、これらのマシンに馴染んでいったということはありそうなことだ。娯楽目的のアーケードの悪評ゆえに、こうした体験が生じたのはしばしば家族向けの遊園地と屋外市においてであった。そこでは、プロト＝インタラクティヴなデヴァイスが、メリー・ゴー・ラウンド、ローラーコースター、大観覧車、そして伝統的な射的場など、他の種類のアトラクションと並置されていた。こうしたさまざまなタイプのアトラクションの存在が統合的な経験を生み出した。そこでは、従属・没入と積極的な参加が交互に起こったのだ。二〇世紀のあいだ、子ども向けか子どもでも操作できるように意図されたコイン式デヴァイスの数が増大したのは、子ども用に設計されたインターフェースが着々と増えていたからである。それは社会の変化を反映しているように思われる。例えば、子どもたちの遊びにたいする家族の監督が緩まったこと、子どもたちが自由に使える小遣いの額が増えたこと、および、日常生活における人間＝機械のインタラクションの重要性が高まったこと、などである。このトピックについてはさらなる研究が待たれる。

ペニー・アーケードからゲームセンターへ

初期のスロットマシンは屋内外を問わず各種公共空間に設置され、壁に貼られたチラシ《ブロードサイド》、屋外広告板《ビルボード》、そしてポスターのように、過渡期の都市景観を示す特徴の一つとなった。コイン＝オプの注目すべき目新しさは、多くの初期の風刺漫画で描かれている。ユーザーとデヴァイスはからかいの対象だったのだ。だが、その目新しさも次第に色あせていく［★35］。多くのマシンが静かに片づけられたのだ。だが、それ以外のマシンは近代都市の永続的な特徴となった。そうしたマシンは広く行きわたり、お馴染みのものだったので、都市に住む人たちとの関係は「自動化」された。そうしたマシンを使用するのに、操作のすべてのプロセスを考える必要はほとんどなかった。常に存在するにもかかわらず、今日のATMのように、それらは目に見えなくなったのだ。もしかすると、こういったことは、二〇世紀の文化史からそうしたマシンの存在がほぼ完全に消えている理由の一つかもしれない。コイン＝オプは都市の景観のあちらこちらで見られたが、とりわけペニー・アーケードに集中していた。一八九〇年代に発生したペニー・アーケードは、数多くの都市だけでなく、遊園地、中道《なかみち》（midway：公共の博覧会における催し会場のこと）、そして海水浴場でも見られる。鉄道ショーや巡業サーカスと結びついた巡回アトラクションであるようなペニー・アーケードもなかにはあったが、多くはストアフロント［☆6］に置かれた。こうしたストアフロントが、新たな「自動式アミューズメント」のためのスペースになっていく。ペニー・アーケードの多くは慎ましく、主に冬のあいだの操業で、巡回興行師がレパートリーを披露する場であった［★36］。とはいえ、常設のペニー・アーケードもまた存在していた。それらは新種のエンターテインメントとして現われ、世間一般の「きちんとした」観客を惹きつけようとしていた。デイヴィッド・ナソーは、並外れて豪奢な初期のペニー・アーケードであるニューヨーク市の「1セントの自動式ヴォードヴィル」百貨店で提供された娯楽を列挙している［★37］。大半の初期のペニー・アーケードにも類似の品はあったであろうが、それと比較すれば量も少なければ取り巻く環境の壮大さも負けていたであろう。

内部はというと、細長いアーケードが一三番街に向かって南へと一ブロック分延びており、シャンデリアに何百もの大きな白色艶消し電球が輝いていた。フロアには最新式の最も豪奢な自動式コイン・イン・ザ・スロット［☆7］がひしめき合っているので、どこにいても楽しむことができる。スポーツ好きの一群のためには、サンドバッグがあった。それを使って、自分のパンチ力をコルベットの、ジェフリーズの、フィッシモンズの、もしくはテリー・マクガヴァンのパンチ力と比べることができた。射的場用ライフル、腕力測定用の重り、打撃用ハンマー、固定自転車にホビーホース。利用者の運勢や星占いが載っていたり、未来の妻の絵が描かれていたりするカードを配る自動式アミューズメント・マシンもある。「アルミニウムにあなたの名前」を浮き彫りにして吐き出すマシン、「自動式」のガム、キャンディそしてピーナツマシン。フロロドーラ・セクステット、スーザ吹奏楽団、そして漫談が吹き込まれたコイン・イン・ザ・スロット式フォノグラフ。そして、一〇〇台を超える覗きからくりマシンがある。［Nasaw, 1999, p. 157］

ここで売り物となっていたのは、真にマルチメディア的、マルチインターフェース的、そして多感覚的《マルチセンサリー》な経験である。それは、家庭におけるメディアテクノロジーの存在は依然として相当限定されていたという事実により、いっそう魅力的であった。しかしながら、そうしたアーケードは完全に新しいというわけではなかった。ペニー・アーケードという概念は、ヴァルター・ベンヤミンが最も早い都市モダニズムのしるしとして考察した、一九世紀に人気を博したショッピング・アーケード（すなわちパサージュ）を再現／再演していた［Benjamin, 1983］。一九世紀前半から、ショッピング・アーケードには、小売り店とブティックに加え、ジオラマとコスモラマのような目新しいアミューズメントも入っていた。買い物客にとってそうしたアトラクションは、単なる商品の一種であり購入可能な体験であった［★38］。見世物のなかには、ショッピング・アーケードという概念をその目的に取り込むものさえ存在した。例えば、コスモラマ［☆8］は、拡大レンズを横並びにして壁に組み込むことで、覗きからくり「アーケード」となった［図8］。眺める側は、たいてい扇情的なテーマの彩色された画をレンズを通して覗き見たのだ。コスモラマの流行——P・T・バーナムの広大なアメリカ博物館が一役買った——が呼び水となって、あらゆる種類のスペクタクルが改良された［★39］。その一つがカイザーパノラマである［図9］。カイザーパノラマは立体視を使った覗きからくりアーケードで、ヨーロッパ全土に及んでおり、一八八〇年代以降、数十年間にわたって現役であった［★40］。エジソンの自動式フォノグラフとキネトスコープを合わせて、公共のフォノグラフとキネトスコープのパーラーを作るという発想は、しばしば文化的革新として扱われてきたが、そ

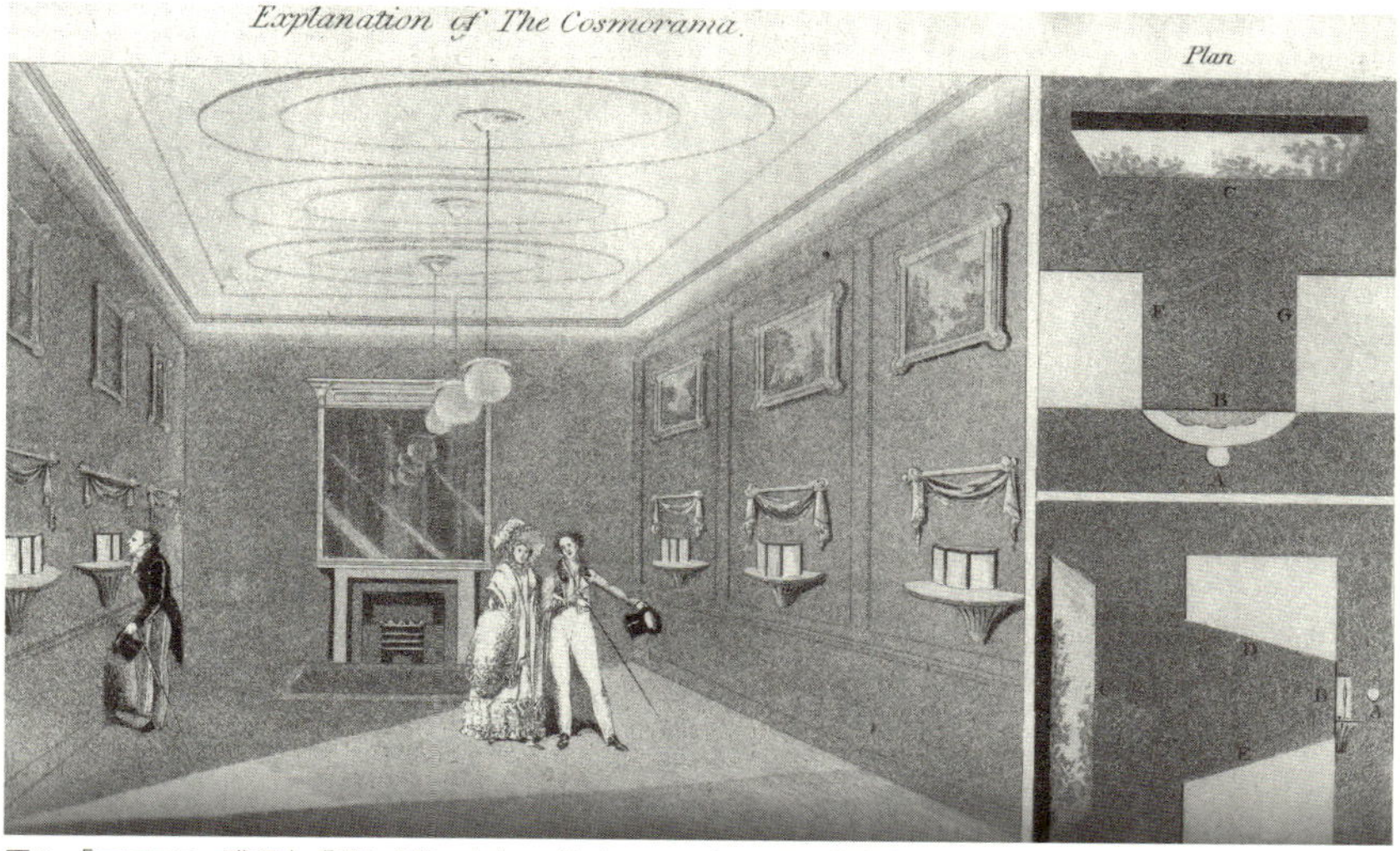

図8　「コスモラマ講釈」。「美しき集い」（ロンドン）、1821年12月。著者蔵。

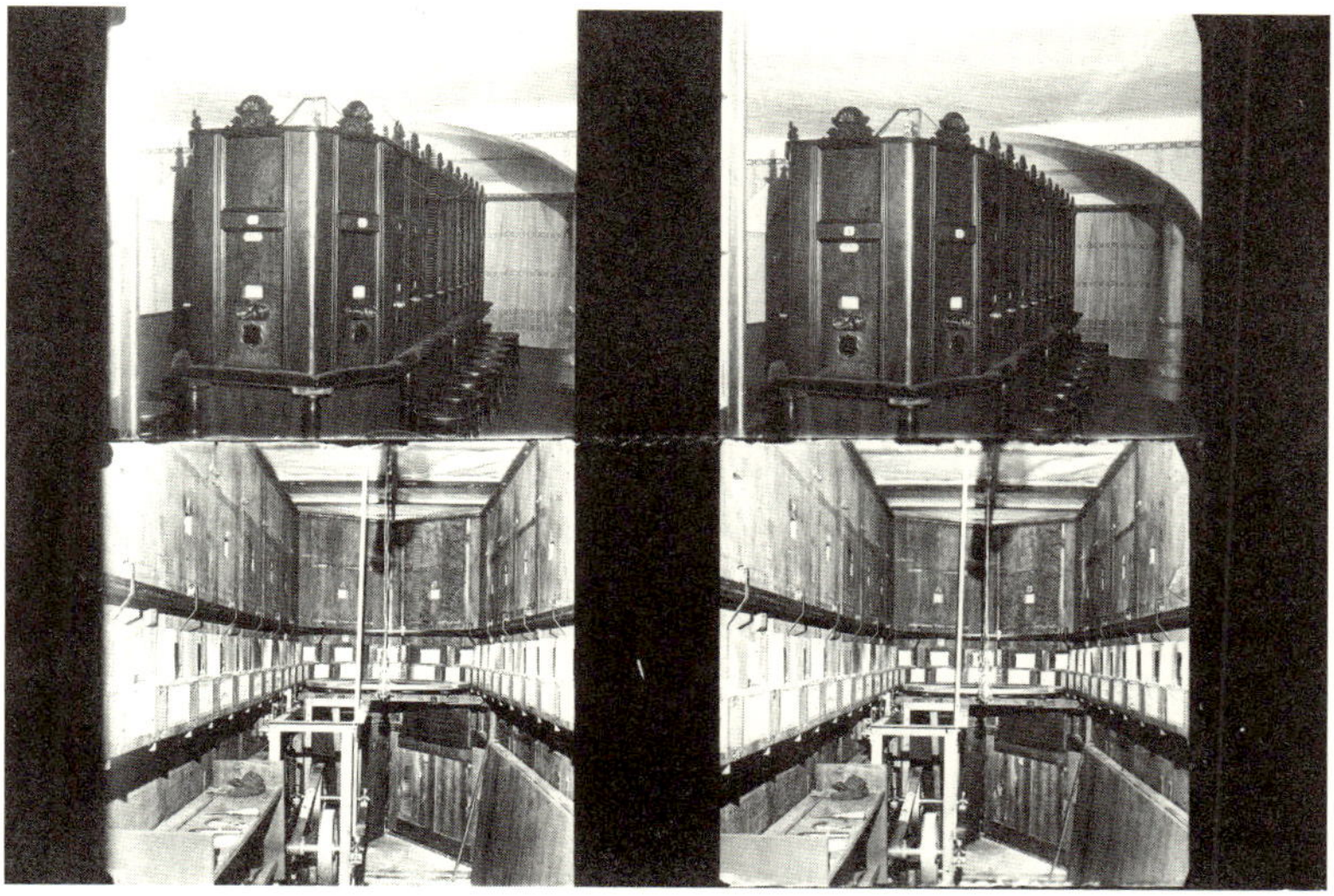

図9　カイザーパノラマの外観と内部の立体視ポストカード。ドイツ、20世紀初頭。このポストカードは中央部分を水平にカットするようになっていた。そうすると二組の立体画ができ、ステレオスコープでその立体視を楽しむことができた。著者蔵。

れは単に既存の伝統を翻案したにすぎなかった［★41］。本当の意味で新しかったのは、こうした伝統を「自動化」したこと、換言すれば、コイン式にしたことにあったのだ。コスモラマや他の初期の娯楽目的のアーケードは、通常であれば、インタラクティヴではなかった。イメージは［操作はできず］見るだけであり、料金は入り口で支払ったのだ。

広くそしてすぐに一般受けしたにもかかわらず、ペニー・アーケードはしばしば道徳的に問題ありとされ、不品行さらには感染症の土壌であると非難された。ペニー・アーケードは、女性を含むさまざまな社会層の群衆を魅了した。それらは暗く陰鬱だと見なされたのだが、こうしたペニー・アーケードにたいする姿勢の多くは、「ニッケルオデオン」として知られた初期の映画館にたいするそれと共通している［★42］。多くのニッケルオデオンも、ペニー・アーケードのように、改装されたストアフロントで営業していた。両者が組み合わされ、ペニー・アーケードの奥の部屋が映画館として使われていたこともあった（1セント銅貨《ペニー》と5セント白銅貨《ニッケル》の繋がりは偶然ではない）。映画が上映されている部屋に入るためには、観客はプロト＝インタラクティヴ・マシン、特にミュートスコープでいっぱいのペニー・アーケード自体を通り抜けなければならなかった。こうしたペニー・アーケードは映画経験に備える待合室（ある種の先行上映である）として機能している。それは、すでに過去のものとなっていた伝統を復活させたのだ［★43］。理論的な観点からすれば、これらの動くイメージを消費する二つの方式——手回し式の覗きからくりとスクリーンへの映写——が拮抗していたと言える。スロットマシンのなかには映画館のロビーに置かれ続けたものもあったが、この二つの形式はすぐに道を違えてしまう。だが、ゲームセンターと複合型映画館がショッピングモールで共存するようになり、ゲームセンターと映画は再度結びついた。

ペニー・アーケードとニッケルオデオンがともに種々雑多な人々を魅了したということは一般的に認められているとはいえ、観客の正確な内訳に関しては依然として議論の余地がある。とはいえ、とりわけペニー・アーケードに熱狂したユーザーが、思春期の少年たち（ペニー・アーケードにこっそり忍び込める年齢である）であったことは間違いない。風刺漫画やポストカードを含む、当時流行していたイラストには、ミュートスコープを覗き込んでご満悦の少年たちがしばしば描かれていたのだ［★44］。同時代の目撃者によれば、シカゴにあったサミュエル・スワルツのアーケードで掲げられた「男性のみ」という看板は、「磁石のように男の子を吸い寄せる」［Nasaw, 1999, p. 154］。こうしたことはしばしば社会問題と見なされて、そのための解決策が模索された。無線送信機とラジオセットをいじくり回すことが少年にとっての家庭でできる好ましい趣味として奨励されたのは、少なくとも彼らを歓楽街からある程度遠ざけておくためであった。「女性のみ」と書かれた看板がいくつかのアトラクションに添えられることもあった（明らかに男性の好奇心をかき立てるためだ）が、女性たちにとってもペニー・アーケードはふさわしくないものと考えられた。だが、キャシー・ペイスとローレン・ラビノヴィッツが論証しているように、働く若い女性は非難のことばにはおかまいなしに「禁じられた」場所に顔を出していたのだ。ペニー・アーケードを男性専用地帯と考えることは誤った一般化であり、観客とアトラクションの多様性を説明し損なうだろう。

一九一〇年代のムーヴィー・パレス［☆9］時代の到来により、映画はその公共のイメージをなんとか繕うことができた。［その一方］ファッショナブルで「ハイクラス」向けのペニー・アーケードがあるにもかかわらず、ペニー・アーケードの全体的な評判は、改良家と当局の目には、いっそう悪く映るようになった［図10］。大恐慌時代にあたる一九三〇年代は、アメリカではペニー・アーケードの黄金期としばしば見なされた時期である。ペニー・アーケードは失業中の男性が時間をつぶすのに手頃な機会を提供する場となっていたのだ。ペニー・アーケードのゲームと触れ合う、もしくは、しばしば「無邪気な」マシンのふりをしたギャンブルマシンで運試しをすることは、少しのあいだ過酷な現実を忘れさせた。スロットマシンに対するよくある反対の一つが、スロットマシンはギャンブルおよび組織犯罪と結びつくというものである。当局はしばしば強硬策をとってスロットマシンを禁止し、ギャンブルを取り締まる法律を制定した。マーシャル・フェイのスロットマシンの歴史が例証しているように、これらのマシンとの闘いの軌跡はマシンの歴史そのものの長さと同じなのである。スロットマシンとの闘いを象徴的に表わすものごとはいくつかあるが、そのなかに、マスメディア向けの宣伝行為として当局が準備した破壊集会があった［★45］。おそらく、最も有名なのは一九三四年のエピソードである。一九三四年、ニューヨーク市長のフィオレロ・ラガーディア自身が、めちゃくちゃに壊されたマシンの山と手にしたハンマーで、報道陣向けのポーズを作ったのだ［★46］。同様のジェスチャーは、一九二〇年代の禁酒法時代のプロパガンダ写

図10　ミュートスコープ・パーラーを訪れた上流階層の人々を描いたドイツのイラスト。情報源不明。1900年頃。このイラストを見れば、覗きからくりマシンにたいする態度はネガティヴなものばかりだけではないし、それが社会の下流階層とのみ結びついていたわけでもないことがわかる。著者蔵。

真中にしばしば見られたが、今となってはスロットマシンが違法アルコールの詰まった樽やボトルの位置を占めた。ナチスによる焚書の儀式も思い出されるかもしれない。フィリピン大統領フェルディナンド・マルコスが一九八一年にゲームセンターのヴィデオゲームを禁止し、それらをハンマーで公然と破壊したとき、実のところ彼は確立した文化モデルを再演／再現していたのだ［Le Diberder & Le Diberder, 1998, p. 8］。

スロットマシン産業は、その焦点を運試しのゲームから腕前のゲームへと変えることで自身を擁護する。うまくやったプレーヤーには、おまけで追加されるゲームやゲームセンターにおけるハイスコアの展示など、非物質的な評価が金銭に代わる報酬として与えられた。こうした転換において、ピンボールは決定的な役割を果たした。ピンボールは一九世紀のバガテルを基にしており、一九三〇年代にはすでに存在していたが、絶頂期は一九四〇年代である。一九四七年、ゴットリーブ社で働くハリー・マブスというエンジニアが、「フリッパー・バンパー」という、盤面へとボールを勢いよく打ち返すための小さなパドルを発明した［Kurtz, 1991, p. 56］。フリッパーが最初に搭載されたピンボールマシンはハンプティ・ダンプティと名づけられ、無数の後継機のひな形となった。このような改良が施され、ピンボールは戦後ユースカルチャーの象徴の一つとなった。ピンボールマシンは、バーや改修されたゲームセンター、すなわちペニー・アーケードの後継場にその姿を現わした。典型的なピンボールのプレーヤーは、今や以前より年若の一〇代、二〇代の男性であった（ガールフレンドと一緒に来ることもあったので、彼女たちも時折プレイすることができた）。

ピンボールを呼び物としたゲームセンターはライフスタイルの一部となり、若者同士が絆を形成するのを促進し、家庭と職場の両方が持つ抑圧的な価値に対する安全地帯として役立った。ピンボールをプレイすることは、同時に二つの場所に存在する（バイロケーション）方法となった。すなわち、閉じたミクロ世界と強烈な関係を取り結ぶのと同時に、その周りの現実空間にいる仲間グループの一員でもある、ということである。自分自身とそれ以外の人に卓越した技量を示して、ゲーム《ゲーミング》というサブカルチャーのなかで名声と承認を得る機会をピンボールはもたらした。こうした状況を象徴的に体現しているのが、後にミュージカルとなって成功を収めた、ザ・フーのロック・オペラ『トミー』（一九六八）の主人公トミーである。トミーは、新たなタイプの（アンチ）ヒーローで、無視され、虐待された自閉症の若者である。「聾、唖、盲目の青年」であるトミーの創造力と意思の伝達は、たった一つのチャネルを通して表明される。それが、彼の並外れたピンボールのプレイ能力である。「ピンボールの魔術師」の歌詞によれば、「彫像のように立ち」ながら、トミーは「機械の一部」となる[★47]。以来、それと類似する人物像が、ゲームセンターのヴィデオゲームに関する言説に現われるようになった。ニック・キャッスルの『スター・ファイター』（一九八四）のような映画もその一例である。そのストーリーでは、田舎町の少年がアーケードゲームの格別な技量、卓越した腕前により、銀河系をまたぐ戦士になる。このような〈トポス〉の出現は、デジタル以前のゲーム文化とデジタルゲーム文化の連続性が、その断絶よりも重要な場合がある、ということをほのめかしているように思われるのだ。

ヴィデオゲームが置かれたゲームセンターは、ゲームパーラーの直接的な子孫であった。一九七〇年代に生じたその移り変わりは漸進的である。当時の写真が例証しているように、機械仕掛けのゲームマシンとデジタル式のゲームマシンは、しばしば並行して存在していたのだ。電気機械式のスロットマシンとヴィデオゲームマシンのあいだには断絶ではなく連続性があった。初期のゲームでは、ジョイスティック、本物を模して作られた銃に車のハンドルといった物理的インターフェースが、しばしば使用されていただけではない。プレデジタル式のアーケードには、ドライヴィング・シミュレーター、シューティング・ゲーム、およびスポーツと格闘ゲームといったゲームのジャンルもすでに多数存在していたのだ。こうした繋がりを象徴的に表わしているのが、「スペースウォー！」のクリエーターの一人、スティーヴ・〝のろすけ〟・ラッセルに関するストーリーである。ゲーム関係の仕事に何年か従事した後、あたかも突然の天啓にうたれたかのように、ラッセルは次のように叫んだと言われている。「そうか——それはピンボールマシンなんだ！」[★48]。予想できるように、ヴィデオゲームが置かれたゲームセンターは、その前身の悪評を受け継いだ。若者たちの健全さとモラルに気をもんだ親たちのグループと当局は、声高らかにそれを非難したのだ。ゲームセンターのヴィデオゲームとゲームセンターそれ自体に対して偏見が広く世に行きわたっていたことが、家でゲームをするということに大きな飛躍をもたらした原因の一つとなったのだろう。そうした悪所から遠ざけるために、親は子どもたちにゲーム機を買い与えるというわけだ。一九八〇年代初頭、ゲームセンターは、自らのイメージをクリーンにするキャンペーンに着手した。だが、ゲームセンターでの経験を家族で楽しめるかたちのものにしようとする奮闘は、「胡乱《うろん》な洞穴」で育った筋金入りのゲーマーたちには気に入らなかった。J・C・ヘルツによれば、ヴィデオゲームが置かれたゲームセンターの「破壊」後、その真の連続性を見出すことができるのは、ネット上でネットワーク化されたロールプレイングゲームの世界においてなのである。少なくとも、コミュニティと雰囲気の感覚ということに関してはそうなのである［Herz, 1997, pp. 58-59］。

結論——歴史《クリプトヒストリー》の隠蔽を超えて

スロットマシンは、文化史家とメディア研究者たちからほとんど全面的に無視されてきた［★49］。ポピュラー文化史家でさえ、それらに言及する際には分析したり元の文化的文脈に置きなおしてみたりすることなく、おざなりに触れるだけである。既存の文献のほとんどはもっぱらコレクターとコイン＝オプの熱狂的なファンの手によるもので、これらのマシンが備えている長期にわたる人気と広範囲にわたる文化的インパクトは十分に論じられていないのが現状なのだ。こうした〈記憶の破壊〉の原因の一つは、明らかに、スロットマシンがほぼどこにでもあるためである。ある現象があまりにも身近でありふれたものになるとき、ある意味それは目に入らなくなる。私たちはもはやそれに注意を払わないのだ。カウンター＝マシンが労働、生産性、そして進歩に対立するように、スロットマシンはとるに足らないもの、すなわち短命のうちに終わった、時間とお金を費やす（つまり無駄にする）形式と考えられてきた。〈破壊〉はそれだけにとどまらない。コイン＝オプはとるに足らないものと見なされてきただけでなく、有害であり、賞賛ではなく告発がふさわしいとも考えられてきたのだ。もちろん、こうしたことは何一つスロットマシンを無視する口実にはならない。というのも、スロットマシンは、ジークフリート・ギーディオンのことばを借りれば、私たちの時代の「ものいわぬものの歴史」になくてはならない部分だからである［Giedion, 1969］。それらは人間＝機械の関係の諸形態をデザインし、試みるための実験であったことはまぎれもない。スロットマシンの重要性が徐々に自覚されるようになるのは、インタラクティヴ・メディアが文化と経済の主要な力として登場することによってのみであろう。

一見したところ、ごく短い歴史しかないように思えるゲームセンターでヴィデオゲームをすることのような現象を説明しようとする場合でも、過去を掘り起こすことには意味があるということを、私はここまでで示そうとしてきた。このようなアプローチは、産業側お抱えの広報係と企業の「歴史隠蔽家《クリプトヒストリアン》」たちがしばしば主張する内容に反論する手助けとなる。そういった人々が望むのは、エレクトロニックゲームを、前例のないもの、インタラクティヴィティ文化への差し迫った移行を告げるユニークな現象とすることである［★50］。もちろん、そうした主張が全面的に無根拠というわけではない。ゲームそれ自体および彼らのほぼ全世界にわたるアピールのなかに、ユニークな点、もしかしたら革命的でさえあるような点はたくさん存在している。同様に認めなければならないのは、私たちが目の当たりにしているのはある発展の第一段階にすぎず、それは将来的にはるかに巨大な規模となり、現在の私たちでは考えもつかない方向へと進行する、という点である。ゲームセンターのような公共空間でゲームをすることは、家庭用デヴァイス、モバイル式の個人用ゲームプラットフォーム、およびネットワーク利用と並んでゲーム文化の一つの面にすぎない。本論考では意図的に「アーケードゲーム《ゲーミング》の考古学」に範囲を限定し、その輪郭と、スロットマシンと関連する人間＝機械の関係の形態を明らかにすることを試みた。ゲームセンターのヴィデオゲームおよびゲームセンター《ゲーム・アーケード》それ自体を説明するには、その過去だけを参照すれば十分だとうそぶかなければ、未熟なかたちでではあるが、それらを構成する諸要素がすでに一九世紀におけるさまざまな進展の結果のなかに見出せることは明白なのだ。

　この物語に編み込むべきではあるが抜け落ちている糸は、もちろん、家庭およびさまざまなメディウム《インター》がせめぎあう《メディエイト》空間において、個人用のゲームマシンによりプレイされるゲームの考古学である。〈これ〉は前例のないものなのだろうか？　もう一度繰り返そう。家庭内で使用するためのプロト＝インタラクティヴ・デヴァイスの歴史がある。その射程は、フェナキスティスコープとゾートロープのような一九世紀に大量に作られた「哲学的玩具」、フォノグラフを含む初期のメディアマシン、そしてそれらよりもはるかにヴァラエティに富んだミニチュア劇場とそれ以外のロールプレイングの環境にまで及んでいる。二〇世紀初頭以降、広く利用可能となった無線送信機／受信機とラジオキットも無視すべきではない。これらのデヴァイスはゲームに使われたのではないが、テクノロジーを自分でいじくり回す機会を少年たちに与えたのである［Douglas, 1992, pp. 44-59］。そうした活動はコーディングやハッキング——ヴィデオゲームとコンピュータゲーム文化が当初から備えていた重要な面——を先取りしていた。また、商業メディアの歴史にも、既存のマスメディアのチャネルを（擬似的な）インタラクティヴ体験へと変える試みが刻まれている。例えば、一九五〇年代の子ども向けＴＶ番組の「ウィンキー・ディンクと君」がそうだ。これらの例が示しているように、エレクトロニックゲーミングの出所をただ一つの源に求めて遡るということは、それがどのような源であっても不可能である。コンピュータゲームは、多種多様な文化的な糸と結び目により時間をかけて紡がれる、複合的な織物《ウェブ》から現われる。はっきりしているのは、「デジタル・インタラクティヴメディア」のようなものが姿を見せるはるか以前から、こうした織物は編まれ出していたということなのだ。

第6章　ソーシャルメディアというパノプティコン

メディア装置《アパラトゥス》についての省察

メディア・マシンの形式は多種多様である。それらはさまざまなものごとを、さまざまな方法で、さまざまな目的のために、伝達する。メディア・マシンとユーザーの関係は変化に富んでおり、それらの使用も同様である。メディア・マシンのなかには、他のものよりもユーザーの積極的な役割を必要とするものもある。ここで問題となるのは、メディア文化の統一性それ自体である。私たちはメディア文化ということばで何を意味しているのか？　それはどのように発展してきたのか？　メディア文化を構成する要素同士の結びつきはどのようなものなのか？　それはどの程度私たちに覆いかぶさっているのか？　言い換えれば、メディア文化の外に「生」はあるのだろうか、ということなのだ。これらのような問いは余分なもののように響くかもしれない。というのも、私たちは、いずれにせよ、ガジェットを使用するからだ。今のソーシャルメディア世代は、スマートフォンとタブレット端末を絶対必要であると考えているため、それらから離れるなんて一分間であってもあり得ない。それは、「人間の拡張」としてのメディアという、マーシャル・マクルーハンのよく知られた主張を裏づけているかのようだ。こうした状況下で生活している人々の多くは、メディア文化には隠れた暗部があることを認めているようには見えない。もし認めているとすれば、そうしたシチュエーションは避けられないと思っているのかもしれない。ガジェット、アプリ、そしてサーヴィスを販売する企業の犠牲になっているとさえ感じても、ポジティヴで、有益で、エキサイティングなものごとを大量に可能にしてくれるのだから、ツイッター、フェイスブックやグーグルなしでやっていくのはもはや不可能だ、と最終的には結論を下す人もいるかもしれない。

私は、メディアの暗部にきわめて自覚的なメディアユーザーの側——少数派？——に属している。ＴＶがない家庭で幼年期を過ごした（そのためＴＶを好むようにはならなかった）こともあり、職業的には技術メディアについての研究に従事しているが、私は技術メディアをかけがえのないものとは思わない。電話での会話を楽しんだこともない。私にとって、電話は単に便利な発明品の域を出ず、「常時利用可能《オールウエイズ・オン》」である世界への必要不可欠な入り口ではない。自分のような人々にとって（私の気持ちを共有してくれる人々がまだいるとするならば）、メディア文化の暗部は決してなくなりはしない。とはいえ（もしくは、なぜならば）、その作用はキュートな外観の後ろに如才なく隠されている。グーグルのホームページを開いて最新のロゴを見るたびに、こうしたことが思い浮かぶ。私は、これらのロゴを無邪気で面白いものとしてではなく、冷酷な企業の本当の顔を覆い隠すサーヴィスのなかのごまかしのシニフィアン（ユーザー自身が進んで協力して、生み出されることもある）として理解している。こうした新たな文化産業はその作用を隠すに巧みであり、アドルノとホルクハイマーが予想し得た内容よりも上手をいっているのだ［★1］。

他の多くの人たちのように、私はワールド・ワイド・ウェブに関する初期の言説に刺激を受けた。一九九〇年代中葉での飛躍的な発展がもう目の前のときのことだった。数多くの見込みや夢が存在し、それらは〈最初の〉真に民主的なメディウム——ラジオとテレビ放送同様に映画にも内在する、構造上の権力のヒエラルキーと不均衡を乗り越えるメディウム——の誕生という理想主義的な希望でコーティングされていた。海賊ラジオとケーブルＴＶは「メディアに返答する」いくつかの可能性を開いたかもしれないが、インターネットに見込まれていた可能性——中心のない、アメーバ的でリゾーム状のコミュニケーションのネットワークにより、誰もが送り手かつ受け手となる、もしくは、個人としても自分が選択し創造したコミュニティのメンバーとしても活動できるという可能性——と比較すると限定的であった。実際のインターネットにより、こういった希望が全面的にくじかれたわけではない。だが、それらはしばしば人目の届かない片隅へと追いやられてしまっており、こちらから探しにいかねばならない。こうなってしまった理由の一つは、インターネットによる検索が数十億ドルのビジネスになってしまったためである。ソーシャルメディアのいくつかの側面は、個人とコミュニティに基盤を置いたコミュニケーションのメディウムというインターネット黎明期の夢と結びついているが、それらはグーグル、フェイスブックと他のメディアの巨人たちによって——キーボードでカタカタと入力とするたびに——搾取されているのだ。

何百万ものユーザーたちにとってはこういったことは問題ではないが、私にとっては問題である。メディア文化の形式、役割そして意味の分析は、それらの一般的特徴と個別的な特性・違い、この両方に関して今まで以上に喫緊の要事となっているのだ。メディア文化の調査は、現在と過去をともにカヴァーしなければならない。両者のあいだに対話的アプローチを発展させることで〈すべての〉時制同士を橋渡しするためである。これがメディア考古学の課題の一つである。現在台頭しつつあるこのアプローチを、私は過去二〇年かけて発展させてきた[★2]。本稿では、私が「メディア装置《アパラトゥス》」と呼んでいる、どこにでもある（非）存在を、再び取り上げてみたい。それは、メディア文化同様、一枚岩ではない。メディア装置はメディアの使用に関する一つのモデルであり、数多くの形式をとって、変わりゆく時代と場所に応じて、多彩な方法で活性化する。メディア装置の作用を理解することは、経験・指令・反応からなる、変わり続けるダイナミックな帯域としてのメディア文化の論理を見抜くためのきわめて有用なツールとなる。

シネマ装置《アパラトウス》

つまるところ、「メディア」とは何なのか？　それを探り出すための論理的な出発点として、一九七〇年代と一九八〇年代のフィルム・スタディーズで広く取り上げられた「シネマ装置《アパラトウス》」を再考していこう［★3］。私は映画研究に早くから関わっていたため、そこからインスピレーションを受けているが、メディア装置《アパラトウス》とシネマ装置《アパラトウス》、この二つの概念は同一ではないということを強調しておきたい。私が考えているのは、メディア装置という用語を、シネマ装置を〈含む〉〈さまざまな〉種類の装置にたいするマスター概念として使用する、ということである。シネマ装置は――建築にも、テクノロジーにも、メタ心理学にもまたがっている――特定のシェーマの状態に関わる。そのスタンダードな例として挙げられるのが映画館である。それはたくさんの要素によって構成されている。建物外部のファサードに、ポスター・照明・その他の記号によって飾り立てられたエントランス。チケットブース、販売用カウンターのあるロビーに、メインの経験――映画館という施設全体の実質的な存在理由――の舞台となる観客席。照明が絞られて、カーテンが開き、プロジェクターのビームが暗闇のなかを通りスクリーンへと放射される。観客たちはスクリーン上の模擬的な世界と一体となっていることを――「映画言語」（まさに撞着語法である）によって――確信し、その度合いは、暗がりを満たす音の風景《サウンドスケープ》によっていっそう高まる。

多くの装置《アパラトウス》理論家によれば、観客は装置の周囲にある現実への意識を全面的に失うわけではない（とはいえ、現実の役割を強調してスクリーンの世界というイリュージョンを相殺する、もしくは粉砕さえすることが必要であると、ラディカルなアーティストと映画作家はしばしば感じてきたのではあるが）。観客同士、暗闇、スクリーンのサイズと形状および観客席の温度さえもが映画を見るという全体的な経験の一因となるのだが、その経験は観客によって異なるのである。精神分析寄りの初期の装置理論家の考えとは違い、シネマ装置を精神的な拘束服として見なすことはもはやできない［★4］。シネマ装置は映画経験のための枠組み、すなわち、指令と精神的鋳型が「内蔵されている」システムであるが、シネマ装置が示唆する要素――スクリーン上での（擬似的な）出来事を含む――を理解するのは、それぞれの観客である。観客は、自身に特有の生の実践を通して獲得し、内在化した記号のコードを活性化することで、そうするのだ。あらゆるものごとが重要であり、そこには社会集団からイデオロギー的・美的好み、およびメディアの使用パターンが含まれる。スチュアート・ホールが説明したことで知られているように、シネマ装置はコード化された意味が積極的に脱コード化される場なのである［★5］。コード化と脱コード化の相互作用は、交渉のプロセスである。すべての記号学者が知っているように、その二つが互いにぴたりと一致することは決してないのだ。

どんなかたちをとろうとも、シネマ装置は理想の状態を念頭において構成されている。あらゆる映画にはそれを読解する方法が内蔵されており、各装置には観客の行動を導き、決定しさえするモデルが含まれている。一つの抽象的なモデルとして、シネマ装置という概念の基本的な部分を映画のような動く《ムーヴィング》イメージが映し出される個々の具体的な状況に応用することは可能であるが、修正なしにメディア文化それ自体へと応用することはできない。それでも、私は、装置《アパラトウス》を土台とした思考は知的《メンタル》ツールとして有用であり得ると言おう。変化に富んだメディアのチャネル、仕組み、使用方法、そしてユーザーの経験が絡み合ったきわめて複雑な関係を私たちが理解しようとする際には、それは有用なのである。ある素晴らしいエッセイで、ロラン・バルトは、めったやたらに一般化するのではなく、ＴＶを見るという行為と比較して、映画（的）経験の特殊性を指摘している。

> 映画館の闇（匿名の、人の多い、多様な闇。いわゆる私的な映写の、何という退屈、何という欲求不満）のなかに、（どんなものであれ）映画の魅力はひそんでいる。逆の体験を思い起こしてみよう。テレビでも、映画が放映されているが、何の魅力もない。闇が消去されているからだ。匿名性が抑圧されているからだ。空間は、家族的で、（家具や既知の物体によって）分節、整頓されている。場所のエロティスム――むしろ、その軽さ、未完成な点

を理解してもらうためには、エロティザシオンといったほうがいいが――は排除されている。テレビによって、われわれは「家庭」を課せられるのだ。テレビは一家団欒の道具となった。かつて、共用の鍋が置かれた暖炉がそうであったように。[★6]

シネマ装置《アパラトゥス》がもたらす経験は断続的であった。人は、映画が終われば、映画館を後にする。それにたいして、TV産業はメディアがより浸透した環境に向けての一歩を踏み出していた。TVセットは、リヴィングルームで支配的な場所を与えられた。その位置は、以前には家族が集まる場所としての暖炉が占めていたことにバルトは気づいていたのだ[★7]。TVの影響力は、レイモンド・ウィリアムズが提唱したように、TV番組の「フロー（flow）」の連続的な性質によって強化された[★8]。TVは、各家庭を全国的な観客のネットワークへと接続するシステムとして構築されたのだ。すべての観客は、同一の番組のフローを同一の源から受信することになる。その経験は一方向的であった――フィードバックのチャネルは（意図的に）制限されていたのだ。しかし、メディア装置としてのTV（「TV装置《テレヴィジュアルアパラトゥス》」と呼ぶべきか？）は、完全に不動というわけではなかった。社会的な習わしの変化に応じて、それは絶えず変化したのだ。公共空間に据えつけられたポータブル式のTVセットと巨大スクリーンはTVを巡る状況に変化をもたらしたが、TVの一方向的性質には影響を及ぼさなかった。これをビジネスの好機として理解していたのが、ヴィデオゲーム産業であった。その草分け的存在であるマグナボックス社のオデッセイ（一九七二）のように、TVゲームのコンソールは双方向的な娯楽の場へと転じることで、TVセット――同様にTV装置をも――を「再生した」のである[★9]。

アーティストのヴィト・アコンチは、あるエッセイでリヴィングルームのTVセットの位置を、美術館やギャラリーに置かれたメディアアートのインスタレーション作品で使用されるモニターと比較している[★10]。アコンチのこのエッセイはほとんど知られていないが、きちんと目配りし直すべきである。装置論《アパラトゥス》を明示的に引き合いに出してはいないものの、アコンチはメディアアートのインスタレーション作品をメディア装置として扱い、作品を見にやってきた観客の流動性《モビリティ》をインスタレーション作品の本質的な性質の一つとして考察している。多くのインスタレーション作品では、作品中に暗号として埋め込まれた経験と意味を解放するために、物理的な運動が要求される。作品を見にやってきた観客は頭を回し続けて、空間的に配置された要素同士に繋がりをつけるよう期待されている。だが、それだけではない。歩き回って絶え間なく占める位置を変えることも期待されているのだ。アコンチの分析はメディアアートのインスタレーション作品に一番当てはまる一方で、そのインスタレーション作品は日常生活における流動性と類似点を備えている。例えば、都市の通りを歩くことやデパートでのそぞろ歩きなどがそうである。とはいえ、メディアアートのインスタレーション作品は、まずアーティストによって、次に展覧会のキュレーターによって、前もって選択され、変形され、位置づけられているのだが。しかし、近年の多くのインスタレーション作品は、一時的なミニ映画館として設計されることでシネマ装置を美術館やギャラリー内に復活させている。部屋を小さく仕切って暗くしたミニ映画館では椅子やベンチが置かれて、直線的《リニア》な映画やヴィデオが映写される。

モバイルメディア装置《アパラトゥス》

今日のメディアガジェット前線を形成するポータブルでウェアラブルなデヴァイスに、装置《アパラトゥス》論を応用しようとすれば、事態ははるかに複雑になる。ほとんどすべての種類の環境で使用されているため、ポータブルでウェアラブルなデヴァイスは「あまねく場所が本拠地」であると言えよう［★11］。ベッドやトイレから、深い森や開けた海から、携帯電話に呼び出しがかかる。うまくかかるということは、アクティヴなコミュニケーションのネットワークの存在を示しているが、注意の矛先を向けるべきはこのネットワークそれ自体ではない。それは単なる手段としての役割を果たしているにすぎない。「モバイルメディア装置《アパラトウス》」を構成する要素には、ガジェットのサイズと接続性、バッテリーの寿命、人間工学に基づいたデザイン、双方向性という方式、アプリ、および、オフラインモードとオンラインモードの両方の状態で受けられるサーヴィスが含まれる。これらの要素は推定される使用方法のパターンと関連するが、それを活性化するのは産業の戦略・広報担当者だけではない。ユーザー自身も、言説の交換と「口コミ《ヴァイラル》」による伝達により、それを活性化する。

実のところ、（まさにマクルーハンが予言したように）モバイルメディア装置はユーザーの身体の拡張であるが、この論点にまかせて、モバイルメディア装置はそのモバイルという性質にもかかわらず外からの力によって拘束されている、という事実を曇らせるべきではない。私が考えているのは、当局による携帯電話のジオトラッキングや、巨大なデータバンクを検索・記憶・活用するグーグルの実践についてだけではない。私が言及する内容はもっと広い。それはＮＳＡおよびＣＩＡ元局員のエドワード・スノーデンの暴露により裏打ちされたように、モバイルメディアを使用したコミュニケーションは類を見ないパノプティコンとなっている、ということである。シネマ装置では、観客の経験は、もぎり・ドア係・映写技師から、映画館のオーナーと映画ビジネスの代理店といった、表面には出ない一連の動作主体《エージェント》によって条件づけられていた。しかし同時に、映画館は世間の目から逃れるための場所でもあった。暗闇にまぎれて、一、二時間身を隠すことができたのだ。だが、モバイルメディア装置のなかには身は隠せない。オンライン世界では、「満ち満ちた昼の光」のなかで、もっと正確に言えば、グローバルなサーチライトすなわち沈まぬ人工太陽によって照らされた状態で、常に生活することになるのだ。

ジェレミー・ベンサム考案のパノプティコンはフーコーが詳細に調べており（メディア文化との関連性については言及していない）、そこで監視される主体は規律訓練施設により見られている（実際にそうしたことが起こっているかどうかは問題ではなかった）という感覚を内面化した[★12]。そこでは治療的な効果が期待されていた。パノプティコン装置《アパラトウス》に取り囲まれているということを自覚することで、常軌を逸した主体が「常態」の規則を採用できるように意図されていたのである。モバイルメディアのユーザーの状況は、それとは異なっている。追跡される可能性を多分に自覚しており、それを最小限にとどめるための手段をとっているユーザーたちもいる（例えば、可能なときはいつでもオフラインで作業するなど）。しかしながら、多くの人々はこうしたことに無自覚である、もしくは気にしておらず、自分たちのプライヴェートな生活と内緒事をごく細部に至るまで誰もが見られるように開帳している。スノーデンによる暴露以後、多くのアメリカ人たちは自分たちの安全性が高まる限りにおいて政府による盗聴はやむなしと表明した。換言すれば、彼／彼女らはメディア・パノプティコンに自発的に服従したのだ。

不可視の遍在する手が、モバイルメディア装置を、したがって、ユーザーたちを操っている。そこではインタラクティヴィティが中心的かつ逆説的な役割を果たしている。理想主義者たちによれば、インタラクティヴィティはユーザーにイニシアティヴを与える解放の力であり、文化産業の抑圧的戦略の呪縛から彼／彼女を救ってくれる。インタラクティヴィティを通してユーザーは自分自身のメディア経験をかたち作る、というわけだ。だが、モバイルスクリーンを通して流れるようにインタラクティヴィティの楽園に入り込んでも、そこは悪魔抜きには存在しない場所なのだ。どこにでもデヴァイスがあり、簡単にタップできることが「反対の面」を見えなくしている。周囲への目配りを犠牲にしたモバイルスクリーンべったり習慣は、集合的躁病や集団的精神疾患の潜在的な徴候であると、社会心理学者たちが興味を示しだしている。このテーマは歴史的にはよく知られており、ヴィクトリア朝時代の傑作『狂気とバブル――なぜ人は集団になると愚行に走るのか』で、チャールズ・マッケイが素晴らしい分析を行なっている［★13］。しかしながら、現状にはそれと異なる点が一つあるようだ。「集団妄想」という考えは、今では興味深いことに、ハワード・ラインゴールドのようなテクノユートピア主義者が唱道した「スマートモブ」と「クラウドインテリジェンス」に関する理想主義的な言説と対立しているのだ。

悪魔の儀式？

集合的精神疾患という論点に関しては、二〇一〇年のマイクロソフト社によるWindows Phone 7の広告キャンペーンが興味深い。「悪魔の儀式」はそのキャンペーンの皮切りとなったコマーシャルである。このCMでは混み合った通りが映し出されており、そこでの時間の流れはゆっくり、もしくは止まった状態である――自転車乗りは倒れ、クルマはポールにぶつかり、たくさんのフルーツは地面に散らばる。人々の動きは夢遊病者さながらで、互いにぶつかり合う。それ以外の人々は、身動き一つしない。みなが手中のポータブルデヴァイスを凝視している。このコマーシャルは、ルネ・クレールのサイレント映画『狂気の光線』（一九二七）（原題は*Paris qui dort*で、文字どおり「眠るパリ」である）を思い起こさせる。この映画では、マッド・サイエンティストの実験によって、街の人々が眠ってしまったのだ。「リアリィ？」は、キャンペーンの中核的なコマーシャルで、ポータブルメディアに熱中する人々に抵抗する勢力を持ち込み、シチュエーションを若干変化させている。中心となるのは、身動きしないゾンビたちに取り囲まれても、なおそれらに抵抗できる人々である。ある女性は、携帯をいじりながらマッサージをするセラピストにいらだっている。ある男性は、便器に落ちた携帯電話を見て、慰めのことばを発している。セクシーな下着をまとった妻は、関心を示さない夫に怒り出す。少年は、居るには居るが心ここにあらずの父親に野球のボールを投げつける。コマーシャルの最後になって初めてキャッチフレーズが現われる。「私たちを電話から救い出してくれる電話の登場です［……］見たらすぐに現実生活に戻れます」［★14］。〈他の〉よく似た製品が引き起こす問題の解決策として、Windows Phoneが売り込まれるのだ。

バルトの分析（前記）によれば、スクリーンに注意を集中させながら、映画の観客は周囲を感得できた。マイクロソフトの広告キャンペーンは、そうした感覚のマルチタスキングが消滅していることを暗に示しているのかもしれない。媒介された世界が現実を肩代わりするのだが、インタラクティヴィティはほとんどその助けにはならない。それが解放の力となるというのはまやかしなのだ。この分析は、本稿執筆時点で最も熱狂的に取り上げられているモバイル・ガジェット――グーグルグラスとして知られる拡張現実（AR）ゴーグル――にも敷衍できるかもしれない。ARゴーグルの新しさは、マイクロソフトのキャンペーンが約束していたように「見たらすぐに現実生活に戻れ」るようにしたうえで、そこで強調されていた諸々の傾向に補正を施した点にあると言える。グーグルグラスは、音声コマンドにより、メディアによる諸々の（非）現実を誘起する。それらはヴィジュアライズされてユーザーの視野中に浮かび上がり、シースルーのスクリーン上で重ね合わされる。それは、すでに一九六〇年代にアイヴァン・サザーランドが提唱していた「シースルー」のヘッドマウントディスプレイのようだ。だが、グーグルグラスは持ち運び可能なネットワーク端末である。ユーザーは見るものを何でも記録して、即座に動画をネットに投稿できるのだ。グーグルグラスを通した周囲の観察はそうした人工補綴具なしの観察とは大きく異なる、という点は強調すべきである。周りのものごとは間接的《メディエイテイッド》になり、オンラインの現実が第一の現実となる。オンラインの現実以外は、単なる背景もしくはコンテンツ用の情報源にすぎないのだ。

グーグルグラスは「逆転したパノプティコン」である、と主張する人もいるかもしれない。なぜなら、それによって個々人が、気づかれることなしに、どんな出来事でも密かに探り、記録し、公にすることができるからである。しかし、代償なしにこうしたことができると考えるのはナイーヴであろう。それが明らかになったのは、グーグルグラスの使用者として選ばれた初期の人々にたいして、グーグルがデヴァイスの転売や貸出を禁じていたことが公表されたときのことである。ルールが破られた場合、グーグル側がデヴァイスを遠隔操作でシャットダウンした。この作業はきわめて容易である。というのも、グーグルグラスは、ユーザー自身のGmailアカウントでのみ登録可能だからである。そのため、グーグルグラスは、個人、群衆、および、クラウドを管理するためのパノプティコン的ツールとなるのだ［★15］。メディア・パノプティコンを実際に手中に収めているのは、ユーザーではない。それを操作しているのは、舞台裏で暗躍するグーグルの不可視の冷酷な手なのである。私たちは企業向けの「グラス」も想像できる。それは、見た目は消費者向けのものと同じくらいクールだが、はるかに強力でどうなっているかは理解しにくいだろう。無数の企業の本社に使われているハーフミラー式の窓ガラスが思い起こされるかもしれない。それは遍在し、どこからでも視線を送ってくる。動かすこともできれば固定することもできて、時も場所も選ばない。おそらくそれはすでに存在していよう。

メディア考古学者にとって、メディア中毒の言説は全く新しいものではない。新しいガジェットにより魅了された《メスメライズド》人々という〈トポス〉すなわち固定観念は、一九世紀初頭以来何度もその姿を現わしてきた。それは万華鏡からステレオスコープ、さらには他の多くのデヴァイスについての言説に登場する。一九九〇年代前半のヴァーチャルリアリティ熱には、再度それが見てとれる。おそらく現在の状況を歴史的に先行する事象から区別するのは、インタラクティヴィティのパワフルな役割である。多くのコメンテーターたちが信じているのとは異なり、インタラクティヴ・メディアはデジタル技術の直接的な産物ではないし、まして「セルフサーヴィス社会」のような社会的、イデオロギー的、経済的動向の産物ですらない。その歴史はもっと前から続いており、一九世紀およびそれ以前に遡る[★16]。最初は「プロト＝インタラクティヴ」という——ユーザーとデヴァイスのあいだでインタラクションは生じるが、比較的その度合いは低かった——かたちで現われた。それ以来、インタラクティヴィティはユーザーの可能性を増大させるだけでなく、それが持っていた「解放」という希望《プロミス》を脅かし危険に陥れるという特徴をも帯びるようになった。使用方法の文脈次第で、スマートフォンのようなガジェットはユーザーに力を与えもすれば、ユーザーを中毒状態にもする。うまくコントロールすることとそれに失敗することは、同一のコインの裏表なのである。そのバランスは崩れやすく、維持するのは難しい。だが、それが肝要なのである。

真にインタラクティヴなガジェットをデザインすることはたやすいことではないだろう。しかし、実のところ、そうすることはニューメディア産業のためですらないのかもしれない。モバイルメディアによる遠隔通信、ソーシャルメディア企業、ゲーム会社、そして広告主たちは、ネット上での口コミ戦略《ウイルス》を展開し、全力を尽くして可能な限り全面的にユーザーたちを巻き込もうとしている。自由で開かれたコミュニケーションは、それらの目的ではないどころか、それらの株主たちの資産《ポートフォリオ》の価値を高めるために、ユーザーを中毒に陥れているのだ。インタラクティヴィティは、彼らのための秘密の武器となり、金になるビジネスツールとなった。インタラクティヴィティは、ソーシャルメディアの領域に関する企業の「隠れ蓑」なのである。アーティストとアクティヴィストたちが声を上げて、秘密主義の企業にインタラクティヴィティの返還を要求し、ひどく悪用されてきたインタラクティヴィティを修復して、それが最初の頃に備えていた希望《プロミス》を取り戻すときはまさに今なのである。こうしたことが時代遅れでロマンティックに響くかもしれないということは承知している。現在の状況は、あとに引けない段階をすでに越えてしまっているかもしれないのだ。何百万もの人々がグーグルグラスを欲し、首尾よく手に入れた少数の幸運な人々を妬んでいる。大半の場合、そこに含まれている明らかにパノプティコン的な意味合いは人々の頭のなかから払いのけられ、それを議論するのはメディア研究者という一握りの力を持たない知識人だけだろう（グーグルグラスが基本的人権を侵害する可能性を秘めていることに政府が気づき、行動を起こさない限りは、そうなのである）。

メディア文化というジグソーパズル

文化産業に関するアドルノとホルクハイマーの理論は、半世紀以上前に考案されたこともあり、ずいぶんと前から見向きもされなくなっている。陰謀論へと陥るその傾向に関しては何も言わないにしても、彼らの理論は偏向しており一面的だと非難されてきた。確かに、文化産業は（ギー・ドゥボールの同様によく知られた概念を使えば）「スペクタクル社会」のなかでいろいろとはかりごとを画策しているようだが、受動的な一般大衆の観客というそれらの考えは、幻想にすぎなかったのではないだろうか？　現実のメディアユーザーたちは、文化産業が差し出したものに対して、特有のそして時にはラディカルでさえあるような方法で反応してきたのが常ではなかったのだろうか？　Ｗｅｂ２・０とソーシャルメディアの領域は、アドルノとホルクハイマーのテキストを廃れさせるさまざまな様式と多方面にわたるメディア文化が始まることで、「スペクタクルの蝕」を引き起こしたのではなかったのか？［★17］私には確信がもてない。科学的で、計算されており、巧みに身をやつす現在の文化産業の戦略と比べると、文化産業の作用についてのアドルノとホルクハイマーの考えは単純に過ぎるように思われる。だが、ネット上の「お気楽」な外見に隠れて生じているものごとは、おそらく［彼らの考えと］完全に異なってはいないだろう。

メディア文化では、ラディカルな転回が起こっている。それは、新しいガジェットとコミュニケーションシステムにのみ関わるものではない。それよりも重要である、何百万もの人々の心的態度の変化、ということに関係しているのだ。鍵となる論点として挙げられるのが、社会統制vs.人々に力を与えること、中毒vs.解放、そして迫り来るポストヒューマン的状況（無人式の、かつ、おそらく近いうちには自己推進式となる飛行体《ドローン》について目下繰り広げられている議論もこれに関わる）の影のなかで生活を営むたくさんの人々である。私たちは、複雑さを増しつつある巨大なジグソーパズルに直面している。数えきれないほどのピースが失われてきた一方で、新しいピースも日々追加される。調整しなければ、新しいピースがすでにある穴にはまることはめったにない。イメージのピースもあれば、サウンドやことば、コードのピースもあるのだ。メディア考古学者が直面しているのは、本当にややこしい、パノラマのような人の手で作り上げられた領域なのである。現在のメディア文化を（諸々の）過去に現われた事象と繋ぎ合わせ、そのすべてのピースを説き伏せて途切れることのない対話のなかで相互に説明し合う気にさせること。それがメディア考古学のミッションである。それによって、十全で最終的な答えが与えられることは決してないかもしれない。しかし、対話を続けることにこそ価値があり、そこにしか希望はない。そのとき、神話と迷信は南極大陸の氷山のように融解するだろう。

第7章 バックミラーのなかのアート

アートにおけるメディア考古学的伝統

われわれはバックミラーを通して現在を見て、未来に向かって後ろ向きで進んでいく。

——マーシャル・マクルーハン『メディアはマッサージである』(一九六七)

引用したマーシャル・マクルーハンのよく知られた文章は、コンテンポラリー・アートにおける一つの主要な傾向を余すところなく言い表わしている。インスピレーションを求めて、過去に引きつけられるアーティストの数は増大の一途をたどっているのだ。製品として物質的にも消滅しただけでなく、文化的記憶からも消え去ってしまったデヴァイスが掘り出され、細かく調べられ、再発明され、異なる時代や場所のアイディアと結び合わされている。そうした活動は、今日と比べると、ガジェットの数も少なければその操作の習得も容易であり、メディア文化自体が浸透しきっていないような素朴な時代を懐かしんで探求しているかのようにまずは思われるかもしれない。しかしながら、フリーマーケットのがらくたをもとに道楽者が作り上げた、くだらない「スチームパンク的」でっちあげをアートとして考えたい(私はいやだが)という場合でもなければ、こうした活動をそのように解釈するのは見当違いであろう。身も心も震えさせる作品が、現実に起こった問題に向き合ってきた野心的なアーティストたちによって生み出されているのだ。私がキュレーターとしての活動と評論「ギャラリーにあるタイムマシン――メディアアートにおけるメディア考古学的アプローチ」(一九九四年執筆、一九九六年公開)で最初に周りに注意をうながして以来、こうした動向は著しくその強さを増してきているのだ[★1]。

過去のメディアを参照するテクノロジー・アート[☆1]に私が注意を払いだしたのは、一九八〇年代後半のことである。そうした作品に出会ったのは、ファインアートの世界においてではなく、むしろオーストリアのリンツで開催されるアルス・エレクトロニカ、アメリカで年に一回開催されるシーグラフ(SIGGRAPH)、および、数々のメディアアートのフェスティヴァルにおいてであった。こうしたことは逆説的に響くかもしれない。というのも、これらのイヴェントは最新中の最新を紹介するために催されていたからである。「ヴァーチャルリアリティ」と「インタラクティヴメディア」は、一九九〇年頃の謳い文句《バズワード》であった。それらはアーティストも学者も等しく奮い立たせた。だが、その熱狂のまっただ中では、あらゆるとっぴなヘッドマウントディスプレイ、触覚《タクタイル》インターフェースなどのかたちで現われた「サイバーカルチャー」には、前例が皆無ではなかったということも理解され始めていた。場合によれば数世紀前からそれらを先取りしていた文化形式が存在し、非常によく似た論争を引き起こしていたのだ。ジェフリー・ショウ、マイケル・ネイマーク、そしてリュック・クールシェヌのようなアーティストたちは、同時代のハイテクの産物であるような作品を制作していたが、パノラマや立体視のような形式を探求することで、探求に値する過去のテクノロジーが存在することもほのめかしていた。ヴァーチャルリアリティこそユートピアであるとほとんど福音主義的な情熱をもって主張した人々は、文化的にもしくは存在論的にさえ「断絶」が生じているのかもしれないと触れ回っていたのだが、あらゆるそうした主張は誇張されておりミスリーディングであるとさえ感じられだした。

「考古学的」な傾向が漂っていた、ということなのだ。現代のメディア文化を構築する言説を調べだしたところ、そのなかでも最も優勢であったユートピア的で「進歩主義者」的物語の背後に何かが隠されているのかもしれない、と私は思うようになった。そう感じていたのは私だけではなかった。というのも、私がそうしたことに気づいたのは、ジークフリート・ツィーリンスキーとフリードリヒ・キットラーといった学者の著作を研究していたときだったからだ［★2］。ツィーリンスキーにならい、私は自分の研究をメディア考古学と呼び始めた。キットラーは自身の研究をそう呼びはしなかったが、キットラーの研究とメディア考古学的研究には、諸々の類似点があった。誰しもが自分なりのやり方でテクノロジー、科学、そしてメディアに関する支配的な「大きな物語」に異議を申し立てようとする意欲に駆られていたのだ。大きな物語は明らかに選択的で、一面的で、決定論的であるように思えた。そこでは、異なるメディアの形式同士を突き合わせ、参照することは稀であった。一八世紀の進歩思想の後押しを受けて綴られた直線的な説明が支配していたのだ。歴史家たちは成功した発明家、起業家、会社そして組織について語り、「跡を残した」創作物に焦点を合わせていた。そうした歴史家たちの語り口によって明らかになるのは、ガジェット自体も、ガジェットにより可能になったと言われる生活も、両方とも絶え間なく向上していったという軌跡であった。

　こうした語り口《ナラティヴ》／物語は当然のものと考えられて、メディア文化とその歴史を支配してきたのだが、そこに疑問が突きつけられたのだ。それらは本当に正しく（諸々の）過去を説明していたのだろうか（ランケの言うところの「本来それはいかにあったのか」）？　不可欠な要素が道脇に残され、ひびは埋められ、そしてしみが塗りつぶされていたとしたら？　メディア考古学者たちは「勝利を収めた」テクノロジーを中心に構築された直線的な歴史にそっぽを向いたのだ。ミシェル・フーコーの知の考古学に影響を受けて、メディア考古学者たちは、抜け落ちたものごと、気づかれていないもしくは隠れた断絶、そして日の当たらない片隅を求めて、アーカイヴを調査し始めた。彼／彼女らは、袋小路、そして、忘れ去られた裏通りとして見なされたものごとに光を当てようと決心し、これまでとは別様に過去を読み解く方法を引き出すための徴候としてこれらを扱った。野心的であったがゆえの

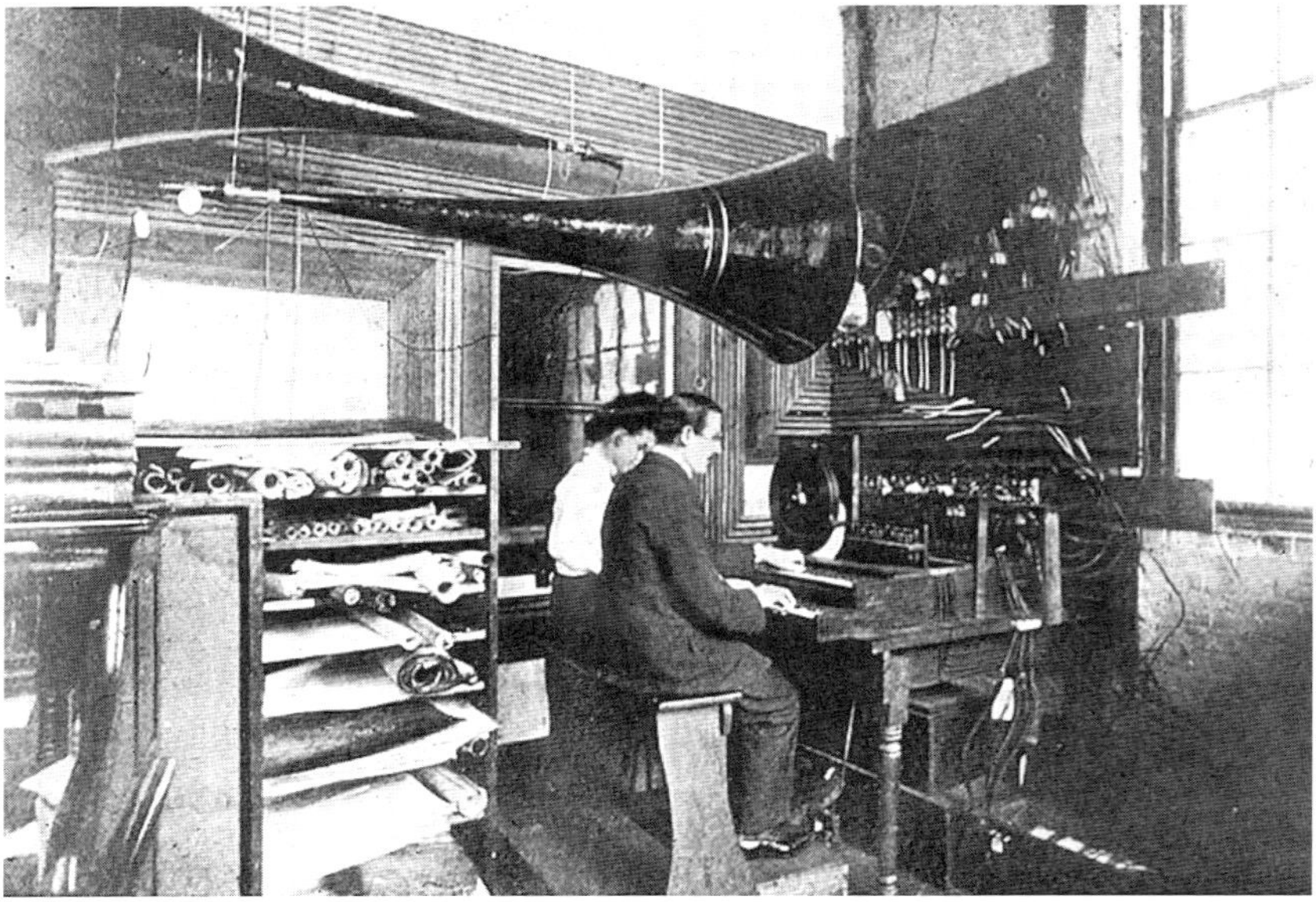

図1　ニューヨーク市のテルハーモニック・ホールで稼働中のサディウス・ケイヒル（1867-1934）のテルハーモニウム（ダイナモフォン）。情報源不明。1906年頃。パブリックドメイン。

失敗、すなわち文化的環境の布置が適していたのならば成功したかもしれないアイディアに注意が向けられるようになった。締め出されたものごとを取り込むことで、過去が生き生きと語りだすようになったばかりか、現在にも新たな光が当たるようになったのだ。

　メディア考古学が注目する重要な失敗の一例が、テルハーモニウムである［図1］。テルハーモニウムは、巨大なオルガンのような電子楽器で、二〇世紀初めにアメリカ人発明家のサディウス・ケイヒル（一八六七－一九三四）により設計された。ケイヒルの心を占めていたのは、そのデヴァイスだけではなかった。彼はテルハーモニウムの技術を、レイモンド・ウィリアムズが「文化形式」と呼んだところのものへと転換した［★3］。テルハーモニウムは「テルハーモニック・ホール」（三九番街／ブロードウェイ、ニューヨーク）に永久に設置され、それを中心に一つのコミュニケーションネットワークが構築されたのだ。ホテルやデパートといった加入者たちには、電話線を経由して生演奏が伝送された。無線による伝送さえ試みられた[★4]。ケイヒルのプロジェクトは、産業用のバックグラウンドミュージック(ミューザック)という地歩を数十年先取りして固めていただけでなく、放送の考古学にも関わっているのだ[★5]。ケイヒルのプロジェクトが複雑に細分化した結果と、それと同様に複雑なプロジェクトの失敗理由を細部に至るまで徹底的に(だが飽きさせはしない)調査したのが、レイノルド・ワイデナーである[★6]。ワイデナーは自分がメディア考古学者だと言ってはいないが、その関心はメディア考古学的である。

テクノロジーの発展は、迂回路と袋小路でその足を止めることはほとんどない。足を止める代わりに、方向を変えてめざすところを再調整するのだ。成功が連続するという見方は、しかしながら、テクノロジーの歴史に押しつけてはならないまさにそのものであり、それゆえに失敗を研究する必要がある。進歩を完全へと至る自律的で必然的な行進と見なすことは部分的にしか有益ではなく、たいていの場合大変な思い違いである。テクノロジーの歴史は、成功を収めた発明とそのプロセスを暴くこと以上に、一時代を照らし出すこと、すなわち、諸々の社会文化的文脈を明らかにすることに役立つのである。[★7]

ワイデナーは技術決定論に反対し、一九六〇年代のマーシャル・マクルーハンの著作が引き金となった論争に加わった。マクルーハンは技術決定論を擁護するために、——リン・スピーゲルが述べるところの——「社会的関係と制度的実践が織りなす権力の力学」を犠牲にしているとレイモンド・ウィリアムズは酷評している[★8]。技術決定論の支持者にとっては「進歩とは「世界を創造した」発明の歴史である。諸々のテクノロジーの影響は、直接的なものであろうと間接的なものであろうと、予期したものであろうと予期しないものであろうと、言わば歴史の残滓なのである。蒸気機関、自動車、テレビ、原子爆弾が現代の人類と現代の状態を作った」と、ウィリアムズは説明している[★9]。ウィリアムズは、こうした主張が「既存の組織に所属する「メディア人」には喜んで迎え入れられていた」ことに驚きはしない［★10］。技術決定論は、有線／無線接続によるこの世の楽園を依然として約束するものであるが、そこに到達するために用いられるのが、これまでよりもはるかにパワフルで手の込んだガジェットである。この種の約束は、マーケティング言説と、ニコラス・ネグロポンテとレイモンド・カーツワイルのようなテクノユートピア主義者による予測のなかにふんだんに存在している。

歴史的動作主体《エージェント》はいついかなる瞬間でも多様なファクターから影響を受けている点、そして、メディア文化はそうした多様なファクターによって形成されている点を強調することで、メディア考古学は技術決定論に異議を申し立てる。すなわち、テクノロジーは「裸体」ではない、つまり、独力で作動する自律的な力では決してあり得ないということをメディア考古学は指摘するのだ。もちろん、問題は全くもって単純ではない［★11］。マクルーハンは技術決定論者だったかもしれないし、そうではなかったかもしれない（この問題は依然として議論されている）が、人間主義者《ヒューマニスト》であったことは間違いない。彼にとって、メディアは「人間の拡張」すなわち人間の心身を拡張した補綴具で、見る・聞く・動く・理解するといった人間の能力を高めるものであった。マクルーハンの思考の中心には人間がいるのだ。一方、ことば、音、イメージそして数字の「書き込み」と貯蔵のために使用される技術装置の猛攻撃は、キットラーにとってはポストヒューマン的状況を指し示していた［★12］。ポストヒューマン的状況では、人間は消滅し歴史の終焉が到来する。意識は人の脳よりもはるかに回転の速いマシンにアップロードされる。キットラーが喜びそうな状況である。

メディア考古学は、融通の利かない方法論的原理一式を発展させてきたのでもなければ、特定の制度的枠組みを築き上げてきたわけでもない。それは依然として「旅する学問領域」のままである［★13］。メディア考古学の実践者たち（メディア考古学という用語を使用することなく、関連する研究を行なう人々を含む）のあいだに見られるアプローチの多様性が、メディア考古学という学問領域が一枚岩ではないことを示している。初期のキットラーの立ち位置はデリダの脱構築、ラカンの精神分析、そして、フーコーの知の考古学に影響されていたのだが、いささか逆説的なことに、キットラーは新たな大きな物語を呼び出す傾向にあった。彼の信奉者たち（例えばヴォルフガング・エルンスト）がメディア史の原動力《プライム・ムーヴァー》として強調するのは、物質的要因であり、言説の働きではない。ツィーリンスキーは、西洋のロゴス中心主義とそれによる自己表現の締めつけに抵抗するため、根本的に異質なアプローチを広めている。その一方、フータモが強調するのは、繰り返し言説に登場する定型文句（トポス）が時空を横断して旅をする方法であり、トポスが変わりゆく状況から影響を受けてはそうした状況に影響を及ぼすさまである。他にもメディア学者がこれまでほとんど訪れたことがないエリアを掘り起こすものもいる。ユシー・パリッカの『昆虫というメディア』がその一例である［★14］。

アーティストとメディア考古学——始まりの前

「つまりこういうことだ。歴史とは喪失と回復のストーリーであり、細かく小さく砕かれた状態で私たちのところへやってくる」と書いたのは音楽学者のグレン・ワトキンズである。この文章が収録されている『ジェズアルドの魔力』は、死後も言説として生きるカルロ・ジェズアルド［ルネサンス期イタリアの作曲家 一五六六－一六一三］について調査を行ない、その周囲にひしめく神話の解体を試みた野心的な著作である［★15］。アーティストがそうした細かく小さく砕かれた断片を一つに組み立てるやり方は、研究者のそれとは根本的に異なっている。アーティストは、学者を束縛するあらゆる制約（研究方法、史料批判、同僚のプレッシャー）のない、柔軟な文化空間に住居を構えている。彼／彼女たちは、夢想し空想することが許されており、かつそうすることを期待されている。研究者以上に、アーティストたちは比較し結論を出す自由、そして時間と場所——もしくは現実的なものと空想的なもの——を飛び越える自由を享受している。最も重要なのは、アーティストによる発掘の結果はさまざまな方法で表現されるという点である。その結果は、議論というメタ言語へと翻訳される代わりにしばしば作品として表現されて、発掘された対象自体の特徴を再現／再演する。他のメディアが、そして想像力により発出したユートピア的未来さえも参照され、アーティストの意図《マインド》というフィルターを経由しながら、混ぜ合わされてアウトプットされるのだ。

それでも、考古学的志向を持つアーティストは学者とものごとを共有している。両陣営ともに過去を額面どおりに受けとることは拒絶し、「自分たちのいないところ《アウト・ゼア》」にかつて存在していたものごとに関しては、観察者自身のスタンスと判断が交ざってしまうので、確かな事実には到達できないという点を認めている。アーティストのように、メディア考古学者たちはさまざまな時代を旅行しては、それらを比較し、並列し、説き伏せてお互いに照らし合うようにさせるのだ。メディア考古学的研究は安楽椅子旅行の一形態ではあるが、全くの秩序なしに実践することはできない。アーティストがタイムマシンに飛び乗って操縦桿を握るときには、想像力の限界まで連れていってくれるワイルドな旅《ライド》が期待されるかもしれない。本論考ではそうした旅に加え、旅の背後にある概念とその概念を縁どる文脈が私たちに関わってくる。この論文の目的は「ある」種のテクノロジー・アートを生み出す奇妙な性質に光を当てることである。ある芸術作品をメディア考古学的と言い得るためには、芸術作品はなんとかして先行するメディアを再現／再演しなければならない。そうして制作された作品は、メディア文化とその主題・構造、およびメディア文化が含意するイデオロギー的、社会的、心理的そして経済的意味合いにたいする「メタ註釈」として扱うことができるのだ［★16］。

一九八〇年代後半には新しく思えたメディア考古学的アートではあったが、その起源は——メディア考古学それ自体の起源と同様に——はるかに時を遡って追跡しなければならない、ということは今となっては明らかである。アビ・ヴァールブルク、ヴァルター・ベンヤミン、ドルフ・シュテルンベルガー、そしてエルンスト・ローベルト・クルティウスといった、二〇世紀の前半に活動した学者たちの著作が、メディア考古学の土台を作ってくれたのだ［★17］。それと同時期の諸々のアートのなかにも、メディア考古学の土台をかたちづくる展開が並行して存在していた。過去を避け、その破壊を唱道しさえしたモダニスト的態度が振るっていたにもかかわらず、である。ル・コルビュジエ、ヴァルター・グロピウス、カジミール・マレーヴィチ、ピエト・モンドリアン、より攻撃的なところでは、フィリッポ・トンマーゾ・マリネッティ率いる未来派のアーティストたちは、芸術を死に体の過去の手から解放すると主張し、近代的生活の様式と感受性に一致する新しい美学を求めていた。こうしたモダニズムの破壊主義的思考はまだある程度は有効である。だが、もはや手直しなしにその有効性は保ち得ない。カーク・ヴァルネドーとアダム・ゴプニックの「ハイ・アンド・ロウ——近代美術と大衆文化」展(MoMA、一九九〇)、そして、一九世紀の神秘主義的流行にたいするル・コルビュジエの負い目についてのJ・K・バークスタッドの研究がそれを証明している[★18]。

メディア考古学的姿勢が二〇世紀以前に発展していたと主張するのは難しいだろう。アビ・ヴァールブルクの先駆的な研究が論証しているように、少なくともルネサンス以来、アーティストたちは自身の芸術作品において芸術作品を生み出す術について触れてきたが、それは主に様式とモチーフ(ヴァールブルクのことばを使えば「情念定型」)に関わり、視覚的イリュージョンの道具や条件に関わるものではなかった。レオナルド・ダ・ヴィンチの時代以降、アーティストがカメラ・オブスクラの力を借りたということは比較的確信をもって認められている。フェルメールはカメラ・オブスクラを使用したのかという議論は、芸術についての近年の論争のなかでよく知られたエピソードの一つだ。この議論には、アーティストのデイヴィッド・ホックニーも参戦している[★19]。しかしながら、そうしたデヴァイスが主題として意識的に現われたり、当のアーティストがそれについてあれこれ述べるという言説上のトピックとして現われたりすることは、ほとんどなかったのだ[★20]。

ハンス・ホルバイン(子)の《大使たち》(一五五三、ナショナルギャラリー、ロンドン)は魅力的な事例である。というのも、この画家のモデルとなった人物たちの肖像が描かれているのと同じ絵画空間に、アナモルフォーズの技法を用いて歪められた頭蓋骨が描き込まれているからだ[★21]。二つの視覚システムが、異なる現実感覚を暗示しつつ、共存しているのである。歪んだ頭蓋骨は、遠近法のテクニック(アナモルフォーズは遠近法という原理のある種の転倒である）を用いてホルバインが己の腕前を気どって表わしている、もしくは、〈死を忘れるな〉に比喩的に言及している、と解釈されてきた。この頭蓋骨を正しく見解くのに装置は必要ない。この絵を表面近くのある角度から眺めるだけでよいのだ［★22］。数世紀前に芽生えたメディア考古学的意識の例を捜し出すためには、アカデミックな芸術の外側を見なければならないし、「彫刻の下位に置かれた」オートマトン職人、屋外市のアーティスト、そして見世物のクリエーターについて考えなければならないだろう。そうした人々は創造物を制作するのに用いたメディアについて、意識的に見解を述べていたかもしれないのだ［★23］。そうした見世物を描いた挿絵画家にも、同じことが言える。こうした研究はメディア考古学以外の研究においても遂行していかなければならない。

ダダイスト、シュルレアリスト、およびそれらに関係しているが分類しにくいマルセル・デュシャンとフレデリック・キースラーのような人物が、テクノロジーとの対話的関係を発展させた最初の存在であった、ということは十分あり得る。フランシス・ピカビアのダダイスト的な機械の絵画が初期の事例の一つである［★24］。とりわけシュルレアリストたちは過去の古記録《アーカイヴ》を剽窃して、無意識の働きを刺激《スティミュレート》／シミュレートするアイディアの宝庫として使用した。マックス・エルンストの挿絵小説『百頭女』（一九二九）と『カルメル修道会に入ろうとしたある少女の夢』（一九三〇）では、雑誌、百科事典、児童書、そしてそれら以外の資料に載っていた人気のある挿絵が、実際の指示していた対象の痕跡をとどめつつも、合理的＝理性的なブルジョワ的正常性の表層を超えた不気味なコラージュにいかになり得るか、という探求が実際に行なわれている。独身者機械［☆2］（*machines célibataires*）は、そうした探求を余すところなく示す事例である。アルフレッド・ジャリ、レーモン・ルーセル、フランツ・カフカ、マルセル・デュシャン、フランシス・ピカビアらのような作家とアーティストたちによって考案された独身者機械は、言説を産出するエンジンであり精神のメカニズムである。独身者機械は工業用機械と工学的用途を彷彿とさせるが、合理的目的とは無縁である［★25］。合理的目的に従事する代わりに、独身者機械は、パタフィジカルなユーモアに加え、エロティックな空想、言語ゲーム、悪夢と強迫観念を具現化する［★26］。

エルンストの挿絵小説は多数の文化を参考にしており、その小説中ではポピュラーサイエンス雑誌である『自然（La Nature）』からとられたメディア関連の挿絵も使用されていた。そのなかにエティエンヌ＝ジュール・マレーの有名な「生理学研究所」（世界初の「映画スタジオ」と言われる）とマレー版のゾートロープ――ゾートロープはよく知られた視覚的＝光学的玩具であった――の挿絵が含まれていた［★27］。エルンストはこのゾートロープの挿絵で、ユーザーとそのデヴァイスの通常の位置関係と相互のサイズを逆転させている。現実のゾートロープの場合、ユーザーたちは回転ドラムの周囲に集まり、ドラムに触れて回しては側面のスリットを覗いてアニメーションを鑑賞したのであるが、エルンストは少女を回転ドラムの内側に置いたのである。また、マレーのゾートロープでは続き絵の代わりにクロノフォトグラフにならってこしらえられた一続きの鳥の彫刻が使用されていた。エルンストはシュルレアリスム的精神を発揮してその鳥の一羽に生命を吹き込み、ゾートロープの外側で飛ばせている（使用した図像は、同じく『自然』に掲載されたマレーの鳥の彫刻の別の挿絵を切り抜いたものである）。エルンストのゾートロープは非常に大きいために、なかの少女は小さく見えてしまう［図2］。このような変形により馴染みのものは異化され、家庭向けの「プロト＝インタラクティヴ」な哲学的玩具は悪

図2　マックス・エルンスト「私の競鳩場のなかで」。エルンスト『カルメル修道会に入ろうとしたある修道女の夢』（1930年）より。このコラージュ作品には、エティエンヌ=ジュール・マレーによるクロノフォトグラフの実験に関わる挿絵（『自然』誌に掲載された）から取られた要素（マレーのゾートロープに、マレーのクロノフォトグラフを基にした一連の飛んでいる鳥の彫刻）が含まれている。

夢のような心象風景――制御不能となって回転する、目の眩むような環境――へと転換する。

　エルンストによるマレーのゾートロープの扱いは、メディア文化の発展という観点から解釈できるかもしれない。ゾートロープ、そして、初期の手回しクランク式映写機でさえもメディアがもたらす像よりもユーザーが意図する行為に重きを置いていたが、一九二〇年代と一九三〇年代のメディア文化は産業化した映画とラジオ放送に支配されており、この両者はユーザーが介入する可能性を制限した［★28］。どこか他の場所（映写室、ラジオ局）から、映像は映画館のスクリーンに投影され、音声は家庭へと発信される。産業化が進むにつれ、メディア文化は「ファンタスマゴリア的」な没入型環境へと変貌し、ユーザーの心に絶えずつきまとうようになった（ギィ・ドゥボールにとって、これは形成されつつある「スペクタクル社会」の徴候である）。過去に寄り道をすることで、シュルレアリストたちは完璧に計算された商業的なメディア風景に穴を開けたのだ。エルンストがグラフィックアートに頼った一方、他のアーティストたちは古いメディアデヴァイスを翻案した。ジョゼフ・コーネルは手繰り式のソーマトロープ（もう一つの一九世紀の光学的玩具）のディスクを「シュルレアリストの玩具」として作り出した［★29］。フレデリック・キースラーは、自身の劇場や展覧会のデザインにおいて、覗きからくり箱――何世紀にもわたる視覚的娯楽――に言及したのだ［★30］。

「メディアアーティスト」ではなかったが、デュシャン以上にメディアとの複雑な関係を築いたアーティストはほとんどいないと言えるだろう。彼に〈スキャンダルという成功〉を最初にもたらしたのは絵画作品《階段を降りる裸体》（一九一二）であったが、すでにこの時点でクロノフォトグラフィという過去のメディアテクノロジーへと遡り、参照していたのだ。デュシャンの興味は多面的であったが、なかでも光学的《オプティカル》＝視覚的「研究」は、彼の別人格の一人である「精密な眼科医」によって主導され、生涯を通じて彼の心を占めた［★31］。デュシャンは眼医者兼科学者を装いながら、過去と現在を架橋して３Ｄと４Ｄとを結びつけた。デュシャンの回転光学ディスクシリーズは起伏感を変化させる。このシリーズは、同時代の四次元に関する理論に影響を受けていたが、別の論考で示唆したように、ジョゼフ・プラトーのフェナキスティスコープ（一八三三）のようなデヴァイスからも影響を受けていた［★32］。フェナキスティスコープは「残像現象」に関わるデヴァイスで、科学サークルのあいだで知られるようになると、時をおかずしてすぐに商業的玩具になった［★33］。《大ガラス》（一九一五―一九二三）は独身者機械として分析できるが、あくまでコンセプチュアルな作品であるのに対し、手もしくはモーターで実際に動く機械がディスクの実験のために組み立てられた。それらはさらに進展し、映画《アネミック・シネマ》（一九二五）と《ロトレリーフ》（一九三五）として結実する。《ロトレリーフ》は光学ディスクのボックスセットで、標準的なグラモフォンにセットして「上演する」ようになっていた。ロトレリーフを消費者に売りさばこうという試みは失敗に終わったが、ギャラリーを経由した取り引きシステムを回避する試みという意味で、それは〈文字どおり〉の中間にある芸術《メディアアート》である。

デュシャンの作品のなかで最も入り組んだかたちでメディア考古学に寄与しているのが、最後の傑作《与えられたとせよ――1. 落下する水、2. 照明用ガス》（*Étant donnés: 1. la chute d'eau, 2. le gaz d'éclairage*, 1946-66）である。古い木製の扉に開けられた二つの穴を覗くと、猥褻な光景が広がっている。裸で横たわり胯を開いた女性のマネキンが、「燃え盛る」ガス灯と落ちる水（視覚＝光学的トリック）などの性的な小道具に囲まれているのだ。《与えられたとせよ》は〈イリュージョン〉を使った美術館のジオラマの伝統に関連づけることができるが、エロティックな覗きからくりキャビネットも喚起させる。また、立体視もよりどころとなっている。一対の覗き穴（一度に一人のユーザーしか使用できない）はステレオスコープを彷彿とさせるし、深い遠近感も同様である。それは、こちらに向かって胯を広げた公娼たちという、一九世紀のアングラな立体ポルノ画像を想起させるのだ［★34］。立体視はデュシャンを触発し続けた。その影響は、「調整済みレディメイド」である《手製の立体幻燈《ステレオプティコン》スライド》（一九一八）――元は発見された《ファウンド》ヴィクトリア朝の立体視カード――から遺作《えんとつのアナグリフ》まで、彼のキャリアを通して見てとれるのだ［★35］。

アート、テクノロジー、一九五〇年代と一九六〇年代における過去

芸術概念が一般的に広まると同時にそれに対する疑念が突きつけられたこともあり、一九五〇年代および一九六〇年代におけるアートとテクノロジーの結びつきは、より緊密になっていく。絵画とそれ以外の伝統的な形式で間接的にテクノロジーについて所見を述べることから、視聴覚的経験を制御してそれを観客に与えるように機能するデヴァイスの構築へと、アーティストたちは身を移した。だが、人間と機械の関係の意味について合意が形成されたわけではなかったのだ。図式的に言えば、近代的生活を改良し豊かにする潜在的な力としてテクノロジーを信奉する人々と、テクノロジーを貶め嘲笑し、テクノロジーと企業による情報社会への疑念を表明する人々という裂け目が生じた、ということなのかもしれない。前者の系列をたどれば、ロシア構成主義およびバウハウス的構成主義に行き着き、キネティックアートとサイバネティックアートのような現象のなかにその姿が見られる。一方、後者はダダイズムの遺産と一つになり、フルクサス、レトリスム、ヌーヴォー・レアリスムそしてウリポによって体現されている。

状況は決してこのように綺麗に区分できはしなかったとはいえ、構成主義の血脈は、二〇世紀初頭のモダニストたちの反懐古主義的アジェンダを存続させた。それを如実に示すのが、ニコラ・シェフェールによる機械彫刻、サイバネティクスを用いた感応式のタワー、およびテクノロジーがすみずみまで浸透した都市ユートピアについての書き物などである。アーティスト・デザイナー・エンジニア・企業がコラボレーションすることが、未来を発明するのに望みのある方法だと考えられていた。そうしたことに関して過去が貢献することはほとんどなかった。過去からインスピレーションを引き出したのはネオダダイストであった。ネオダダイストは含みを持たせつつ茶目っ気たっぷりに「時代遅れ」の文化形式に言及し、それを同時代の文化から生まれた製品や概念と混ぜ合

わせた。「何でもあり」の精神で、フルクサスのグラフィックアート作品はヴィクトリア朝のフォントやストックイメージ［☆3］を使い回していた。その一方で、フルクサスの活動では、ピアノからテレビセットに至るまでの、主要な社会秩序に対応する象徴的価値を持った対象はひどい目にあった。ジャン・ティンゲリーの今にも倒れそうな機械彫刻は独身者機械からきているのだが、ティンゲリーの機械彫刻において再燃していたダダ的な振る舞い（自己破壊含む）は核によるホロコーストの影により新たな意義を獲得し、社会的調和と恒久的平和を無邪気に信じることに代えて皮肉めいたユーモアと懐疑主義を持ち込んだのである［★36］。

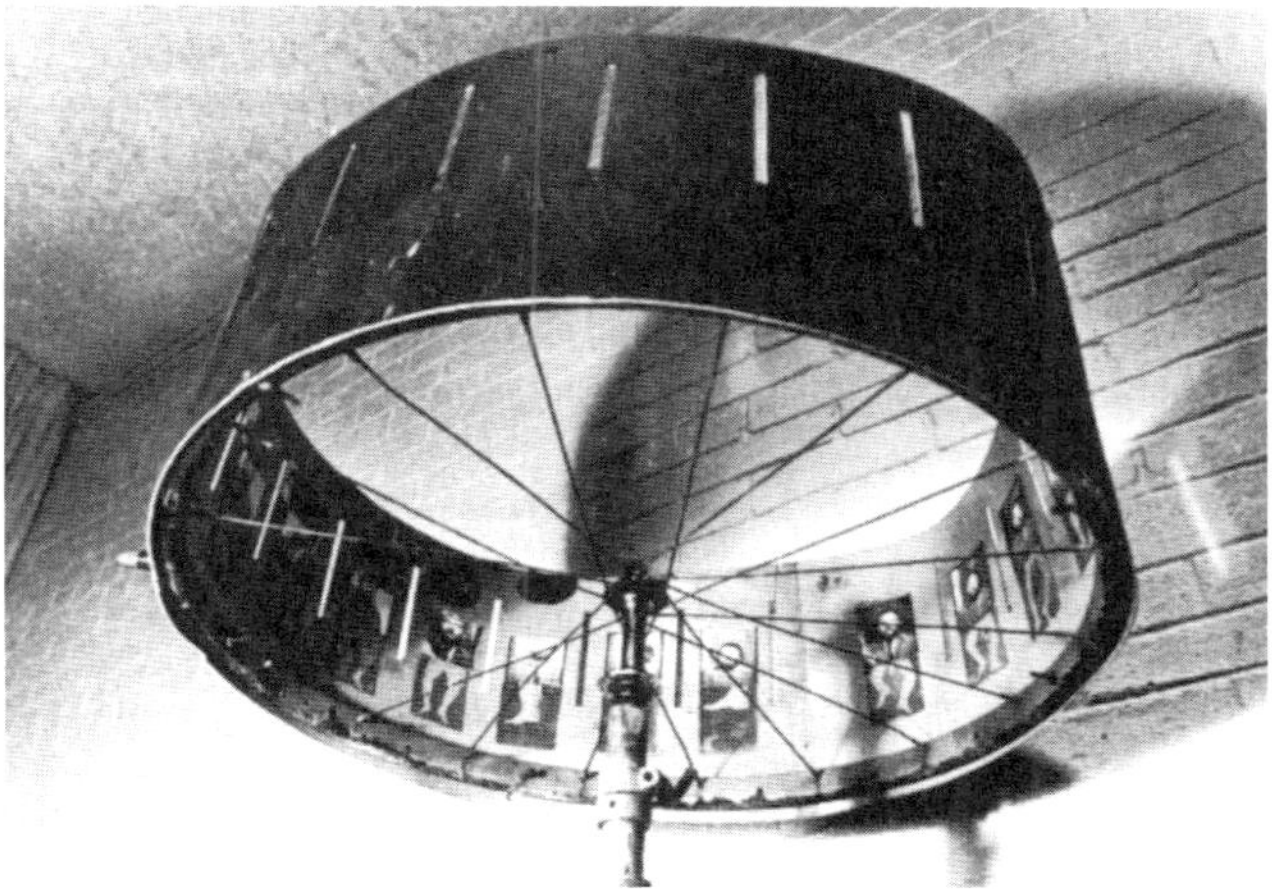

図3　スタン・ヴァーンダービーク「プリミティヴなプロジェクション用ホイール」。ステュワート・クランズ『芸術における科学とテクノロジー：科学／芸術の領域を巡るツアー』(Stewart Kranz, *Science and Technology in the Arts: A Tour Through the Realm of Science/Art*, New York, NY: Van Nostrand Reinhold Co. 1974), p. 240より。

　一九六〇年代の実験的なアーティストたちは、メディアの歴史を無視していたのではなかった。それは彼／彼女らにとって主要な関心事にはほとんどならなかったのだ。スタン・ヴァンダービークはコラージュを用いた初期のアニメーションで同時代の社会を風刺し、「プリミティヴなプロジェクション用ホイール」を組み立てた［図3］。それは短いアニメーションを上映するために、水平に置かれた自転車の車輪《ホイール》を使って作られたゾートロープである［★37］。しかしながら、これはヴァンダービークの広範囲にわたる活動のあくまでマイナーな部分にすぎない。彼の活動は、コンピュータを使った実験アニメーション、および、ドーム

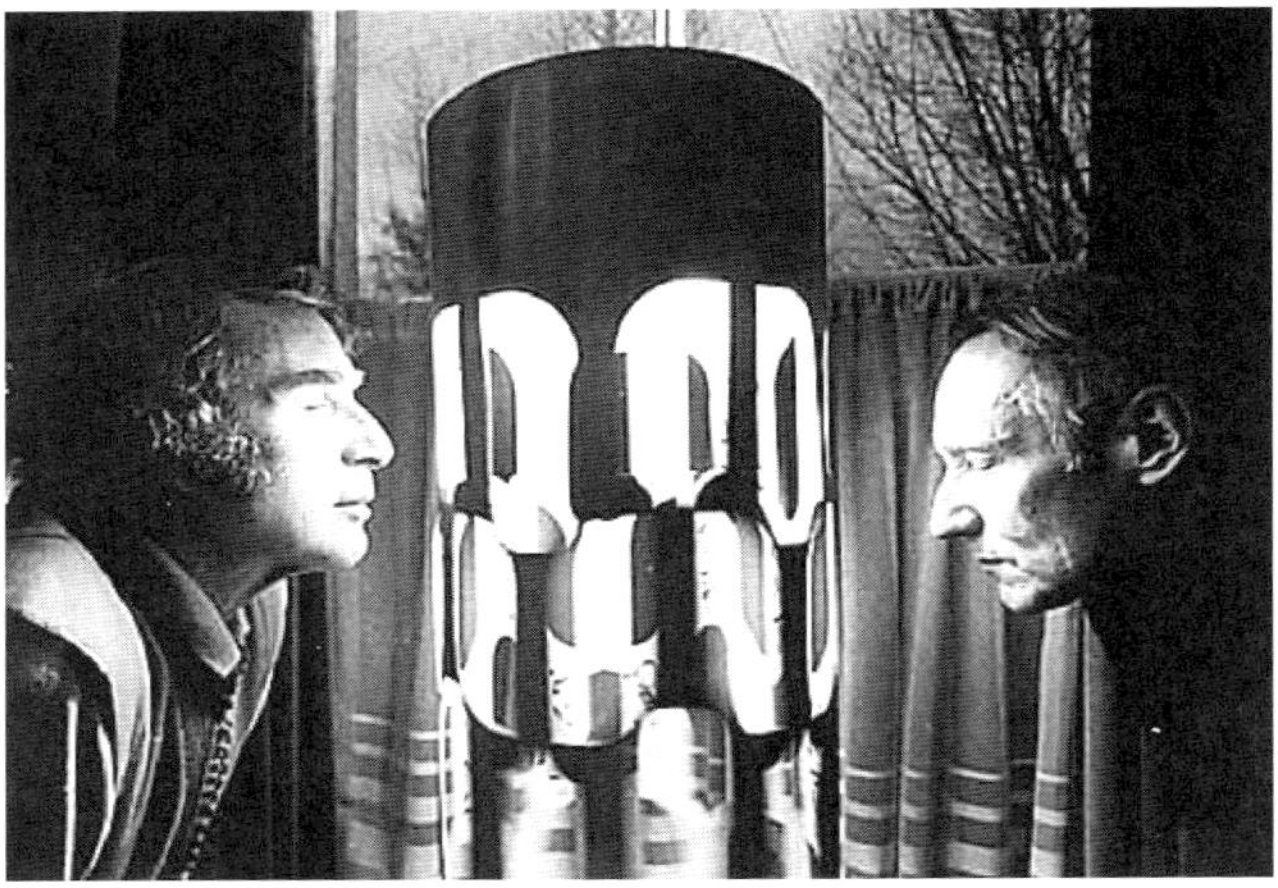

図4　ドリームマシンを体験するブライオン・ガイシンとウィリアム・バロウズ。チャールズ・ゲイトウッド撮影。

のようなプロジェクション環境であるムーヴィー・ドローム（Movie-Drome）で示された映画《壁画》にまで及んでいる。ヴァンダービークの真の目的は、動く《ムーヴィング》イメージ文化の再発明に他ならなかったのだ。過去を着想源として過剰に強調することは慎む必要がある、ということを私たちに思い起こさせてくれるもう一つの例が、ブライオン・ガイシンとイアン・サマーヴィルのドリームマシン（Dream Machine / Dreammachine）のケースである［図4］［★38］。ドリームマシンはしばしばゾートロープに喩えられてきたが、それについては納得できる理由もある。というのもドリームマシンの回転シリンダーは、ゾートロープのように、ストロボスコープを利用した光の研究の伝統から生じているからである［★39］。だが、かたちが類似しているという点にのみ注意を払うのではなく、機能や発明と使用の文脈に関わる相違点も考慮すべきなのだ。

ドリームマシンの発明に至った状況は、きわめてはっきりしている。ボヘミア出身の詩人かつ画家であったガイシンは、南フランスでのバス旅行で経験した「自然に発生する幻覚」から着想を得たのだ。「自然に発生する幻覚」は、道路脇に並んだ木々が引き金となり、夕日の光のなかで閉じたまぶたを通して経験された。「空間のなかを回りながら消えてゆく多次元的な万華鏡」というメディアに関連したメタファーを使って、ガイシンはその感覚を描写している［★40］。これはまさにストロボスコープ体験と一致する。ストロボスコープ体験は、一九世紀のゾートロープのような「残像現象」をデモンストレーションする装置《デヴァイス》の発明に一役買った。例えば、一八二五年に科学者のピーター・マーク・ロジェは、「矢来やヴェネツィアンブラインドのような縦に並べられた棒状のもののあいだから、通り行く馬車の車輪を眺めたときに生じる不思議な眩惑」に注意を促している[★41]。ロジェの研究が最終的にたどり着いた場所は違ったが、ガイシンは自身の経験をかつて見たサイレント映画のフリッカー現象とまさに結びつけ、映画を生んだ「フリッカーの伝統」と繋がりをつけたのだ。

　ガイシンが望んだのは、自身が経験したような感覚を生み出すマシンを作ることであった。それを解決したのがイアン・サマーヴィルである。ケンブリッジの数学科の卒業生（そしてガイシンの朋友であるウィリアム・バロウズのボーイフレンド）であるサマーヴィルは、細長い穴のついた円柱の内側に白熱電球を配してグラモフォンの上に載せ、毎分七八回転の速さで回転させた。ガイシンは、ドリームマシンの効果を高めるために、ドラムの内側にカラフルで書のような《カリグラフィック》細長い絵をつけ加えた[★42]。この発明品が一九六二年一月の『オリンピア』誌で特集されたときには、自作版が同封されており、読者が自分で切り抜いて組み立てられるようになっていた。自作式ドリームマシンは本質的にはゾートロープであった。スリットは縦方向に細長く開いており、裏側（ページを折って張り合わせた際の円柱《シリンダー》の内側）にはカラフルな「カリグラフィー」が描かれていた[★43]。「ゾートロープ」ということばは使われてはいなかったが、ゾートロープがそのデザインに一役買っていたということはありそうなことである。しかし、さらにドリームマシンは進化した。カリグラフィーは省かれて、スリットはさまざまなかたちに広げられた[★44]。ドリームマシンはゾートロープから遠ざかっていったのだ。それは納得いくところである。両者の目的は全く異なっていたためである。

　ゾートロープが動くイメージのマシンであったのに対し、ドリームマシンはユーザーの精神に先在すると想定されたイメージを引き出そうとした。ガイシンが述べるところによれば、「観客は、外的な刺激により絶え間なく修正される、（観客自身の）広大な精神貯蔵庫へと入り込む」[★45]。ドリームマシンを使用すれば、元型、ゲシュタルト形成、そして宗教的シンボルを含む「あらゆる人間が備えている視覚イメージ」に到達する［★46］。この意味で、ドリームマシンのめざすところは、シャーマンの技法、ユングの深層心理学、そして化学物質による実験［のめざすところ］とよく似ていた。W・グレイ・ウォルターの『生きている脳』（一九五三）には、電子式ストロボスコープによる実験について記述されている。ガイシンとサマーヴィルはこの本に影響を受けていたため、明滅光により脳のα波を刺激／シミュレートすると、精神が触発される可能性があることを知っていたのだ。ドリームマシンによって、ウォルターとジョン・R・スミシーズらがラボで行なった実験を、誰もができるようになった。まぶたを閉じてフリッカーを受容すると効果が最大になることがわかっていたが、目を開いて円柱を見つめるという使い方もできた（その場合、電球を直接見るのではなく、視野から外れたところに電球を置く必要があった）［★47］。

ドリームマシンのお披露目の場は「アートワールド」（一九六二年のパリとローマでの展覧会）だったが、ガイシンはドリームマシンに秘められた商業的可能性を理解し、大量生産に取り組み始めた［★48］。彼はその特許を取得しているとさえ主張しているが、それが真実ではないことは確認済みである。ガイシンはフランスでの特許番号（P.V. 868.281）、特許取得日（一九六一年七月一八日）に言及し、こうした記述を（英語で）持ち出しさえする［★49］。だが、彼が主張するところの「特許番号」とは書類番号にすぎない（P.V. は調書〔procès verbal〕の意）。彼は申請書をおそらくは上述の日に手渡したのかもしれないが、申請書が拒否されたか、十分な法定料金を集めることができなかったか、はたまた他の理由があったのか、いずれにせよ特許は発行されなかったのだ［★50］。オランダのフィリップス社がドリームマシンを製品化できるか調べたと言われているが、何事にも結びつかなかった。その後は両者ともに商業的なパートナーを見つけようとはしなかった［★51］。フィリップス社が打診を受けていた可能性は十分ありそうだ。というのも、フィリップス社は実験的なアートに興味を持っていたからである。フィリップス社は、ル・コルビュジエ、ヤニス・クセナキス、そしてエドガー・ヴァレーズと協力してブリュッセルでの万国博覧会のためのパヴィリオンを作り上げ（一九五八）、エドワード・イグナトヴィッチ（彼の「センスター（*Senster*）」

というサイバネティクスを用いた感応式ロボットが、アイントホーフェンにあるフィリップス社のショールームで展示された）とニコラ・シェフェールとともに先駆的なテクノロジー・アート作品の制作にとりかかるところだったのだ。

ドリームマシンはメディア考古学的アートの一角を占めるに値する。というのも、一七世紀のイエズス会士の「自然魔術」から、万華鏡、フェナキスティスコープおよびゾートロープ、光による治癒を謳ったあらゆる種類のいかさま機械、そしてデュシャンの《ロトレリーフ》とシェフェールの《ルミノ》（一九六八）と《ヴァレトラ》（一九七五）にまでまたがる伝統に、ドリームマシンが属しているからである。シェフェールの《ヴァレトラ》はモーターで動く家庭向けライトボックスであったが、実のところ、そのライトボックスの製造元はフィリップス社である。ドリームマシンは人々を孤立させうわべだけの関係にしてしまうＴＶセットに取って代わる可能性を秘めているとガイシンは考えていたようだが、それは《ロトレリーフ》とほとんど同じ運命をたどった。ガイシンはロトレリーフを知っていたかもしれない。というのも、「レディメイド――果てしなく連続して製造される私たちの工業製品――のなかに、ちょっとした無限が含まれていることを認めた最初の人物」として、彼はデュシャンに言及していたからである[★52]。皮肉なことに、《ロトレリーフ》と「ドリームマシン」は、作り手の希望に反して、数の限られたファインアート作品として両者ともに生き延びることになったのだ[★53]。ドリームマシンは次第に崇拝の対象となり、さまざまなサブカルチャー的環境のなかで――ときにはドラッグとともに――使用された[★54]。

問題を過度に単純化することへの警鐘を鳴らしているもう一つの事例として、不当にも無視されているスイスのアルフォンス・シリング（一九三四－二〇一三）の作品が挙げられる。彼は数多くのテクノロジーの形式を探求したが、過去と対話することが彼の主な目的になることはほとんどなかった[★55]。デュシャンのように、シリングも画家としてキャリアをスタートさせている。彼の最初の発明は、一九六一年に完成させた、モーターで回転する円形のキャンバスに絵の具を投げつけて絵画を制作するドリップペインティングの手法である（この絵画は静止状態、もしくは、回転している状態のどちらかで展示された）。これらの絵画をデュシャンの回転ディスクと結びつけたくなるかもしれないが、両者には異なる点が一つある。デュシャンのディスクは、回転していても明確にそれとわかる像（深度が変化するイリュージョン含む）を常に生み出していた。一方、シリングの回転絵画は色彩と形状の溶け合いを強調していたのだ（回転時）。メディア考古学をよりどころとしてみれば、シリングのこの絵画が結びつくのはフェナキスティスコープやゾートロープではなく、むしろそれらとは別の実演用デヴァイスで、色彩理論家たちがスペクトルと色彩の融合を研究するのに使用した「ニュートンの色環」である。とはいえ、そうした歴史をよりどころとすることなく、機械を動力として抽象表現主義を拡張したものとして「シンプルに」シリングのアイディアを解釈することもできるだろう［★56］。

デュシャンとシリングには、もう一つ魅力的な類似点がある。両者ともに、キャリアの早い段階で絵画をほとんど放棄して、他の表現手段を模索している点だ。最初は映画、次に三次元的イメージ化へと興味を移したように、時間と空間の関係性がシリングの活動の中心を占めるようになった（こうしたことはデュシャンにとっても同様であった）。ホログラフィ、立体ドローイングにペインティング、両凸レンズを用いた3D絵画、裸眼立体視《ランダム・ドット・ステレオグラム》（発明したのはシリングと親交のあった科学者ベラ・ユレシュであった）、そして「オートバイナリ」［☆4］による立体像を使ってシリングは表現を試みているのだ［★57］。シリングがヴィデオアートのパイオニアであるウッディ・ヴァスルカとともに作り上げたのが、ウェアラブルな「両眼用ヴィデオ・スペクタクル」（一九七三）である。これを装着すると、ユーザーは、立体感を与えるよう一対のヴィデオカメラで撮影されたシーンを直視することになる。このような視野の混ぜ合わせはアーティストが制作したヘッドマウントディスプレイの事例の最も早いものの一つである。3Dのスライドプロジェクターを使った公開パフォーマンスでは、シリングはレンズの前でシャッターディスク［☆5］を回転させると――「シリング効果」［☆6］として知られている――独特の視覚《オプティカル》＝光学的効果が得られることを実地に示している［図5］。

メディア考古学的な観点からいけば、とりわけ重要なのが一九七〇年代と一九八〇年代のシリングのヴィジョン・マシン（Sehmachinen）シリーズである。ヴィジョン・マシンはウェアラブルな補綴デヴァイスで、木製の棒、鏡、レンズ、回転式シャッターブレードとその他の部品でできていた。彼のヴィデオ・スペクタクルと同様に、ヴィジョン・マシンは観者の心、目、そして世界の関係を探った。ヴィジョン・マシンは、顕微鏡や望遠鏡のようにユーザーの視覚能力を単純に拡張する代わりに、視覚能力の（不）可能性を探査したのだ。マックス・ペイントナーが示しているように、シリングの工夫は遠近法的なイメージの生成・処理に深く根ざしており、マーティン・ケンプが『芸術の科学』で描写している遠近法機械、反射光学実験と光学的補綴具という広きにわたる伝統と結びついていた［★58］。重要なことに、シリングは、ドローイングの一枚に、画家アンドレア・マンテーニャを描いている。ルネサンス期の遠近法の巨匠であるマンテーニャが、シリングのヴィデオ・スペクタクルを身につけたところが描かれているのだ［★59］。また、リアルな空間と人工の空間を結びつけようと尽力していたシリングにとっては、専用に作られた覗きからくり式のヴューアーを使って行なわれていたフィリッポ・ブルネレスキの実験も魅力的であった［★60］。

ヴィジョン・マシンシリーズには、ウェ

図5　アルフォンス・シリング「シリング効果」。映画『4つの眼の下で、キャニオンランズ』を撮影しているところ。1986年。エッスル・ミュージアム・アーカイヴおよびイネス・ラッツ（アルフォンス・シリング管財事務所）による画像提供。

アラブルなテント式カメラ・オブスクラと、チャールズ・ホイートストーンのミラー式ステレオスコープ（一八三八）に着想を得た二つのモデルが含まれている。その二つのモデルのうち、ウェアラブルなモデルが《小鳥》（一九七八）［図6］で、もう一方は、パーマネントなインスタレーションである《光学システム》（一九八三）である。両方とも角度のついたミラーを使って両眼の視差を広げるので、観者の周囲にたいする印象は劇的に変化した。こうした発明は、メディア考古学的な関心と共鳴する方法で、過去と現在を、すなわち受け継いだもの

図6　アルフォンス・シリング《小鳥》（ヴィジョン・マシンシリーズより）、1978年。エッスル・ミュージアム・アーカイヴおよびイネス・ラッツ（アルフォンス・シリング管財事務所）による画像提供。

と革新的なものを架橋するのだ。シリングの関心に比肩するそれを備えていたアーティストとしては、アメリカ人ジム・ポメロイ（一九四五－一九九二）が重要である。両者ともに、テクノロジーの探求を通してアートの可能性を追究したことで知られていたが、その姿勢は著しく異なっていた。シリングのスタンスはクールで整然としている。彼は自らを「アーティストにして視覚的思索家」もしくは「アーティストにして革新者」と呼び、テーマの社会的文化的問題点にはあまり注意を払わなかったのだ。ポメロイは生彩に富んでいて折衷的であり、熱心な独学のよろず修繕屋という古くからアメリカで見られる伝統を体現する人物であった［★61］。彼はこうした伝統に根ざしたエキセントリックな別人格を数々のパフォーマンスのなかで演じては、一風変わったお手製の発明品をずらりと並べてみせた。そこでは寄せ集めの品で作られたサウンドマシンから3Dスライドプロジェクターまでが取り揃えられ、皮肉なユーモアと知的な社会風刺がぴりっと利いていたのだ。ポメロイの手によるゾートロープ《アステアの顔を昇るイモリ》（一九七五）では、トカゲに似た両生類がフレッド・アステアの動かない顔（眼球だけが動く）を登り続ける。そのタイトルは、デュシャンの《階段を降りる裸体》をレーモン・ルーセル風にもじった洒落である［★62］［☆7］。

サウンドに加え、ポメロイにとっては3Dが作品の着想源であった［★63］。《コンシダラブル・シチュエーションズ》（アートパークと呼ばれる野外プロジェクトで、一九八七年にニューヨーク州のルイストンで開催された）では、彼は七台一組の頑丈なステレオスコープのヴューアーをナイアガラの滝の周囲に設置した。これらのヴューアーには、すぐ目の前の実際の風景に類似してはいるが、現実にはあり得ない光景の画像が「内蔵されていた」［★64］。《読むことのレッスン》（一九八八）と呼ばれるシリーズでは、ポメロイはキーストーン・ヴュー社の古い立体写真にデジタル加工を施した［★65］。語呂合わせじみたテキストが立体写真に挿入されているので、観者の目はどうしても面から面へと移ろってしまう。最初の立体写真には「読むことのレッスンと目のエクササイズ」ということばが挿入され、読書中の人物を取り囲んでいる。その人物はヴューアーを覗く人の顔に靴底を文字どおり押しつ

図7　ジム・ポメロイ《立体画――多次元ヴューマスター》(ライトワーク、ニューヨーク州シラキュース、1988年)。この小包には、3つのヴューマスター用のリールとプラスチック製のヴューアーが同封されている。このセットはライトワークのロバート・B・メンシェル・フォトグラフィー・ギャラリー(ニューヨーク州シラキュース)で開催されたポメロイの展覧会のために制作された。著者蔵。

けている。ユーモアに富んでいて理屈に合わないテキストとイメージは、単なるおふざけとして組み合わされているのではない。「私たちは笑劇によってたぶらかされるのではない。むしろ研ぎ澄まされるのだ」と、ポメロイは書いているのだ[★66]。人気の立体視への多義的なオマージュとして、彼は立体写真を自作し、ヴューマスター社のリールとヴューアーと組み合わせ、ボックスセットにして売り出した[図7]。

《アポロという冗談――あるアメリカの神話》(一九七八)というパフォーマンスでは、ポメロイは立体視用スライドを投影し、そこに淡々としたヴォイスオーヴァーによるナレーションをあてて、月面着陸が今〈まさに〉起こったことを「証明」した[図8][★67]。よく知られているように、陰謀説によれば、月面着陸はハリウッドの映画スタジオでの出来事である。女性のヴォイスオーヴァーにより次々と主張がなされるかたわら、「発見された」種々雑多の立体写真が「疑う余地のない」視覚的証拠(エンパイア・ステート・ビルがロケットの代わりとなっている、など)として映し出され、そうした主張が正しいことが証明される。しかつめらしいユーモアと理論的な洞察によりポメロイが攻撃しているのは、記録された真実と写真の存在論を無邪気に信じることである[★68]。ことばとイメージを意図

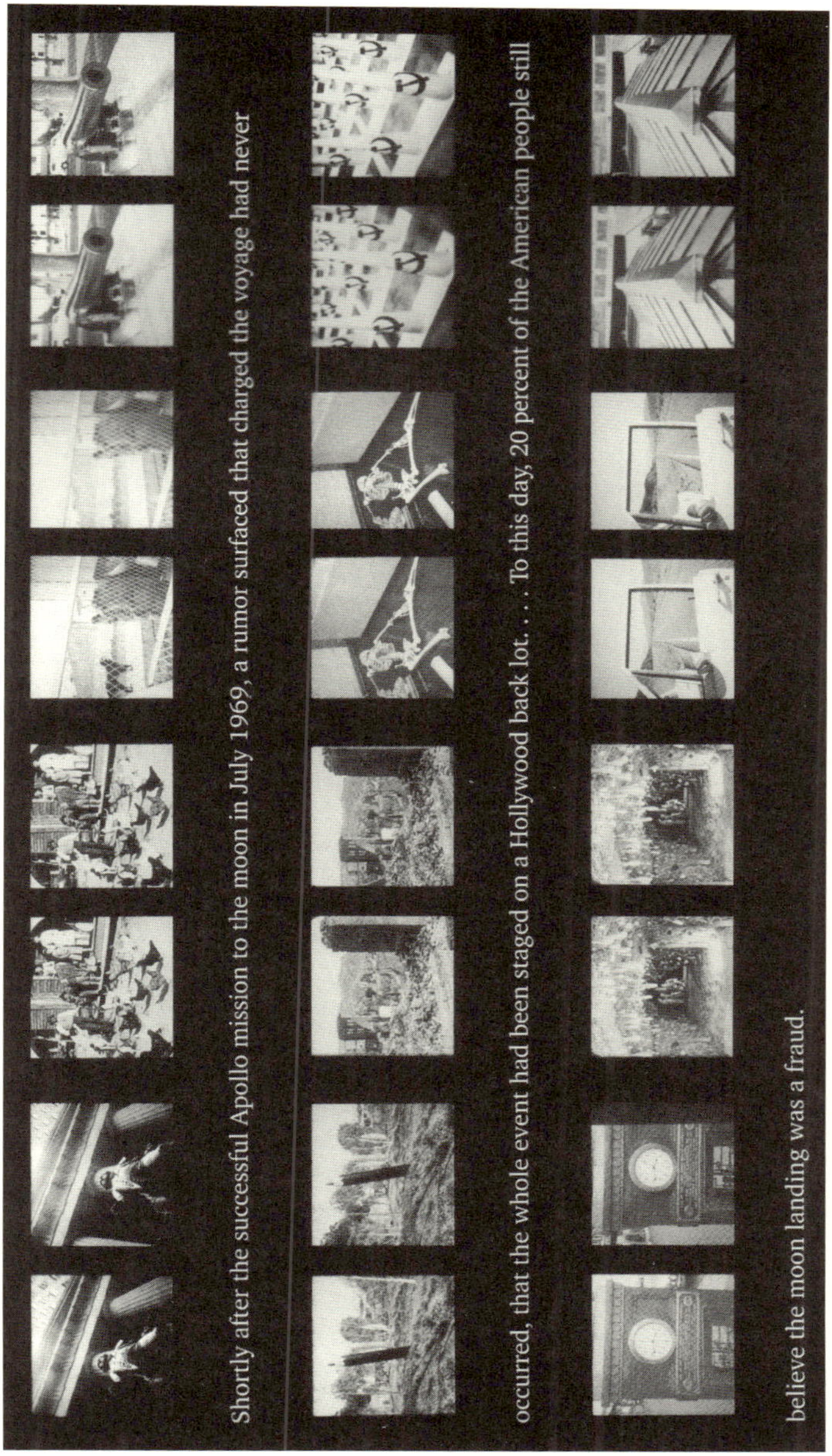

図8　ジム・ポメロイ《アポロという冗談》、1978年。パフォーマンスで使用された映像より。ポメロイのパフォーマンスでは、立体視スライドにカセットテープから流れ出るヴォイス・オーヴァーによるナレーションが組み合わされていた。

的に「突き合わせること」によって、両者の関係性は人工的で記号的であることが露わになる。ロラン・バルトが例証したことでよく知られているように、写真は疑う余地のない真理の場では決してあり得ない。写真の意味は文化によるコード化とテキストによる「投錨」次第であり、それらはイデオロギー的な目的のために使用（濫用）される可能性があるのだ［★69］。ポメロイのアートの性格とぴったり一致するかのように、《アポロという冗談》で使われた立体写真は、八八枚の風船ガムのおまけカードとしてボール紙の立体視ヴューアーを添えて出版されたのであった［★70］。

アヴァンギャルド映画、新映画史的な態度、プロジェクションの考古学

『アフターイメージ』特別号の「始まりは繰り返す」というタイトルの序文（一九八一）で、サイモン・フィールドは次のように書いている。「おそらく映画の歴史は歴史家の手にのみ委ねておくにはあまりにも重要すぎるし、おまけにラディカルな映像作家の作品は、始まりへの絶え間ない回帰、すなわち現在において作動している過去を理解することに関わっている」［★71］。ノエル・バーチのような修正主義的な映画史家のテキストに加え、この号にはクラウス・ウィボニーのような映像作家に関する資料も含まれていた。ウィボニーのような映像作家たちは、一九六〇年代後半以来、初期映画を参照して自身の作品に組み込んでいった。ウィボニー以外には次のような名前を挙げることができる。ケン・ジェイコブス、ホリス・フランプトン、マルコム・ルグリス、アーニー・ゲール、ロバート・ブリア、そしてヴェルナー・ネケスである。ネケスの実験映画《ユリシーズ》（一九八〇－八二）は、メディア考古学的には参照すべき点でいっぱいである［★72］。トム・ガニングが説明しているように、こうしたすべてのことは、諸々の芸術における強調点の大幅な変化の一部だった［★73］。一九五〇年代と一九六〇年代初頭の実験映画では、私的なものごとを通して詩的（神話的）なことがらを連想させるような作品

が支配的で、しばしばシュルレアリスムと共鳴していた（スタン・ブラッケージの作品が典型的である）。それに対し、一九六〇年代は構造的でコンセプチュアルな形式へと転回する。初期の視覚文化を再発見しそれを記号論的に吟味することで、映画の言語、映画の物質、そしてシネマ装置《アパラトウス》（映画経験の物質的＝メタ心理学的な文脈）に注意が向けられたのである。

典型的な作品が、ケン・ジェイコブスの《トム、トム、笛吹きの子》（一九六九）である。これは、一九〇五年に製作された同じタイトルを冠した、アメリカン・ミュートスコープ&バイオグラフ社のサイレント映画を詳細に分析して、再加工している作品である。詳細かつちょっとした細部に至るまで丹念に撮り直すことで、元の短かった映画は二時間近くに引き延ばされ、ほとんど人目を引くことなく秘められていた映画のテキストが明らかにされた。「映画言語の記号論的系譜学に加え、考古学的なエッセイ」であると、バート・テスタは正しくも《トム、トム、笛吹きの子》について述べている［★74］。ジェイコブスのような「構造的」な映像作家は、一九六〇年代の主流となっていた映画の計算され規格化された性質に対する反動として、映画というメディウムを再発明したと主張した。この意味で、商業ベースの製作・興行・配給の回路のなかで働くラディカルな映像作家たちの作品との類似点が存在していた。例えばそうした映像作家としてジャン＝リュック・ゴダールと大島渚は、映画言語を記号論的に精査し、その人工的かつイリュージョン的な性質を明るみに出したのだ。ゴダールの《カラビニエ》（一九六三）では、多くの人が映画にたいする初期の混乱した反応を反映していると考えた、エジソンの《ジョシュおじさん、映画を見る》が再現されている。ゴダールのヴィデオシリーズ《映画史》（一九八八－一九九八）は、映画史とシネマ装置を折り重ねて複合的に扱うことを特徴としている。それはイメージとサウンドで書かれた、真にメディア考古学的な作品なのだ。

一九六〇年代の映像作家と実験的なアーティストの両方により、初期の「プリミティヴ」な動くイメージのテクノロジー形式に関して申し分のない例が再発見された。それが、フリップブック［☆8］である。シンプルな「親指映画」であるフリップブックは、映画の最初期の数年間にあたる時期に人気を博すようになった（視覚経験に触覚的次元をつけ加えたのだ）が、一八六〇年代にはすでに発明されており、一八六八年にはイングランド人のジョン・バーンズ・リネットにより特許さえ取得されている［★75］。ジョージ・ブレクト、塩見允枝子、そしてディック・ヒギンズのようなフルクサスのアーティストに加え、フリップブックは実験的な映像作家たちによっても制作された。例えば、ロバート・ブリア（早くも一九五五年に）、オスカー・フィッシンガー（ミュートスコープのリールとして）、スタン・ヴァンダービーク、ダグラス・クロックウェル、アンディ・ウォーホル、ジャック・スミス、ビルギット&ヴィルヘルム・ハイン が挙げられる。一九七〇年代には、ジョン・バルデッサリ、ギルバート&ジョージ、エドゥアルド・パオロッツィ、およびフランソワ・ダルグレといった多彩なアーティストたちが、アーティストによるフリップブックの伝統に一役買った。フリップブックの伝統は成長し続け、キース・ヘリングのようなヴィジュアルアーティスト、ピーター・フォルデスと古川タクのようなアニメーション作家、そしてグレゴリー・バーサミアンとトニー・アウスラーのようなメディアアーティストの作品も今では含まれている［★76］。ロバート・ブリアもまた、独自のミュートスコープ式のヴューアーを制作し、フリップブックを壁画として展示している［★77］。

アヴァンギャルドの映像作家により発見された初期映画は、台頭しつつあった映画研究と結びつくようになった。例えば、ジャン＝ルイ・コモリとジャン＝ルイ・ボードリーのような学者によるシネマ装置《アパラトウス》についての著作、トム・ガニング、アンドレ・ゴドロー、ノエル・バーチ、チャールズ・マッサー、トマス・エルセサー、ミリアム・ハンセンらによって代表される「新映画史的な態度」を備えた人々による研究である［★78］。初期映画の形式と文化的役割が再評価されるきっかけとなったのは、初期映画を無限に進歩していく（そして重要性を増していく）ものの始まりの未発達状態として見なす歴史的説明から解き放ったことであった。初期映画に関してまかり通っていた物語／語り口は、選択的で目的論的であり、イデオロギー的には脱色されている、もしくは反動的であることが判明した。表象の方法と制度上の形式、そのどちらに関しても初期映画は独自の特徴を備えており、複雑なネットワークのなかで近接し先行する文化形式と繋がっていることが判明したのだ。また、ガニングが論証しているように、アヴァンギャルド映画により続々と導入された「新たな始まり」と最初期の映画との複雑な関係性を議論することで、後の発展との比較も可能になったのである［★79］。

エドワード・マイブリッジ（一八三〇－一九〇四）がホリス・フランプトンらに及ぼした影響が重要な足場となって、議論の焦点はさらに過去へと遡る。マイブリッジの作品は、連続写真、フェナキスティスコープのようなアニメーションデヴァイス、そしてマジックランタンのスライドを使ったプロジェクション、この三者を架橋することで映画を先取りしていた。ある意味でそれらが一つに合わさって具現化したのが、マイブリッジのズープラクシスコープであった。それはマジックランタンに手を加えて、ちょっとした連続ものの動くイメージ（写真がベースとなっていた）を回転盤を使って投影できるようになっていた。ガニングによれば、マイブリッジ（再）発見の要因となったのは、マイブリッジのクロノフォトグラフィがペーパーバック版として再出版されたこと（ドーヴァー、一九六九）、リーランド・スタンフォードの依頼により制作されたマイブリッジの作品を記念して一九七二年に開催された百年祭をきっかけとして「怒濤のように執筆された膨大な数の論文」、伝記が二冊（ハースとヘンドリクスによる）登場したこと、および、トム・アンダーソンによるドキュメンタリー映画《マイブリッジ――ゾーアプラクソグラファー》（一九七五）であった［★80］。ホリス・フランプトンの一九七三年の小論「エドワード・マイブリッジ――四次元立方体の断片」もまた、マイブリッジ（再）発見の先触れであった。だが、マイブリッジへの言及は、ソル・ルウィット（一九六四）とウィリアム・ウェグマン（一九六九）のようなミニマリストとコンセプチュアリストたちのほうが先んじていたのだが［★81］。

運動を凍りつかせて個別の瞬間へと切り分けること、そして、距離をとって眺める「科学的」アプローチをとることがコンセプチュアリズムと呼応して、マイブリッジへのオマージュ作品が数多く制作された。フランプトンがマイブリッジに捧げた「野菜の運動の一六の習作」シリーズ（マリオン・ファーラーとの共作）は、記憶すべき作品である。この作品は、人間や動物に代えてさまざまに動いている野菜を使うといった知性溢れるパロディ的なやり方で、マイブリッジの作品を扱っている［★82］。以来、メディア考古学的傾向を備えたアーティストたちにとって、マイブリッジは共通のよりどころとなったのかもしれない。二、三ではあるが、例を挙げておこう。日本人マルチメディア・アーティストの柴山信広は、インタラクティヴなＣＤ－ＲＯＭを使った《*Bio-Morph Encyclopedia*》（一九九四）で、マイブリッジの一連のクロノフォトグラフを電子ブックのなかに埋め込み、モーフィング［☆9］による変形を施すことで、それらを蘇生させた。中世の彩色写本、アドヴェンチャーゲーム、そしてサルバドール・ダリの代名詞である不定形のシュルレアリスムを彷彿とさせる風変わりなインターフェースのなかに配置されることで、埋め込まれたマイブリッジのイメージの擬似科学的な性格が強調される。

レベッカ・カミンズの《影の運動――一二八年後のマイブリッジ、赤い納屋、スタンフォード大学、パロアルト》（二〇〇四）は、マイブリッジの手順の模倣であり逆転と考えられるかもしれない［図9］。マイブリッジは身体の運動を固化したが、カミンズは、馬を動かさずにその影を動かし、動く影を写真によって固化する方法を発見した。一続きの写真には、一八七〇年代にリーランド・スタンフォードの馬がクロノフォトグラフにより撮影されたのと同じコース上で、馬にまたがり静止した一人の騎手が写っている。午前一一時から午後五時のあいだで一時間ごとに撮影されたため、日時計のように時間（および運動）が馬と騎手の影の位置の変化により指し示される［★83］。数あるマイブリッジへのオマージュ作品のなかで最もエキセントリックという称号をものにするのは、一九九八年にサンフランシスコ近代美術館（ＳＦＭｏＭＡ）により世に出された、スティーブン・ピピンの《ランドロマット＝運動（スーツで歩く）》である［図10］。この作品を制作するのに、ピピンは公共のランドリーをクロノフォトグラフィのスタジオ兼撮影用コースにしてしまった［★84］。特注のカメラが作られて、並んだ洗濯機に取りつけられた（マイブリッジ特製の電気式シャッターを真似ている）。スタンフォードの馬のように、被写体が走って仕掛け線を横切ることでシャッターが作動する［★85］。感光したプリントは、カメラが取りつけられたのと

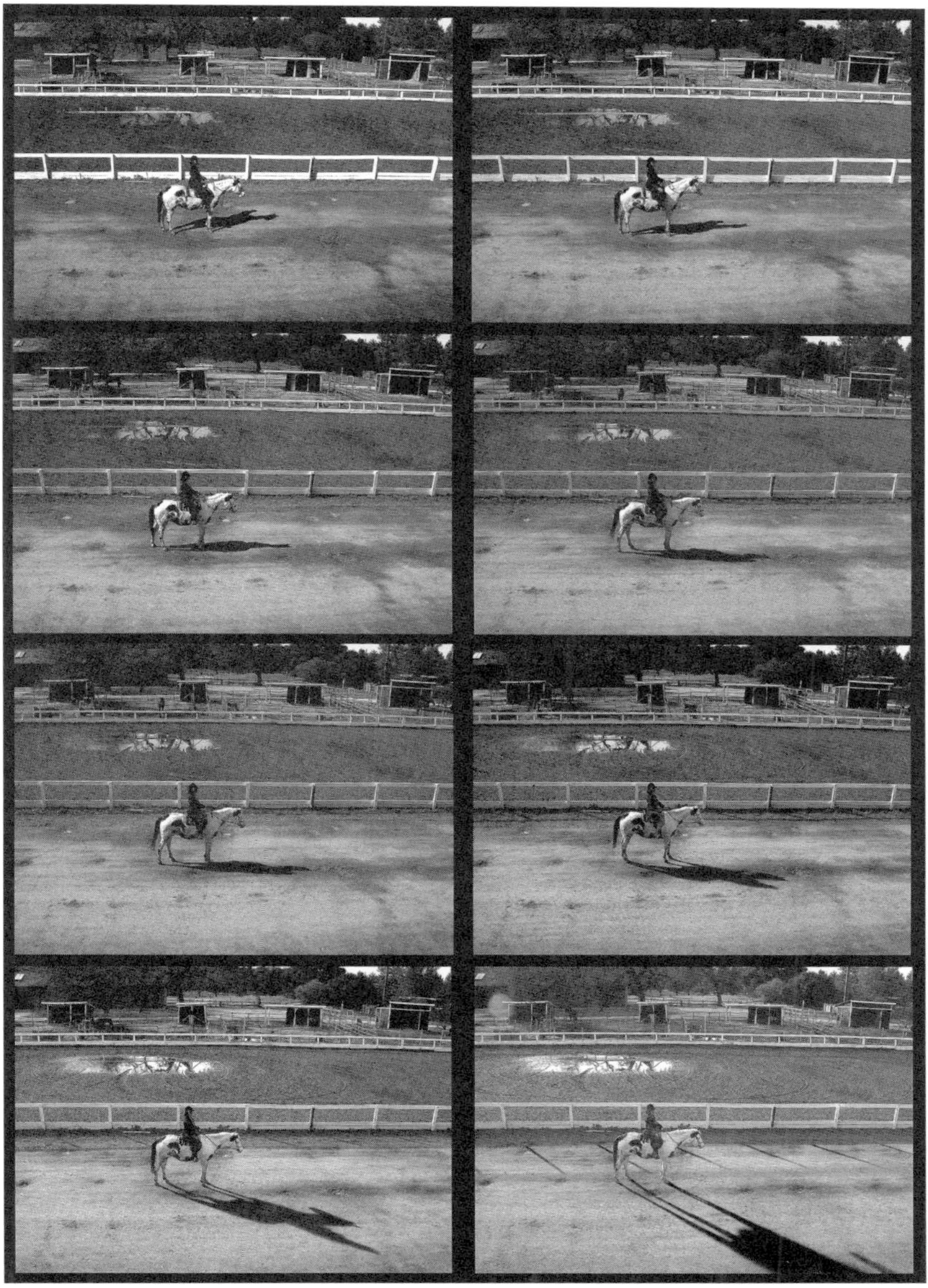

図9　レベッカ・カミンズ|《影の運動——128年後のマイブリッジ》、パロ・アルトの牧畜農場での撮影、スタンフォード大学、2004年。アーティストによる画像提供。

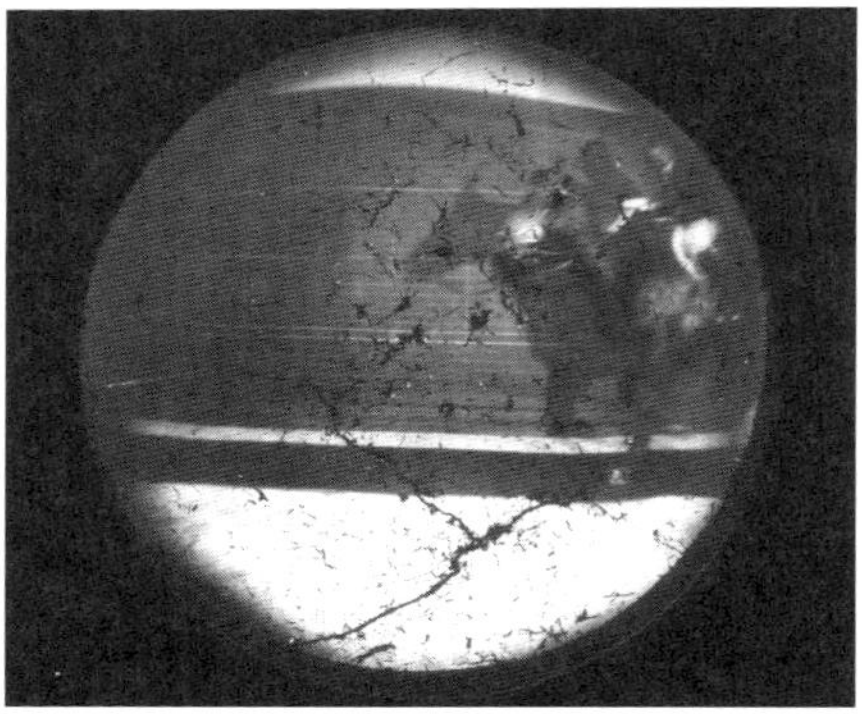

図10上）　スティーヴン・ピピン《ランドロマット＝運動》、1998年。この作品では、一列に並んだ12台の洗濯機をカメラにすることで、クロノフォトグラフ的なシークエンスが撮影された。

下右）「馬と騎手」、1998年。この写真はカメラになった洗濯機により撮影された。

下左）「引金式シャッター」。洗濯機をカメラにするために取りつけられた引金式シャッター。3点ともアーティストによる画像提供。

同じ洗濯機のなかで脱水乾燥することで現像された。それによって写真は「古めかしい」見た目になるのだ。

　アヴァンギャルドの映像作家たちは、他のタイプの映写イメージにも探索の手を伸ばしている。ケン・ジェイコブスは、一九五〇年代以降多くの作品でファウンド・フッテージを使用して映画史の輪郭に関して問題提起を行ない、実験的なライヴパフォーマンスを開始したことで、さまざまな映写イメージを探索するアーティストのなかで中心的な位置を占めるようになった。彼の「パラシネマ」は、「ナーヴァス・システム」[図11]と「ナーヴァス・マジックランタン」の二つに区分される。両方ともに一連のパフォーマンスで使用される技術的なシステムを指す。「ナーヴァス・システム」でジェイコブスが使用するのは、コマを一つだけ映写できる――コマは先に送ることもできれば巻き戻すこともできる――ように手を加えた一対の16mmフィルムのプロジェクター、および、レンズの前で回転する可変速のモーター式シャッターホイールである。同一の映画の全く同じプリント二本をわずかに時間差をつけて投影し、ホイールのスピードを操作すると、その映画空間は「伸び縮み」し、時折、非常に三次元的になる。後の「ナーヴァス・マジックランタン」のイヴェントでは、ジェイコブスは[「ナーヴァス・システム」よりも]いっそう基本へと立ち戻った。「ナーヴァス・マジックランタン」の効果をもたらすのは、色彩フィルターと回

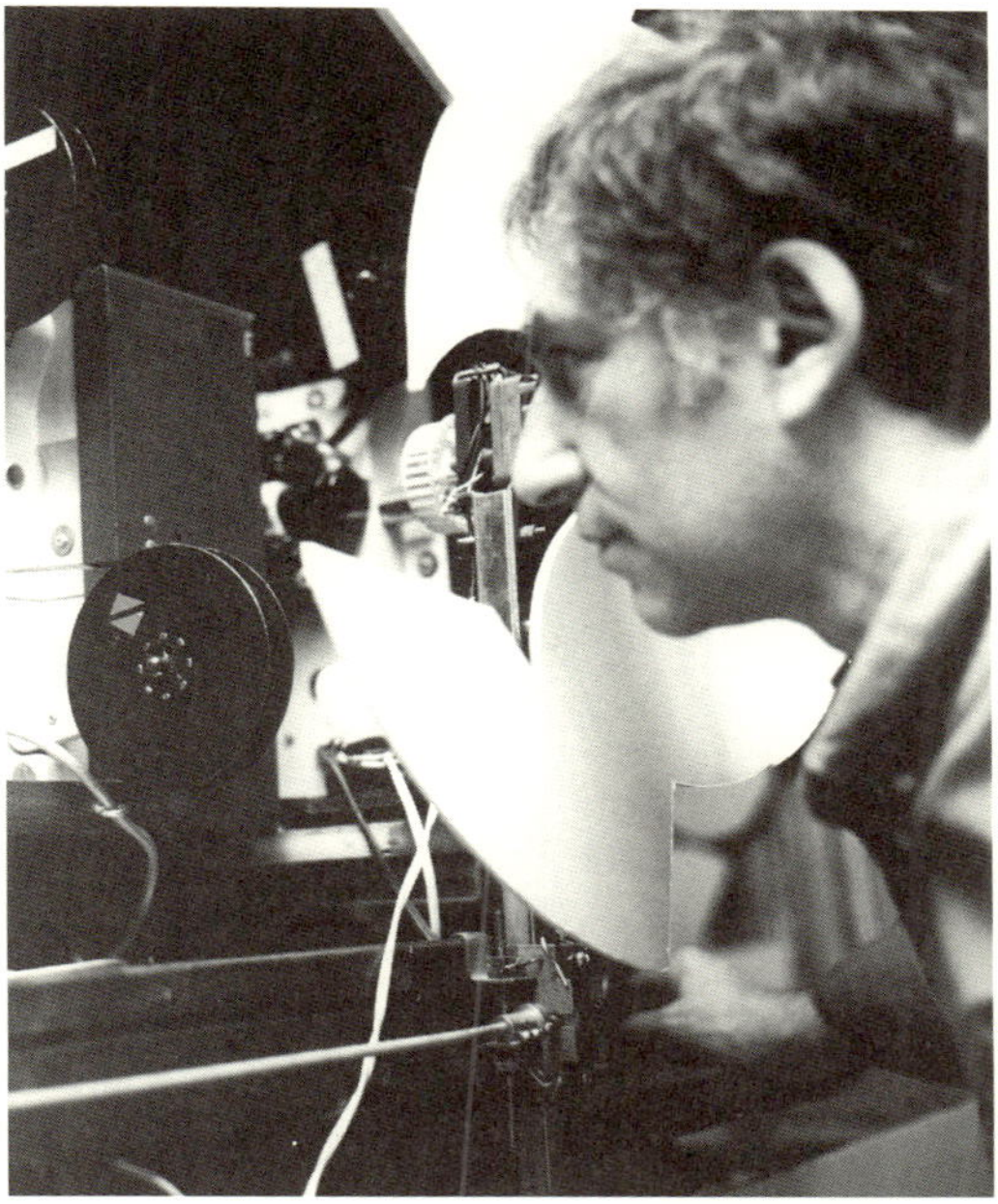

図11　「ナーヴァス・システム」を用いた上演を行おうとするケン・ジェイコブス。日時不明。アーティストによる画像提供。

転ホイールを使った光の操作である［★86］。

ジェイコブスは、自身のパラシネマを支える基本的なアイディアと技術的問題の解決方法を、アルフォンス・シリングの発明とプロジェクションから得た。それについては、一九八一年にニューヨークのMoMAで開催されたシネプローブ［☆10］でのプレゼンテーションに関連させて、彼は次のように認めている。

［……］3Dのイメージを生み出すための、新しくてそして少なくとも実り豊かでもある技法を発見し、水際立った手並みで詩情豊かに利用したのが、アルフォンス・シリングでした。おそらく、彼の立体視スライドの映写には畏怖の念もかき立てられたでしょう。彼にかかれば、空間もすっかり手なずけられてしまうかのようです。二つのフレームが織りなす究極的なイメージが、無限に豊かな効果を発揮するのです。私は彼から勇気をもらって、「ジ・インポッシブル」シリーズの次の章である《ヘル・ブレイクス・ルース》で、こうした知覚経験の新大陸にアプローチしました。「シリング効果」と呼ばれるであろう効果がもたらす艶やかな現象の周縁にとどまることで、その経験は、生き生きとした立体幻灯機（stereoptican［ママ］）の種板における以上のものになります。それは「ナーヴァス・システム」と呼ぶのがふさわしい。しかし、シリングの作品ほど深いイメージが見られるのは稀ですが、「シリング効果」の場合と同様に、私の作品でもそうしたイメージを見るのにどのような鑑賞装置も必要ありません。それはサイクロプス、すなわち一つ目人間でも知覚できるのです。［……］ちょっと前のことですが、アルフォンスは「シリング効果」を使った制作をするよう私をうながしてきました。結果、二、三週間前のミレニアム［☆11］での《チェリーズ》の発表となったわけですが、それは――私に許された――この上ない栄光でした。［★87］

種の蒔き手としてのシリングの役割は、ジェイコブスの作品を取り上げているアメリカの学者から過小評価もしくは無視されてきた。『視覚的＝光学的《オプティック》戯れ——ケン・ジェイコブスの映画（*Optic Antics. The Cinema of Ken Jacobs*）』（二〇一一）では、シリングについては、たった一度、次のように触れられているだけである——シリングが「双眼鏡作品」の実演を行なったのは一九七五年一二月にコレクティヴ・フォー・リヴィング・シネマで、その際には「ジェイコブスもパフォーマンスを行なっている」と［★88］。ブルック・ベライルの最近の研究は、ジェイコブスの3D作品を取り上げているが、「「ナーヴァス・マジックランタン」は映画以前のテクノロジーを拠り所とし、回転式シャッターを使用している。それは、立体画像を使った作品で、アルフォンス（Alphonse［ママ］）・シリングが一九世紀のマジックランタンのプロジェクションの方法から採用したものであった」と素っ気なく言及するだけで、シリングとジェイコブスの作品におけるシャッターの役割について詳しく述べてはいない［★89］。一九八九年のジェイコブスの回顧展のカタログでは、シリングについてはいっさい言及されていない。「ナーヴァス・システム」が、ジェイコブスによるプログラムノート、彼へのロングインタヴュー、そしてトム・ガニングによる小論で取り上げられているのにもかかわらず、である［★90］。

こうした「ど忘れ／記憶違い」により、メディア考古学による発掘作業を忘れられた先達たちと埋もれた文化的コンテクストをつきとめることだけに限定すべきではない、ということに気づかされる。メディア考古学による発掘作業は、コンテンポラリー・アートの領域でも行なわれなければならない。『レオナルド』誌と、ジーン・ヤングブラッド、ダグラス・デイヴィス、そしてフランク・ポッパーのような編年史家たちの素晴らしい努力にもかかわらず、近年のテクノロジー・アートの歴史についてさえ私たちの総合的な知識は、美術館に商業ギャラリー、主流を占める批評家と美術史家たちからは概して退けられてきたために、断片的なままなのである。二、三のよく知られた名前の背後には、何としてでも気づく必要のある野心的な一群の作品（シリングが典型例である）とともに、広大な未踏の大地が控えているのだ。ジェイコブスの場合だが、彼はアメリカの実験映画の代表的な人物の一人として広く讃えられてきたこともあるので、単純にシリングのアイディアをコピーしてそれらを我がものとして見せたと述べるのはアンフェアであろう。シリングを発見した頃には、ジェイコブスはすでに相当数のヴァラエティに富んだ一群の映画作品を作り上げており、それらをきっかけに引き出され、追究された論点がパフォーマンス作品へと引き継がれるところだったのだ。しかしながら、シリングが刺激となってジェイコブスのパフォーマンス作品に一つの方向性が与えられたのは明らかである。

その後、ジェイコブスは時間を遡っては下ってきた。「ナーヴァス・マジックランタン」では、「原初」の光と色彩そして影へと遡る（おそらく一九六〇年代のマルチメディアを用いたライトショーと響き合うだろう）一方で、《キャピタリズム》（二〇〇六）のような作品ではシリングによる発見を拡張してデジタルの領域へと持ち込んでいる。《キャピタリズム》は映像作品で、立体画像にデジタル加工を施すことでぎくしゃくとした動きと奥行きを与えるのと同時に、その立体画像に含まれるイデオロギーを読み解いてもいる［★91］。二〇〇六年、ジェイコブスに「エターナリズム」の特許が交付された。その特許資料中では限られたコマの数でジェイコブスの特許内容が要約されている。エターナリズムの特許はフィルムとデジタル、両方の形式にたいして取得されている［★92］。その特許資料の文面自体が、メディア考古学的には興味深い。ジェイコブスの説明によると、彼の発明を使えばお馴染みのものごとを生き生きとした「スナップ写真」として撮影して、電子財布にしまうことができる。「最愛の人たちを何人も（記憶容量はさほど必要でない）、特有のはつらつとした身ぶりはそのままに、レプリカとして収めることができる」。ここで彼はあるトポス――動く肖像画――を（うっかり？）活性化させている。シネマトグラフィの黎明期には、動く肖像画のトポスはその数ある可能性の一つとしてしばしば引き合いに出されていたのだ［★93］。それ以来、動く肖像画というアイディアは、ソーシャルメディアのサイト、iPadそしてスマートフォン上で流れるちょっとしたgifファイルとインスタグラムのムーヴィーにより、非常に大きなスケールで実現されている。

ケン・ジェイコブスだけが、非映画的なプロジェクション作品により過去の先達を再現／再演するアーティストではない。トニー・アウスラーの《インフルーエンス・マシン》は大がかりな屋外インスタレーション作品で、二〇〇〇年にニューヨークとロンドンで展示された［★94］。マジックランタンの歴史、とりわけファンタスマゴリア（一八世紀後期に現われた幽霊ショーの一形式）の歴史をメディアと降霊術の関係とともに再現／再演しながら、アウスラーは木とビルに顔を投影し、合理的《ラショナル》＝理性的な都市環境を不気味なもののねぐらに変貌させた。人工生命のパイオニア的作品でよく知られているクリスタ・ソムラーとロラン・ミニョノーは、アンティークのマジックランタンと手回し式フィルムプロジェクターに手を加え、《エクスカヴェイト》と《エスケープ》（二〇一二）とそれぞれ名づけられた一対の作品で使用している［図12］。これらの作品が最初に展示されたのは、スイスのザレンシュタインにある、第二次世界大戦中には防空壕として使われたじめじめとしていて暗い洞窟のなかであった。そこを訪れた観客がそのデヴァイスを操作して、自らの手により不気味な光景を呼び覚ます。ソムラーとミニョノーは、この二つの作品に先行する作品でも昔のテクノロジーに手を加えて使用している。《ライフ・ライター》（二〇〇六）では、古風な機械式タイプライターをインタラクティヴなユーザーインターフェースとして用いているのだ。

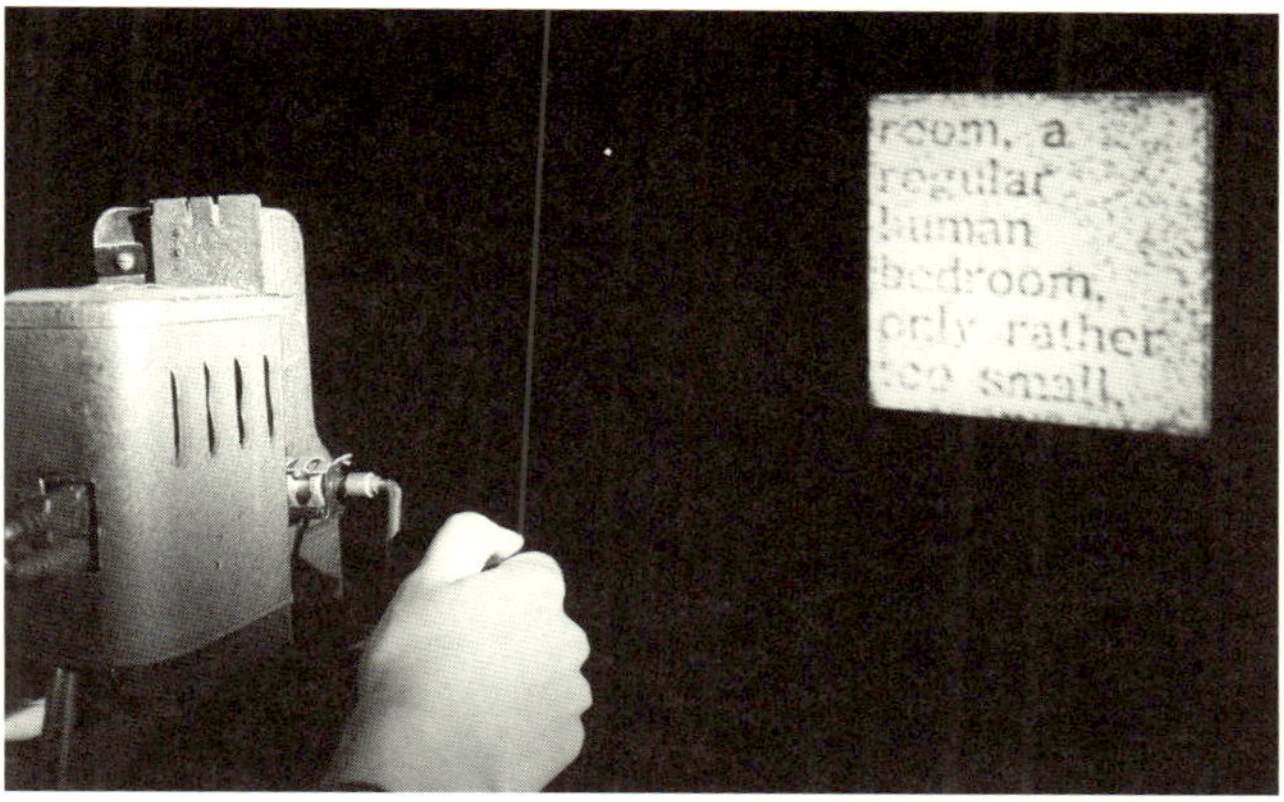

図12　クリスタ・ソムラー＆ロラン・ミニョノー《エスケイプ》、2012年。改造した手回し式フィルムプロジェクターを使ったインタラクティヴ・インスタレーション。アーティストおよびギャラリー・シャルロ（パリ）による画像提供。

　同様に想像力に富んだ方法で映し出されるイメージの歴史に立ち戻っているのが、メディア考古学的アートの老練な実践者であるゲープハルト・ゼングミュラーとそのインスタレーション作品《スライド映画＝スライド映写機》（二〇〇六）である［★95］。35mmのカルーセルタイプのスライドプロジェクターを復活させ、それを芸術のメディウムとして再定義したうえで、ゼングミュラーはサム・ペキンパーの『ガルシアの首』（一九七四）から八〇秒間続く暴力的なシーンを抜き出して、一九二〇枚のスライドへと分割し、ずらりと並べられた二四台のスライドプロジェクターに装填した。すべてのプロジェクターの焦点を一つに合わせて、注意深く同期させた。すると、かたかた音を立てては動く自動式プロジェクターによりこのシーンは息を吹き返し、奇妙な古めかしさを帯びたのだ。おそらく、マジックランタンショーを最も複雑に作り直した作品は、フランスのアーティストであるジュリアン・メールの《半歩》（二〇〇二）である［図13］。この作品でも、映画という手段を使わずに映画経験を再現した／作り直した《リクリエイト》とアーティストは主張している。メールはハイテクのマジックランタン（「逆転カメラ」）を組み上げ、小型モーターとアニメーション装置からなる複雑な機械仕掛けのランタンスライドをたくさん発明した［★96］。メールの上映は、馴染みのあるものと馴染みのないもの、古いものと先例のないもののあいだを揺れ動き続ける。不連続なものを連続させることで、ある効果に連れ立って別の効果が生じていく。

ニューメディア・アート、メディア考古学、女性

一九八〇年代、数多くのアーティストたちが、デジタルテクノロジーが中心的な役割を担うインスタレーションを制作するようになった。彼らは観客を招き入れてはインスタレーションと物理的に触れ合わせ、一九九〇年代頃のテクノカルチャーの「大きな物語」であるヴァーチャルリアリティを先取りすることもしばしばであった。そうした作品が必ずしも過去を参照していたとは限らなかったが、実際にそうした作品の数は驚くほど多かったのだ。それはもしかしたら当時のメディア文化の不安定さを反映していたのかもしれない。映画はテレビとラジ

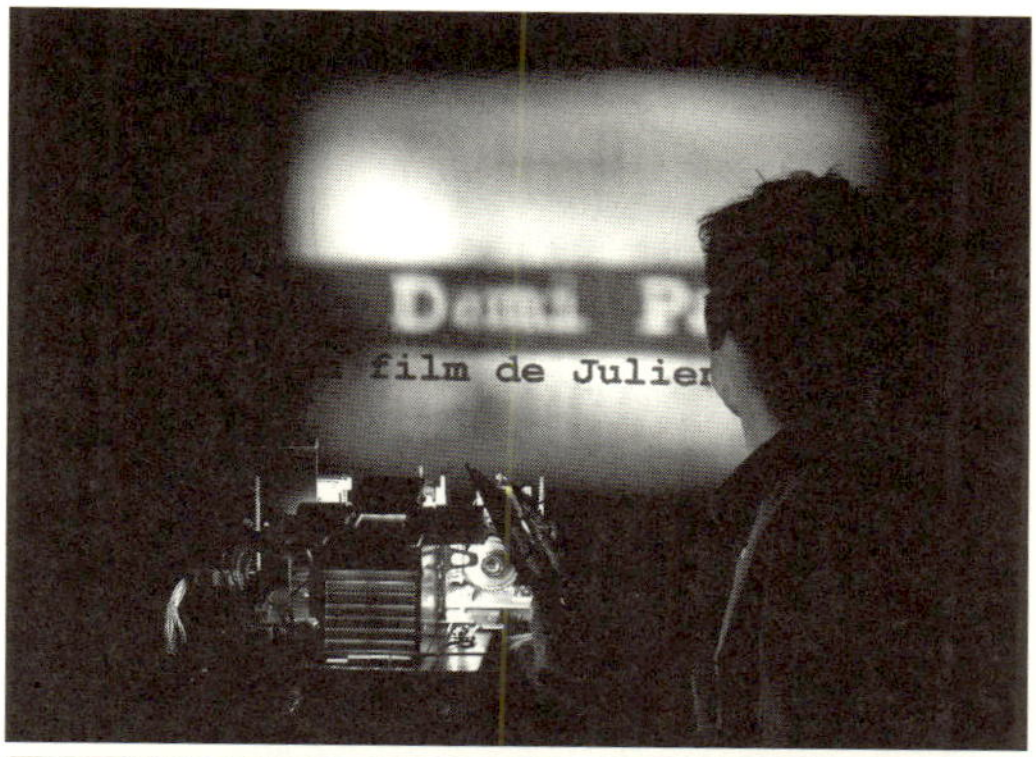

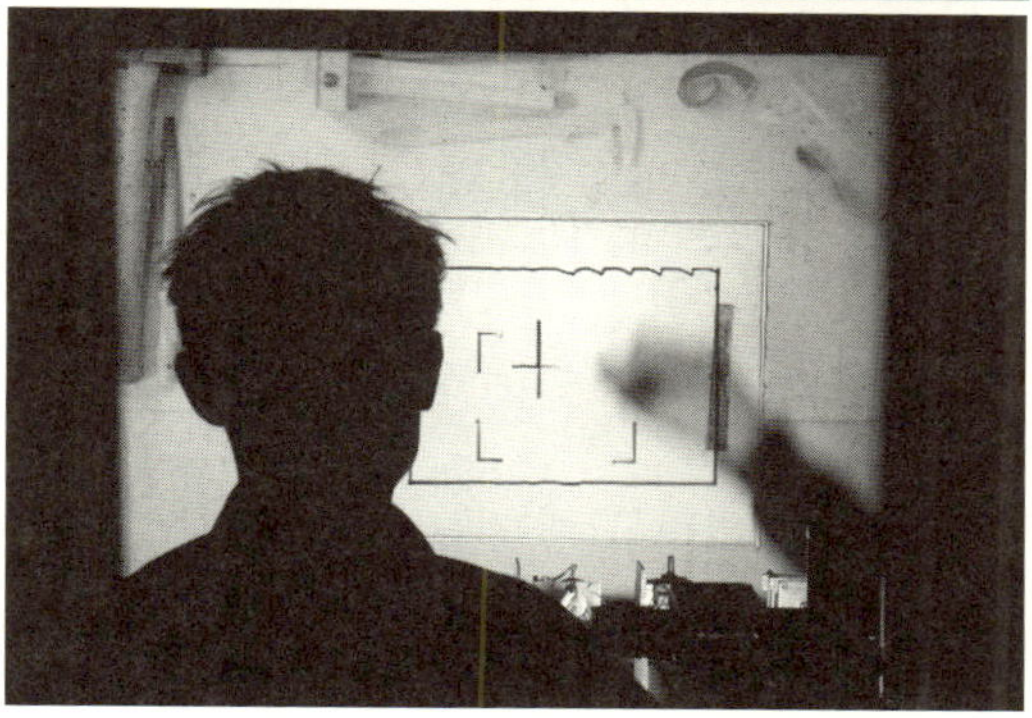

図13上） ジュリアン・メール《半歩》の冒頭のクレジット、プロジェクションによるパフォーマンス、20分、2002年。

中） 《半歩》で、モーター仕掛けの「マジックランタン・スライド」である「描く手」がスクリーンに投影された際にもたらす効果。

下右） メールが《半歩》で使用している「逆転カメラ」。逆転カメラはハイテクノロジーを用いた一種のマジックランタンである。

下左） 「描く手」。《半歩》のために制作したモーター仕掛けの「マジックランタン・スライド」。以上4点ともにアーティストによる画像提供。

オ放送同様に、ケーブルテレビと衛星放送（オンデマンドシステム含む）、ヴィデオゲーム、CD-ROMをベースとしたマルチメディア、コンピュータによるネットワーキングなどインタラクティヴな形式から、その正当性に関して異議申し立てを受けている真最中であった。これらの発展は冷戦の終結とそれに伴う領土と文化の変容と対応していたために、断絶感はいっそう深まったのだ。メディア考古学とは基準点と連続性を捜索するアプローチだが、それは「永久不変の価値」を発見するためのアプローチではない。むしろ、メディア考古学により、さまざまなメディアの形式とシステム、そして関連する概念のあいだで対話を始めなければならないことが明らかにされたのだ。メディア考古学は時代の徴候として現われた、すなわち「メディアアートは次第に成熟へと向かっているが、そこにはある種の不安も含まれている」ことを示す証拠としてメディア考古学は現われた、と一九九四年に私は考えたのである［★97］。

私がメディアアートに最初に出会ったのは、一九八〇年代後半のアルス・エレクトロニカ、シーグラフ、そしてヨーロピアン・メディアアート・フェスティヴァル（オスナブリュック、ドイツ）のようなイヴェントにおいてであった。メディアアートと強く関わるようになったのは、ISEA'94すなわち第五回電子芸術国際シンポジウムの組織メンバーになったことがきっかけである。ISEA'94は、一九九四年にフィンランドのヘルシンキで開催された。私はメインの展示、および、メディア考古学的アートの提案者のなかで最重要人物の一人である岩井俊雄の作品のためのサイドイヴェントの共同キュレーターを務めた［★98］。また、メディア考古学についての基調演説を初めて行ない、草原真知子とともにシミュレーションライドという映画ジャンルの考古学のためのプログラムを編成した［★99］。メインの展覧会には、メディア考古学的な観点を前面に押し出した作品がいくつか出展されていた。例えば、ポール・デマリニスの《エジソン効果》、レベッカ・カミンズの《トゥ・フォール・スタンディング》、マイケル・ネイマークの《バンフのキネトスコープ、もしくはフィールド・レコーディング研究》、キャサリン・リチャーズの《ヴァーチャル・ボディ》、そしてハイディ・ティッカの《飢えとの対話》である［★100］。

クリスタ・ソムラー&ロラン・ミニョノーの《アンスロスコープ》、ジョージ・ルグラディの《アネクドーティッド・アーカイヴ・フロム・コールドウォー》、そしてクリスティーン・タムブリンの《彼女はそれを愛している、彼女はそれを愛していない――女性とテクノロジー》のようなアーティストと作品も、過去のメディア文化の形式に言及していた。

これらの作品は、メディア文化とその歴史・意味・基盤についてのメタ言説と私が呼んだところのものを詳しく説明している[★101]。レベッカ・カミンズの《トゥ・フォール・スタンディング》は、ポール・ヴィリリオが『戦争と映画――知覚の兵站術』で取り上げた、軍事テクノロジーと動くイメージの共通点を吟味している[図14][★102]。このインスタレーション作品は、エティエンヌ゠ジュール・マレーの「写真銃」(一八八二)から着想を得ていた。マレーの写真銃は飛んでいる鳥を連続して写真撮影するためにデザインされていたが、明らかにそれは兵器まわりの意味合いを思わせる。実のところ、マレーの研究はフランス軍から資金援助を受けていたのだ。カミンズは小型の監視カメラを一八八〇年代に製造されたショットガンの銃身内部に据えつけた。ユーザーがそれを構えてその展覧会を訪れた別の観客に狙いをつけ、引き金を引く――まぎらわしく、当惑させる行為である――と、マレーを思わせる一続きのストップ・モーション画像がデジタル撮影され、一連のモニターに映し出された。だが、《トゥ・フォール・スタンディング》はマレーの実験の単なる再演ではなかった。カミンズのこの作品は、屋外市での射的場とおもちゃの銃から(まだ終戦間もない)湾岸戦争のカメラ搭載型ミサイルまで、マレーの実験以外で銃を模したインターフェースが使用されているシチュエーションに繋がりを生み出したのである[★103]。

ネイマーク、リチャーズ、そしてティッカが作品を支えるよりどころにしているのは、「ピープ・メディア」(レンズを通して隠されたイメージを覗く習慣)の長大な歴史である。だが、その扱い方は三者で著しく異なっている[★104]。ネイマークの《バンフを見よ!》は、過去の歴史や文化の歴史的文脈を彷彿とさせる覗きからくりキャビネットで、キネトスコープとミュートスコープという二つの初期の鑑賞装置の特徴を混ぜ合わせていたため、多くの観客にとっては一九〇〇年頃のシネマトグラフィを初めて体験することになったのだ。キャビネットに収められていたのは低速度撮影による一連の立体写真である。撮影には特注の16mmフィルムカメラ一対が使用された。乳母車にそのカメラを据えつけてカナダの森林にある小道を走らせたのである。この作品は、ユーザーが手回し式クランクを回して——一見したところミュートスコープ風であるが、実はキャビネット内部のマッキントト

図14　レベッカ・カミンズのインタラクティヴ・インスタレーション《トゥ・フォール・スタンディング》（1993年）概観。アーティストによる画像提供。

ッシュコンピュータのトラックボールに秘密裏に繋がっていた——、わざとぎくしゃくさせた運動の場面を操作するというインタラクティヴな操作方式を用いていた［★105］。この作品はインタラクティヴな動 画《ムーヴィング・ピクチャー》を使った位置測定（ネイマークは一九七八年から一九八〇年にかけてMITでグーグル・ストリートヴューの先駆けであるアスペン・ムーヴィー・マップを開発したメンバーの一員であった）と、パノラマを使ったイメージングにネイマークが興味を持っていたことに由来しているが、ケン・ジェイコブスのようなアヴァンギャルドの映像作家による映画的空間の探究をも想起させる。

図15　キャサリン・リチャーズ《ヴァーチャル・ボディ》、1993年、インタラクティヴ・インスタレーション。アーティストによる画像提供。

キャサリン・リチャーズの《ヴァーチャル・ボディ》は、「科学的な器具でもあれば、美的なオブジェでもあり、はたまたポストモダンの魔法の箱でもある」柱状のヴューアーで、内部を覗くとロココ調サロンのヴィデオシミュレーションが見える［図15］［★106］。この作品はサミュエル・ファン・ホーホストラーテンのようなアーティストによる一七世紀オランダの「遠近法箱」を想起させるが、それと同時に当時のヴァーチャルリアリティ熱への批判でもあることは明らかである。ヴァーチャルリアリティをもたらすヘッドマウントディスプレイのように、その作品は覗く人間の身体を（もっぱら視覚的に）「ヴァーチャル化」しても、結局のところ実際の身体が再度作品にもちこまれる。ユーザーは箱の脇にある穴から手を入れて、内部の光景を操作するようになっていたのだ。こうしたやり方は、一九世紀の箱形のカメラ・オブスクラ（ドローイングのための器具である）

の構造《デザイン》を想起させる［★107］。リチャーズの作品を魅力溢れる言説で先取りしているのがナサニエル・ホーソーンである。ホーソーンは『アメリカン・ノートブックス』のなかで、自身が目にした旅回りの覗きからくり師による演し物を描写している。この覗きからくり師がお披露目したのは「ヨーロッパの諸々の都市と建物の光景、ナポレオンの戦争にネルソンの海戦の光景である。演し物の最中には、巨大で茶色い毛むくじゃらの手（運命の手だ）が現われて、戦いの主点を指し示す。そのあいだ、この老オランダ人の解説は止むことなく続いている」［★108］。

ハイディ・ティッカの《飢えとの対話》では、メディア考古学的関心がメディアに関わる観客のありよう《スペクテイターシップ》におけるジェンダーの考察と結びついている。クローズアップされた女性の身体という艶めかしい立体画を覗くとプロジェクターの電源が入り、覗き見している本人が当の立体画によって照らし出される。動くイメージ装置の二つの基本形式（プロジェクションと覗き）を組み合わせ、観客をこの二つの装置で挟むことで、ティッカは欲望と欲望に関連する恥の問題に加え、私的な経験と公的な経験の関係性を追究した［★109］。この作品のモチーフが覗きであることははっきり感じられる。おそらくヴァーチャルリアリティについての言説が覗きメディアを後押ししたために、ティッカはこの作品を着想したのだろう［★110］。アーティストが作り上げた覗きからくりインスタレーションのうち、テーマ的にこのティッカの作品と共鳴するのがリン・ハーシュマン&サラ・ロバーツの《自分だけの部屋》（一九九三）である。箱を覗き込み、接眼レンズを軽く回すと、人形の家のような小型のセットが照らし出される。それと同時にヴィデオ映像も流れ出し、魅惑的な女性が覗いている側に直接呼びかけてくる。それによってこの作品に本来備わっている窃視症という要素はいっそう前景化されるのだが、ティッカの作品とは異なりハーシュマン&ロバーツの作品では隠れた光景が外在化されることはない。「情事」は覗く側と覗かれる側のあいだに存在し続ける。

女性アーティストたちは、メディア考古学的アプローチに並々ならない関心を示している（とはいえ、女性アーティストたち自身によりメディア考古学的アプローチが何を指すのか常に明確に定義されているわけではないが）。メディア考古学、フェミニスト理論、そして女性史には何らかの共通点があるに違いない。まさにメディア考古学者のように、フェミニスト理論家と女性史家たちは抑圧された現象と言説を暴くことを目的として活動し、男性によって支配された社会で「真理」へと転換されてしまった物語と闘っているのだ。その範例となるのがテリー・キャッスルとレイチェル・P・メインズの著作である［★111］。アーティストでは、カラ・ウォーカーとその作品が挙げられる（おそらく彼女は自身をメディア考古学者とは認めないだろうけれど）［★112］。ウォーカーは女子供の暇つぶしとして知られたブルジョワの文化形式（シルエット抜き、影絵人形繰り）を流用し、かつパワフルな――転覆的だが優雅な――方法でそれらを用いて、沈黙を余儀なくされてきた黒人（とりわけ黒人女性の）の歴史の諸々の面を明らかにしている。ウォーカーは、同種のテーマを全周パノラマの内に配してもいる。全周パノラマは、軍隊および国家主義に関わる保守的な政策を促進するために一九世紀に使用された文化形式である［★113］。

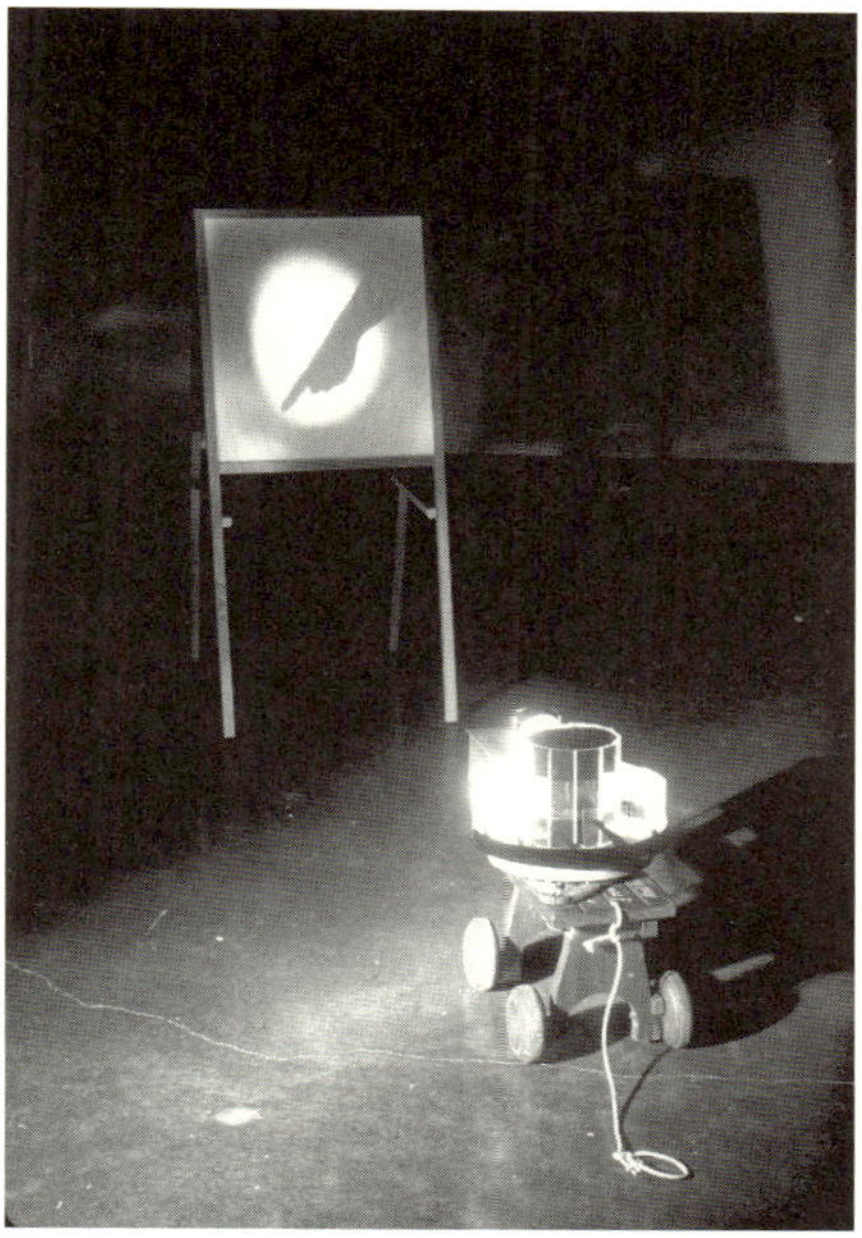

図16　ハイディ・クマオ《リサイタル》、1992年、インスタレーション。アーティストによる画像提供。

ハイディ・クマオの「シネマ・マシンズ」（一九九一－九九）は一九世紀の光学《オプティカル》＝視覚的玩具、とりわけエミール・レイノーのプラキシノスコープをモデルとした、インスタレーションシリーズである［図16］。この作品は、メディア考古学的関心が、女性たちの日常生活で決定的に重要な瞬間をすっぱ抜くことといかにして結びつき得るかを実際に示している。クマオがインタヴューで説明しているように、彼女のもともとの着想源となったのは、パリのグレヴァン美術館でテアトル・オプテイーク（大型の投影用プラキシノスコープ）を使い、レイノーが光のパントマイムを上映しているところを描いたリトグラフによる挿絵であった［★114］。クマオは［それと］よく似たデヴァイス（モーター駆動式）を考案し、それらを箱やある種のドールハウスのなか、椅子の上などに配置した。そのデヴァイスは、女性や子どもの生活に関わる短いループ映像を映し出す［★115］。「シネマ・マシンズ」シリーズの一つ《幼年期の儀式──消尽》（一九九一－九三）では、スプーンを持った手が子どもに食事を与え続けている。その一方、《ケプト》（一九九三）では、女性がずっと床掃除をしている［図17］。すぐに消えてしまうがイデオロギー的重要性が満載の瞬間が、メディウムの特性に適ったやり方で捉えられて、暴かれている。ゾートロープとプラキシノスコープによって提供されるのがほんの数秒の動くイメージのシークエンスであるという事実は、弱みであり、「発展途上を示す」特徴であると考えられてきたが、クマオは執拗な反復を長所に変えたのだ。インスタグラム［写真やショートムーヴィーを撮影・加工し、ウェブ上で共有できるアプリまたはサービス］のきわ

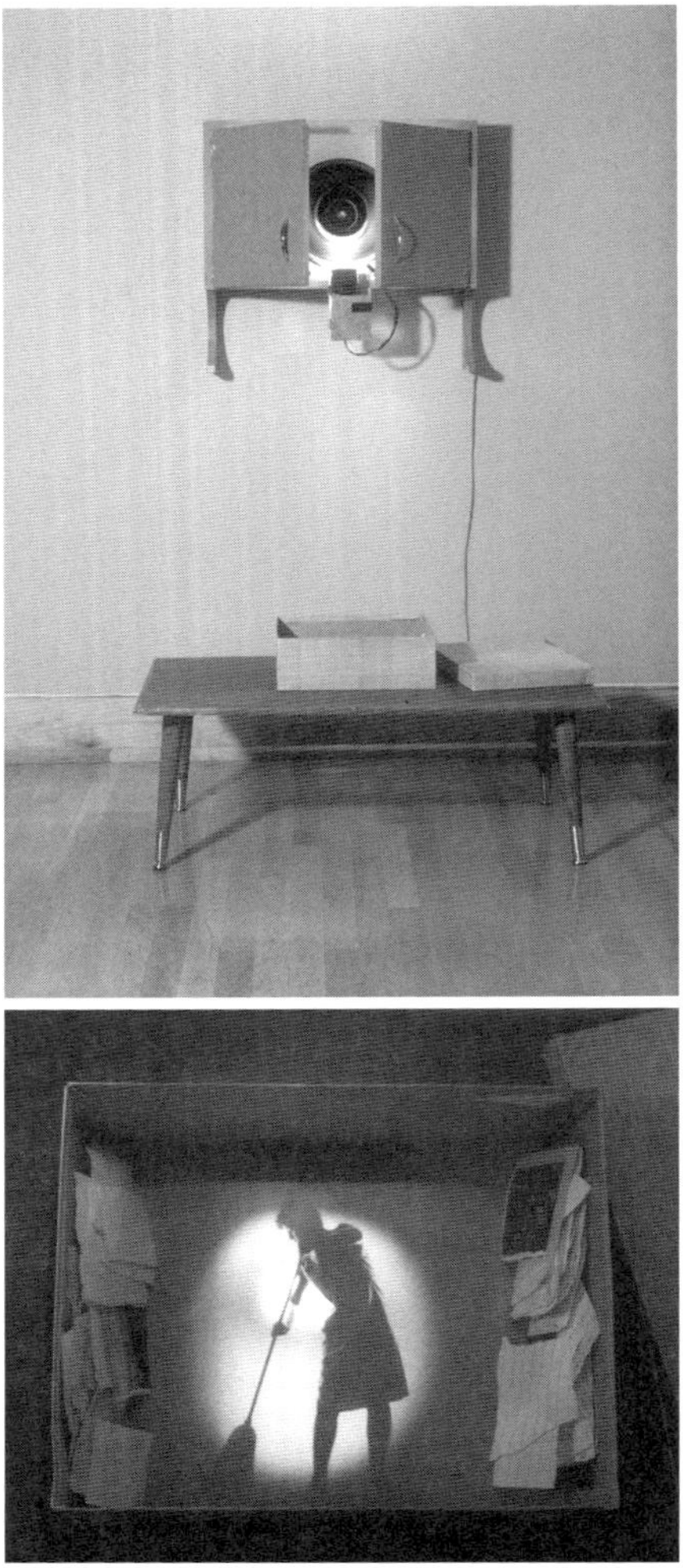

図17上）　ハイディ・クマオ《ケプト》、1993年、インスタレーション。

下）クマオ《ケプト》の部分。2点ともにアーティストによる画像提供。

めて短いループ映像はクマオの作品と縁続きなのだが、それが今では一般的な現象となって、何百万のユーザーにより日常的にネットにアップロードされるようになったということは、非常に示唆的である。

女性アーティストたちがメディア考古学を熱心に取り入れてきたのは、「玩具を持った男の子たち」によるテクノロジーの専有に対する「まさに」レジスタンス活動なのだと説明したくなるかもしれないが、それはあまりに限定的に過ぎるだろう。パフォーマンスとインスタレーションを専門とするアーティストであるエレン・ツヴァイクは、カメラ・オブスクラが自分の語りたかったようなストーリーにぴったりであることに気がついた[★116]。《彼女はその景色を求めて旅をした》(一九八六)は、一組のカメラ・オブスクラを使ったパフォーマンス作品で、複数のアーティストによるプロジェクト「かつての(奇矯な)女性旅行者たち」の一部として実現した。このプロジェクトは、ヴィクトリア朝の女性旅行者および現代において彼女らに相当する人々に捧げられていた[★117]。ツヴァイクの作品のきっかけとなったのは、世界を股にかけたヴィクトリア朝の女性冒険家で、諸国を漫遊しながら風景と花を描いたマリアンヌ・ノースの一生である。一九八六年四月、テキサスはヒューストンで催された《馬車のなかのカメラ》で、ツヴァイクはアンティークの駅馬車に手を入れて可動式の部屋型カメラ・オブスクラ(音響テープつき)にすることで、旅と光学の繋がりを文字どおりに解釈した。続けて六月には、サンフランシスコのオーシャンビーチ近くのクリフハウス[太平洋に面したレストラン]で、彼女はパフォーマンスのための劇場としてカメラ・オブスクラ(「ジャイアント・カメラ」)を使用した(またもや録音済みのサウンドトラックが流された)。

ヴィクトリア朝の世界では、風景をスケッチするための視覚的=光学的補助として、カメラ・オブスクラは使用された。マリアンヌ・ノース自身がカメラ・オブスクラを使用したかどうかは定かではないが、彼女がそうした器具を承知していたことは確かである[★118]。とりわけ人気があった形式は部屋型のカメラ・オブスクラ(クリフハウスに置かれたようなタイプ)で、それは海辺のリゾート地などの景勝地で好まれた娯楽であった。回転式レンズと屋上のミラーの組み合わせにより、外側の景色が小さな建物の内側に映し出される。それは、スクリーンとして使用されたテーブルの上面板に展示された。その魅力は、木々、波、人間たち、そして動物たちの景色は指で触れることができるのに、そこからは何一つ音が聞こえてこないという、ほとんど不気味と言っていい性格にあった。それらがじっとしているのではなく、動きまくっていることも不気味さに拍車をかける。観客は、暗い部屋の内側で、見えざる観察者という覗き魔的な役割を楽しんだのだ［★119］。クリフハウスでツヴァイクの作品を見にきた観客たちに提示されたのは、ヴィクトリア朝風の衣装をまとってカメラ・オブスクラの周りを動き回る俳優たちが織りなす一連のタブローであった。そのうちの一人として、野生の草花を描くマリアンヌ・ノースの姿も見られた（彼女は一八七六年に実際にこの場所を訪れている）。レンズを操作して、シーンを切りとるツヴァイクは、ほとんどテレビカメラの女性撮影技師のようであった（リアルタイムでの伝達デヴァイスという点では、カメラ・オ

図18上） エレン・ツヴァイク《彼女はその景色を求めて旅をした（ジャイアント・カメラ）》、1986年。

下） 同部分、1986年。この写真に写っているのは、カメラ・オブスクラの内部の水平におかれたテーブルに似たスクリーンに映し出された、カメラ・オブスクラ外部でのパフォーマンスである。観客はカメラ・オブスクラの内部にいながら、タイムラグなしにこのパフォーマンスを見ることができた。2点ともマイケル・シェイ撮影、アーティストによる画像提供。

ブスクラはテレビ前史にも属している）［図18］［★120］。

次にツヴァイクは、独自のカメラ・オブスクラを組み立てることに取り組んだ。彼女は、それらをさまざまなプロジェクトにおけるパフォーマンスと結びつけている。例えばニューヨークはルイストンのアートパークで行なわれた《彼女自身がデザインした樽》（一九八八）と、一九八九年にサンフランシスコのエクスプロラトリアムを会場とした《この種の廃墟は心に狂気をもたらす》が挙げられる。前者の作品では、腰掛けながら覗き見ることのできる「樽型のカメラ・オブスクラ」も使用された［図19］。このカメラ・オブスクラを生むきっかけとなったのは、もう一人の命知らずアニー・エドソン・テイラーであった。彼女は一九〇一年に樽に入ってナイアガラの滝を下った最初の女性である［★121］。ツヴァイクは、ナポリの「自然魔術師」であるジャンバッティスタ・デッラ・ポルタに影響を受けていたのかもしれない。『自然魔術』（一五八九）のなかで、「部屋に居ながらにして、狩りを、敵との戦いを、そして他にも幻想をいかに見るか」を、デッラ・ポルタは描写している［★122］。

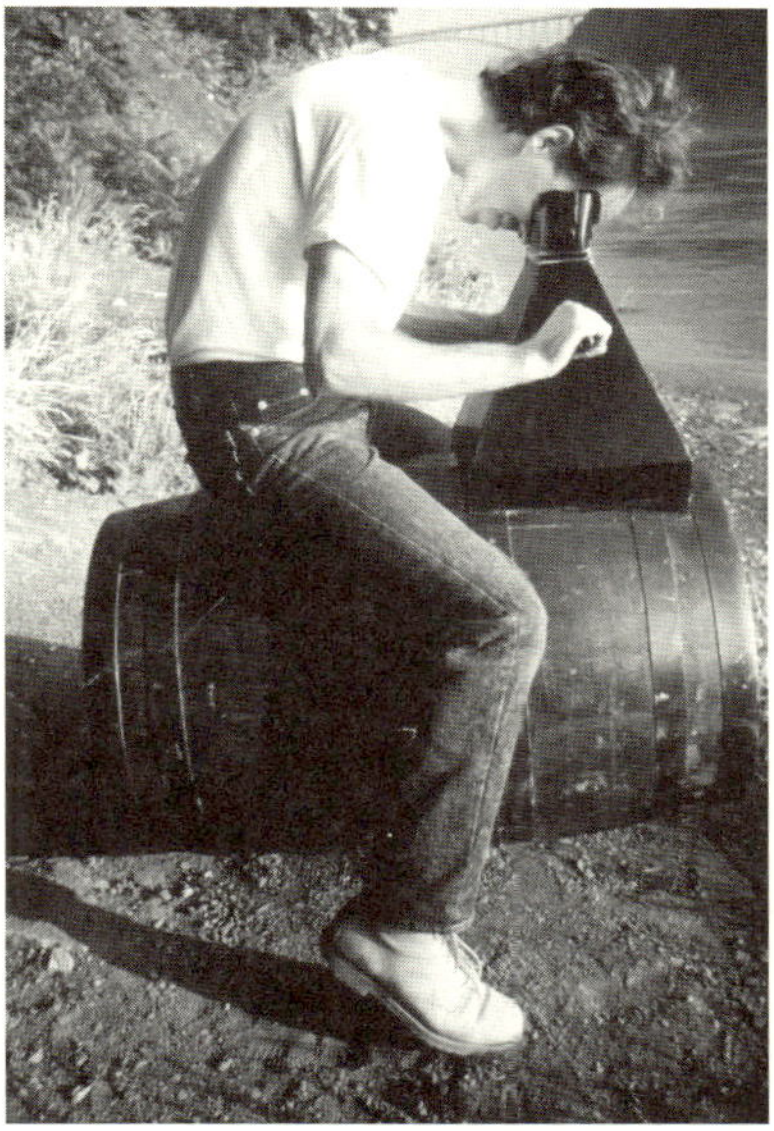

図19　エレン・ツヴァイク《彼女自身がデザインした樽》、アートパーク、ルイストン、N.Y.、1989年。樽型のカメラ・オブスクラを覗き込み、目の前に広がる風景を観察する観客。アーティストによる画像提供。

デッラ・ポルタのパフォーマンスは、実物の、もしくは、木などの材料を使って技芸《アート》によって作り上げられた木々に山、川に動物のセットにより、実現した。人の手によるセットの場合、小さな子どもを「本物そっくりの雄ジカ、イノシシ、サイ、ゾウ、ライオン、そしてどれでも気に入った動物」の背後に立たせるのは、カメラ・オブスクラの正面辺りにフェイクの動物たちを持っていくためである。カメラ・オブスクラは「太陽が燦々と輝く広

図20上）　エレン・ツヴァイク《ヒューバートの誘惑》、ニューヨーク市42丁目、1994年。この作品は「42丁目アートプロジェクト」の一環として展示された。この作品は、ニューヨーク市の42丁目沿いの建物の通りに面した一階部分の窓に設置された。その展示場所は、1925年から1960年まで営業していた「ヒューバートの博物館とノミのサーカス」と呼ばれたダイムミュージアムの近所であった。

下）　同部分、1994年。小さな窓のなかには、「ペッパーズ・ゴースト」と呼ばれる視覚トリックが用いられているのが見える。この視覚効果を体験できるのはあくまでも通りから眺めたときのことであった（観客は実際に「博物館」に入館することはできなかった）。2点ともにアーティストによる画像提供。

大な平野」に据えられなければならなかった［★123］。

ツヴァイクは、過去の視覚的＝光学的なトリックとデヴァイスを着想源として使用し続けている。ヴィデオインスタレーション《ヒューバートの誘惑》（一九九四）は、一九二五年から一九六〇年代にかけてニューヨークで開館していたダイムミュージアムである、ヒューバートの博物館とノミのサーカスを讃えた作品である［図20］。ツヴァイクはそのショーを再現するために、ペッパーズ・ゴースト［☆12］という視覚的トリックを使用している［★124］。

それを最初に用いたのは、ヘンリー・ダークスとジョン・ヘンリー・ペッパーで、一八六二年のロンドンにおいてであった。ペッパーのトリックは多くの他のアーティストたちにも着想を与えてきた。そのなかには、フランスのヴィデオアーティストのピエリック・ソラン、ジュラシック・テクノロジー・ミュージアム（ロサンジェルス）創設者のデイヴィッド・ウィルソン、そしてニューヨークを拠点として、映画、インスタレーション、およびパフォーマンス作品を手がけるアーティストのゾーイ・ベロフがいる。

ベロフはメディア考古学的アートの優れた実践者である［★125］。彼女はアンティークの手回し式プロジェクター、立体視用スライド、毎分七八回転のフォノグラフと視覚的＝光学的玩具を大量に使用して、メディアと無意識や病理学的なもの、そして秘教的なものとの連関を探究してきた。その結果としてもたらされるのは、テクノロジーがそこでは「変貌する」特異な世界である。メディア文化に関する言説の次元が、多様なレヴェルにおいて、生き生きとしだす（蘇る）のだ。

ベロフのインタラクティヴ・インスタレーション作品《ナタリアA嬢の感化マシン》（二〇〇一）に影響を与えたのは、ウィーンの精神分析家ヴィクトール・タウスクが手がけた、神秘的な電気装置により自分は操られていると考えていた女性についての事例研究であった［★126］。《観念的で可塑的なエヴァCの物質化》（二〇〇四）と《影の世界、もしくは冥府からの光》（二〇〇〇）の両作品は、霊媒《メディウムズ》、霊の物質化現象、メディアの三者の関係性を再現／再演している。その一方で、3D映画作品《チャーミング・オーギュスティーヌ》では、一八七〇年代にパリのサルペトリエール精神病院で暮らしたあるヒステリー患者のストーリーが語られる。物質的現実と記憶、外的なものと内的なもの、（合）理性により媒介されるものと「（合）理性を」「超える」もの、ベロフはこれらの境界線を描いてみせたのだ。《夢遊病者たち》（二〇〇七）に添えるため、この作品に影響を与えた著述家たちの文章の抜粋からなるメディア考古学的な概論をベロフは出版した。取り上げられている著述家たちには、精神分析家のピエール・ジャネ、作家のレーモン・ルーセルにアンドレ・ブルトン、ペッパーズ・ゴーストのもとも

との創案者である技術者のヘンリー・ダークスが含まれている[★127]。ベロフはマルチメディアを巧みに改造して、自身のメディア考古学的探究のための乗り物にさえしている。先駆的なインタラクティヴCD－ROM作品である《ビヨンド》（一九九六）と《どこ・どこ・そこ・そこ・どこ》（一九九八）がそれを如実に示しているのだ[図21][★128]。

動くイメージと音のオルタナティヴな考古学

ポストモダンの文化のなかではメディア考古学に関係する事柄は急増し、そのすべてを網羅するのはもはや不可能である（ペッパーズ・ゴーストは、他界したラッパーのトゥパック・シャクールを「生き返らせる」ために、音楽パフォーマンスの舞台で使われさえしている）。だが、全くぶれることのない作品体系を築き上げてきたアーティストたちを選り出すことは意味がある。そうしたアーティストたちのなかでも、岩井俊雄とポール・デマリニスの名前は際立っている。二人とも、さまざまな時代のデヴァイスを復活させては、ぱっと見では両立不可能な領域とアイデ

図21　ゾーイ・ベロフ《どこ・どこ・そこ・そこ・どこ》、CD-ROMをベースとしたインタラクティヴ作品、1998年。アーティストによる画像提供。

ィアを繋ぎ合わせているのだ。岩井は自らの作品を「もうひとつの映像《ムーヴィング・イメージ》の進化」と称している［★129］。デマリニスが作り上げた「サウンドメディアのもう一つの進化」が連想されるかもしれないが、この手の一般化はどちらにとっても不当であろう。岩井とデマリニスの作品は、イメージ〈と〉サウンドの〈両方〉を扱っており、一つの「進化」の傘にはほとんど収まりきらない。岩井とデマリニスの作品は両者ともに根本的に異なる角度からメディアの歴史を考察する方法を示唆しているのだ。

岩井俊雄（一九六二年生）は、一九八七年に日本の筑波大学大学院芸術研究科デザイン専攻総合造形コースを修了した［図22］［★130］。岩井は、在学中に、手作りのフリップブックからコンピュータプログラミングまでの、アニメーションを生み出すさまざまな手法を探究すると同時に、自身のアイディアをインスタレーション作品へと応用し始めた。それらはほとんど時をおかずに一般の耳目を集めることになる。岩井自身は、自分のメディアアーティストとしての起源を幼年時代に遡っている［★131］。

彼の母はおもちゃを買い与えるのではなく、工作ブックと工具を渡して自分でおもちゃを作るよう彼に勧め

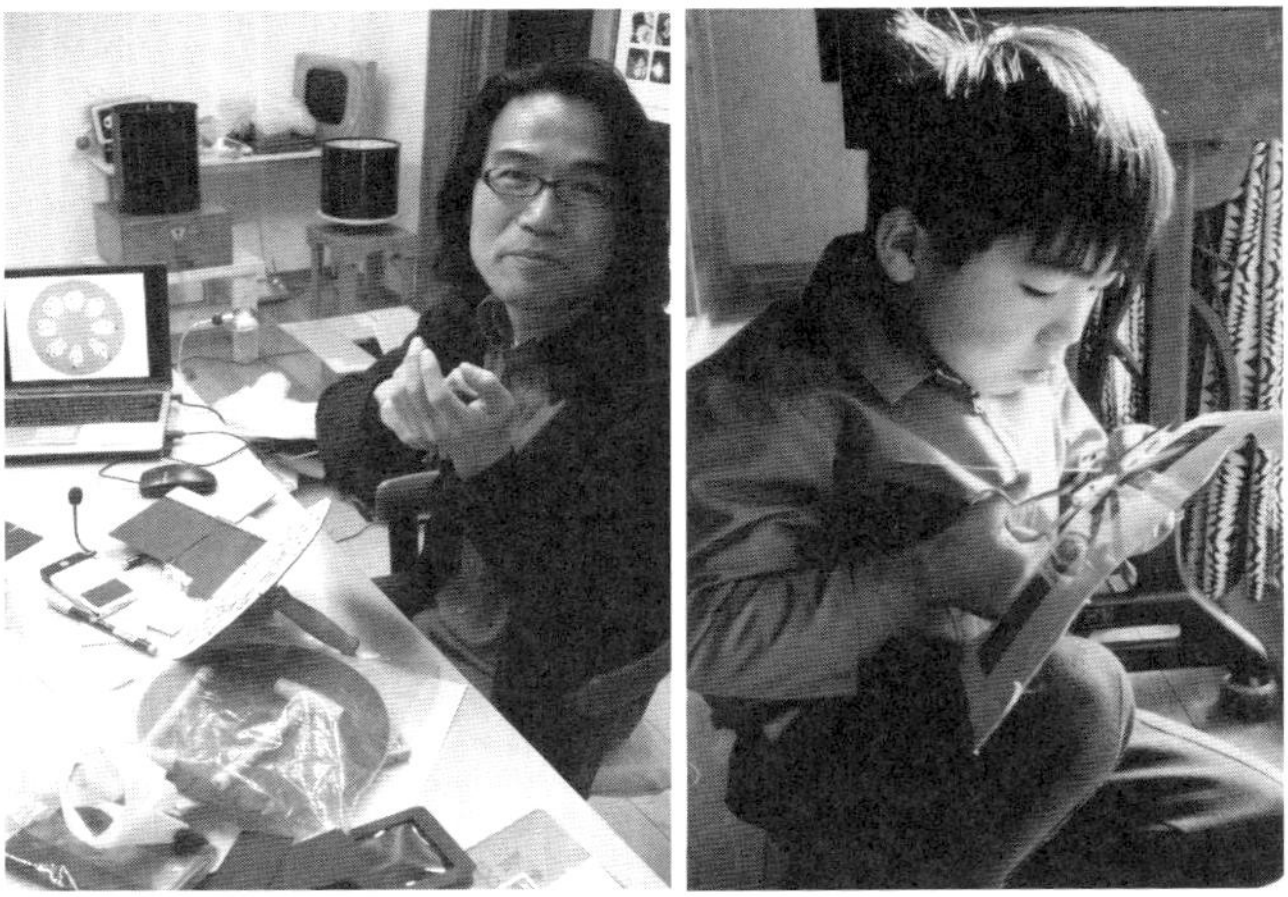

図22右）　幼年期の岩井俊雄。アーティストによる画像提供。
左）ホームスタジオでの岩井俊雄、2011年。エルキ・フータモ撮影。

た。岩井は自分の発明とテレビなどで目にした発明品の描写で、次々と工作ブックをいっぱいにしていった（そのすべては今でも彼の宝物である）。岩井の父は技術者であったので、息子が発明品を作り上げるのを手助けした。岩井はアマチュア無線家になってさまざまな音とイメージを集めては、自分なりにいじりなおしていった。彼は手回し式の小さなオルゴールを大切に保管しているのだが、そのオルゴールがきっかけとなって、将来はインタラクティヴなメディアを使った作品を作りたいと思うようになった［★132］。小学校では、教科書の余白にアニメーションを描き始め、教科書はフリップブックになった。岩井はこれらの経験を次のように述べて要約している。すなわち「大人になってやっている創作活動のすべての要素がそこにあった」。

　筑波大学では、フェナキスティスコープ、ゾートロープ、そしてプラキシノスコープといったデヴァイスの完全なレプリカを組み立てることで、岩井はこうしたデヴァイスの原理を学んだ。岩井がエミール・レイノーの劇場型プラキシノスコープを念入りに作り上げたのは、それが写真の講義の課題であったためであり、実物に触れる術がなかったためであった。岩井によれば、この研究課題は時間を費やしたかいがあった。というのも、それをこなしたことでプラキシノスコープがどのように作動しているかわかったためである。それから岩井はこれらのデヴァイスがアニメーションを生み出すさまざまな方法を理解

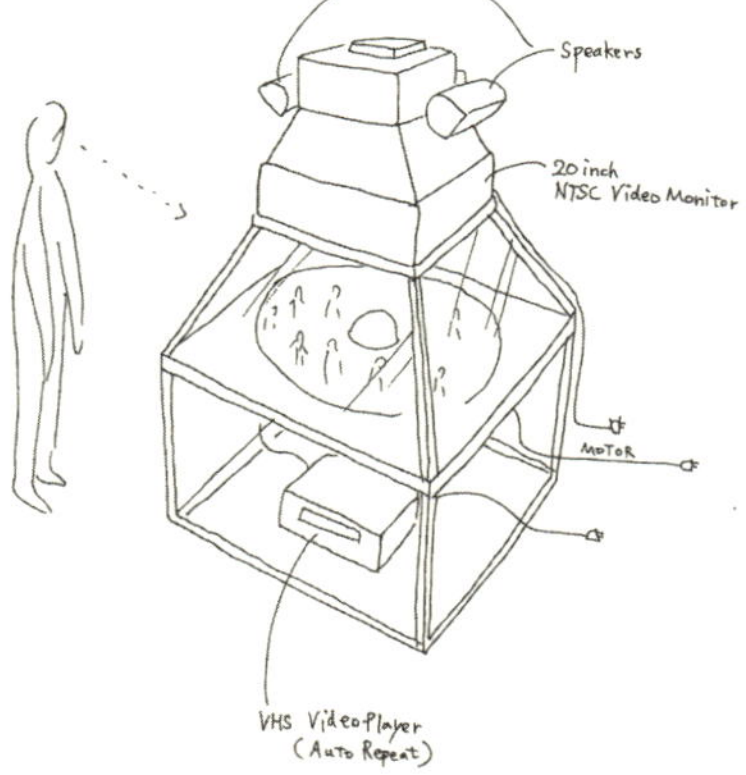

図23右）　岩井のインスタレーション作品《時間層II》（1985年）の設計図。アーティストによる画像提供。

左）　岩井俊雄《時間層II》（1985年）。アーティストによる画像提供。

し始め、それらの動作原理をいじり出した。コピー機からデジタルプロッター［☆13］によるプリントアウトまで、彼はあらゆるものをいじってみたのだ。動くイメージのテクノロジーの背後にある歴史を学ぶことによっても、［岩井は］知見を得た。三次元的な鳥の彫刻を収めたエティエンヌ＝ジュール・マレーのゾートロープに着想を得て、岩井は同様に立体物を入れた自身のゾートロープを作製している。彼はゾートロープが「最も優雅なインタラクティヴ・マシンへと進化を遂げる」ことに感づいたのである［★133］。個人用および触覚的なデヴァイスとして、それはインタラクティヴメディアを使った彼の後続の作品に影響を与えた。《時間層》（一九八五－一九九〇）と呼ばれる初期のインスタレーションシリーズでは、岩井は普通のブラウン管モニターやプロジェクターがもたらす点滅する光を使って、イメージと切り抜かれた人形《ひとがた》を動かした《アニメイト》［図23］。その一方で、ステッピングモーター［☆14］を用いることで、フェナキスティスコープがもたらすようなアニメーションを、

図24　岩井俊雄《Man-Machine-TV No 1-8》、1989年。アーティストによる画像提供。

鑑賞用の装置を使わずに壁掛け作品として展示した。

岩井はマイブリッジから影響を受けて、連続イメージの実験も行なっている。《デジタル・ポートレイト・システム》（一九八六）では被写体のヴィデオ肖像画が次第に歪んでいくのにたいし、パブリック・インスタレーション《*Another Time, Another Space*》（一九九三）では通行人のイメージがヴィデオカメラでキャプチャーされて連続する「流れ」に変わる［★134］。また、ほとんど同時期に、岩井はヴィデオゲームにも興味を持つようになった。インスタレーション作品《*Man-Machine-TV No.1-8*》（一九八九）では、キャリアの初期の頃の混ぜこぜになった彼の興味が、遊び心たっぷりに示されている［図24］。八台の同型のＴＶモニターには特注のインターフェースがつけられていた。それらは、ハンドルから、スイッチ、ダイアル、音と光のセンサー、ジョイスティック、そしてヴィデオカメラにまでわたっていた。それらを使用すると、大概の場合は抽象的な視覚的反応が引き起こされるが、ハンドルを回した場合にはロボットが行進し、本物のジョイスティックを動かした場合には画面のなかのヴァーチャルなジョイスティックが動くようになっていた［★135］。

ゲームとの出会いをきっかけとして、岩井の作品にはインタラクティヴな音という要素が欠かせなくなった。だが、一般的なヴィデオゲームは彼が求めていたものではなかった。岩井は次のように説明している。「その時に最も強く感じたのは、コンピュータは音と映像を同時にインタラクティヴにコントロールできる機械である、ということだった。［……］しかし、いわゆるテレビゲームの目的は点数や人と競うことでしかない。そうではなくてもっと生理的な部分で、映像と音が自分と一体化して快感が得られるシステムを作ってみたかった［……］」［★136］。こうした目的を実現した重要な作品が、サンフランシスコのエクスプロラトリアムでのレジデンスの際に制作された《*Music Insects*》（一九九〇）である［図25］［★137］。ユーザーは画面上を動く小さな「虫」と交流《インタラクト》し、虫たちは色のついたドットとぶつかると光と音を発する。この作品において相互作用《インタラクション》ということばはさまざまな観点から扱うことができるが、最終的には視聴覚の組み合わせということに帰着する。ゲームとは異なり、実のところ、《*Music Insects*》は視聴覚に関わる楽器なのである。まさにそうしたものとして、《*Music Insects*》は、岩井の手によるNintendo DS用ソフトウェア《エレクトロプランクトン》（二〇〇五）、および、ヤマハと共同開発したプロ向けのデジタル楽器で、おそらく彼の最も有名な創作物である《TENORI-ON》（二〇〇七）を先取りしていたのだ［★138］。

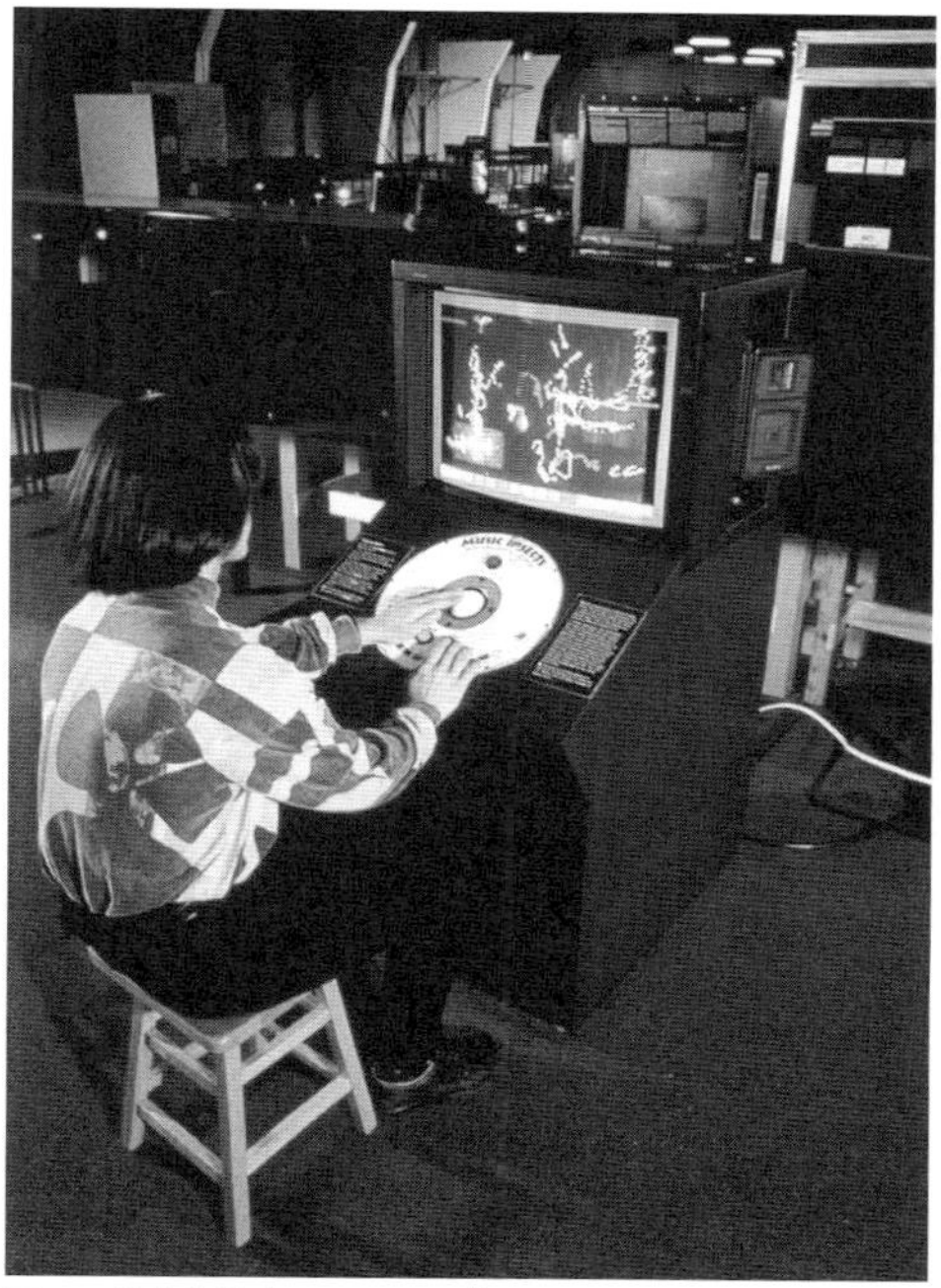

図25　岩井俊雄《Music Insects》、エクスプロラトリウム（サンフランシスコ）で制作されたヴァージョン（1992年）。アーティストによる画像提供。

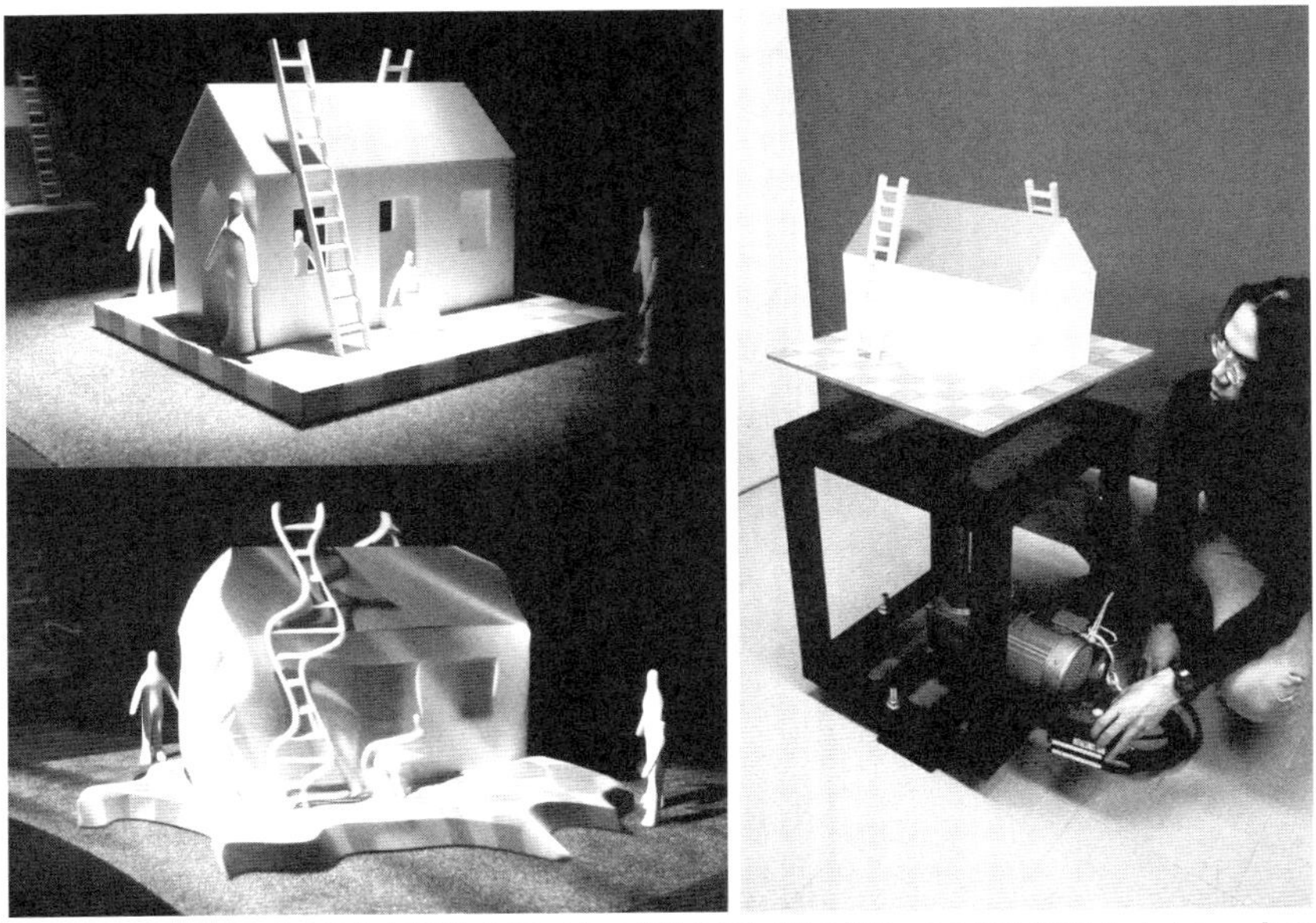

図26右）《エッシャー的空間変容装置》（1999年）の実験を行なう岩井俊雄。この作品が《Distorted House》のプロトタイプとなった。アーティストによる画像提供。

左） 岩井俊雄《Distorted House》、2005年。アーティストによる画像提供。

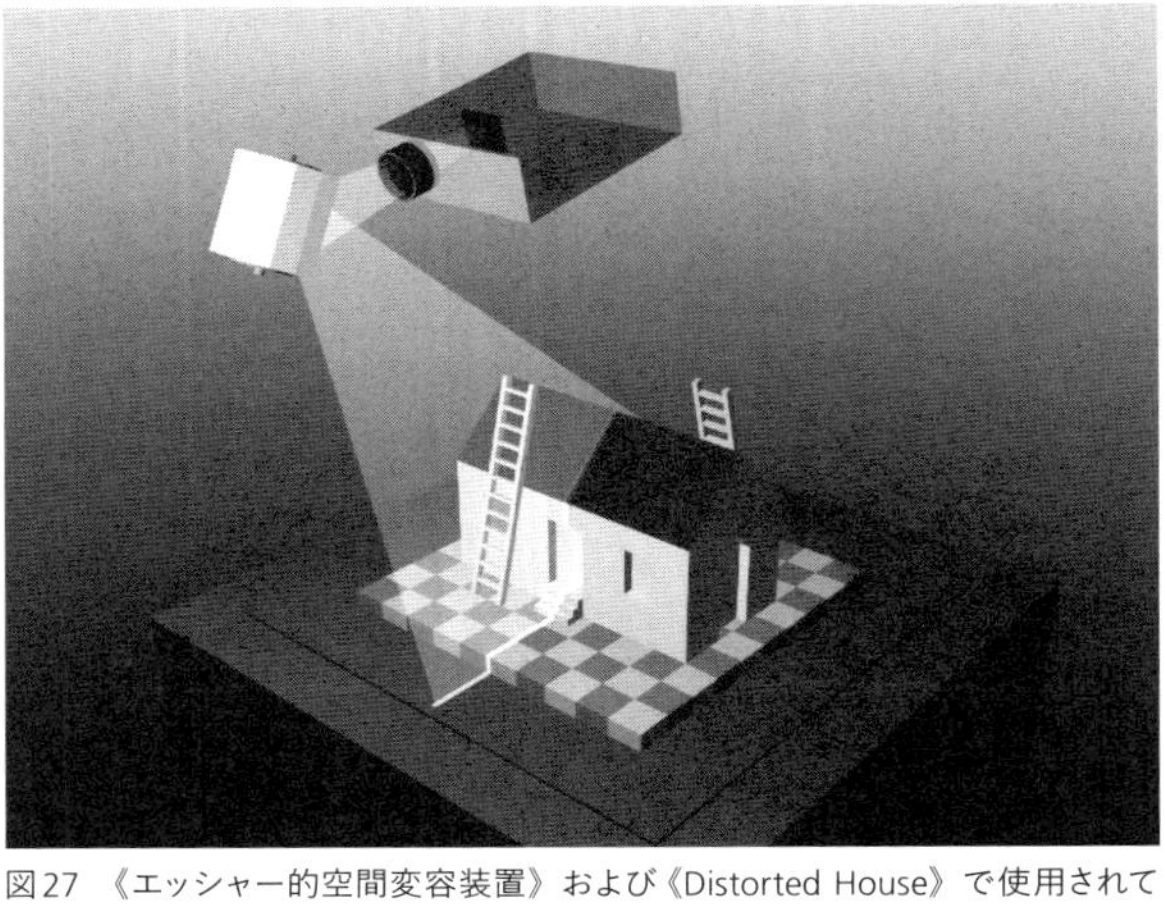

図27 《エッシャー的空間変容装置》および《Distorted House》で使用されているモルフォヴィジョンの原理をイメージとして表わしたもの。アーティストによる画像提供。

岩井の作品数は圧倒的であり、まだまだ挙げられる。実験的なテレビ番組〔「アインシュタイン」〔一九九〇－一九九一〕、「ウゴウゴルーガ」〔一九九二－一九九四〕〕、インタラクティヴなインスタレーション作品〔例えば、《映像装置としてのピアノ》〔一九九五〕と《テーブルの上の音楽》〔一九九九〕〕、大がかりな視聴覚的パフォーマンス〔坂本龍一とのコラボレーション《*Music Plays Images* × *Images Play Music*》〔一九九六〕。そして、さまざまな種類の光を読みとり、それを変化し続ける音の風景《サウンドスケープ》に変換するポータブルなアナログ式デヴァイスの《サウンドレンズ〔*Sound-Lens*〕》〔二〇〇一〕〔展覧会と都市空間を舞台としたパフォーマンスツアーで使用された〕〕。また、《*Distorted House*》〔二〇〇五〕は、アーケードゲーム〔の筐体〕に似たインスタレーション作品である〔図26、27〕。この作品のベースとなっているのが「モルフォヴィジョン」という科学原理で、岩井は自ら実験を重ねることで発見し、NHK放送技術研究所との共同開発により応用に至った〔★139〕。固い立体物を高速で回転するターンテーブルに載せて、さまざまな光のパターンにより連続的にスキャンすると、本当にそんなことはあり得るのかと訝《いぶか》しむ見物人の目の前で、立体物はまるで魔法をかけられたように「曲がったり」「溶けたり」するのだ。

モルフォヴィジョン発見のストーリーは、岩井のアプローチがメディア考古学的であることを示す好例である〔★140〕。彼はモルフォヴィジョンに至る進展をいくつかの先行するステップに分けてたどっている。一九八〇年代に三次元的「彫刻」を内側に配したゾートロープを制作することで、スリットを通して動いている物体を観察すると曲がって見えることを岩井は発見した。《*Another Time, Another Space*》〔一九九三〕では画像をデジタル的に処理することにより身体はリアルタイムで歪むのだが、それにより岩井は「この現実の空間がゆがむ、という体験が画像的ではなく、三次元の物体に対しても可能になるのではないか」と思案するようになった〔★141〕。彼は、螺旋状にスリットの開いたシリンダーを使った実験を開始した。棒をその内側に入れて手で振ると曲がって見えるのだ。岩井は〔こうした事象が〕M・C・エッシャーの技法《アート》と美的類似点があることに気がつき、モルフォヴィジョンの初期プロトタイプを《エッシャー的空間変容装置》〔一九九九〕と呼んでいる〔★142〕。まさにこうした

図28　ジョゼフ・プラトー《アノーソスコープ》、1829年。エリック・ランジュ・コレクション（フランス）による画像提供。

モルフォヴィジョンへと進展するプロセスのさなかに、岩井はある奇妙な事実に気づく。実のところ、フェナキスティスコープの発明者ジョゼフ・プラトーにより一八二九年に例証されてから忘れ去られてしまった現象を、彼は再び見出していたのだ［★143］。プラトーのアノーソスコープは［モルフォヴィジョンと］類似した現象を引き起こしたが、それは逆の意味においてであった（また、アノーソスコープの場合、モルフォヴィジョンで起こる空間の歪みは生じない）［図28］。つまり回転ディスクに描かれた歪像は、それとは反対方向に回転するシャッターディスクを通して回っているところを観察すると、「正像」になる。

岩井の意識が次第に視覚教育に向かうようになったことは、彼自身の幼少期を思い出せば驚くことではない。近年、彼は多くの時間を自宅のスタジオで娘たちと過ごしては、ちょっとした日用品をもとにアニメーションやおもちゃを作る方法を彼女たちに教えたり、居間の家具、敷物、手袋を、そして他にも使えるものは何でも使って空想の動物にしたりしている。岩井は、その結果をワークショップ・展覧会・書籍で公開し、教育に関して特筆すべき思索家となった［★144］。今の岩井は、絵本作家として成功を収めているのだ。二冊から成る『１００かいだてのいえ』シリーズ（二〇〇八－二〇〇九）は、今までのところきわめて好調な売れ行きを見せており、アジアの諸国の数カ国語、フランス語、そしてドイツ語に翻訳されている［★145］。メディア考古学的観点からは、この種のことはどのように理解できるだろう？　岩井の創作物が過去をよりどころとしていることが常にはっきりわかるかと言えば、決してそうではないことは明らかだ。たとえ隠れているかもしれない繋がりがあるとしても、である。私はかつて岩井の言に驚かされたことがある。《エレクトロプランクトン》は、デュシャンの《トランクの中の箱》の岩井版だと言うのだ［★146］。しばらく考えた後、彼の言は腑に落ちた。実のところ、その小さなゲームカートリッジは、彼のキャリアの多くの面が詰まったミニチュア「美術館」だったのだ。

　ウィトゲンシュタインの家族的類似の概念を応用すれば、岩井のアウトプットは絶え間なく変形する、相互に連関したアイディアから成る織物《ウェブ》を形成している、と言えるかもしれない。その織物を織りなす糸は、普通では考えられないところで、かつ、普通ではあり得ない組み合わせで編まれるが、常に同時にそうされるとは限らない。岩井はこの織物のなかを思うままに動き回り、ある箇所では糸を撚り、別のところでは切り離す。古きは新しきに会い、ローテクがハイテクに見《まみ》えるのだ。岩井はエンターテインメントとデザインの世界にも頻繁に乗り出している。岩井は、新素材の超撥水繊維でできたレインコートのデザインを手がけ、雨粒と遊ぶこと——すなわち雨を楽しむこと——さえできるようにしている。また、岩井は、自分のインスタレーション作品から得たアイディアを、美術館での展示に活かしている。世界的に有名な宮崎駿のアニメ映画のキャラクターたちを呼び物とした三鷹の森ジブリ美術館のため、岩井は《時間層》をモデルに動く《キネティック》展示をデザインしている。このように境界に無頓着であることは日本人に特有であると見なすこともできようが、カテゴリー化には明らかに全く関心のない岩井の特徴でもある［★147］。一貫して明確なかたちをとらない岩井のような経歴は、ファインアートの世界で作動している「美術館のアーティスト」を決める西洋的基準とは、ほとんど相容れない。

　日本人キュレーターの白井雅人は、岩井の作品を「驚きのアート」と呼び、次のように説明している。「その驚きは、何層にもわたって念入りに構成されている。作品の生み出す視聴覚的効果による驚き、それを発生させるメカニズムを認識したときの驚き、それをコントロールしているコンピュータプログラムの驚き……。岩井作品に内在する何重もの層をなすこの「驚き」の構造は、アーティストの手法として収斂し、作品に刻まれていくものとなる」[★148]。この驚きというモチーフが、岩井の作品を長きにわたる「自然魔術」の伝統に結びつける。自然魔術は、テクノロジーがもたらす驚異を用いて、人間の創意工夫を実証することに捧げられた文化現象である。それはメディア文化の形成に影響を与えたものの一つであり、今も消えてはいない。テーマパークの乗り物《ライド》、特殊効果を使った映画、スマートフォン用の目新しいアプリといったテクノロジー仕掛けの魔術のなかに依然として存在している。そして、岩井らニューメディアの魔術師たちが作り上げたような芸術作品のなかに、自然魔術はなおも存在しているのだ。岩井の作品は、作ることと発明することを称揚する。社会的・イデオロギー的論点は、たいていその副産物である。だが、岩井が成し遂げたことはこうしたことにはとどまらない。白井はそれを鋭くも次のように説明している。「芸術作品は日常性のなかに埋没しないために、非日常としての「ハレ」の部分をどこかに確保しなければならない。「驚き」は日常からの飛躍を強制することによって、その領域を手に入れさせるものとなり得る。あるいはそれは見る者の想像力を刺激することだと言ってもよいかもしれない。そうして作品は、日常性にくさびを打ち込むひとつの契機となる」[★149]。

ポール・デマリニス(一九四八年生)の作品は、岩井の作品と共通点もあるが、相違点もある。岩井とデマリニスの両方とも、古いテクノロジーを採掘して着想源としている。使えるものは——中古の電子部品、古いレコードプレーヤーとレコード、フォノグラフのシリンダー、ホログラムガラス、ガルヴァーニの電池瓶、ミシン、ヴァーチャルリアリティ用のデータグローヴ——何でも使って、歌い、しゃべり、メッセージを送り、見る側の心のなかで文化的に共鳴するテクノロジーを土台とした芸術作品を組み立てる。彼が書くものが示しているように、デマリニスは造詣の深いアーティスト=研究者で、彼も忘れ去られた特許文書と科学技術の古書から着想を得ている。岩井もそうであるが、それはデマリニスの場合とは意味合いが異なっている。岩井にとってはデヴァイス——技術装置——とは、すべての中心であり、実現されていないポテンシャルに満ちたメカニズムである。デマリニスもガジェットに魅了されてはいるが、彼の創作物は社会やメディア史におけるテクノロジーの意味と共鳴していることも明らかである。何度も繰り返し、デマリニスは条件法を使ってメディア史を書いている。彼の創作物は次のように問いかけているかのようだ。すなわち、何が起こったのか？　何が起こらなかったのか？　もし～だった場合は？　もし～である場合は？　といったように。

《エジソン効果》（一九八九－一九九六）は、デマリニスの作品全体の徴候的な役割を果たしているので、取り上げるにはうってつけの例である。《エジソン効果》という作品は独立したサウンド・「スカルプチャー」の集まりで、それぞれの「スカルプチャー」には、特注品のレコードプレーヤーがついている。レーザービームを使うと、このレコードプレーヤーにより、古いフォノグラフのレコードやシリンダーに記録された音が再生されるのだ［★150］。この作品のタイトルは多くのものごとと関わっている。例えば、音響テクノロジーのインパクト全般。フォノグラフを生み出した叩き上げの発明家エジソン。そして《エジソン効果》である。エジソン効果とは、真空空間に電子が放出されることで、白熱電球（一般に、フォノグラフと並んでエジソンの発明だとされる品）が煤ける科学現象のことである。デマリニスにとって、サウンド・スカルプチャーの一つ一つが「音楽、記憶、そして時のうつろい、この三者が織りなす関係の何らかの相を熟考すること」に相当する［★151］。通常、作品の内容がすぐにわかるタイトルをつける（《*AV-Game II*》《*Switch on the Glass*》《*Resonance of 4*》《*Violin ~ Image of Strings*》など）岩井に対して、デマリニスは連想を促し謎めいた茶目っ気たっぷりのタイトルをつける。《アルとメリーのダンス》（一九八九年に、《エジソン効果》のなかで最初に完成したサウンド・スカルプチャー）では、初期のエジソン式蠟管に記録されたヨハン・シュトラウスの「美しき青きドナウ」を再生するのにレーザービームが使われるのだが、それは金魚鉢を横切っているので、鉢のなかの金魚が「踊るワルツ」により音が変化する［★152］。ドナウ川と金魚鉢の水の繋がりは決して偶然ではない。

《ベルリン（たち）に捧げる》（一九九〇）は、デマリニスによる驚くべき発見の一つを（脱）物質化した作品であ

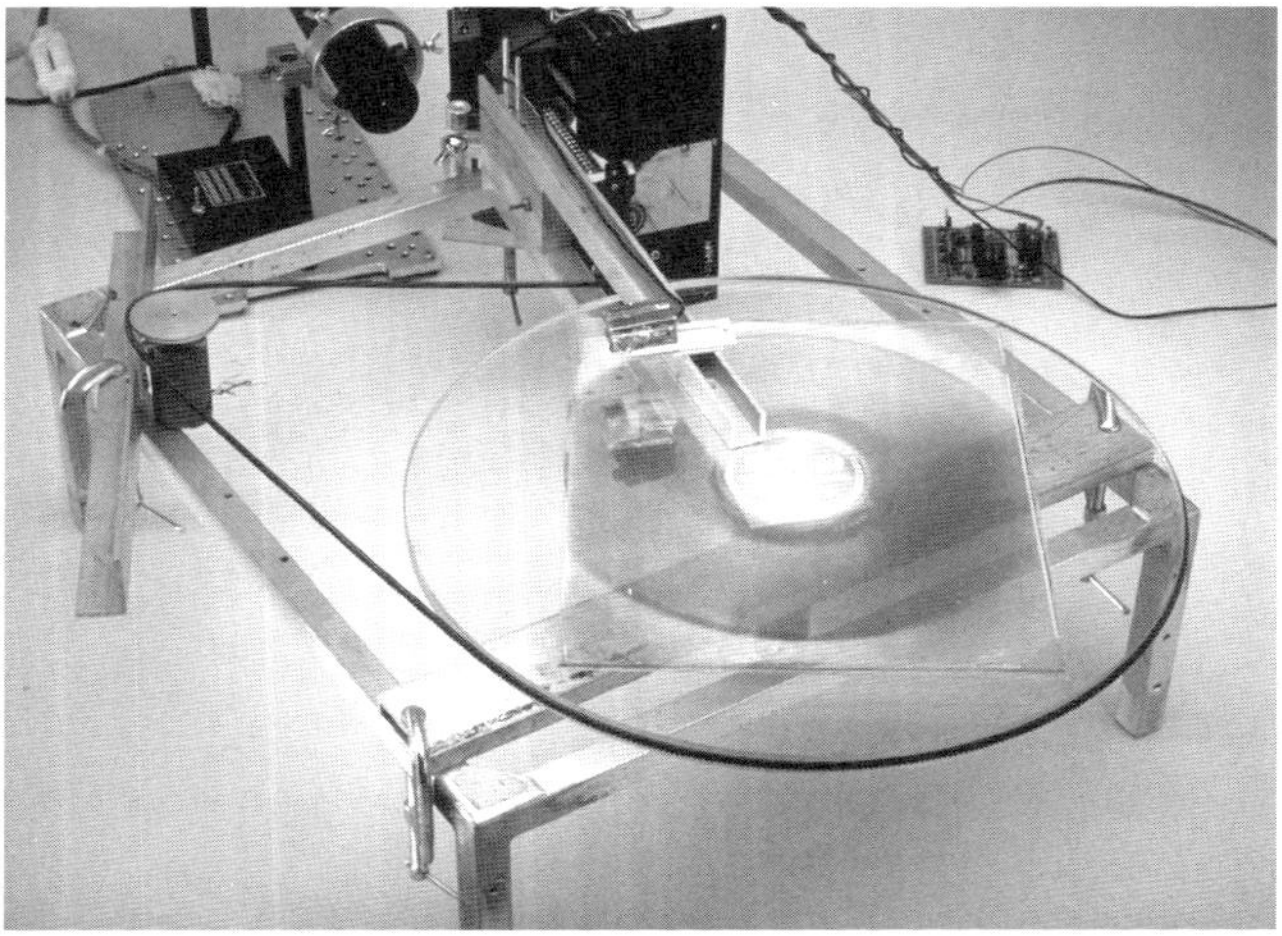

図29　ポール・デマリニス《エジソン効果：ベルリン（たち）に捧げる》、1990年。アーティストによる画像提供。

る［図29］。毎分七八回転する「ビア樽ポルカ」のレコードのホログラムを緑色のレーザーでスキャンすると、原盤に記録されていた音楽が再生されるのだ。この作品のタイトルは、複雑なことば遊びで、さまざまな事柄が組み合わされている。グラモフォン（録音音楽に際立った影響を与えた）の発明者であるエーミル・ベルリナー、作曲家のアーヴィング・バーリン、そしてアメリカ合衆国大統領ジョン・F・ケネディが組み合わされている。ケネディは、一九六三年六月二六日に西ベルリンで、冷戦期のランドマーク的演説のなかで、「私はベルリン市民《ベルリナー》である」という有名な一節を発しているのだ［★153］。「私もベルリン（たち）である」というフレーズにより、この再生デヴァイス（もしくはバーリン？）も一つのベルリンとして勘定されるという意味合いを含ませることができる。つまり、この作品を取り巻く濃密な言説のヴェールが、作品の意義の一部となっているのだ。時代、テクノロジー、そしてサウンドメディアとヴィジュアルメディアの関係性（ケネディの演説はテレビとラジオの両方で中継された）が一つに合わさっている。それと同時に、この作品自体は、グラモフォン、レーザー、そしてホログラフィの三者を仲立ちしている。

《エジソン効果》を構成するすべての作品のなかでは、《ジェリコーからの呼び声》（一九九一）が、さまざまな時間性を混ぜ合わせ、リアルなものと空想されたもののあいだをシームレスに行き来するデマリニス固有の方法を最もはっきりと示しているかもしれない［図30］。陶製のつぼが古いターンテーブルの上で回転している。ノブ

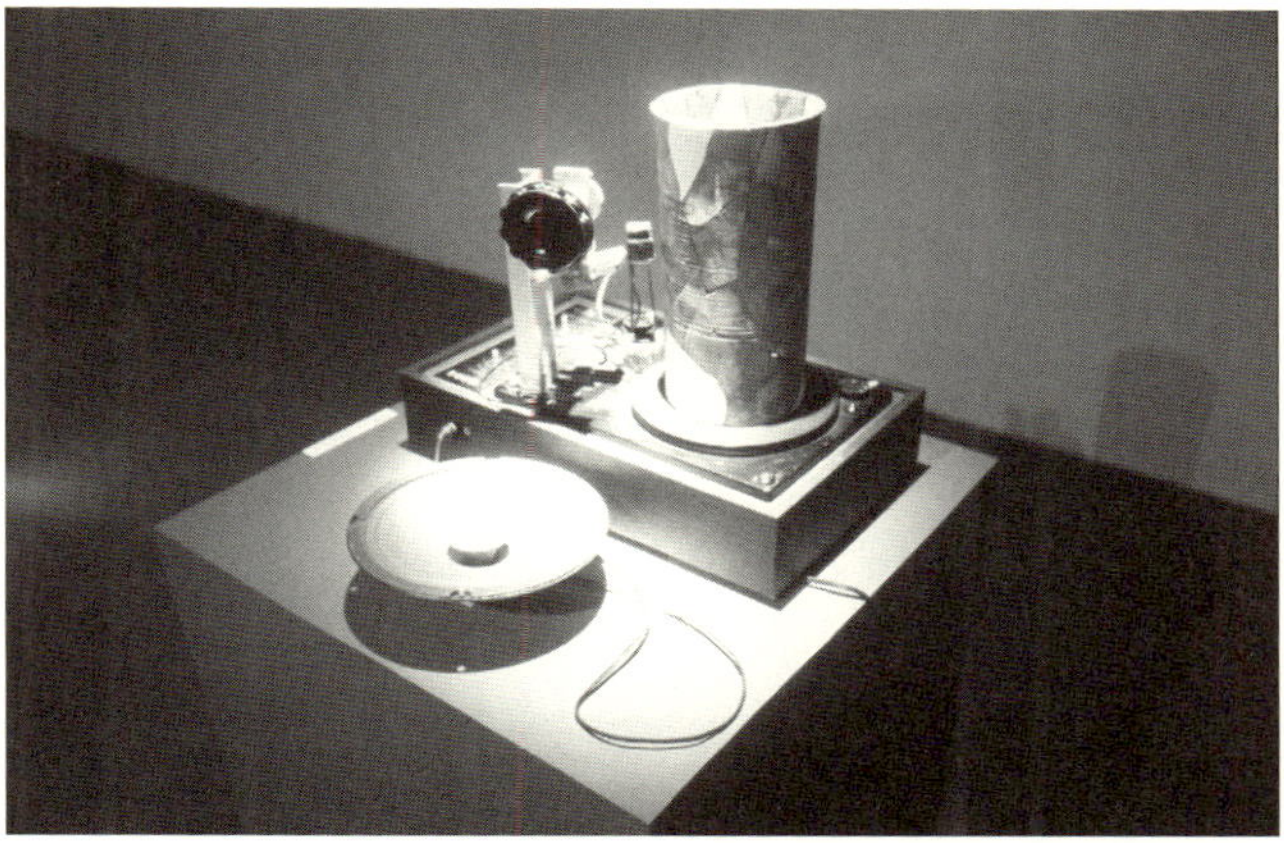

図30　ポール・デマリニス《ジェリコーからの呼び声》、1991年。アーティストによる画像提供。

からはレーザービームが出ており、ノブを回すとレーザーがつぼに当たる位置を変えることができる。このレーザーでつぼの表面をなぞると、おそらく表面の溝に刻まれ保存されているのであろうキーキーいう音、それもなんとか聞きとれる程度のその音を展覧会を訪れた人々は耳にする。デマリニスによれば、《ジェリコーからの呼び声》は、「世界最古の声の記録であろうものを、十分信頼できるかたちで再創造」している［★154］。ここでデマリニスは、歴史的ごっこ遊びを開始している。《ジェリコーからの呼び声》に添えられた小論のなかでデマリニスが論じているように、エジソンのシリンダーフォノグラフ（一八七七）、すなわち、録音再生機能を備えた最初のデヴァイスの仕組みは非常にシンプルであったので、ひょっとしたらほんの偶然の弾みで、エジソン以前に発明されていたのかもしれないのだ［★155］。実のところ、フォノグラフ以前の過去は何も語らないというのは、単に私たちがそれを再生できないために引き起こされた勘違いだとしたら？　こうした思弁による「もしも」の話を突きつけ、芸術作品でそれらを実証してみせるのに最良の位置どりをしているのが、ポール・デマリニスというアーティストなのだ。《ジェリコーからの呼び声》は、エレベーターがシャフトを上下するかのように、時間軸を何度も行ったり来たりする擬似的な時間旅行に観客を連れ出している［★156］。

《グレイ・マター》（一九九五）では、デマリニスのメディア考古学的思弁は、若干異なるかたちをとっている。《グレイ・マター》の着想源となったのは、不幸なアメリカ人発明家のイライシャ・グレイである。アレクサンダー・グラハム・ベルに数時間遅れて電話に関する特許を出願した（一八七六年二月一四日のこと）、と言われている人物である。グレイは音を生み出し伝達するのに一風変わった方法を提案した。電気断続器をバスタブと人の肌に繋いで電界を生じさせ、指でそのバスタブの表面をなぞり「バスタブが音を奏でる」ようにする、という方法を考案したのだ。デマリニスは、グレイの忘れ去られたアイディアを驚くべきインスタレーション作品へと変化させた。さまざまな物体（バスタブ、ヴァイオリン、トースターなど）に繋がったワイヤーをこすると電流が流れて、（前もって録音された）音が増幅・操作される。デマリニスが示唆するように、もしグレイが特許レースに勝利していたのなら、私たちは「洗面所に入って遠方と話し、聴く際にはブリキの小さな洗面器をこする」ようになっていたのだろうか［★157］。

デマリニスのもう一つの重要な作品が《ザ・メッセンジャー》（一九九八－二〇〇六）である［図31］。この作品は、忘れ去られたカタルーニャの科学者フランシスコ・サルヴァ・イ・カンピーリョ（一七五一－一八二八）からインスピレーションを受け、三種類の奇妙な電信受信機から構成されている。一種類目の受信機は、一連の寝室用便器である。台の上に据えつけられて曲線状に並べられた一連の寝室用便器は、――時折――、かろうじて聞きとれるほどの大きさの声で、スペイン語のアルファベット文字を発する。二種類目の受信機は、二六個のガラス瓶である。各瓶には電解液が満ち、一対の金属製の電極が挿入されている。片方の電極はアルファベットのかたちをしている。ときどき、アルファベットの形状をした電極のうちの一本から水素の泡が流れ出す。三種類目の受信機は、二六体の小さな骸骨である。それらがアルファベット一文字が描かれたポンチョをまとい、木製の足場からぶら下がっている。思い出したように、骸骨のうちの一体が飛び跳ねる。声、泡の出るアルファベット文字、そして飛び跳ねる骸骨の原因となっている「動力」は、インターネットの機能である。新着メッセージがアーティスト［デマリニス］の受信トレイに届くたびに、この三つの電信システムによりメールが一文字ずつ労を惜しむことなく読みとられるのだ。この作品はわざと合理性を度外視することで、過去と現在を架橋する諸々の意味を発散するようになっている。電信の前史とそれを支える専制政治と植民地主義が、インターネットを覆う、いささかいわれのない神話とユートピア的（メシア的でさえある）期待を批判的に検討することと混ざり合っているのだ［★158］。

図31上）　ポール・デマリニス《ザ・メッセンジャー》（1998-2006年）の「電解液の満ちた瓶」による電信。

下）　同作の「骸骨」による電信。2点ともにアーティストによる画像提供。

最近のあるインタヴューで、デマリニスは次のように述べて、自身のメディア考古学的スタンスを適切に要約している。

［……］現在のテクノロジーの歴史を注意深く研究すれば、人間とテクノロジーのさまざまな配置編成が見抜け、現状の本性にたいする理解を外に向かって具体化する助けとなるのではないでしょうか。これは私の偏見に基づいています。すなわち、諸々の文化には長期間にわたって組まれた行動計画表《アジェンダ》の流れがある――それ何百年も続き、しばしば語られることがない――という偏見。そして、テクノロジーは、それ以外の物質文化のように、これらの行動計画表《アジェンダ》の具象化であるという偏見です。テクノロジーとは単なる発見でもなければ中立的でもありません。それらは人々の夢から現われ出て、諸々の社会的関係を暗示しているのです。［★159］

テクノロジー的・科学的ものごとから社会的・イデオロギー的なものごとへとシフトを繰り返すことが、デマリニスの作品を岩井のそれから最も明確に区別する特徴である。テクノロジーに固有の特性と、テクノロジーを特定の文脈においてさまざまな目的に応用することのあいだには線引きが必要であるということが、要となる論点なのだ。デマリニスの作品は何度も繰り返し単純な決定論的発想をその土台から掘り崩す。「電気を使ったコミュニケーションにあらかじめ決まっている両方向性など存在しない」と、《ザ・メッセンジャー》に関連して彼が書いている内容がそれを典型的に示している［★160］。この内容は明らかにラジオにも当てはまる。ラジオはイデオロギー的および商業的に決定される一方向的な放送の形態としばしば考えられているが、そのメディウムの「性質」は多方向的なのだ。ラジオはデマリニス少年を刺激したので、彼の芸術作品中に繰り返し登場している。彼の自伝的エッセイは《中空の壁》（二〇〇一）という（これまた自伝的である）インスタレーション作品に添えられているのだが、そこではほぼ忠実に、そしていくぶんノスタルジックな調子で、二〇世紀初頭のラジオマニアたちの経験がなぞられており、彼らの標準的な隠れ家であった屋根裏部屋についても言及されている［★161］。ラジオマニアたちが個人的な記憶を持っていることは確かであるが、そうしたストーリーはトポスとしても解釈することができる。それは繰り返される定型句で、文化の動作主体《エージェント》が見知らぬ（そして不気味な）テクノロジーとの遭遇を受け入れるために使用されるのだ。

図32　ポール・デマリニス《4台の塹壕ラジオ》（部分）、2000年。アーティストによる画像提供。

ラジオを扱ったデマリニスの作品には、ハッカーやテクノロジー愛好家の関心に通じる点をはっきり見てとれる。《四台の塹壕ラジオ》（二〇〇〇）で使用されているラジオ受信機は正常に動作するのだが、その素材となっているのは、切れた電球、バーベキュー用メスキート炭、さびたバッテリー、一八世紀の釘、チューイングガムの束、捨てられたCD、奉納用ろうそく、ウィスキーのボトルにショットグラスである［図32］。この作品は人間の持つ創意工夫の力、とりわけ、それ用の正式なテクノロジーを欠く悲惨な状況（例えば強制収容所）におかれた人間の創意工夫の力と、人は孤独に克つ必要があるということを物語っている。《ローマからトリポリへ》（二〇〇六）は、一九〇八年に使われたラジオ送信機を実際に動くよう作り直した作品である。それを使って、ヴォイスメッセージをローマからトリポリへ送信し、「無線電話と放送メディアの時代を開始する」［★162］。

デマリニスのアートとテクノロジーにたいする姿勢は、友人の

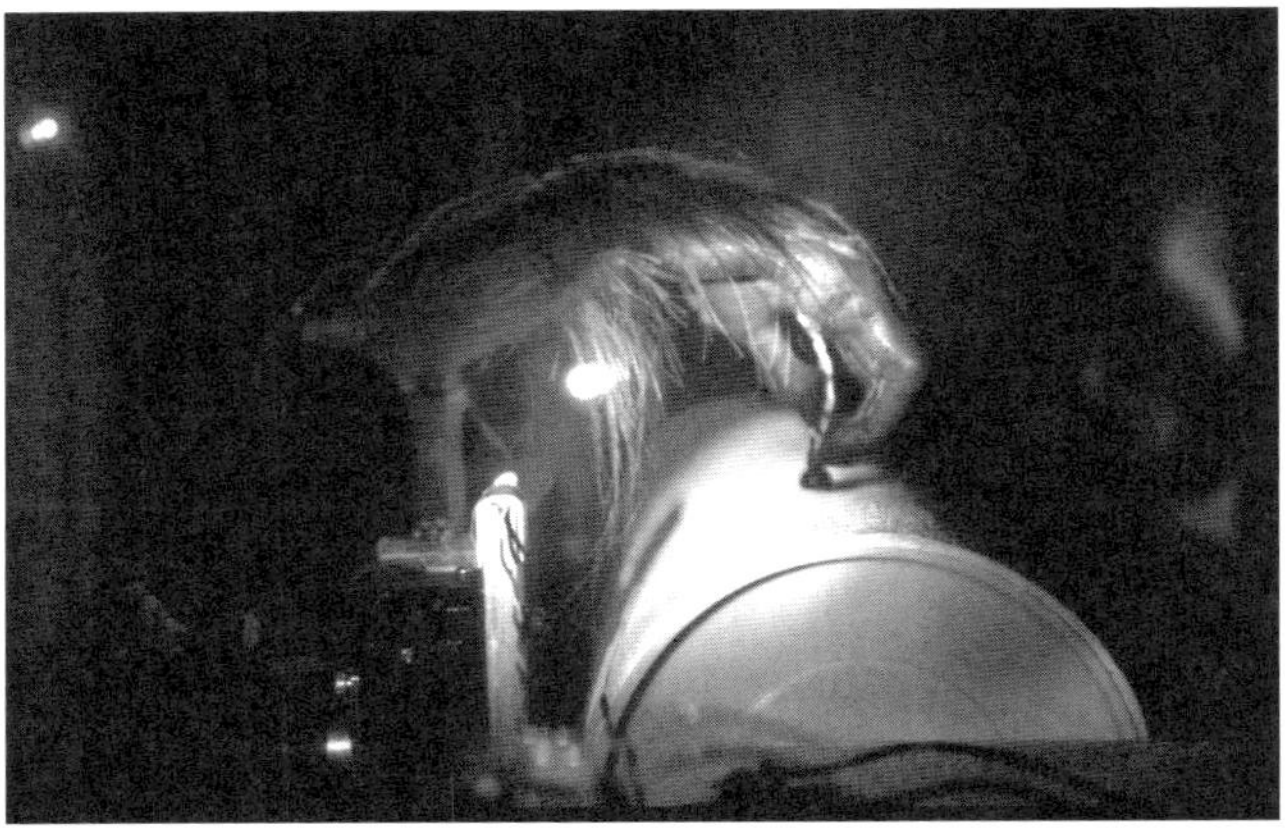

図33　ポール・デマリニス《グラインド・スネイクス・ブラインド・エイプス（ポメロイの墓のための習作）》（部分）、1997年。猿の手がポメロイの肖像画を回転式の蛍光性シリンダー（一種の「プロト＝テレビジョン」）に1行ずつ「描いて」いる。アーティストによる画像提供。

ジム・ポメロイのそれと共通するところがある。デマリニスはポメロイと共同制作を行なっており、その一生と作品を《グラインド・スネイクス・ブラインド・エイプス（ポメロイの墓のための習作）》というインスタレーション作品で追悼している［図33］。加えて、それと同系統の作品である《ダスト》（二〇〇九）も間接的にではあるがポメロイを追悼する作品となっているだろう［★163］。デマリニスは、ポメロイの死後、その作品に関して出版された本に、洞察力に富んだエッセイを寄稿している。そのなかで、デマリニスはポメロイを「典型的な少年機械工」と呼び、ベンジャミン・フランクリンとトーマス・エジソンから一九五〇年代の「Mr.ウィザード」［☆15］とデヴィッド・パッカード［☆16］までの、アメリカの「アーティスト＝よろず修繕屋」の系列にポメロイを位置づけている［★164］。デマリニス自身にも同じ表現を当てはめることができると思われるが、それは必ずしも同じ意味でというわけではない。ポメロイの芸術作品は（デマリニスの芸術作品と同様に）歴史と文化に根ざしているが、アーティストとしては、ポメロイは扮装者すなわち数々のエキセントリックな気質と折衷的な創造物からなる人格を備えた、けれん味たっぷりのパフォーマーであった。よろず修繕にはデマリニスも情熱を注いでいるが、彼はポメロイよりも慎み深くて分析的思考に富み、自分が創った作品の背後に隠れることを好むアーティスト＝発明家（そしてポメロイのように優れた文筆家でもある）——私のことばでいけば「よろず修繕屋＝思索家（thinkerer）」——なのだ［★165］。

デマリニスの作品は、ガーネット・ヘルツとユシー・パリッカが提案する、メディア考古学的「メソッド」としての「サーキット・ベンディング」［☆17］という概念と共鳴する。だが私が感じるに、彼の作品はソフトウェア／ハードウェアのハッキングそしてメディア・アクティヴィズムの目的と実践をはるかに超えて先に進んでいる［★166］。その証拠となる作品を、もう二つ挙げておこう。一つは《レインダンス》（一九九八）、もう一つが《ファイヤーバーズ》（二〇〇四）である［図34］。《レインダンス》には過去を喚起するようなところは全くないように思われる。作品を鑑賞しに来た人々が、傘をさしてシャワーの下を通過する。水が傘の表面で跳ね返り始めると、音楽（予測できた人もいるかもしれないが、たいていの場合は「雨に唄えば」である）が流れ出す。傘を動かすと、流れている音楽は「ジャムってしまう」ことにすぐ気づく（ターンテーブル上のレコードを手で「スクラッチする」のとほとんど同じである）。

図34　ポール・デマリニス《ファイヤーバーズ》、2004年。アーティストによる画像提供。

どこから音楽が流れてきて、どうやったらそんなことができるのかと不思議に思うだろう。作品を楽しむのには答えは必要ではない。しかし、デマリニスが特許をとった発明（特許タイトルは「インタラクティヴ・エンターテインメント・デヴァイス」）の着想源を知るのはじつに面白い。その着想源は、水面への音の振動の影響に関する一九世紀の研究から、アルフレッド・ジャリの『フォーストロール博士言行録』（パタフィジック［☆18］の土台となるテキストである）、シャワーの機械化というジークフリード・ギーディオンが述べるところの「ものいわぬものの歴史」までと、ヴァラエティに富んでいるのだ［★167］。《レインダンス》と同様に《ファイヤーバーズ》には度肝を抜かれる。この作品を実現するために、デマリニスは奇想天外で、ほとんど不気味と言ってよいテーマを探究した。彼はガスの炎が拡声器となる可能性についての科学的研究に取り組んだのだ。それが、メディア文化の政治への密接な関与というテーマと結びつけられた。この作品では、プロパガンダの伝達手段としての、独裁者によるひときわ「煽動的な」演説が使用されているのだ。だが、その驚くべきアイディアにもかかわらず、《ファイヤーバーズ》からは扇情主義的な匂いは全く漂ってこない。デマリニスは、すべてを優雅なインスタレーションのなかに包み込んでいる。展示されている一連の鳥かご――小さな家、もしくは、独房のようだ――のなかにしゃべる炎が収められている。観る側の心のなかでは、この作品は鳥かごのなかから解き放たれて、次から次へと連想をもたらすのである。

結論――メディア考古学的転回

本論考で費やした字数は相当であるが、トピックを完全に論じ尽くしたわけでは全くない。それは不可能な仕事であろう。メディア考古学的志向を備えた作品の領域は拡大し、多様性を増しているのだ。アマンダ・スティーゲルの《エモーション・オルガン》（二〇〇七）は、古いポンプ式オルガンを改装して、多感覚をシミュレーションするインタラクティヴな動力機関にしている。作品の土台となっているのは、共感覚とヴィジュアル・ミュージックの歴史に関するスティーゲルの研究である。バーニー・ルベルは、木製パーツ、空気チューブ、および、ぴんと張ったラテックスシートを使って、驚嘆すべきインタラクティヴ・マシンを作り上げている。その遊び心ゆえに、ルベルのマシンたちはエティエンヌ＝ジュール・マレーの「図解法」に加え、ルベルが徹底的に研究した科学者、エンジニア、そしてアーティストたちから恩義を受けていることが見えなくなっているかもしれない［★168］。ケン・ファインゴールドのアニマトロニクス［☆19］を用いたしゃべる頭部は、しゃべるオートマトンへと遡り、腹話術師の操る人形、そしてＥＬＩＺＡのような擬似人工知能へと至る［図35］。その途中では、シュルレアリストの自動筆記とデュシャンのことば遊びという遺産を経由している。マーティン・リッチズもオートマトンの歴史に刺激を受け、話して音楽を奏でるマシンを創るために、その原理を研究している［図36］［★169］。

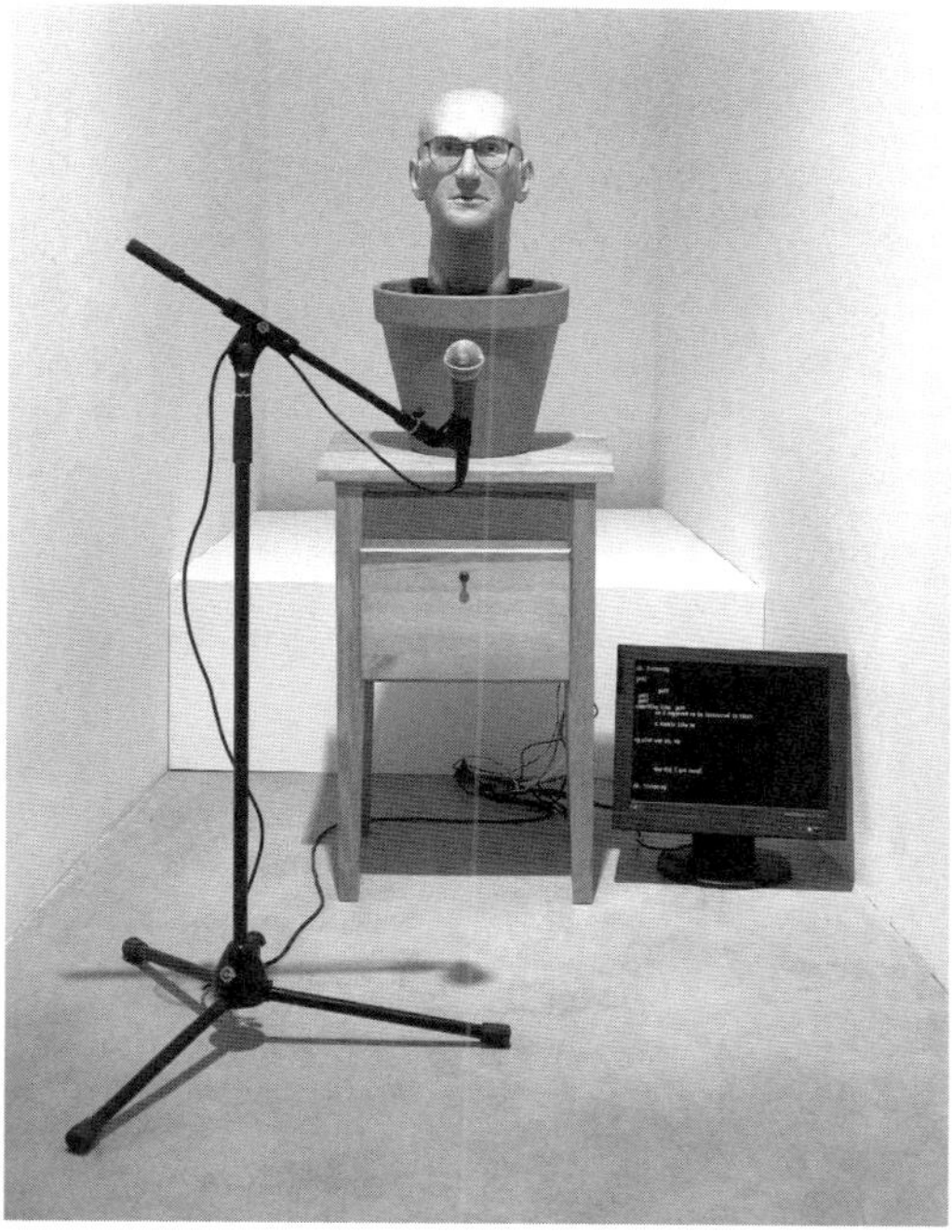

図35　ケン・ファインゴールド《虚脱感》、2001年。インタラクティヴ・インスタレーション。ファインゴールドがアニマトロニクスを用いて作り上げた、疑似的な知能を備えた頭部だけの人物と、観客が会話を行なうところ。アーティストによる画像提供。

こうしたリストはまだまだ続く。アニメーション、グラフィックアート、インスタレーションにパフォーマンスといった、ウィリアム・ケントリッジのヴァラエティに富んだ一連の作品では、操り人形による影絵芝居、円柱鏡を使用したアナモルフォーズにオートマトンから、フェナキスティスコープに立体視、ジョルジュ・メリエスのトリック映画まで、種々さまざまなメディア考古学的情報源が活用されている［図37］［★170］。最近では若き日本人アーティストの

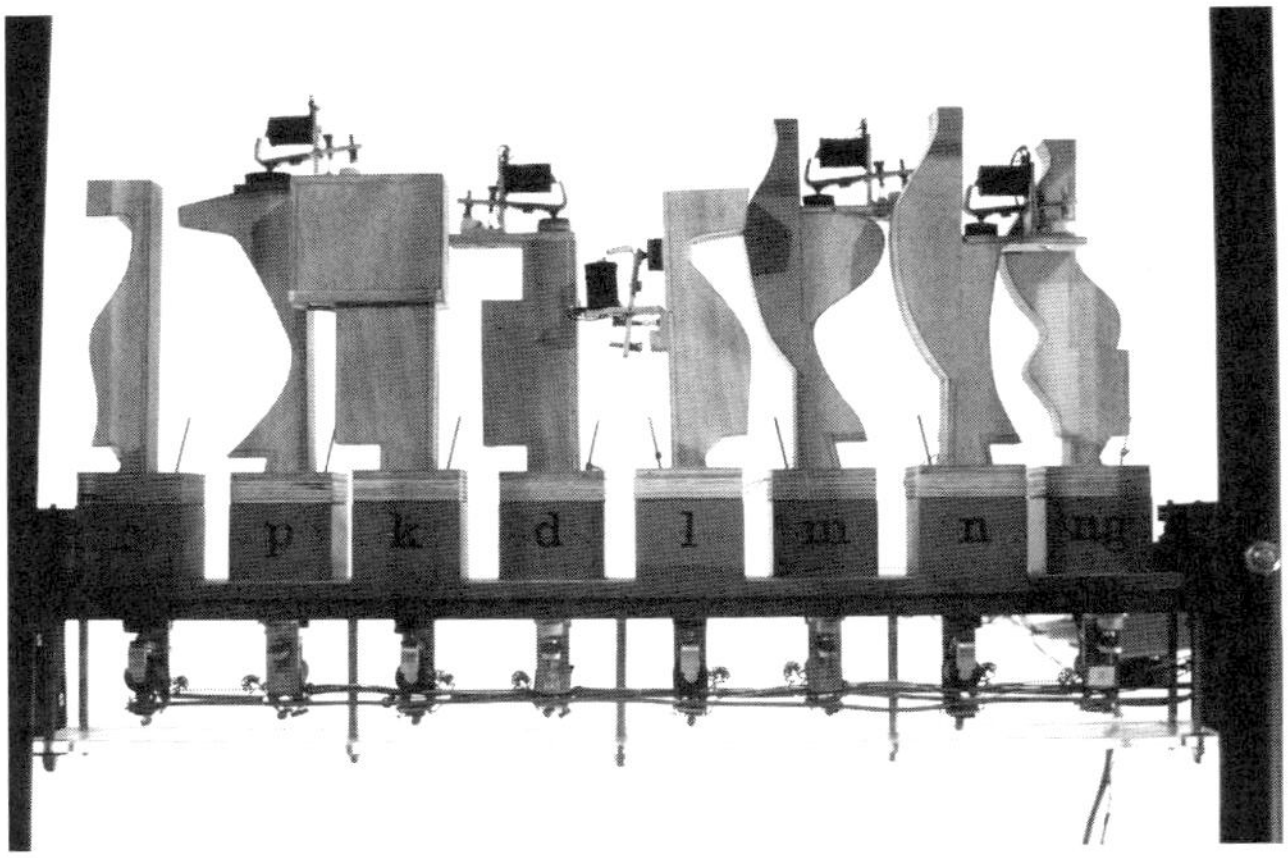

図36　マーティン・リッチズ《トーキング・マシン》、1990年。発声器官に類似したこの作品は、フォン・ケンペレンの歴史上実在したトーキング・マシン（話す機械）を再現／再演している。アーティストによる画像提供。

図37　ウィリアム・ケントリッジ《ペーパー・ミュージック》のワンシーン。作曲家のフィリップ・ミラーとのコラボレーションによる、シネマコンサート・パフォーマンス。第6回アブダビ・アートにて。2014年12月。エルキ・フータモ撮影。

和田永（一九八七年生）と、和田が一員として参加するOpen Reel Ensembleが、古いオープンリール式のテープレコーダー、VHSのヴィデオデッキ、そしてブラウン管テレビのモニターに新たな機能を与え、印象的なパフォーマンスとインスタレーションを生み出している［★171］。ジェフ・ゲスは、自身の口をカメラ・オブスクラとして使用することで、身体とテクノロジーの関係性を追究している［★172］。ドラガン・エスペンシードと共に制作を行なっているオリア・リアリナはネット・アートの草分け的存在の一人で、メディア考古学をインターネットの領域に拡張している。それが《かつて》(二〇一一)という作品である。よりどころとしているのは二〇年にも満たないとはいえ、この作品はまぎれもなく一種のタイムマシンとして機能している。この作品では一九九七年にGoogle+、YouTubeそしてFacebookがあったとしたら、どのようなものであり得たのかというシミュレーションが行なわれているのだ。それはテクノロジーが時間の可能性を開いたことで実現した[★173]。他には、ヴィデオゲーム文化がメディア考古学的作品のフロンティアとして挙げられる[★174]。

これらすべて——そして言及されなかった他のものごと——を、一つのかっちりとした概念の傘下に収め、すべてを限定的な見出し一覧の下に分類することは、不可能だろうし、おそらく望ましいことですらない。カテゴリー化と合理化を拒むことが、芸術制作の根本的教義の一つなのだから。一般化はどのようなものであっても危険をはらむが、すべての実験的なアートはたとえ高度に構造化されている場合でも、画一化と束縛から逃れようと奮闘していると述べることは間違ってはいないだろう。展覧会のキュレーターおよびアートの教育者としての長きにわたる自身の経験が私に教えてくれたように、どれだけ私が歴史や理論を教えようとも、アーティストたちは、事由はどうあれ、自分たちが必要だと感じればそれが何であっても実行する。そうする理由を毎回問うたり、そうする目的をいつも知っていたりするわけではない。ほぼ三〇年にわたり、私は世界を回ってメディア考古学に関するアイディアを広め、議論してきた。その際には、私の議題と共鳴するそれを抱いている数多くのアーティストたちとの出会いがあった。そのなかには、ポール・デマリニス、岩井俊雄、そしてケン・ジェイコブスのように、私に先んじてメディア考古学的探究を開始していたアーティストたちがいた。彼/彼女らのアイディアは、研究とメディア史についての問題意識という観点から、すでに明確に体系化されていたのだ。

こうしたことはいつもあるわけではない。作品のなかに私が明らかにメディア考古学との諸々の関わり合いを発見しても、当のアーティストがそうした関わり合いを自覚していなかったかもしれないのだ。一度ならず、私は自分のアーカイヴから収蔵品を引っ張り出して、アーティストに見せては数々の繋がりを指摘し、今見せた品を知っていたかと尋ねてきた。アーティストのなかにはたいそう驚いて、そうした歴史的先達がいたなんて全然知らなかったと私に断言するものもいた。ここで起こっていることを説明する一つの手として、「私の」メディア考古学では、トポスすなわち文化的に伝達される定型文句がモチーフとなっていることを思い出してみよう。トポスは特定の目的を念頭に置いて意図的に使用される（その一例が、広告主と政治家によるトポスの使用である）が、まるで共有された文化的アーカイヴから機械的に拾い出されたかのように、「偶然」姿を現わすこともあり得るのだ。とりわけインターネットは巨大なトポス貯蔵庫であり促進器である。インターネットにより、多くの忘れ去られたアイディアと製品に以前にもまして容易にアクセスできるようになっただけではない。そうしたアイディアと製品が、ネットワーク化された文化のなかで循環するスピードと広がりも後押しされたのだ。二、三語ばかり打ち込んでGoogle Image Searchで検索するだけで、知られざる繋がりが姿を見せ、それがはるか遠くの過去から続いていることさえ明らかになる。こうした繋がりは文化的製品のために再利用されるが、それらが歴史的にどのような対象を指示していたのかということが常に意識されているわけではないのだ。

情報の伝達経路へのアクセスは、メディア考古学的な意識を高めるための前提条件である。一九六〇年代と一九七〇年代に、初期のサイレント映画に関心が向けられるようになったのは、そうした作品をフィルムアーカイヴ、映画クラブ、そしてテレビで見るという、新たな可能性と関係していたのだ。しかしながら、情報へとアクセスすれば、自動的にメディア考古学的作品が生まれるわけではない。それ以上のことが必要である。一般的なことばで、かつ、個々のアプローチ・テクノロジー・文化的伝統の違いを配慮した表現を使えば、メディア考古学的転回は、すみずみまで張り巡らされていて、部分的にはコントロール不可能で厄介をはらんだ、メディア文化のなかで進行中の変遷に関わっていると言えるだろう。過去との再接続は文化的安全弁として作動し得るが、それは現代の文化を豊かにし、私たちの行く手に埋まっているかもしれないものごとと私たちが向き合うことを助けてくれる方法でもある。本論考の冒頭で掲げたマクルーハンのメタファーに即して言えば、バックミラーを覗き込むことが未来へのルート——眺めが良く、わくわくさせ、そして安全ではあるが、必ずしも最速かつ最短ではないルート——を見つけるための不可欠な前提条件なのだ。

原註

第Ⅰ部　理論編

第1章　メディア考古学の考古学（エルキ・フータモ＋ユシー・パリッカ）

★1　巻末の参考文献一覧表参照（編訳者註：Erkki Huhtamo + Jussi Parikka, *Media Archaeology* [Berkeley: University of California Press, 2011] を指す）。

★2　例えば、トレボー・ショルツ（ニューヨーク州立大学バッファロー校メディアスタディー学科）、アレックス・ギャロウェイとベン・カフカ（ニューヨーク大学メディア・カルチャー・コミュニケーション学科）、ダレン・ウェルシュラー・ヘンリー博士（ウィルフレッド・ローリエ大学コミュニケーションスタディーズ学科）、ウェンディ・チュン（ブラウン大学サイエンス・アンド・テクノロジースタディーズ・コミッティ）、エルキ・フータモ（カリフォルニア大学ロサンジェルス校デザイン｜メディアアーツ学科）。

★3　ウェブサイト「初期の視覚メディアの考古学」の衝撃は認めなければならない。このウェブサイトを管理しているのは、コレクター兼初期メディアマニアのトーマス・ウェイナンツである（www.visual-media.be、情報取得日二〇〇九年三月一五日）。

★4　ジェフリー・T・シュナップは、スピードの文化的表現を探求する際に〈人類学〉ということばを使用している。だが、彼の非線形的で非決定論的なアプローチは、メディア考古学者たちのそれと共通点を備えている（確かに、シュナップにとっては、交通のほうがメディアにおけるヴァーチャルな動きよりも重要な関心事ではあるが）。Jeffrey T. Schnapp, "Crash (Speed as Engine of Individuation)," *Modernism/Modernity* 6, no.1 (1999): 1-49. シュナップが長期にわたって計画している書籍としては、以下が挙げられる。タイトルは仮である。"Quickening: On the Cultural History and Anthropology of Speed." メディア考古学という概念は使用していないものの、それと類似点を備えている傑出した著作として Terry Castle, *The Female Thermometer: 18th Century Culture and the Invention of the Uncanny* (New York: Oxford University Press, 1995), Rachel P. Maines, *The Technology of Organism: "Hysteria," the Vibrator, and Women's Sexual Satisfaction* (Baltimore: Johns Hopkins University Press, 1999), Lynn Spigel, *Make Room for TV* (Chicago and London: The University of Chicago Press, 1992).

★5　アン・フリードバーグの『ウィンドウ・ショッピング』は、シネマ・スタディーズのカテゴリーに収められているが、メディア考古学的アプローチと親近性を備えた著作である。この著作のなかで、フリードバーグは次のように述べている。「本書が（建築、文学、映画、消費文化）学問分野の境界を横断するという理由から、また映画テクストは、自律的な芸術作品としてではなく、映画の受容の構造的文脈から読まれるべきだと私が主張していることから、私の方法は新歴史主義的だと決めつけられるかもしれない」。Anne Friedberg, *Window Shopping: Cinema and the Postmodern* (Berkeley: University of California Press, 1993). 6（邦訳アン・フリードバーグ『ウィンドウ・ショッピング』井原慶一郎／宗洋／小林朋子訳、松柏社、二〇〇八、八頁）.

★6　Geert Lovink, *My First Recession: Critical Internet Cultures in Transition* (Rotterdam: NAi Publishers, 2004), 11.

★7　メディア考古学ということばは使用していないが、タイモン・スクリーチの著作 *The Lens within the Heart: The Western Scientific Gaze and Popular Imagery in Later Edo Japan* (1996, repr., Honolulu: University of Hawaii Press, 2002)（邦訳T・スクリーチ『大江戸視覚革命――十八世紀日本の西洋科学と民衆文化』田中優子／高山宏訳、作品社。一九九八）は、注目すべきメディア考古学的な著書として考えられる。日本のメディア研究者の草原真知子は、いくつもの論文でメディア考古学に貢献している。

★8　Jaroslav Malina and Zdeněk Vašíček, *Archaeology Yesterday and Today: The Development of Archaeology in the Sciences and Humanities*, ed. and trans. Marek Zvelebil (Cambridge: Cambridge University Press, 1999). 考古学とニュー・カルチュラル・ヒストリーに関しては Ian Morris, *Archaeology as Cultural History: Words and Things in Iron Age Greece* (Malden, MA: Blackwell, 2000), ch.1.

★9　Mieke Bal, *Travelling Concepts in the Humanities* (Toronto: University of Toronto Press, 2002).

★10　Jacques Perriault, *Mémoires de l'ombre et du son: Une archéologie de l'audio-visuel* (Paris: Flammarion, 1981), 13. 歴史記述に興味を持つ場合を除き、ペリオーの著書はもはや勧められない。というのも、諸々の誤りが散見され、多くの解釈が間違っていることが証明されているためである。

★11　Ibid., 18.

★12　C. W. Ceram, *Archaeology of the Cinema*, trans. Richard Winston (New York: Harcourt, Brace and World, [1965]), 9. そのテクストと図版の矛盾がエルキ・フータモにより指摘されている。Erkki Huhtamo, "From Kaleidoscomaniac to Cybernerd: Notes toward an Archaeology of the Media," in *Electronic Culture: Technology and Visual Representation*, ed. Timothy Druckrey (New York: Aperture, 1996), 296-303, 425-27. この点に関してはスティーブン・ハーバートも以下の文献のイントロダクションで論じている。*A History of Pre-Cinema*, ed. Stephen Herbert (London: Routledge, 2000), 1:xxv-xxvi.

★13　オリーヴ・クック自身はほぼ同様の進展を扱った著作（*Movement in Two Dimensions* (London: Hutchinson, 1963) をすでに出版していた。彼女の著作の視野はツェーラムのそれよりもずっと広く、直線的な因果関係の鎖で言説に関わる要因も考察しようとするツェーラムの発想とは乖離している。

★14　Laurent Mannoni, *Le grand art de la lumière et de l'ombre: Archéologie du cinéma* (Paris: Nathan, 1994), translated into English as *The Great Art of Light and Shadow: Archaeology of the Cinema*, ed. and trans. Richard Crangle (Exeter: University of Exeter Press, 2000).

★15　「映画の考古学」に関してキュレーションを行なった展覧会のカタログで、「歴史は長く複雑で、驚き、神秘、そして途方もない発見物に満ちている」と、マノーニは強調している。*Trois siècle de cinéma de la lanterne magique au Cinématographe* (Paris: Éditions de la Réunion des musées nationaux, 1995), 13. このタイトルは挑発的である。というのも、そもそもこの展覧会は映画生誕百周年を祝うためのものであったからだ。カタログの序文で、ドミニク・パイーニは〈人類学的展望〉ということばを使い、この展覧会ではテクノロジーだけでなくテクノロジーからくる信仰も取り上げていることを強調している（11）。

★16　Theodor W. Adorno and Max Horkheimer, *Dialectic of Enlightenment*, trans. John Cumming (1944; repr., London: Verso, 1979), 120-67 ("The Culture Industry: Enlightenment as Mass Deception")（マックス・ホルクハイマー／テオドール・W・アドルノ『啓蒙の弁証法――哲学的断想』徳永恂訳、岩波書店、一九九〇）; Richard Hoggart, *The Uses of Literacy* (London: Chatto and Windus, 1957). アドルノとホルクハイマーが「文化産業」を一枚岩で匿名でよそよそしいと見なしたのに対し、労働階級の文化では産業によるポピュラーメディア文化の製品はその筋目に逆らって読み解かれることもある、ということをホガートは強調している。

★17 Marshall McLuhan, *The Gutenberg Galaxy: The Making of Typographic Man* (Toronto: University of Toronto Press, 1962)（マーシャル・マクルーハン『グーテンベルクの銀河系――活字人間の形成』森常治訳、みすず書房、一九八六）, and *Counterblast* (New York: Harcourt, Brace and World, 1969); Marshall McLuhan and Quentin Fiore, *The Medium Is The Massage: An Inventory of Effects* (New York: Bantam Books, 1967)（マーシャル・マクルーハン／クエンティン・フィオーレ『メディアはマッサージである』南博訳、河出書房、一九六八）.

★18 Jay David Bolter and Richard Grusin, *Remediation: Understanding New Media* (Cambridge, MA: MIT Press, 1999). このタイトルはマクルーハンの*Understanding Media: The Extensions of Man* (1964; repr., Cambridge, MA: MIT Press, 1994)（マーシャル・マクルーハン『メディア論――人間の拡張の諸相』栗原裕／河本仲聖訳、みすず書房、一九八七）と関係している。

★19 *The Virtual McLuhan* (Montreal: McGill-Queen's University Press, 2001)で、ドナルド・F・ズィールは、マクルーハンをメディア理論家ではなく「メニッポス的風刺家」として定義している。

★20 Lewis Mumford, *Technics and Civilization* (New York: Harcourt Brace, 1934)（ルイス・マンフォード『技術と文明』生田勉訳、美術出版社、一九七二）.

★21 そうしたアプローチが他に全くなかったというわけではない。「テクノロジーの進化」に関する新たなアイディアは広い範囲で現われ出ていたのだ。それはサミュエル・バトラーの小説から、A・レイン・フォックス・ピット＝リヴァーズ中将の道具コレクションまで、さらにはテクノロジーが生み出した人工品の分類学的関係についての論争にまで見られたのだ。第二次世界大戦後では、フランスの哲学者ジルベール・シモンドンが、脱人間化（もしくは「前個体的」）という見地から技術的対象の個体化と物質史というアイディアを継続した。Gilbert Simondon, *Du mode d'existence des objets techniques* (Paris: Aubier-Flammarion, 1992).

★22 Siegfried Giedion, *Mechanization Takes Command: A Contribution to Anonymous History* (1948; repr., New York: W. W. Norton, 1969), 2（ジークフリート・ギーディオン『機械化の文化史』鹿島出版会、二〇〇八、三頁）.

★23 Ibid., 4（ギーディオン『機械化の文化史』五頁）.

★24 ジョナサン・クレーリーの著書にはベンヤミンとフーコー、両者の影響がはっきり見てとれる。Jonathan Crary, *Techniques of the Observer: On Vision and Modernity in the Nineteenth Century* (Cambridge, MA: MIT Press, 1990)（ジョナサン・クレーリー『観察者の系譜――視覚空間の変容とモダニティ』遠藤知巳訳、以文社、二〇〇五）. クレーリーのこの著書はメディア考古学的アプローチとの類縁性を示している。

★25 Walter Benjamin, *The Arcades Project*, trans. Howard Eiland and Kevin McLaughlin (Cambridge, MA: Belknap Press, 2002). スーザン・バック＝モースによって創造的に再構築された以下の文献も参照。Susan Buck-Morss, *The Dialectics of Seeing: Walter Benjamin and the Arcades Project* (Cambridge, MA: MIT Press, 1991). ベンヤミンの複雑な思考にたいする素晴らしい手引きとなってくれるのが、Norbert Bolz and Willem van Reijen, *Walter Benjamin*, trans. Laimdota Mazzarins (Atlantic Highlands, NJ: Humanities Press, 1996).

★26 Dolf Sternberger, *Panorama of the Nineteenth Century: How Nineteenth Century Man Saw Himself and His World and How He Experienced History*, trans. Joachim Neugroschel (New York: Urizen Books, 1977), originally published as *Panorama oder Ansichten vom 19. Jahrhundert* (1938). この著作は、文化史家ヴォルフガング・シヴェルブシュに強い影響を与えた。シヴェルブシュの著作もまた、メディア考古学的アプローチと類縁性を備えている。

★27 Horst Bredekamp, "A Neglected Tradition? Art History as Bildwissenschaft," *Critical Inquiry* 29 (Spring 2003): 418-28.

★28 このプロジェクトに関してはPhilippe-Alain Michaud, *Aby Warburg and the Image in Motion*, trans. Sophie Hawkes (New York: Zone Books, 2004), 244, 251-53.

★29 Pasi Väliaho, *The Moving Image: Gesture and Logos circa 1900* (Turku: University of Turku Publications, 2007), 215-17.

★30 現在、「壁のない美術館（Museum without walls）」は、マルローの『沈黙の声』の第一節に組み込まれている（André Malraux, *The Voices of Silence*, trans. Stuart Gilbert (1953; repr., Princeton: Princeton University Press, 1978)）。

★31 フーコーの議論に関してよき導入であると同時に穿った批評となっているのが、Hubert L. Dreyfus and Paul Rabinow, *Michel Foucault: Beyond Structuralism and Hermeneutics*, 2nd ed. (Chicago: University of Chicago Press, 1983), chs. 2 and 4. フーコーは次の二冊の著作で自身の考古学的アプローチの原理を提示している。Michel Foucault, *The Order of Things: An Archaeology of the Human Sciences*, trans. A. M. Sheridan Smith (New York: Pantheon Books, 1970), originally published as *Les mots et les choses: Une archéologie des sciences humaines* (1966)（ミシェル・フーコー『言葉と物――人文科学の考古学』渡辺一民／佐々木明訳、新潮社、一九七四）; *The Archaeology of Knowledge*, trans A. M. Sheridan Smith (London: Routledge, 2002), originally published as *L'archéorogie du savoir* (1969)（ミシェル・フーコー『知の考古学』慎改康之訳、河出文庫、二〇一二）.

★32 キットラーがマクルーハンに負っていることは明らかである。以下を見よ。Wendy Hui Kyong Chun, "Introduction:

Did Somebody Say New Media?" in *New Media, Old Media: A History and Theory Reader*, ed. Wendy Hui Kyong Chun and Thomas Keenan (New York: Routledge, 2006), 4.

★33 Friedrich Kittler, *Aufschreibesysteme 1800/1900* (Munich: Wilhelm Fink, 1985), translated by Michael Metteer as *Discourse Networks 1800/1900* (Palo Alto: Stanford University Press, 1990).

★34 Friedrich Kittler, *Grammophon Film Typewriter* (Berlin: Brinkmann and Bose, 1986), translated by Geoffrey Winthrop-Young and Michael Wutz as *Gramophone, Film, Typewriter* (Stanford: Stanford University Press, 1999)（フリードリヒ・キットラー『グラモフォン・フィルム・タイプライター（上・下）』石光泰夫・石光輝子訳、ちくま学芸文庫、二〇〇六）

★35 Kittler, *Grammophone, Film Typewriter*, 229（キットラー『グラモフォン・フィルム・タイプライター（下）』二一九頁）.

★36 フーコーとキットラーに依拠しつつ、メディアはまずは非意味形成的なチャネルとして研究されるべきであるとヴォルフガング・エルンストは述べている。解釈によりもたらされる意味を理解する前に、媒介という事実を考察せねばならない。コミュニケーションについて現象学が語る内容は、メディアの本質に関して誤っていることが非常に多い。エルンストにとって、メディア考古学とは機械の作用、すなわち技術メディアそれ自体が時空間を縮約する諸々の方法に焦点を合わせることなのである。Wolfgang Ernst, "Let There Be Irony: Cultural History and Media Archaeology in Parallel Lines," *Art History* 28 (November 2005): 582-603.

★37 Michael Wetzel, "Von der Einbildungskraft zur Nachrichtentechnik: Vorueberlegungen zu einer Archäologie der Medien," in *Mediendämmerung: Zur Archäologie der Medien*, ed. Peter Klier and Jean-Luc Evard (Berlin: Edition Tiamat, 1989), 16-17.

★38 Eva Horn, "Editor's Introduction: There Are No Media," *Gray Room* 29 (Fall 2007): 10.

★39 John Armitage, "From Discourse Network to Cultural Mathematics: An Interview with Friedrich A. Kittler," *Theory, Culture, and Society* 23, nos. 7-8 (2006): 32-33.

★40 Friedrich Kittler, *Musik und Mathematik,* 2 vols. (Munich: Wilhelm Fink, 2006).

★41 Lynn Hunt, ed., *The New Cultural History* (Berkeley: University of California Press, 1989)（リン・ハント編『文化の新しい歴史学』筒井清忠訳、岩波書店、二〇〇〇）.

★42 Patricia O'Brien, "Michel Foucault's History of Culture," in Hunt, *New Cultural History*, 25-46（パトリシア・オブライエン「ミシェル・フーコーの文化史」、リン・ハント編『文化の新しい歴史学』三五－六七頁）; Keith Windschuttle, "The Discourses of Michel Foucault: Poststructuralism and Anti-humanism," in *The Killing of History: How Literary Critics and Social Theorists Are Murdering Our Past* (San Fransisco: Encounter Books, 2000), 131-71.

★43 H. Aram Veeser, introduction to *The New Historicism*, ed. H. Aram Veeser (New York: Routledge, 1989), xi（H・アラム・ヴィーザー『ニュー・ヒストリシズム――文化とテクストの新歴史性を求めて』伊藤詔子ほか訳、英潮社、一九九二、xi頁）.

★44 Brook Thomas, *The New Historicism and Other Old-Fashioned Topics* (Princeton: Princeton University Press, 1991). ウィンドシャトルによる伝統主義者批判も参照のこと。Windschuttle, *Killing of History*.

★45 歴史記述の方法はさまざまで、歴史的言説それ自体が知を産出する認識論的モードの一つとして分析できるということを、すでに一九七〇年代にヘイドン・ホワイトが指摘している。Hayden White, *Metahistory: The Historical Imagination in Nineteenth-Century Europe* (Baltimore: Johns Hopkins University Press, 1973).

★46 Giuliana Bruno, *Atlas of Emotion: Journey in Art, Architecture, and Film* (New York: Verso, 2002). Avital Ronell, *The Telephone Book: Technology, Schizophrenia, Electric Speech* (Lincoln: University of Nebraska Press, 1989) では、想定上の著者の主観性とその結果生じるきわめて特有の言説が優勢となっており、この「遮蔽物《スクリーン》」を抜けて実際の歴史的主題を評価することが何度も困難になるほどである。

★47 Bruno, *Atlas of Emotion*, 2.

★48 Jeffrey Sconce, *Haunted Media: Electronic Presence from Telegraphy to Television* (Durham: Duke University Press, 2000).

★49 Ibid., 8.

★50 ツィーリンスキーにこの論集に寄稿してくれるよう依頼したのだが、彼は出版契約の締結に先んじて執筆することに難色を示した。出版を決めるためには原稿が必要だったので、結局のところ鶏と卵どちらが先かという問題に陥り、ツィーリンスキーの参加は不可能になってしまった。

★51 Siegfried Zielinski, "Media Archaeology," *CTheory*, no. ga111 (July 11, 1996), www.ctheory.net/articles.apsx?id=42.

★52 *Zur Geschichte des Videorecorders* (Berlin: Wissenschaftsverlag Volker Spiess, 1985) は、ツィーリンスキーの博士論文である。

★53 Siegfried Zielinski, *Audiovisions: Cinema and Television as Entr'actes in History*, trans. Gloria Custance (Amsterdam: Amsterdam University Press, 1999), originally published as *Audiovisionen: Kino und Fernsehen als Zwischenspiele in der Gechichte* (1989). *Zwischenspiele* ということばは「間奏（interlude）」とも訳せる。ツィーリンスキーは、映画とテレビは両方とも、はるかに大き

な歴史における間奏にすぎないということを意味しているのだろうか？　もしそうだとしたら、それはきわめてメディア考古学的な姿勢であろう。「幕間（*entr'acte*）」ということばがタイトルに使われているのは、クレールとピカビアのダダ的な映画「幕間（*Entr'actes*）」（一九二四）と共鳴させようとしたためかもしれない。

★54　思えば、『オーディオヴィジョンズ』はメディアの歴史を直線的に扱っているので、構造的には従来のメディア史研究とあまり変わるところのない著作である。しかしながら、そこに収められている図版はより開かれた可能性を指し示している（ツェーラムの『映画の考古学』を思わせる）。

★55　ツィーリンスキー自身の言説に「メディア考古学」という用語が登場するのは一九九三―一九九四年頃である。「（メディアのもしくは視聴覚の）考古学」とは「ほぼ直線的で年代順に構築された歴史を分解する方法である。それはテクノロジーを土台とした世界像とイメージ世界に加え、抵抗力を備えたローカルな言説性と表現の実践を調査することで実行される」と、一九九四年にツィーリンスキーは定義している（エルキ・フータモによる英訳）。原文では圧縮された表現でまとめられている。"Archäologie (der Medien, der Audiovision) wäre in diesem Sinne die Methode, in der weitgehend linear und chrono-logisch konstruierten Geschichte die widerständigen lokalen Diskursivitäten und Ausdruckspraxen des Wissens und des Konzeptionierens technisch basierter Weltbilder und Bilderwelten herauszuarbeiten," Siegfried Zielinski, "Medienarchäologie: In der Suchbewegung nach der unterschiedlichen Ordnungen des Visionierens," *EIKON: Internationale Zeitschrift für Photographie und Medienkunst* 9 (1994): 32.

★56　Zielinski, *Audiovisions*, 21.

★57　Ibid., 21.

★58　『オーディオヴィジョンズ』で〈メディア考古学〉という用語は、ツィーリンスキーが聴覚メディアの「将来の研究」を呼びかけている箇所で言及されている（35）。

★59　近年、ツィーリンスキーは、ベルリン芸術大学の時間メディア研究所に所属するようになった。そこで彼は、メディアの考古学および食い違い学の講座を担当している。

★60　Siegfried Zielinski, *Deep Time of the Media: Toward an Archaeology of Hearing and Seeing by Technical Means*, trans. Gloria Custance (Cambridge, MA: MIT Press, 2006), 34. 原本のタイトルには〈メディアの考古学（*archaeology of the media*）〉ということばが使われている。*Archäologie der Medien: Zur Tiefenzeit des technischen Hörens und Sehens* (Reinbek bei Hamburg:

Rowohlt, 2002).

★61 ドイツ語の原本では、個人個人が焦点となっていることが英語版よりもはるかにはっきりと示されている。各章には、「エンペドクレスの章」「キルヒャーの章」「ロンブローゾの章」といった題がつけられているのだ。

★62 *Audiovisions*, 22. 一〇年前に出ていたドイツ語版と比較すると、そのリストは変化している。ビル・ヴィオラの名がリストから消え（体制側のアーティストという色合いがあまりにも濃くなったため?）、エクスポート、ラーチャー、そしてヴァスルカ夫妻の名が追加されている。

★63 ツィーリンスキーは、同時代のメディア学者と正面切って対話するということについては、さほど関心を示さない。彼はもっぱら自身が出会った一次資料に依拠している。例えば、Thomas L. Hankins and Robert J. Silverman, *Instrument and the Imagination* (Princeton: Princeton University Press, 1995) は言及されていないが、キルヒャーに関する重要な章（第二章）が収められている。アムステルダムでのイマジナリー・メディア・カンファレンス（二〇〇四）では、プレゼンテーションに続くディスカッションの際、ツィーリンスキーは自身の手法を定義するよう求められたので、彼は『Deep Time』で扱った一七世紀イエズス会士の碩学の名を引いて、自身の手法を「キルヒャー的」と定義している。

★64 Zielinski, *Deep Time*, 33.

★65 Siegfried Zielinski and Silvia M. Wagnermaier, "Depth of Subject and Diversity of Method: An Introduction to Variantology," in *Variantology 1: On Deep Time Relations of Arts, Sciences and Technologies*, ed. Siegfried Zielinski and Silvia Wagnermaier (Cologne: König, 2007), 9. 現在までに四巻が刊行済みである。第一巻以外は下記のとおり。*Variantology 2* (2007), *Variantology 3* (2008), *Variantology 4* (2010). これまでに五つのワークショップが開催された。

★66 Crary, *Techniques of the Observer*（クレーリー『観察者の系譜』）; Jonathan Crary, *Suspensions of Perception: Attention, Spectacle, and Modern Culture* (Cambridge, MA: MIT Press, 1999)（ジョナサン・クレーリー『知覚の宙吊り──注意、スペクタクル、近代文化』岡田温司監訳、石谷治寛／大木美智子／橋本梓訳、平凡社、二〇〇五）. クレーリーの関心は、メディア考古学者たちのそれと近い。特にクレーリーの以下の論文を見よ。"Géricault, the Panorama, and Sites of Reality in the Early Nineteenth Century," *Gray Room* 9 (Fall 2002): 5-25.

★67 「ニュー・フィルム・ヒストリー」という用語を、記録に残るかたちで最初に使用したのは、トマス・エルセサーの次の論文であると言われている。Thomas Elsaesser, "The New Film History," *Sight and Sound* 55 (Autumn 1986): 246-51.

以下を参照。James Chapman, Mark Glancy, and Sue Harper, introduction to *The New Film History: Sources, Methods, Approaches,* ed. James Chapman, Mark Glancy, and Sue Harper (Houndsmills, Basingstoke: Palgrave Macmillan, 2007), 5.

★68 Thomas Elsaesser, "The New Film History as Media Archaeology," *Cinémas* 14, nos. 2-3 (2004): 86. エルセサー流メディア考古学の推進力となっている理論は、フーコーの系譜学に関する著作、とりわけ論文「ニーチェ、系譜学、歴史」である。Michel Foucault, "Nietzsche, Genealogy, History," in *Language, Counter-Memory, Practice: Selected Essays and Interviews*, ed. D. F. Bouchard (Ithaca: Cornell University Press, 1977), 146-47. 系譜学的なパースペクティヴからすれば、知覚し感覚する身体は、メディアテクノロジーのような文化的な力にたいして開かれた、書き込み面として考えられる。フーコーは文化的な力としてのテクノロジー自体に直接言及したわけではないが、身体を歴史的で非連続的な力場として強調しており、この点は私たちが世界を知覚する方法は歴史的に決定されるという考えと結びつく可能性がある。「歴史が「効力」を発揮すると、最終的にはまさに私たちという存在に非連続性が持ち込まれることになる——それは私たちの感情を分割し、私たちの本能を脚色し、私たちの身体を多様化し、身体を身体自体と敵対させる」(154)。

★69 Elsaesser, "New Film History" [2004].

★70 Tom Gunning, "An Aesthetic of Astonishment: Early Cinema and the (in)Credulous Spectator," *Art and Text* 34 (1989): 31-45. 例えば次も参照。Wanda Strauven, ed., *The Cinema of Attractions Reloaded* (Amsterdam: Amsterdam University Press, 2006) and Thomas Elsaesser and Adam Barker, eds., *Early Cinema: Space, Frame, Narrative* (London: British Film Institute, 1990).

★71 Ann Friedberg, *Window Shopping: Cinema and the Postmodern* (Berkeley: University of California Press, 1993)（アン・フリードバーグ『ウィンドウ・ショッピング——映画とポストモダン』井原慶一郎／宗洋／小林朋子訳、松柏社、二〇〇八）および *The Virtual Window: From Alberti to Microsoft* (Cambridge, MA: MIT Press, 2006)（アン・フリードバーグ『ヴァーチャル・ウィンドウ——アルベルティからマイクロソフトまで』井原慶一郎／宗洋訳、産業図書、二〇一二）.

★72 Lev Manovich, *The Language of New Media* (Cambridge, MA: The MIT Press, 2001), 8（レフ・マノヴィッチ『ニューメディアの言語——デジタル時代のアート、デザイン、映画』堀潤之訳、みすず書房、二〇一三）. 人気を博しているマノヴィッチの著作以外にも、コンピューティングとソフトウェアの考古学については何冊かの著作が出版されている。例えばJussi Parikka, *Digital Contagions: A Media Archaeology of Computer Viruses* (New York: Peter Lang, 2007)は、ドゥルーズとガタリから理論的要素を取り出して、ソフトウェアのメディア考古学を展開している。コンピューティングのメディア考古学としては、以下の著作が興味深い。Werner Künzel and Peter Bexte, *Allwissen und Absturz: Der Ursprung des Computers* (Frankfurt: Insel, 1993).

★73　例えば Jonathan Sterne, *The Audible Past: Cultural Origins of Sound Reproduction* (Durham: Duke University Press, 2003); Emily Thompson, *The Soundscape of Modernity: Architectural Acoustics and the Culture of Listening in America, 1900-1933* (Cambridge, MA: MIT Press, 2004).

★74　Bernhard Siegert, *Relays: Literature as an Epoch of the Postal System*, trans. Kevin Repp (Stanford: Stanford University Press, 1999); Wolfgang Ernst, *Das Gesetz des Gedächtnisses: Medien und Archive am Ende* (des 20. Jahrhunderts) (Berlin: Kulturverlag Kadmos, 2007); Christoph Holtorf and Claus Pias, eds., *Escape! Computerspiele als Kulturtechnik* (Cologne: Böhlau, 2007); Parikka, *Digital Contagions* および *Insect Media: An Archaeology of Animals and Technology* (University of Minnesota Press, 2010). 自らをメディア考古学とは呼んでいないが、メディア考古学的である著作の素晴らしい例として以下を参照。Ellen Lupton, *Mechanical Brides: Women and Machines from Home to Office* (New York: Cooper-Hewitt National Museum of Design; Washington, DC: Smithsonian Institution; Princeton: Princeton Architectural Press, 1993); Lisa Cartwright, *Screening the Body: Tracing Medicine's Visual Culture* (Minneapolis: University of Minnesota Press, 1995); Lisa Gitelman, *Scripts, Grooves, and Writing Machines: Representing Technology in the Edison Era* (Stanford: Stanford University Press, 1999) および *Always Already New: Media, History, and the Data of Culture* (Cambridge, MA: MIT Press, 2006).

★75　この本［*Media Archaeology: Approaches, Applications, and Implications*］のフータモの章を見よ［本書第２章］。

★76　「メディア考古学」ということばにはっきりと触れているわけではないが、ヴィクトリア&アルバート美術館が二〇〇五年に企画した展覧会「幽霊たち――ファッションが引き返すとき」は、「目には見えないが絶えずつきまとう、最近のファッションと過去との繋がり」を展示することを引き受け、「「ファッションの記憶」をかたちづくる暗がりと経験を、現代の服装のなかに照らし出すこと」を試みていた。展覧会全体の構想《デザイン》の着想源となったのは、覗きからくり、万華鏡、そしてファンタスマゴリアといった「廃れた」メディアであった。また、マジックランタンのスライドといった過去の足跡が、小道具として実際に展示されていた。"Guide to Exhibition, 24 February-8 May 2005," booklet, Victoria and Albert Museum. その展覧会カタログである以下も参照。Judith Clark, *Spectres: When Fashion Tunrs Back* (London: V&A Publications, 2004). 展示の構想にメディア考古学的アプローチを用いた例としては、オランダのアーティスト兼デザイナーのチェベ・ファン・タイエン（Tjebbe van Tijen）の作品も挙げられる。以下のウェブサイトを参照。http://www.imaginarymuseum.org/.

★77　Erkki Huhtamo, "Time Machines in the Gallery: An Archaeological Approach in Media Art," in *Immersed in Technology: Art and Virtual Environments*, ed. Mary Anne Moser (Cambridge, MA: MIT Press, 1996), 232-68. またフータモの以下の論文も参照。"Twin-Touch-Test-Redux: Media Archaeological Approach to Art, Interactivity, and Tactility," in *MediaArtHistory*, ed. Oliver Grau (Cambridge, MA: MIT Press, 2007), 71-101.

★78　メディア考古学者たち自身が、発見したものごとを論証するのに、従来とは異なる他の方法を探し求めているのはもっともだと言えるだろう。例えば、フータモは《人生という乗り物》というインスタレーションを制作している。それは、液圧式フライトシミュレーターというプラットフォームを使用して、ライド映画の歴史を通り抜ける「メタ-ライド」的な作品である（ZKM、一九九八）。そして、フータモは《手に思いを巡らす》というステージパフォーマンスを、メディアアーティストのゴラン・レヴィンとザカリー・リーバーマンとともに制作している（アルス・エレクトロニカ、二〇〇六）。この作品では「神の手」というトポスが取り上げられている。

第2章　妖精エンジンを分解する——トポス研究としてのメディア考古学

本章の「クルティウスとトポス研究」のセクションで掲げられた題辞は以下からの引用。Ernst Robert Curtius, *European Literature and the Latin Middle Ages*, trans. Willard R. Trask (1953; repr., London: Routledge and Kegan Paul, 1979), 393（エルンスト・ローベルト・クルティウス『ヨーロッパ文学とラテン中世』南大路振一／岸本通夫／中村善也訳、みすず書房、一九七二〔一九七一〕、五七二頁）.

★1　The ad "Samsung Torino," 2005. created by Fido Film, Sweden.

★2　By Chas. Addams, reprinted in Les Brown and Sema Marks, *Electric Media* (New York: Harcourt Brace Jovanovich, 1974), 100.

★3　ウェブサイト「I Used to Believe: The Childhood Beliefs Site」には、匿名で非常に多くの証言が寄せられている。

http://www.iusedtobelieve.com/（情報取得日二〇〇九年一月二四日）。Ray Bartfield, *Listening to Radio, 1920-1950* (Westport, CT: Praeger, 1996), 16-17における、一九三〇年代のラジオの思い出と比較せよ。

★4　「世界中のあらゆる音楽へと繋がる扉を開けてみませんか?」ヴィクトローラ（Victrola）XVIの広告用小冊子、1907-21.「どうしてこんなにでてくるの?」ヴィクター（Victor）VIの広告。Both reprinted in Arnold Schwartzman, *Phono-Grapics: The Visual Paraphernalia of the Talking Machine* (San Francisco: Chronicle Books, 1993), 48, 38.

★5　例えば、《驚異の発明》（二〇〇三）とタイトルがつけられた、ソランの三つの「光学劇場」に登場する。以下を見よ。*Vom Funken zum Pixel: Kunst + Neue Medien* (Berlin: Berliner Festspiele / Nicolai, 2007), 168-71; 他の作品に関しては、Pierre Giquel, *Pierrick Sorin* (Paris: Hazan, 2000).

★6　アーサー・コナン・ドイルは妖精の存在を信じていた。ゆえに、ヨークシャーの二人の女子生徒が撮影した妖精、いわゆるコティングリーの妖精の実在を真に受けたのだった。その写真には、家の庭で妖精たちとやりとりをしているように見える女子生徒が写っていた。その後、妖精たちは切り抜いた紙でできていることが明らかになった。それは、スクラップの収集と作成というヴィクトリア朝の少女文化に由来していたのだ。Susan Schmit, "Conan Doyle: A Study in Black and White," in T*he Perfect Medium: Photography and the Occult*, ed. Jean-Loup Champion (New Haven: Yale University Press, 2005), 93-94. 写真は化学と光学の進歩の産物であったが、しばしば秘教的な信仰と結びつき、現代の民間伝承をその周囲に生み出した。

★7　Peter Burke, *Varieties of Cultural History* (Ithaca: Cornell University Press, 1997), 189.

★8　私はミームのような概念も存在することを承知している。ミームは遺伝子によく似た文化の伝達因子で、リチャード・ドーキンスにより *The Selfish Gene*（Oxford: Oxford University Press, 1976）（リチャード・ドーキンス『利己的な遺伝子（増補新装版）』日高敏隆ほか訳、紀伊國屋書店、二〇〇六）で提唱された。思うに、ミームという概念は、いささか限定的で問題を含んでおり、自然淘汰に関する議論と理論形成に依拠しすぎている。私にはトポスという概念のほうが好ましい。トポス概念は文化的実践と文化の分析、この両方の文脈から現われたためである。

★9　Erkki Huhtamo, "Elements of Screenology: Toward an Archaeology of the Screen," *Iconics: International Studies of the Modern Image* 7 (2004): 31-82, "The Pleasures of the Peephole: An Archaeological Exploration of Peep Media," in *Book of Imaginary Media: Excavating the Dream of the Ultimate Communication Medium*, ed. Eric Kluitenberg (Rotterdam: NAi Publishers, 2006), 74-155, and

"Cyborg Is a Topos," in *Synthetic Time: Media Art in China 2008*, ed. Fan Di'An and Zhang Ga (Beijing: National Art Museum of China; Cambridge, MA: MIT Press, 2008), 52-71.

★10 メディア考古学に関して早い段階で体系的に記述を行なっている論文としてErkki Huhtamo, "From Kaleidoscomaniac to Cybernerd: Toward an Archeology of the Media," in *Electronic Culture: Technology and Visual Representation*, ed. Timothy Druckrey (New York: Aperture, 1996), 296-303, 425-27.

★11 クルティウスの研究に早い段階でコメントをした人々のなかには、*Toposforschung*を「トポロジー（*topology*）」と訳してはどうかと示唆するものもいた。だが、「トポロジー（*topology*）」ということばはさまざまに使用されているので、私は混同を避けるために「トポス研究（*topos study*）」ということばを選択した。

★12 一九三〇年代のクルティウスの最も重要な研究は"Zur literarästhetik des Mittelalters II," *Zeitschrift für romanische Philologie* 58 (1938): 129-232.

★13 Curtius, *European Literature*, viii（E・R・クルティウス『ヨーロッパ文学とラテン中世』南大路振一／岸本通夫／中村善也訳、みすず書房、一九七一、ix頁）.

★14 Ibid., 70（同邦訳、九六－九七頁）.

★15 以下で「トポス」の項目を見よ。*1911 Encyclopedia Brittannica*, http://encyclopedia.jrank.org/articles/pages/5856/Topos.html.

★16 それらは意図的にパロディにも用いられた。例えば、ドン・キホーテが芝居と人生の類似をサンチョ・パンサのために説明すると、パンサはこう返すのだ。「お見事なたとえでございます。もっとも目新しいというわけではなく、それがし、これまで幾度も幾度も耳にしております」（Curtius, *European Literature*, 141）（クルティウス『ヨーロッパ文学とラテン中世』二〇四頁）.

★17 Ibid., 184（同邦訳、二六九頁）.

★18 私がこのトポスに遭遇したのは、一九八三年から八四年にかけてローマに滞在し、一六世紀のフランス人によるイタリア旅行について調査しているときのことであった。それは次のクルティウスが議論するトポス「私は誰も未だ口にしたことのない事柄を述べる」と比較できるだろう（Curtius, *European Literature*, 85-86）（クルティウス『ヨーロッパ文学とラテン中世』一二一頁）。イタリア旅行者に関して述べる際、ピーター・バークは「[旅行雑誌や日記中の]

旅行者たちの描写のレトリカルな面、とりわけ、ありふれた文句と比喩《スキーマ》の重要性」を強調している。バークに関しては以下を見よ。"The Discreet Charm of Milan: English Travellers in the Seventeenth Century," in *Varieties of Cultural History*, 94.

★19　グランド・ツアーについての文献は数多く存在するが、それに関わるトポスは分析されていない。グランド・ツアーについてのスタンダードな研究書としてはChristopher Hibbert, *The Grand Tour* (New York: G. P. Putnam's Sons, 1969). ヒバートは、ガイドブックの役割（p. 16）と旅行を取り仕切ったルール（pp. 19-21）について簡潔ではあるが記している。

★20　痛烈な批判となっているのが、Peter Jehn, "Ernst Robert Curtius: Toposforschung also Restauration," in *Toposforschung: Eine Dokumentation*, ed. Peter Jehn (Frankfurt: Athenäum, 1972), vii-lxiv. クルティウスのトポス概念は主観的で歴史に関心を払わず、誤解を招きかねないものであり、「歴史に無関心であったために、諸々の歴史的トポスの肌理を平板化するという誤り」を犯している、とジェンは考えている（p. x、著者訳）。

★21　Arthus R. Evans Jr., "Ernst Robert Curtius," in *On Four Modern Humanists: Hoffmansthal, Gundolf, Curtius, Kantorowicz*, ed. Arthus R. Evans Jr. (Princeton: Princeton University Press, 1970), 117-18 n. 59. クルティウスはトポス概念を「危険なまでに単純化」していると感じ、同じラベルの下に「陳述のみならず、繰り返し現れる議論のパターン、そして伝統的な隠喩と直喩も」一緒くたにしてしまっていると、中世研究家F・P・ピカリングはクルティウスを非難している。F. P. Pickering, "On Coming to Terms with Curtius," *German Life and Letters*, n.s., 11 (July 1958): 335.

★22　Berthold Emrich, "Topik und Topoi," in *Toposforschung*, ed. Max L. Baeumer (Darmstadt: Wissenschafliche Buchgesellschaft, 1973), 214.

★23　Curtius, *European Literature*, 128（クルティウス『ヨーロッパ文学とラテン中世』一八五頁）.

★24　Alexander Gelley, "Ernst Robert Curtius: Topology and Critical Method," *MLN* 81 (December 1966): 579-94.

★25　Curtius, *European Literature*, 381, 82（クルティウス『ヨーロッパ文学とラテン中世』五五七、五五八頁）.

★26　Ibid., 8-9（クルティウス『ヨーロッパ文学とラテン中世』八－九頁）. ともにBergson, *L'évolution créatrice* (1907)（『創造的進化』）からの引用。

★27　Curtius, *European Literature*, 391（クルティウス『ヨーロッパ文学とラテン中世』五六九頁）.

★28　他にもクルティウスに影響を与えた存在として、アーノルド・トインビーの浩瀚な『歴史の研究（*A Study of His-*

tory)』（一九三四－六一）がある。この著作はトインビーが割り出した二一の文明に基づいた比較世界史であるのに対し、クルティウス自身による比較はヨーロッパの伝統にだけ関わっており、それも主にテクストの伝統しか取り上げていない。

★29　ユングの考えは以下で簡潔にまとめられている。"Archetypes of the Collective Unconscious [1934]," in *The Basic Writings of C. G. Jung*, ed. Violet Staub de Laszlo (New York: Modern Library, 1959), 282-326, quotation on 288. モード・ボドキンは、次の古典的著作で、一九三四年の段階ですでにユングの元型概念を文学研究へと応用している。*Archetypal Patterns in Poetry: Psychological Studies of Imagination* (1934; repr., London: Oxford University Press, 1971).

★30　Jolande Jacobi, *Complex/Archetype/Symbol in the Psychology of C. G. Jung*, trans. Ralph Manheim (Princeton: Princeton University Press, 1974), 53. Originally published as *Komplex, Archetypus, symbol in der Psychologie C. G. Jungs* (1957).

★31　Ibid., 52.

★32　Curtius, *European Literature*, 101（クルティウス『ヨーロッパ文学とラテン中世』一四一頁）.

★33　Ibid., 105（同邦訳、一四四頁）.

★34　音楽教育はレトリックの発展と密接に繋がっていた。音楽のトポスに関してはibid., 78（同邦訳、一〇七頁）、視覚芸術に対する攻撃に関してはibid., 14-15（同邦訳、一六－一七頁）.

★35　この定式文句は出典を明記せずにしばしば引用される。ヴィクター・エルリヒによれば、出典はヴェルフリンの*Kunstgeschichtliche Grundbegriffe* (Berlin, 1917)である。Erlich, *Russian Formalism: History-Doctorine* (1955; repr., The Hague: Mouton, 1980), 59. この概念がロシアのフォルマリストたちに及ぼした影響を議論しつつ、美術史家マルガ・ヴァン・メッヘレンは、以下の論考で、それを一つの「トポスtopoi」[*sic*]と見なしている。Marga van Mechelen, "M. M. Bakhtin and German 'Kunstwissenschaft,'" abstract, 2002, http://home.hum.uva.nl/oz/mechelenm/abstracts.htm.

★36　Ernst Robert Curtius, "Zum Begriff einer historischen Topik," extract from "Zur Literarästhetik des Mittelalters II" (1938), in Jehn, *Toposforschung*, 9. Quotation translated by Gelley in "Ernst Robert Curtius," 592. こうしたことは、*Mechanization Takes Command: A Contribution to Anonymous History* (1948; repr., New York: W. W. Norton, 1969)（ジークフリード・ギーディオン『機械化の文化史（新装版）』榮久庵祥二訳、鹿島出版会、二〇〇八）でジークフリード・ギーディオンが提起した「ものいわぬものの歴史」を思わせる。ギーディオンは物質文化――「われわれの現在の生活を形作ってきた道具」（p.

2)（同邦訳、三頁）――を主に分析している。ものいわぬものの歴史が追い求めたのは、「精神史」と実証主義の新たな総合であった。ものいわぬものの歴史は「ある時代全体をおおう指導的な理念と直接に結びついている。しかし、その一方でそれは、その基礎にある具体的な事実に照らして検証しなくてはならない」(p. 4)（同邦訳、五頁）。

★37 E. H. Gombrich, *Art and Illusion: A Study in the Psychology of Pictorial Representation* (1960; repr., London; Phaidon Press, 1977), 14（E・H・ゴンブリッチ『芸術と幻影』瀬戸慶久訳、岩崎美術社、一九七九、四五頁）。

★38 Aby Warburg, "Italian Art and International Astrology in the Palazzo Schifanoia in Ferara," paper delivered at the Tenth Art-History Congress, Rome, October 1912, trans. David Britt and quoted in E. H. Gombrich, "Aby Warburg: His Aims and Methods: An Anniversary Lecture," *Journal of the Warburg and Courtauld Institute* 62 (1999): 270.

★39 Richard Woodfield, "Warburg's 'Method,'" in *Art History as Cultural History: Warburg's Projects*, ed. Richard Woodfield (Amsterdam: G+B Arts International, 2001), 260. ヴァールブルクのテクストは *The Renewal of Pagan Antiquity: Contributions to the Cultural History of the European Renaissance*, (trans. David Britt [Los Angeles: Getty Research Institute, 1999]) としてまとめられている。

★40 こうしたことが反映されているのが、ヴァールブルクのヴァールブルク文化科学図書館、すなわち彼の「プライヴェートな文化科学図書館」の蔵書である。ヴァールブルクが亡くなり、ナチ政権が台頭すると、ヴァールブルク文化学図書館はロンドンへと移され、ロンドン大学のヴァールブルク研究所となったことはよく知られている。

★41 Panofsky, "Iconography and Iconology: An Introduction to the Study of Renaissance Art" [1939], in his *The Meaning in the Visual Arts: Papers in and on Art History* (Garden City, NY: Doubleday Anchor Books, 1955), 26-54（アーウィン・パノフスキー『視覚芸術の意味』中森義宗訳、岩崎美術社、一九七一、三七-六六頁）. 次の三段階、すなわち、イコノグラフィー以前の記述《ディスクリプション》、イコノグラフィー上の分析、そしてイコノロジー的解釈が存在する。最初の段階は、「線・色・量による表現がモティーフの世界を構成する客体と出来事」(p. 33)（同邦訳、四五頁）の記述である。イコノグラフィー上の分析は「美術作品の形式に対する主題や意味」を取り扱う (p. 26)（同邦訳、三七頁）。それは「美術的モティーフや、美術的モティーフの組合わせ（構図）を、テーマや概念と結びつける」(p. 29)（同邦訳、四一頁）が、その範囲は限定的で、道具もしくは補助的な手段にとどまっている。イコノロジーは「美術作品を、きわめて多様な他の徴候となって現れる別物の徴候として」(p. 31)（同邦訳、四五頁）取り扱う。そうした他の徴候としては理論的、哲学的、政治的なそれが考えられる。イコノロジーとは、孤独から解き放たれて解釈となったイコノグラフィーなのである。

★42　パノフスキーはイコノグラフィーに関わる「類型《タイプ》」と、イコノロジーに関わる「文化的徴候」もしくは「象徴」について論じており、ゴンブリッチは「図式《シェーマ》」について論じている。Panofsky, *Meaning in the Visual Arts*, 41（パノフスキー『視覚芸術の意味』五四頁）、および、Gombrich, *Art and Illusion* の随所を見よ。知覚心理学に影響を受けたゴンブリッチは、自然の直接的な観察という観点からではなく、受け継がれた図式の使用という観点から、視覚的様式を分析している。

★43　Petri Vuojala, *Pathosformel: Aby Warburg ja avain tunteiden taidehistoriaan* [Pathosformel: Aby Warburg and the Art History of Emotions] (Jyväskylä: University of Jyväskylä, 1997).

★44　Gombrich, *Art and Illusion*, 20（ゴンブリッチ『芸術と幻影』五四頁）。そもそも、「情念定型」は、初期ルネサンスの芸術家たちが、強烈な心的表現の特徴を古代の美術作品から借用する方法に関わっていた。ヴァールブルクは何年もかけて、情念定型という概念をより緩やかでメタファー的な方法で使うようになった。その方法により、情念定型という概念はクルティウスの「トポス」概念にいっそう近づいたのだ。

★45　クルティウスの反発の原因は、『中世の秋』でのホイジンガによる視覚的な証拠の用い方にあったのかもしれない、とハスケルは考えている。Francis Haskell, "Art and History: The Legacy of Johan Huizinga," in *History and Image: Towards a New Iconology*, ed. Axel Bolving and Philip Lindley (Turnhout, Belgium: Brepols, 2003), 14-15. 歴史研究における視覚的な証拠の役割についてのより広汎な議論に関しては、ハスケルの以下の著作を見よ。Haskell, *History and its Image: Art and the Interpretation of the Past* (New Haven: Yale University Press, 1993). 最終章でホイジンガは扱われているが、クルティウスは言及されていない。

★46　ヴァールブルクは、一九二三年四月に着手した〈ムネモシュネ〉を、「隔たりのイコノロジー」と見なしていた。それは、選定した写真のあいだで生じる緊張、アナロジー、対比、そして矛盾を伴っている。Philippe-Alain Michaud, *Aby Warburg and the Image in Motion*, trans. Sophie Hawks (New York: Zone Books, 2004), 244, 241-53.〈ムネモシュネ〉の伝統へのアプローチは、トポスの伝統の連続性を強調するクルティウスのそれよりも複合的でありラディカルであった。

★47　「壁のない美術館」は、マルローの *The Voices of Silence*, trans. Stuart Gilbert (1953; repr., Princeton: Princeton University Press, 1978) の第一節に組み込まれている。クルティウスとマルローの類似は、Evans Jr., "Ernst Robert Curtius,", 120-21 で

指摘されている。

★48　Malraux, *Voices of Silence*, 24.

★49　Curtius, *European Literature*, ix（クルティウス『ヨーロッパ文学とラテン中世』xi頁）.

★50　この意味で、それはニュー・クリティシズムと共通点を持つ。ニュー・クリティシズムは、同時期のアメリカで現われ出していた文学研究の一形態である。ニュー・クリティシズムは文学テクストの精読の重要性を強調し、テクストの外部に頼る解釈を拒絶した。しかしながら、ニュー・クリティシズムはテクストの自律性を強調したが、クルティウスはテクスト同士の繋がりを強調したのだ。

★51　Ernst Ulrich Gross, "Curtius et les *topoi*," in *Ernst Robert Curtius et l'idée d'Europe: Actes du Colloque de Mulhouse et Thann des 29, 30 et 31 janvier 1992, organize par Jeanne Bem et André Guyaux* (Paris: Honoré Champion Éditeur, 1995), 94. ピーター・バークにとって、クルティウスの「大きな弱点」は決まり文句を一定不変のものとして扱ったことであった。ヴァールブルクとその信奉者たちはそうしたことを避けていたとバークは考えている。以下のバークの著作を参照。*What is Cultural History?* (Cambridge: Polity Press, 2004), 27. ジェリーも類似した見解を述べている。「歴史的な方法に夢中であったのにもかかわらず、クルティウスが抱いていたテクスト概念が歴史的でないことには驚かされる。彼は文学テクストを、どの時代でも同じように広まり、時間を超越した存在として、根本的には見なしているのだ」。Alexander Gelley, "Ernst Robert Curtius: Topology and Critical Method," *MLN* 81 (December 1966): 590.

★52　Curtius, *European Literature*, 104（クルティウス『ヨーロッパ文学とラテン中世』一四三頁）.

★53　Grosse, "Curtius et les *topoi*," 104-6.

★54　Leo Spitzer, review of Curtius's *European Literature*, *American Journal of Philology* 70, no.4 (1949): 428.

★55　領域横断的な論考を集めた以下の論集を参照。*Topik: Beiträge zur interdisziplinären Diskussion*, ed. Dieter Breuer and Helmut Schanze (Munich: Wilhelm Fink, 1981).

★56　Agnes Launhardt, "Topik und Rhetorische Rechtstheorie: Eine Untersuchung zu Rezeption und Relevanz der Rechtheorie Theodor Viehwegs" (PhD diss,. Heinrich-Heine-Universität Düsseldorf, 2005), deposit.ddb.de/cgi-bin/dokserv?idn=977181979&dok_var=d1&dok_ext=pdf&filename=977181979.pdf. Norbert Horn, "Topik in der rechtstheoretischen Diskussion," and Theodor Viehweg, "Zur Topik, insbesondere auf juristischem Gebiete," in Breuer and Schanze, *Topik*, 57-64 and 65-69, respectively.

★57　Oskar Negt, "Die Funktion der sozialen Topik" (1971), and Wolfgang Fritz Haug, "Der Topos der 'Blindheit' in der Faschismus-Diskussion westdeutscher Hochschullehrer" (1967), in Jehn, *Toposforschung*, 181-87 and 209-12, respectively; Siegwart Berthold, "Der Topos von der falschen Freundlichkeit der Verkäufer," in Breuer and Schanze, *Topik*, 213-29.

★58　"How did they all get in there?" ad, in Schwartzman, *Phono-Graphics*, 38. ジェームズ・N・ウェーバーは*The Talking Machine: The Advertising History of the Berliner Gramophone and Victor Talking Machine*, ed. Eric Skelton (Midland, Ontario: Adio, 1997), 23で、豊穣の角について言及している。

★59　ミケランジェロのフレスコ画（ヴァチカンのシスティーナ礼拝堂の天井画）では、神がアダムと指を触れ合わせて生の息吹を吹き込まんとしているところが描かれているのだが、それは「神の手」のトポスの変種と考えられるトポスになった。このトポスは、ノキアの「人々をつなぐ」のロゴから、ジャック・ブラックの映画『テネイシャスD――運命のピックを探せ！』のポスターにおけるおふざけまで、メディア文化では何度も使用されてきた。『テネイシャスD』のポスターでは、神が雲から手を突き出しているが、それと対峙するように禍々しい手が下方にある炎の輪から伸びている。ブラック演じるキャラクターも手を伸ばしており、その姿勢がミケランジェロのアダムを彷彿とさせる。

★60　これを先取りしていたのが、フリードリヒ・ヴァン・クナウスによる並外れたからくり仕掛けのオートマトンである（一七六四）。雲から突き出しているからくり仕掛けの手は、運命を予言して書き記すどころか、満足いく未来を神に求め訴える。それは、「この御館におきましては、神が繁栄と時に枷を決してつけませぬよう」というメッセージが示すように、啓蒙時代のオプティミズムを反映している。クナウスのオートマトンは、トポスはテクノロジー装置のデザインにも組み込まれることを示している。Barbara Maria Stafford and Frances Terpak, *Devices of Wonder: From the World in a Box to Images on a Screen* (Los Angeles: Getty Research Institute, 2001), 279-80.

★61　この映画では、テクノロジー（写真）を用いる人の創造的な手は、神と悪魔の両方にも関係する（ロッセリーニは敬虔なカトリックであった）。オープニングシーンは「世界劇場」のトポスも思い起こさせる。以下の拙論を見よ。"'Shaken Hands with Statues...': On Art, Interactivity and Tactility," in *Second Nature*, ed. Christiane Paul (Los Angeles: Regents of the University of California, 2006), 17-21.

★62　Matt Wolf, "God's Eye Views," *Heeb Magazine*, July 2004, www.eddostern.com/texts/HEEB.htm.

★63　アーカイヴの考古学に関してはWolfgang Ernst, *Das Gesetz des Gedächtnisses: Medien und Archive am Ende (des 20. Jahrhun-*

derts) (Berlin: Kulturverlag Kadmos, 2007). エルンストは自身のメソッドをメディア考古学的と定義している。エルンストは主にフーコーに依拠しているが、その背後にはキットラーの思考も感じられる（pp. 31-41）。フーコーの知の考古学、メディア学、そして考古学の三者が交差する地点に、エルンストは自身のメソッドを定めているのである（p. 31）。

★64　Huhtamo, "Cyborg Is a Topos," in *Synthetic Times. Media Art China 2008*, ed. Fan Di'An and Zhang Ga (Beijing, China and Cambridge, MA: National Art Museum of China and MIT Press, 2008).

★65　Ellen Lupton, *Mechanical Brides: Women and Machines from Home to Office* (New York: Cooper-Hewitt National Museum of Design; Washington, DC: Smithsonian Institution; Princeton: Princeton Architectural Press, 1993), 29-41.

★66　Huhtamo, "Cyborg Is a Topos," 64-66.

★67　Huhtamo, "Elements of Screenology" and "Pleasures of the Peephole."

★68　Burke, *Varieties of Cultural History*, 178.

★69　ステレオ写真を訪問販売するセールスマンとその駆け引きに関してはJohn Plunkett, "Selling Stereoscopy, 1890-1915: Penny Arcades, Automatic Machines and American Salesmen," *Early Popular Visual Culture* 6 (November 2008): 239-55. プランケットはこのトポスに触れていない。

★70　Reprinted in Stephen Bottomre, *I Want to See This Annie Mattygraph: A Cartoon History of the Coming of the Movies* (Pordenone: Le giornate del cinema muto, 1995), 42. 覗き込んでいる人が次のように述べている。「裸の女を見ているときには、彼女からの愛撫を感じちゃうね」。同じ頁には、モチーフは同じであるが、はるかに面白みのないイギリスのヴァージョン（二カ月後に出版された）が載っている。そのキャプションには次のように書かれている。「ジョーンズ（活動画《アニメイテッド・ピクチャー》マシンを覗いている）：おやまあ、面白いぞ――ははは！　あいつ掏《す》られてやがる――ははは！」。

★71　Giquel, *Pierrick Sorin*, 31-33.

★72　言説における「万華鏡」の意味については、Jonathan Crary, *Techniques of the Observer: On Vision and Modernity in the Nineteenth Century* (Cambridge, MA: MIT Press, 1990), 113-16（ジョナサン・クレーリー『観察者の系譜――視覚空間の変容とモダニティ』遠藤知巳訳、以文社、二〇〇五、一七〇－一七三頁）. 他のメディアにもそれと似た言説的意味が付されることがある。*Private Lives of William II and His Consort, and Secret History of the Court of Berlin* (New York: Fischer's Foreign Letters, 1898) p. 148で、ヘンリー・ウィリアム・フィッシャーは「死を目前にすると、それまでの全生涯が万華鏡

のように過ぎ去っていくと言われている」と記している。「万華鏡のように」に代えて、他のメディアを参照した表現にも出くわすようになる。例えば「ムーヴィング・パノラマのように」、そして、後には「一本の映画のように」という表現が見られたのだ。

★73　Curtius, *European Literature*, 192（クルティウス『ヨーロッパ文学とラテン中世』二七六頁）.

★74　Ibid., 94（同邦訳、一三一頁）.

★75　Erkki Huhtamo, *Illusions in Motion: Media Archaeology of the Moving Panorama and Related Spectacles*（Cambridge, MA: MIT Press, 2013).

★76　Jess Stearn, *Elvis' Search for God* (Murfreesboro, TN: Greenleaf Publications, 1998), 19.

★77　Curtius, *European Literature*, 94（クルティウス『ヨーロッパ文学とラテン中世』一三一頁）.

★78　Jurgis Baltrusaitis, *Le miroir: Révélations, science-fiction et fallacies. Essai sur une légende scientifique* (Paris: Aline Elmayan and du Seuil, 1978), 204-9. 魔法の鏡に映った光景を論じる際、バルトルシャイティスは「反射光学的な受像機（*téléviseur catoptrique*）」というアナクロニスティックな表現を使っている（ユルギス・バルトルシャイティス『鏡』谷川渥訳、国書刊行会、一九九四、三〇七－三一六頁）。

★79　Geoffrey Batchen, *Burning with Desire: The Conception of Photography* (Cambridge, MA: MIT Press, 1997), 31-36（ジェフリー・バッチェン『写真のアルケオロジー』前川修・佐藤守弘・岩城覚久訳、青弓社、二〇一〇、五三－六一頁）. 例外の一つがティフェーニュ・ド・ラ・ロシュの寓意小説『ジファンティー』（一七六〇）（ティフェーニュ・ド・ラ・ロシュ「ジファンティー」田中義廣訳、『ユートピア旅行記叢書 13』岩波書店、一九九七）である。この小説では、荒れ狂う外の海景をその場に忠実に映し出す、カメラ・オブスクラのような窓のついた広間が描写されている。

★80　Huhtamo, "Cyborg Is a Topos," and "Pockets of Plenty: An Archaeology of Mobile Media," in *The Mobile Audience*, ed. Martin Rieser (Amsterdam: Rodopi, 2011), 23-38. ビル・ジェイとロルフ・H・クラウスのような慣習にとらわれない写真史家たちによる著作は、メディア考古学にとって興味深い資料を発掘している。以下のジェイのウェブサイトを見よ。www.billjayonphotography.com/（情報取得日二〇〇九年三月八日）。

★81　Erkki Huhtamo, "Time Machines in the Gallery: An Archeological Approach in Media Art," in *Immersed in Technology: Art and Virtual Environments*, ed. Mary Anne Moser (Cambridge, MA: MIT Press, 1996), 232-68.

★82 Claude Lévi-Strauss, *Le cru et le cuit* (Paris: Plon, 1964), 20（クロード・レヴィ＝ストロース『生のものと火を通したもの』早水洋太郎訳、みすず書房、二〇〇六、二〇頁）. 厚紙を切り抜いて作った等身大の警察官の人形《ひとがた》が万引きを心理的に抑止するためにスーパーマーケットで使用されるが、それはバロック時代にすでに知られていた伝統（貴族の邸宅で盗人をぎょっとさせたり、ゲストを驚かせたりするのに使用された）を再現／再演している。広告する側も消費者側もこの隠れたつながりには気がついていないのかもしれない。アミューズメントパークには着色された等身大の人形《ひとがた》が置かれ、顔を差し込んで写真撮影ができるようになっている（アミューズメントパークに先行してそうした人形《ひとがた》が置かれたのが写真家のスタジオである）が、それも同じ伝統のヴァリエーションの一つである。

★83 アトラクション文化の議論が開始されたのは、一九八〇年代初頭の初期映画研究の文脈においてである。Tom Gunning, "The Cinema of Attraction: Early Film, Its Spectator and the Avant-Garde," *Wide Angle* 8 (Fall 1986): 63-70.

★84 「ＴＶ番組に出ている人たちはテレビのなかに住んでいる」というテーマで、ウェブサイト「I Used to Believe: The Childhood Beliefs Site」に寄せられた投稿（日付なし。www.iusedtobelieve.com/media/tv/people_on_live_in_it/（情報取得日二〇〇九年八月一四日）。

★85 メディア考古学は民俗学の成果を活かすことができる。Linda Dégh, *American Folklore and the Mass Media* (Bloomington: Indiana University Press, 1994). メディア考古学と民俗学が手をとりあえば、現代の文化における中世趣味の流行という問題に取り組むことができる。中世趣味はヴィデオゲームに大衆文学などのメディア文化の局面で姿を現わしているのだ。Eddo Stern, "A Touch of Medieval: Narrative Magic and Computer Technology in Massively Multiplayer Computer Role-Playing Games," in *Computer Games and Digital Culture Conference Proceedings*, ed. Frans Mäyrä (Tampere: Tampere University Press, 2002), www.eddostern.com/texts/Stern_TOME.html.

★86 本論考執筆時には、そのリストの更新は「止まっていた《デッド》」。作業用メモが残されている既存のデータベース（www.deadmedia.org/, accessed Marc 9, 2009）は現時点ではオフラインであるが、「将来的には」オンラインに戻ることが見込まれている（編訳者註：二〇一五年一月一〇日現在ではオンライン）。

★87 www.visual-media.be/（情報取得日二〇〇九年八月一四日）.

★88 そのサイトは進化して Push Click Touch (http://www.pushclicktouch.com/blog/) になった。

第3章　異文化間のインターフェース――西洋びいきのメディアの歴史を修正するために

★1　このテクストは、二〇〇七年一二月一七日にベルリンの世界文化館で開催された「リ＝プレイス：メディア、アート、サイエンスおよびテクノロジーの歴史についての会議」での口頭発表原稿を改訂したものである。

★2　Reproduced in David Robinson (*The Lantern Image. Iconography of the Magic Lantern 1420-1880* (Nutney, East Sussex: The Magic Lantern Society, 1993) 38). この版画を出版したのは、ロンドンのオールド・ボンド・ストリート一八番のH・ハンフリーである。

★3　Albert S. Roe, "The Demon behind the Pillow: a Note on Erasmus Darwin and Reynolds," *Burlington Magazine*, Vol. 113, No 821 (1971), 468.

★4　マジックランタンの初期の歴史に関してはDeac Rossell, "Magic Lantern: a History, part I" (Stutrgart: Füsslin Verlag, 2008).

★5　私の知る限り、それ以外にマジックランタンが中国で用いられた可能性に関して手がかりとなる情報はない。マジックランタンに関しては何かしらかの伝統は発展したのだろうか？　中国の興行師たちに受け入れられたのだろうか？　中国で今までにマジックランタンが製造されたことはあったのだろうか？　こうしたことは埋めるべき欠落の一つである。

★6　Quoted in Laurent Mannoni, *The Great Art and Light Shadow. Archaeology of the Cinema*, trans. Richard Crangle (Exeter. University of Exeter Press, 2000, orig. 1994), 73. マジックランタンは、グリマルディ神父が「その帝国のすべての大人《たいじん》」をびっくりさせるのに使用した「光学の驚異」の一つにすぎなかった。

★7　マノーニによれば、グリマルディはライプニッツと文通していたため、マジックランタンとカメラ・オブスクラの両方を中国の宮廷に持ち込んだかもしれない。持ち込まれたとすれば一六七一年から一六七二年頃のことであり、グリマルディが当時の中国の首都を最初に訪れた時期に相当する（Mannoni, 48）。

★8　デンマーク人のヴァルゲンシュタインとオランダ人のホイヘンスは、マジックランタンを一番最初に使用した人々である（ホイヘンスは、一六五九年以前のある時点でマジックランタンを発明した、としばしば考えられている)。この両者と知り合いであったピエール・プティは、マジックランタンを「恐怖のランタン」と名づけた(Mannoni, 48)。

★9　この匿名の筆者が「ファンタスマゴリア」ということばを、通常のマジックランタンを表わす総称的な用語として使用した可能性もある。一八二一年頃、イギリスのフィリップ・カーペンターが「改良版ファンタスマゴリアランタン」を紹介しているが、それにはファンタスマゴリアであれば備えていた特別な器具(ファンタスコープ)がついていなかった。ファンタスマゴリアに関してさらに知りたい場合は、Mervyn Heard, *Phantasmagoria: The Secret Life of the Magic Lantern* (Hastings East Sussex: The Projection Box, 2006). ハードの著作に関する私の批判的註釈も見よ。"Ghost Notes: Reading Mervyn Heard's *Phantasmagoria: The Secret Life of the Magic Lantern*," *The Magic Lantern Gazette*, Vol. 18, No. 4 (Winter 2006), 10-20.

★10　Anon., *Sketches of Persia, from the Journals of a Traveller in the East,* Vol. II (London: John Murray, 1827), 180.

★11　*Sketches of Persia,* 183.

★12　Jack Goody, *The Theft of History* (Cambridge: Cambridge University Press, 2006).

★13　Goody, 304. このようなヨーロッパ中心主義は、二〇〇七年にベルリンで開催されたカンファレンス「リ＝プレイス」で、ツィーリンスキーを招聘して行なわれたレクチャーのなかにさえ――知らず知らずのうちに――存在していた。ツィーリンスキーは研究を「東方と南方へと歩を進める」必要性を訴えたが、この訴えでは暗黙のうちにヨーロッパが中心とされている。

★14　Goody,1.

★15　Joseph Needham, *Science and Civilisation in China* (Cambridge: Cambridge University Press, 1954-, seven volumes projected, latest to date: Vol. VII, Pt. 2004)(ジョゼフ・ニーダム『中國の科學と文明』全一一巻、思索社、一九七四―一九八一).

★16　Goody, 148-153.

★17　A. C. Graham, "China, Europe, and the Origins of Modern Science: Needham's The Great Titration," in *Chinese Science. Explorations of an Ancient Tradition*, ed. Shigeru Nakayama and Nathan Sivin (Cambridge, Mass: The MIT Press, 1973), 47.

★18　中山茂が言及しているように、ニーダムはキリスト教の一神教的伝統のインパクトも強調している。キリスト教の一神教的伝統では、人間的自然法と自然の法則の起源は共通すると見なされる。一神教と絶対君主制のもとで「自然の法則の探究は、自然法への服従と同様に、その重要性を増大させた」(Shigeru Nakayama, "Joseph Needham, Organic Philosopher," in *Chinese Science* 41)。多神教であったギリシアでの科学はどうであったか、と中山は問うている。

★19　Asa Briggs and Peter Burke, *A Social History of the Media: From Gutenberg to the Internet* (Oxford: Blackwell / Polity, 2002).

★20　Timon Screech, *The Lens Within the Heart: The Western Scientific Gaze and Popular Imagery in Later Edo Japan* (Honolulu: University of Hawaii Press, 2002, orig. 1996), 1（タイモン・スクリーチ『大江戸視覚革命——十八世紀日本の西洋科学と民衆文化』田中優子／高山宏訳、作品社、一九九八、八頁).

★21　スクリーチは日本のマジックランタンについては言及しているが、写し絵は取り上げていない。写し絵に関する手引きとしては、早稲田大学の草原真知子教授による素晴らしいウェブサイト（http://plaza.bunka.go.jp/bunka/museum/kikaku/exhibition02/english/index-e.html）を参照のこと。このウェブサイトには、私の小論 "Utsushi-e, The Japanese Magic Lantern Show" もアップされている。写し絵はほとんど絶滅寸前の伝統であったが、近年では劇団みんわ座（東京）などにより復元されている。

★22　この点をしきりに取り上げてきたのが、著名な日本人現代アーティストの村上隆である。自身の作品と彼に影響を与えてきた日本のポピュラーカルチャーの両方と関連させて、村上はこの点に言及している。村上隆『Superflat』マドラ出版、二〇〇〇。

★23　Adam L. Kern, *Manga From the Floating World, Comicbook Culture and the Kibyoshi of Edo Japan* (Cambridge, Mass and London: Harvard University Press, 2006）では、日本のマンガには長く豊かな歴史があり、日本の視覚文化に深く根ざしていることが示されている。きわめて豊富な資料によって裏打ちされているカーンの著作は、メディア文化という学問に一つのモデルを与えてくれてもいる。

★24　*The New Historicism*, ed. H. Aram Veeser (New York and London: Routledge, 1989).

★25　Goody, 3, 287.

★26　Eric Michaels, *Bad Aboriginal Art, Tradition, Media, and Technological Horizons* (Minneapolis: University of Minnesota Press, 1994). 視覚人類学についてのより一般的な手引書としては Sol Worth, *Studying Visual Communication* (Philadelphia: University of Pennsylvania Press, 1981).

★27　Victor H. Mair, *Painting and Performance. Chinese Picture Recitation and its Indian Genesis* (Honolulu: University of Hawaii

Press, 1988).

★28 「映す習慣《スクリーン》」という概念を案出したのは、チャールズ・マッサーである。Charles Musser, *Emergence of the Cinema: The American Screen to 1907*, *History of the American Cinema*, vol. I (Berkeley and Los Angeles: University of California Press, 1994), chapter one "Toward a History of Screen Practice."

★29 この問題は、拙著『イリュージョンズ・イン・モーション』(MIT Press, 2013) で論じている。以下の拙論は同書よりは短いものの、それに先行してこれらの繋がりを取り上げている。Erkki Huhtamo, "Peristrephic Pleasures, or The Origins of the Moving Panorama," in *Allegories of Communication: Intermedial Concerns from Cinema to the Digital*, edited by Jan Olsson and John Fullerton (Rome: John Libbey Publishing, 2004), 215-248.

★30 視覚表象を含む、さまざまなソースから筆者自身が収集した情報に基づく。

★31 Screech, *The Lens Within the Heart*, 121（『大江戸視覚革命』二五五頁）.「覗きからくり」は peepshow box の和名である。

★32 覗きからくりの広がりに関していくつか手がかりを与えてくれるのが、Richard Balzer, *Peepshows. A Visual History* (New York: Abrams, 1998).

★33 ジャワの影絵の社会的・宗教的・文化的意味に関しては Ward Keeler, *Javanese Shadow Plays, Javanese Selves* (Princeton, New Jersey: Princeton University Press, 1987).

★34 Raymond Williams, *Keywords* (London: Fontana, 1984, orig. 1976), 203-204（レイモンド・ウィリアムズ『完訳キーワード辞典』椎名美智ほか訳、平凡社ライブラリー、二〇一一、二〇三頁）. ウィリアムズにとっては、「メディア」という概念は、二〇世紀中葉に「放送がコミュニケーションにおける重要度で新聞と肩を並べるようになったころ、広く使われるようになった」。一九世紀半ばから複数形も使われるようになったが、メディアということばは「おそらく」新聞を広告の媒体《メディウム》とする文脈のなかで盛んに使われるようになった。

★35 以下の拙論参照。Erkki Huhtamo, "The Pleasures of the Peephole: An Archaeological Exploration of Peep Media," in *Book of Imaginary Media: Excavating the Dream of the Ultimate Communication Medium*, Edited by Eric Kluitenberg (Rotterdam: NAi Publishers, 2006), 74-155.

★36 ジョナサン・クレーリーは、ウィリアム・ホガース《サザックの縁日》（一七三〇年頃）を分析し、覗きからくり箱は縁日のアトラクションの一つとして存在していた、と述べている。クレーリーにとっては、それは仕切られてプライヴェート化する近代の観客のありよう《スペクテイターシップ》の進展と、カーニヴァルの衰退を指し示している。だが、クレーリーは覗きからくりはさまざまな文化にまたがっているという点を無視し、西洋のコンテクストでしか覗きからくりを扱っていない。一九世紀のインドの村や一九五〇年代の日本の縁日で展示されていた覗きからくりも、外界とは切り離された近代の観客のありようの到来を告げていると主張するのは道理に適っているだろうか？　一八世紀の縁日の覗きからくりの観客は、クレーリーが考えるほど、周りの「カーニヴァル」からは切り離されていなかったのかもしれないのだ。覗きからくりの経験は瞬間的であり、覗きからくりの外側から聞こえてくる音は「カーニヴァルとの」一体感を生み、覗く側同士の身体が触れ合うことは当たり前であった。これらが要因となって、覗く経験はカーニヴァルといつも緊密に結びついていたのである。従前どおり、クレーリーの議論にはこのような文化的要因を考慮しないという難点がある。以下を参照。Jonathan Crary, "Géricault, the Panorama, and Sites of Reality in the Early Nineteenth Century," *Grey Room*, 09 (Fall 2002), 7-8.

★37　多くの覗きからくり箱の外側には「見どころ広告」が描かれており、どんなものごとが箱のなかで待ち構えているかわかるようになっていた。こうした習慣は、他の「アトラクションの文化」の形式とも関連する。例えば、大型掲示板に加え、屋外市のテントの外側にぶら下がっている広告、および、やがて映画館の入り口に掲げられるようになるポスターなどである。現代のメディア文化では覗くことがさまざまなかたちをとって現われているが、それに関してはClay Calvert, *Voyeur Nation. Media, Privacy, and Peering in Modern Culture* (Boulder, Colorado: Westview Press, 2004).

★38　影絵がヨーロッパに輸入されたのは、一七世紀後半以降で、おそらくイタリアを経由してのことであった。ヨーロッパでは、影絵は商業的な見世物および最終的には家庭での気晴らしというより明確な形式をとるようになった。

★39　そうした複雑さを分析した論考としてはWard Keeler, *Javanese Shadow Plays, Javanese Selves* (Princeton: Princeton University Press, 1987).

★40　Wu Hung, *The Double Screen. Medium and Representation in Chinese Painting* (London: Reaktion Books, 1996)（ウー・ホン『屏風のなかの壺中天——中国重屏風のたくらみ』中野美代子訳、青土社、二〇〇四）. また以下も参照。Craig Clunas, *Pictures and Visuality in Early Modern China* (Princeton: Princeton University Press, 1997).

★41　西洋のスクリーン概念に関してはAnne Friedberg, *The Virtual Window* (Cambridge, Mass: The MIT Press, 2007)（アン・フリードバーグ『ヴァーチャル・ウィンドウ——アルベルティからマイクロソフトまで』井原慶一郎／宗洋訳、産業図書、二〇一二).

★42　メディアとその土地固有の伝統を架橋するアーティストたちによって、一つの答えが出されている。インドネシアのアーティストであるヘリ・ドノの作品が好例である。ドノのアートは、ワヤンと呼ばれるインドネシアの伝統的な影絵芝居を、現代のメディアと組み合わせている。

★43　Siegfried Zielinski, *Deep Time of the Media. Toward an Archaeology of Hearing and Seeing by Technical Means*, trans. Gloria Custance (Cambridge, Mass: The MIT Press, 2006, orig. 2002).

★44　ジャック・グッディによる現在のカルチュラル・スタディーズ批判をどうしても引用しておきたい。それはメディア研究にも当てはまるだろう。「カルチュラル・スタディーズという領域は、イギリスとアメリカどちらにおいてもめちゃくちゃな状態にある。後者で土台となっているテクストは、西洋の、それもたいていの場合、フランスを中心とした哲学者によって書かれたものに事実上限定されている。哲学者たちは、自身の内部での省察や他の哲学者たち、すなわち、近代の都市社会の代表者たちに関する見解以外には、多くのデータを提供することなしに生について意見を述べている。そうした意見の大部分のレヴェルは、話し合いを始めるのに人が本当に必要だと感じる情報が存在しているレヴェルと同じではない」(Goody, 305)。

★45　グナラン・ナダラヤンの論考は、こうした方面を切り開くのを手助けしてくれる。Gunalan Nadarajan, "Islamic Automation: A Reading of al-Jazari's *The Book of Knowledge of Ingenious Mechanical Devices* (1206)," *MediaArtHistories*, edited by Oliver Grau (Cambridge, Mass: The MIT Press), 163-178.

★46　当然のことながら、比較メディア史は比較文化研究の領域で行なわれている研究を活用できる。カルチュラル・スタディーズのスピンオフである、ＭＩＴの比較メディア研究のカリキュラムも、「メディアの形式、理論の領域、および文化的コンテクストを横断しながら考えること」を奨励しようとはしているが、その主たる目的はメディア史ではない（www.cms.mit.edu を参照)。

第4章　「世界はみな、一つの万華鏡」――メディア文化揺籃期へのメディア考古学的見通し

★1　今日における万華鏡の生産・収集および強迫観念じみた万華鏡趣味についてはhttp://www.thekaleidoscopebook.com/thescopebook/（情報取得日二〇一三年二月二日）.

★2　Jonathan Crary, *Techniques of the Observer. On Vision and Modernity in the Nineteenth Century* (Cambridge, Mass: The MIT Press), p. 113（ジョナサン・クレーリー『観察者の系譜』遠藤知巳訳、以文社、二〇〇五、一七〇頁）.

★3　Ibid., pp. 113-114（同邦訳、一七〇－一七二頁）.

★4　Arnaud Maillet, "Kaleidoscopic Imagination," trans. Phoebe Prioleau and Elaine Briggs, *Grey Room*, No. 48 (Summer 2012), p. 51.

★5　拙著参照。*Illusions in Motion: Media Archaeology of the Moving Panorama and Related Spectacles* (Cambridge, Mass: The MIT Press, 2013).

★6　*Media Archaeology: Approaches, Applications and Implications*, ed. Erkki Huhtamo and Jussi Parikka (Berkeley: University of California Press, 2011).

★7　以下の拙論を見よ。"Dismantling the fairy Engine: Media Archaeology as Topos Study," in *Media Archaeology*, pp. 27-47［本書第2章］.

★8　イギリスの特許No. 4136（一八一七）。最初の特許は「エジンバラのデイヴィッド・ブリュースター卿の発明明細書。万華鏡と呼ばれる、美しいかたちとパターンを表わし生み出す光学器具について。装飾芸術すべてに関して大きな有用性を発揮する」（一八一七年七月一〇日付け）として、*The New Monthly Magazine*, Vol. VIII, No. 47 (Dec. 1, 1817), pp. 444-445で開示された。後には他の出版物でも開示される。ブリュースター万華鏡協会のウェブサイト（www.brewstersociety. com、最終訪問日二〇一三年二月五日）にアップされている現代風の写しはブリュースターの特許文書それ自体ではなく、ブリュースターが二カ月以内に提出しなければならなかった、追加の発明明細書（一八一七年八月二七日付け）である。

★9　David Brewster, *A Treatise on the Kaleidoscope* (Edinburgh: Printed by J. Ruthven & Sons for Archibald Constable & Co. Edinburgh; and Longman, Hurst, Ress, Orme & Brown; and Hurst, Robinson, & Co. London, 1819)

★10　A. D. Morrison-Low, "Brewster and Scientific Instruments," in *'Martyr of Science': Sir David Brewster 1781-1868*, ed. A. D.

Morisson-Low and J. R. R. Christie (Edinburgh: The Royal Scottish Museum, 1984), p. 60. ブリュースターの初期の研究に関してはG. N. Cantor, "Brewster and the Nature of Light," ibid., pp. 67-76.

★11　David Brewster, *A Treatise on New Philosophical Instruments, for Various Purposes in the Arts and Sciences. With Experiments on Light and Colours* (Edinburgh: Printed for John Murray, London and William Blackwood, Edinburgh, 1813).

★12　ブリュースター、発明明細書、*The New Monthly Magazine*, Vol. VIII, No 47 (Dec. 1, 1817), p. 444.

★13　David Brewster, *The Kaleidoscope. Its History, Theory, and Construction with its Application to the Fine and Useful Arts*, Second Edition, Greatly Enlarged (London: Jon Murray, 1858).

★14　ブリュースター、発明明細書、*The New Monthly Magazine*, Vol. VIII, No 47 (Dec. 1, 1817), p. 444.

★15　*Method of Using the Patent Kaleidoscope* (Edinburgh: Ruthven&Sons, 1818), p. 5 (UCLA Young Research Library Special Collections). その著者の名前は記載されていないが、ブリュースターであることにはほとんど疑いがない。

★16　Ibid., p. 6.

★17　Brewster, *A Treatise on the Kaleidoscope*, p. 6.

★18　Morrison-Low, "Brewster and Scientific Instruments," p. 61.

★19　Mrs. [Margaret Maria] Gordon, *The Home Life of Sir David Brewster* (Edinburgh: Edmonston and Douglas, 1870, orig. 1869), p. 97. ブリュースターの娘の言うことは、全面的に真実というわけではないかもしれない。ブリュースター家を知悉していたエリザベス・グラントは、その自伝（一八九八）のなかで、万華鏡は莫大な経済的成功をもたらしはしなかったかもしれないが、ブリュースター一家が万華鏡から得た収入で家を新築したことを示唆している。Quot. Morrison-Low, "Brewster and Scientific Instruments, " pp. 61-62.

★20　Brewster, *A Treatise on the Kaleidoscope*, p. 7.

★21　Quot. Mrs. [Margaret Maria] Gordon, *The Home Life of Sir David Brewster* (Edinburgh: Edmonston and Douglas, 1870, orig. 1869), p. 98.

★22　Gordon, *The Home Life*, pp. 100-101.

★23　Morrison-Low, "Brewster and Scientific Instruments," p. 61.

★24　*Description and Use of the Instrument now called a Kaleidoscope, as Published by its original Inventor, Richard Bradley, F. R.S. profes-*

sor of Botany to the University of Cambridge (London: Printed for E. L. Simmons, Finsbury Pavement; and Sold by Darton, Harvey, and Co. Gracechurch Street, 1818, 14 pages). シモンズは、一八四八－四九年頃、ポータブルの湿度計でいくぶんか注目された人物と同一人物かもしれない。

★25 Ibid., p. 9

★26 このパラグラフにおける引用の出典はIbid., p. vi [in text, iv]-vii.

★27 Ibid., p. 14.

★28 "Account of the Improvements in Physical Science during the Year 1815," *Annals of Philosophy*, Vol. VII, no. 1 (Jan. 1816), pp. 1-71 (on Brewster, pp. 4-8) で、トムソンはブリュースターの光学的発見についてかなり詳細に説明を行なっている。

★29 Brewster, *A Treatise on the Kaleidoscope* (Edinburgh, Archibald Constable & Co., 1819). それとよく似た論文 "History of Dr Brewster's Kaleidoscope, with Remarks on its Supposed Resemblance to Other Combinations of Plain Mirros" が *Blackwood's Edinburgh Magazine*, Vol. III, No. XV (June 1818), pp. 331-337 に掲載されている。

★30 *Annals of Philosophy*, July 1818, p. 63.

★31 Jurgis Baltrusaitis, *Le miroir: Révélations, scienc-fiction et fallacies. Essai sur une legende scientifique* (Paris: Elmayan – Le Seuil, 1978), pp. 19-33（ユルギス・バルトルシャイティス『鏡——科学的伝説についての試論、啓示・SF・まやかし』谷川渥訳、国書刊行会、一九九四、二四－四六頁）.

★32 Brewster, *A Treatise on the Kaleidoscope* (1819 ed.).

★33 Ibid.

★34 Sir David Brewster, *Letters on Natural Magic, addressed to Sir Walter Scott, Bart.* (London: John Muray, 1833).

★35 Yelin, Julius Conrad von, *Das Kaleidoscop, ein Baierische Erfindung* (München: Karl Thienemann, 1818).

★36 Ibid., pp. 4-5, 13-14.

★37 Ibid., pp. 6-8. In *Wochentliche Anzeiger für Kunst und Gewerbfleiss im Königreiche Baiern*, No. 40 (Oct. 5, 1816), p. 625.

★38 *The Edinburgh Review*, No. LXIV (October 1819), p. 369.

★39 *The Atheneum; or, Spirit of the English Magazines*, Vol. 3, No. 11 (Sep 1, 1818), p. 431.

★40 「万華鏡について」("On the Kaleidoscope") という論文の存在が、*The American Monthly Magazine and Critical Review*,

Vol. 3, No. 4 (Aug, 1818), p. 314で報告されており、引用されている。

★41 Ibid. 大万華鏡（Kaléidoscope Géant）と呼ばれるデヴァイスがショセ＝ダンタン通りに面した娯楽場のティヴォリ公園で公開展示されたが、それはおそらく別ものであろう。

★42 Ibid.

★43 A. L. Millin, "Instrument d'optique: Le Multiplicateur français, ou Notice sur le Kaleidoscope ou lunette française, transfigurateur, etc.; par l'ingénieur Chvallier," *Esprit des Journaux, Nationaux et Étrangers, Journal Encyclopédique* (Bruxelles: Weissenbruch), Tome XII (Mars 1818), pp. 63-66 (quot. 65-66). 著者訳。

★44 手書きの特許のコピー。筆者のアーカイヴより（特許番号なし）。申請が行なわれたのは一八一八年五月二九日である。他の二つの特許の所有者の名はアラールとウィンザー（Jr.）である。J. R. Armonville, *La clef de l'industrie et des sciences qui se rattachent aux arts industriels* (Paris: auteur & Madame Huzard, 1823), p. 23. ジェッカーなる光学器械商が「変様鏡」なる万華鏡を製造したと言われている。それがジルーが特許を取得した当の品かどうかは不明である。C. L. Lesur, *Annuair historique, ou Histoire politique et littéraire de l'année 1818* (Paris: Fantin, Delaunay, et . al., 1819), p. 540.

★45 L. C. D. G., *Mémoire sur la construction et de la théorie du Symétrisateur* (Paris: Delaunay, 1818). その著者は名を明かしていないが、多作な作家シャルル＝ルイ・カデ・ド・ガシクールであったかもしれない。〈相称鏡〉とはその本のタイトルとしてのみ考案されて、実際に対応する製品はなかったのかもしれない。

★46 *The New Monthly Magazine*, Vol. XII, No. 68 (Sept. 1, 1819), p. 164.〈ポリメタモルフ〉は、ドゥー＝セーヴル地方ニヨール市トルス通り二二二番地のデスタン氏に売り渡された。*Journal des Deux-Sèvres*, No. 26 (June 17, 1818), p. 206.

★47 *The Philosophical Magazine and Journal*, Vol. 51, p. 454.

★48 "The New Mania," *The Atheneum; or, Spirit of English Magazines* (Boston: Munroe and Francis), Vol. 3, No. 8 July 15, 1818), p. 319.

★49 それはコンメディア・デッラルテとそのラッツィ（Lazzi）で見られるキャラクターに立ち戻っているかのようである（トム・ガニング教授の助言に感謝する）［編訳者註：ラッツィとはコンメディア・デッラルテで使用される、類型化されたコミカルな身振りややりとりのこと］。

★50 Thomas Frognall Dibdin, *A Bibliographical Antiquarian and Picturesque Tour in France and Germany*. Vol. II (London: Printed for the Author by W. Bulmer and W. Nicol, 1821), pp. 76-77.

★51 An Amateur, "On Angling," *Colburn's New Magazine*, July 1, 1820, p. 18.

★52 [J. H. Reynolds,] *The Press, or Literary Chit-chat* (London: Lupton Relfe, 1822), p. 98.

第５章　愉快なスロット、困ったスロット――アーケードゲームの考古学

★1　本章で私は「エレクトロニックゲーム」と「エレクトロニックゲーミング」という考えを概念的な傘として使用し、「アーケードゲーム」、「ヴィデオゲーム」、「コンソールゲーム」、「テレビゲーム」、そして「コンピュータゲーム」としてさまざまに言及される現象を包括的に扱っている。これらの術語の使用には大混乱が生じているのだ。私の理解では、「アーケードゲーム」は、公共のゲームセンターや施設でプレイされる、独立型《スタンド・アローン》のゲーム（専用のキャビネットに収められている）である。「ヴィデオゲーム」という用語で私が意味するのは、ブラウン管、たいていの場合はＴＶセットと繋がった専用のコンソールを使ってプレイするゲームのことである。「コンソールゲーム」と「テレビゲーム」という概念は、多かれ少なかれ、「ヴィデオゲーム」と同義である。「テレビゲーム」は日本でよく使われる。「コンピュータゲーム」は、オフラインかオンラインの状態で、パソコンを使ってプレイするゲームのことである。これらのカテゴリー同士は重なっている部分が多い。非常に多くのゲームがアーケード、コンソール、そしてパソコンでもプレイできる。「エレクトロニックゲーム」に代えて「デジタルゲーム」という用語を使うこともできるが、前者のほうが文化的により定着しているように思われる。この分野の中軸産業的イヴェントとしては、エレクトロニック・エンターテインメント・エキスポ（Electronic Entertainment Expo）（略称Ｅ３、開催地ロサンゼルス）が知られている。このイヴェントは、前インタラクティヴ・デジタルソフトウェア協会（Interactive Digital Software Association）（ＩＤＳＡ）、現エンターテインメントソフトウェア協会（Entertainment Software Association）（ＥＳＡ）により主催されている。これは「エレクトロニック」と「デジタル」ということばは相互に入れ替えられるということをいっそう強調しているかのようだ（とはいえ、両者のことばは同一のものごとを意味しているわけでは決してない）。ゲーム産業は、「ゲーム」ということばを「エンターテインメント」ということばに取り替える兆しをますます

多く見せるようになっている。

★2　「ブレイクアウト」は、当初はアーケードゲームとして一九七六年にアタリからリリースされ、後にコンソール版として発売された。よく知られたストーリーによれば、アタリは、友人であるスティーヴ・ジョブズのリクエストを受けたスティーヴ・ウォズニアックにより、四昼夜で設計《デザイン》されたと言われている。アタリの創設者ノーラン・ブッシュネルから「ポン」の流れを汲む新しいゲームを設計するよう、ジョブズは言われていたのだ。「ブレイクアウト」の目的は、スクリーン下部を水平に動くバーを使いレンガを一個ずつゆっくりと消して、レンガの壁（スクリーン上部にある）を破壊することであった。ジョブズとウォズニアックはアップルコンピュータの創設者となった（Van Burnham, 2001, p. 137）。「ブレイクアウト」制作を巡る伝説に関しては、Steven L. Kent, 2001, pp. 71-73.

★3　『ミクロ世界の巡礼者』以前に、サドナウは *Studies in Social Interaction*, 1972 というアカデミックなアンソロジーをすでに出版し、*Ways of the Hand: The Organization of Improvised Conduct*, 1978（デヴィッド・サドナウ『鍵盤を駆ける手——社会学者による現象学的ジャズ・ピアノ入門』徳丸吉彦ほか訳、新曜社、一九九三）で高く賞賛されていた。それは『ミクロ世界の巡礼者』を予期させるものであった。この著作中で、サドナウはピアノを弾く自身のプロセスを綿密に記述し、概念化しているのだ。サドナウは自身のモットーとして、ハイデガーを引いている。「手のどんな動きも、そのすべての動きにおいて、思索という場を貫いて自らを運び、その場の中で自らを生み出す」（p. ix）。『鍵盤を駆ける手』は近年改訂版で再版された（二〇〇一）が、『ミクロ世界の巡礼者』も同様に再版に値する。

★4　グレアム・ウェンブレンのおかげで、私はサドナウの著作へと眼を向けることができた。記して感謝を示したい。

★5　この語りのルールに従っていないものとして、デマリアとウィルソンは「スペースウォー！」のコイン式ヴァージョンである「ギャラクシー・ウォー」に触れている。「ギャラクシー・ウォー」は、一九七〇年代初頭にスタンフォード大学のキャンパスに現われた。「ギャラクシー・ウォー」は「コンピュータスペース」と「ポン」よりもずっと前にプレイできたかもしれないので、それが最初のアーケードヴィデオゲームになるかもしれない、とこの著者たちは考えている。だが、決定的な証拠は挙げられていない（DeMaria & Wilson, 2002, p. 13）。ベアはヴァン・バーナムの『スーパーケード（*Supercade*）』（二〇〇一）と、Wolf, 2001 に序文を寄せているのだが、それは創始の父としての彼の神話化されたステータスをいっそう強化している。

★6　「スペースウォー！」を巡る文化に関して、S. Brand, 1974 は価値ある希有な説明を早い時期に行なっている。

★7　Herman, 1998, 6-7; Burnham, 2001, 28; DeMaria & Wilson, 2001, pp. 10-11.「テニス・フォー・トゥー」は、小さなオシロスコープの画面に表示され、アナログコンピュータによって作動した。ジョイスティック以前のコントローラーである特殊なコントロールボックスが二つ、それ用に作り出された。ケントはゲームにおけるヒギンボーサムのゲームの地位をさっさと退けてしまう。というのも、それは孤立状態にあったケースで、インパクトがなかったためである。ヒギンボーサムのゲームは、スティーヴ・ラッセル(「スペースウォー!」の開発者)やラルフ・ベア(マグナボックス社のオデッセイの考案者)といったパイオニアたちには知られていなかった(Kent, 2001, p. 18)

★8　今までのところ、ケントの著作が最も徹底的な年代記である。それは、五〇〇を超えるゲームデザイナー、プロデューサー、経営陣たちとの独自のインタヴューを基にした、分厚く詳細な著作である。かなりの部分を直接的な発言に頼っており、いくぶんナイーヴな「ポリローグ」ではあるが。データ収集を主としたそれとは別の著作で、アーケードマシンとアーケードゲームに焦点を合わせているのがSellers, 2001である。そのタイトル中の「ファン」ということばは、この著者の立ち位置をきわめて如実に物語っている。セラーズはイントロダクションで次のように始めている。「僕がヴィデオゲーム初体験を済ませたのは六歳のときだったよ。そんなことでもなかったら、特に記憶にも残らない午後のことだった。場所は、ミシガンのグランドラピッズ市外にあるキャノンズバーグスキーエリア。やったのは〝ブレイクアウト〟。一九七七年初めのことだった。〝Mr.マウス〟と〝かばははらぺこ〟を超えた世界を探検する心の準備はできていたのさ」(p. 10)。この描写は宗教的回心の言説と類似性を備えている。

★9　ヨーロッパ人の寄稿者たち(ル・ディベルデールとプール)は、文化的にそして理論的に断然一番洗練されている。彼らはヨーロッパのゲーム産業にも紙幅をある程度割いているが、それはアメリカ人の書き手たちのアメリカ＝日本的な視野からは抜け落ちている観点である。

★10　マーク・J・P・ウォルフが気づかせてくれたように、ゲームを研究テーマにするのは難しい。映画やテレビ番組を検分することはたやすいが、ヴィデオゲームのあらゆるレヴェルを吟味することは時間のとられるタスクで、練習および特別なスキルがしばしば必要とされる。Wolf, 2001, p. 7を見よ。こうしたことが一つの理由となって、エレクトロニックゲームについての初期研究は「実体験的」なアプローチからは決定的に距離をとり、一般的な現象としてゲーミングを扱ったのかもしれない。研究者はゲーマーたち(たいていの場合は子ども)の肩越しにゲームを覗くのが関の山だったのだ。

★11　サドナウは家庭用コンソールで「ブレイクアウト」を（やりこむことで後天的に得た腕前を基に）極めようと試みていたのだが、それがもともとはアーケードゲームであったことに気づいたとき、彼はこの点を見抜いた。アーケードゲームの背後にある重要な原理とは、コインで動くというものであった。ゲーマーの腕前次第といったところはあるが、アーケードゲームには、ゲーマーが時折新しいコインを投入しなければならなくなるよう、ランダムなファクターも含まれていなければならない。ある意味で、「ブレイクアウト」を極めようというサドナウの目的は、最初からその方向を間違えていたのだ。こうしたことに影響を与えていたのは、サドナウのピアニストとしての背景である。ピアノの場合には、実際にある曲を練習してマスターできるし、その演奏を何度も繰り返すことができる。

★12　基本的なデータに関してはCosta, 1988（よく書けているが、残念なことに註がついてない）; Bueschel, 1998; Bueschel and Gronowski, 1993; Fey, 1997.

★13　とはいえ、以下を見よ。Slovin, 2001, p. 139. 次と比較せよ。Kent, 2001, pp.2-3.

★14　このプロセスに関してはGiedion, 1969による説明が信頼できる。

★15　風刺漫画家たちは、恐ろしい拷問器具に似た機械仕掛けの「写真家の椅子」も想像している。だが、被写体となる人間を機械仕掛けの装置に結わえつけるというアイディアは、現実に存在していた。写真家たちは、しばしば頭と首用のスタンドを使用して、撮影時に人々がじっとしていられるようにしたのだ。被写体を固化させるというアイディアは、収監者の写真ではそれ以上にはっきりと採用されている。被収容者たちは、写真を撮られてしまえば、身元確認と監視の一助になってしまうことを理解していた。ゆえに、彼らは頭を動かし、写真がぶれるようにした。そのために、収監者が身動きできないようにする革ひもつきの特製の椅子が作られたのだ。こうしたことは当然ながら電気椅子を思わせる。一八八〇年代に発明された電気椅子は、死刑宣告を受けた囚人を永久に身動きしないようにしたのだ。

★16　Rainbach, 1992. ドイツで女性会社員に応用された心理操作研究についてはGold and Koch, 1993.

★17　マレーとドムニーの研究は完全無欠の兵士、すなわち実戦向けの疲れを知らない殺人マシンの生産も目的としていた。二人は、フランス陸軍から十分な資金援助を受けていた。というのも、一八七〇－七一年の普仏戦争での敗戦後、フランス陸軍はその戦闘能力を改良する必要性を感じていたためである。マレーの研究に関してはBraun, 1992を見よ。

★18　非常にヴァラエティに富んだこれらのマシンを知るには、Bueschel, 1998を精読するのがよい。基礎的な情報がふんだんに詰まっており、何百枚ものカラー写真も掲載されている。コイン式装置《デヴァイス》の特許申請の数は、一八八三年には三件であったが一八八七年には一三九件になった、という点等をニック・コスタは述べている。一八九〇年代半ばまでに、そうした装置に関しては一〇〇〇件を超える特許の申請を、イギリス特許局は受けている（Costa, 1988, 11）。

★19　決まりをひっくり返すようなやり方でコイン式マシンを扱うことの歴史は、そのマシンそれ自体の歴史である。偽造コインの使用は最も広く知られた手口であるが、他にも数多くの手口があった。ハイスコアを狙うためにピンボールのキャビネットを傾けるといった周知の手口にいたるまで、さまざまなやり口が存在する。Costa, 1988, p.19を見よ。

★20　「オートマトン」ということばが、コイン＝オプに使用されていた。一八九五年には雑誌『自然（Du Natuur）』に次のように書かれている。「目下のところ、オートマトンたちがわたしたちのところに押し寄せてきている。こうした状況が続けば、あらゆる美術工芸がマシンによって制作される時代がやってくるだろう。そうしたマシンは、大きかろうが小さかろうが、コイン一枚で誰の言うことでも聞く」（quoted in Costa, 1988, p. 16）。誤った使い方が広まってしまったために、大半の自動式マシンはせいぜい安っぽい品を出したり、少額の報酬を支払ったりする程度であった。

★21　オートマトンの伝統を相続したもう一人は、同じくガラス板の後ろに置かれた、活動《アニメイテッド》ジオラマである。クリスマスシーズンには、多くのデパートがそれをショーウィンドウのなかに展示している。

★22　その歴史の概略に関してはCharbon, 1977. フォノグラフの背景に関してはGitelman, 1999.

★23　ギャンブルマシンの決定的な情報源はFey, 1997である。著者の祖父が、著名なスロットマシン製作者で発明家のチャールズ・フェイ（Charles Fey）なのだ。チャールズ・フェイ考案の独創的な「リバティ・ベル」（一八九九）は、今日まで続く無数のスロットマシンのひな形となった。

★24　ミュートスコープの発明についてはHendricks, 1964. その初期の歴史に関してはBueschel & Gronowski, 1993, pp. 91-100.

★25　手回し式を採用したのは特許を侵害するのを避けようとしたため、という理由で部分的には説明できるかもしれない。キネトスコープとミュートスコープは、主に一人の人間による成果である。その人物の名はウィリアム・ケネディ・ローリー・ディクソン、キネトスコープを開発した後、エジソンの会社を去った男である。エジソンは自らの電気テクノロジーの新たな応用法を模索していた。そのために、キネトスコープではフィルムを回すのに電動モーターが使用されたのかもしれない。ミュートスコープの原理はキネトスコープとは異なり、一八六〇年代以降知られていたフリップブックと同じであった。だが、ミュートスコープはキネトスコープよりも信頼されていたことも事実である。電気がきていない場所でも上映できたためである。キネトスコープが市場からすぐに姿を消した一方で、ミュートスコープは大成功を収め、それは一九五〇年代さらにはそのずっと後まで続いた。

★26　ヴィデオゲームの腕前という考えとインタラクティヴ・メディアに関してはWeinbren, 2002.

★27　Bueschel, 1998, p. 119. 二一世紀の衛生基準からすれば、一九世紀後半および二〇世紀初頭の空気吹込式マシンの流行は、ほとんど非現実的なほどである。

★28　ピンボールの歴史に関してはColmer, 1976.

★29　奇妙なことに、これは今日の南カリフォルニアにおける一風変わったジム文化と類似している。ジム会員はいろいろなマシンを使いエクササイズをしているのは確かなのだが、こうした振る舞いは、さまざまな象徴的な目的の役にも立っている。そうした目的には、意識されるものもあればそうでないものもある。ジムは自身の肉体を見せつける場所、社交の場、そしてビジネス上の関係を結ぶ場であるのだ。

★30　サンフランシスコのクリフハウスにあるミュゼ・メカニークに収蔵されているスロットマシンは働く女性たちの興味を引いたに違いない。それは運勢判断マシンとして機能する自動式タイプライターなのだ。一日中タイプライターに縛りつけられた女性が、このマシンの投入口にコインを挿入する姿が容易に想像される。彼女は他に何もしなくてよい。そのタイプライターが彼女のために自動でタイプを行なってくれるのだ。

★31　重要な例となっているのが、「波止場の〈生きた写真〉1912」というキャプションのついた写真である。波止場の上に四台のミュートスコープが並んでいて、二人の女性がそのマシンを覗き込んでいるところが写されている。

★32　キング・ヴィダーの古典的サイレント映画『群衆』（一九二八）では、働く女性たちが嬉々として新しい機械仕掛けのアミューズメントに夢中になるさまが生き生きと映し出されている。Coe & Gates, 1977, 90.

★33　テーマパークの乗り物《ライド》に関してはHuhtamo, 1995, pp. 159-186.

★34　インターナショナル・ミュートスコープ・リール・カンパニーは、おそらく一九二〇年代もしくはそれ以降のいずれかの時点で、子どもでもマシンを使用できるように、特製の「子ども用スタンド」を製造し出した。あくまで特別な付属品とはいえ、そうしたスタンドが販売されていることは、その会社が潜在的なユーザーとしての子どもの重要性を認め出したということを示している。

★35 風刺漫画のなかでは、コイン＝オプはありとあらゆる仕事をやってのけることができるようだ。グラフィックアーティストとユーモア作家たちは、「自動式歯医者」「自動式精神洗浄機」「自動式調停機」「自動式温水洗面台」などを考案した。人々がこうしたマシンを試しては、群衆に笑われているところも彼らは描いている。例えばCosta, 1988, pp. 14,10を参照。

★36 冬季のあいだは都市でオープンし、春になると巡回のためにたたむというペニー・アーケードもあった。そうしたペニー・アーケードは、定住とさすらいが混ざり合うハイブリッドなアトラクションだったのだ。

★37 「1セントの自動式ヴォードヴィル」は、アドルフ・ズーカー（後のパラマウント映画CEO）とモリス・コーンによる事業であった。Nasaw, 1999, p. 157を見よ。

★38 同じショッピング・アーケードに印刷屋と玩具商用のショールームが含まれることもしばしばであった。光学＝視覚的おもちゃを専門とする玩具商は、動くイメージおよびエレクトロニックゲームにとっても、重要な先達である。

★39 最初のコスモラマは、一八〇八年のパリでカッザーラ修道院長により公開されたと言われている。Campagnoni, 1995, p. 87.

★40 カイザーパノラマ（後には他の名前で知られる）は、ドイツ人のアウグスト・フールマン（一八四四―一九二五）により発明された。その土台となったのは、初期の立体視用アーケードである。ゲーム用アーケードの前史は興味深いが複雑であるため、ここではその細部にまで十全に分け入ることはできない。

★41 最初のフォノグラフ・パーラーは、オハイオ・フォノグラフ・カンパニーにより、一八九〇年九月一五日にクリーヴランドでオープンした。リスニング・マシンは、しばしば店舗の壁に沿って一列に並べられていた。それは、コスモラマの配置を再現／再演していたのだ（「コスモラマの部屋」としても知られていた）。イメージを覗き見ることが、音を聴くことに取って代わった。覗き穴の親密さが、イヤホンによる聴覚的親密さに取って代わったのだ。Musser and Nelson, 1991, pp. 38-39を見よ。

★42 二〇世紀初頭のこの論争に関わるオリジナルの文書については、Harding and Popple, 1996, pp. 68-71. いくつかの文書ではミュートスコープによる「蹂躙」が激しく非難されているが、擁護している文書もある。

★43　こうした配置は、一七九〇年代のパリで行なわれたエティエンヌ＝ガスパール・ロベールソンのファンタスマゴリーのショーにすでに見受けられる。ファンタスマゴリー、もしくは、ファンタスマゴリアは、マジックランタンを使ったショーの一形式である。会場に入る前に、観客は控え室でからくり仕掛けの光学的珍品を眺め、ことによれば人気のあった科学実験を観察して、しばしば時間をつぶしていた。こうした伝統は、今日の多くのテーマパークの乗り物《ライド》に乗り込む前のショーのなかで継続している。ロベールソンに関しては、Levie, 1990.

★44　しかしながら、Bottmore, 1995, p. 171ではこの一例しか挙げられていない。ミュートスコープを覗き込む中年男性を描いた風刺漫画はいくつか挙げられている（pp. 40-43を参照）。

★45　フランスの事例はこの好例の一つである。一九三七年にフランスではすべてのスロットマシンが禁止されたのだ。ジャン・クロード・ボードによれば、フランスでは一九八〇年代までスロットマシンは禁止されていた。とはいえ、厳禁というわけではなかった。法をくぐり抜けるやり口はあったのだ。Baudot, 1988, p. 19を見よ。

★46　Fey, 1997, pp. 111, 137. 一九三四年から一九七六年五月まで、ニューヨークではスロットマシンは禁止されていた。Colmer, 1976, p. 37を見よ。

★47　「彼は彫像のように屹立し／マシンの一部になる／バンパーすべてと通じ合い／いかさまなしで完璧にやってのける／本能でプレイするのさ／スコアのカウンターがいかれちまう／盲・聾・唖の奴《キッド》さん／まさにピンボールの申し子」(words and music by Pete Townshend)。

★48　Levy, 1984, p. 65（スティーブン・レビー『ハッカーズ』古橋芳恵／松田信子訳、工学社、一九八七、六八頁）．スチュワート・ブランドにたいしてラッセルが語ったところによれば、ラッセルのインスピレーションの主な源は、E・E・〝ドク〟・スミスのSF小説シリーズ「レンズマン」である。Brand, 1974, p. 55を見よ。

★49　不運にも、スロットマシンユーザーの態度に関する証拠の多くは、残しておく価値があるとは考えられなかったため、跡形もなく消滅してしまった。私たちはマシンと企業に関しては非常に多くのことを知っているが、人々がそれらをどのように考えていたかということは知らないのだ。

★50　メディア産業が利用する歴史の隠蔽《クリプトヒストリー》という概念についてはSchiffer, 1991, pp. 1-2.

Baudot, J. C. (1988). *Arcadia: Slot Machines of Europe and America*. Tunbridge Wells, Kent: Costello.

Benjamin, W. (1983). *Chalres Baudelaire: A lyric Poet in the Era of High Capitalism*. Harry Zohn. transl. London: Verso.

Bottomores, S. (1995). *I want to see this Annie Matty graph. A Cartoon History of the Movies*. Pordenone: Le giornate del cinema muto.

Brand, S. (1974). *II Cybernetic Frontiers*. New York: Random House.

Braun, M. (1992). *Picturing Time. The Work of Etienne-Jule Marey (1830-1904)*. Chicago: University of Chicago Press.

Bueschel, R. M. (1998). *Collector's Guide to Vintage Coin Machines*, 2d ed., Atglen, PA: Schiffer Publishing.

Bueschel, R. M. & Gronowski, S. (1993). *Arcade 1. Illustrated Historical Guide to Arcade Machines, vol. 1.* Wheat Ridge, CO: Hoflin Publishing Ltd.

Burnham, V. (2001). *Supercade. A Visual History of the Videogame Age, 1971-1984.* Cambridge, MA: MIT Press.

Campagnoni, D. P. (1995). *Verso il cinema. Macchine spettacoli e mirabili visioni*. Torino: UTET Librería.

Charbon, P. (1977). *Le phonograph à la Belle Epoque*. Brussels: S.P.R.L. Sodim.

Coe, B., & Gates, P. (1977). *The Snapshot Photograph: The Rise of Popular Photography, 1888-1939*. London: Ash & Grant.

Colmer, M. (1976). *Pinball: An Illustrated History*. London; Pierrot Publishing.

Costa, N. (1988). *Automatic Pleasures: The History of the Coin Machine*. London: Kevin Francis Publishing Limited.

Demaria, R., & Wilson, J. L. (2002). *High Score! The Illustrated History of Electronic Games*. Emeryville: McGraw-Hill Osborne Media.

Douglas, S. J. (1992). Audio Outlaws: Radio and Phonograph Enthusiasts. In J. Wright (Ed.), *Possible Dreams: Enthusiasm for Technology in America*. Dearborn, MI: Henry Ford Museum & Greenfield Village.

Fey, M. (1986). *Slot Machines: A Pictorial History of the First 100 Years*. Reno: Liberty Belle Books.

Forty, A. (1986). *Objects of Desire: Design and Society, 1750-1980*. London: Thames and Hudson.

Giedion, S. (1969). *Mechanization Takes Command. A Contribution to Anonymous History*. New York; W. W. Norton.

Gitelman, L. (1999). *Scripts, Grooves, and Writing Machines: Representing Technology in the Edison Era*. Stanford: Stanford University Press.

Gold, H., & Koch, A. (Eds.). (1993). *Fräulein von Amt*. Munich: Prestel-Verlag.

Harding, C., & Popple, S. (1996). *In the Kingdom of Shadows: A Companion to Early Cinema*. London: Cygnus Arts & Fairleigh

Dickinson University Press.

Hendricks, G. (1964). *Beginnings of the Biograph*. New York: The Beginnings of the American Film.

Herman, L. (1998). *Phoenix: The Fall and Rise of Videogames.* Sd: Rolenta Press, Union, N.J.

Hersant, Y. (1988). Introduction. In J.-C. Baudot, *Arcadia. Slot machines of Europe and America* 7-11. Tunbridge Wells, Kent: Costello.

Herz, J. C. (1997). *Joystick Nation*. Boston: Little, Brown and Company.

Huhtamo, E. (1995). Encapsulated Bodies in Motion: Simulators and the Quest for Total Immersion. In S. Penny (Ed.), *Critical Issues in Electronic Media*. Albany: State University of New York Press.

Jennings, H. (Ed.). (1987). *Pandemonium: The Coming of the Machine as Seen by Contemporary Observers 1660-1886.* London: Picador/Pan Books.

Kay, J. P., (1832). The Moral and Physical Conditions of the Working Classes employed in the Cotton Manufacture in Manchester. In H. Jennings (Ed.), (1987), *Pandemonium: The Coming of the Machine as Seen by Contemporary Observers 1660-1886.* London: Picador/Pan Books.

Kent, S. L. (2001). *The Ultimate History of Video Games.* Roseville, CA: Prima Publishing.

Kurtz, B. (1991). *Slot Machines and Coin-op Games*. London: The Apple Press.

Le Diberder, A., & Le Diberder, F. (1998). *L'univers des jeux vidéo.* Paris: La Découverte.

Levie, F. (1990). *Etienne-Gaspard Robertson. Lavie d'un fantasmagore*. Bruxelles: Les Editions du Préambule et Sofidoc.

Levy, S. (1984). *Hackers: Heroes of the Computer Revolution*. New York: Dell Publishing.

Lupton, E. (1993). *Mechanical Brides: Women and Machines from Home to Office.* New York: Princeton Architectural Press.

Musser, C., & Nelson, C. (1991). *High-class Moving Pictures. Lyman H. Howe and the Forgotten Era of Traveling Exhibition, 1880-1920.* Princeton: Princeton University Press.

Nasaw, D. (1999). *Going Out: The Rise and Fall of Public Amusements.* Cambridge, MA: Harvard University Press.

Pearson, L. F. (1992). *Amusement Machines.* Princes Risborough, Buckinghamshire: Shire Publications.

Peiss, K. (1985). *Cheap Amusement: Working Women and Leisure in Turn-of-the-Century New York*. Philadelphia: Temple University Press.

Phillips, R. (1817). A Morning Walk from London. In H. Jennings (Ed.), (1987) *Pandemonium: The Coming of the Machine as Seen by*

Contemporary Observers 1660-1886. London: Picador/Pan Books.

Rabinbach, A. (1992). *The Human Motor: Energy, Fatigue, and the Origins of Modernity*. Berkeley: University of California Press.

Rabinowitz, L. (1998). *For the Love of Pleasure: Women, Movies and Culture in Turn-of-the-Century Chicago*. New Brunswick, NJ: Rutgers University Press.

Sellers, J. (2001). *Arcade Fever: The Fan's Guide to the Golden Age of Video Games*. Philadelphia: Running Press.

Schiffer, M. B. (1991). *The Portable Radio in American Life*. Tucson: University of Arizona Press.

Seltzer, M. (1992). *Bodies and Machines*. New York: Routledge.

Skirrow, G. (1986). Hellivision: An Analysis of Video Games. In C. McCabe (Ed.), *High Theory/Low Culture*, pp. 115-142. Manchester: Manchester University Press.

Slovin, R. (2001). Hot Circuits. In Wolf (Ed.), *The Medium of the Video Game*, pp. 137-154. Austin: University of Texas Press.

Sudnow, D. (1972). *Studies in Social Interaction*. New York: The Free Press.

Sudnow, D. (1983). *Pilgrim in the Microworld: Eye, Mind, and the Essence of Video Skill*. New York: Warner Books.

Sudnow, D. (2001). *Ways of the Hand: The Organization of Improvised Conduct*. Cambridge, MA: MIT Press.

Weinbren, G. (2002). Mastery (Sonic c'est moi). In M. Rieser & A. Zapp (Eds.), *New Screen Media: Cinema/Art/Narrative*. London: BFI.

Williams, L. (1995). Corporealized Observers: Visual Pornographies and the "Carnal Density of Vision." In P. Petro (Ed.), *Fugitive Images: From Photography to Video*. Bloomington: Indiana University Press.

Wolf, M. J. P. (2001). *The Medium of the Video Game*. Austin: University of Texas Press.

第6章　ソーシャルメディアというパノプティコン——メディア装置《アパラトゥス》についての省察

★1　Theodor Adorno and Max Horkheimer, *Dialectic of Enlightenment*, trans. John Cumming (London: Verso, 1979, orig. 1944).

★2　*Media Archaeology: Approaches, Applications, and Implications*, ed. Erkki Huhtamo and Jussi Parikka (Berkeley: University of California Press, 2011)

★3　*The Cinematic Apparatus*, ed. Teresa de Lauretis and Stephen Heath (London and Basingstoke: Macmillan, 1980).

★4　概観するにはLisa Cartwright and Marita Sturken, *Practices of Looking. An Introduction to Visual Culture* (Oxford: Oxford University Press, 2001), pp. 72-76.

★5　Stuart Hall, “Encoding/Decoding,” in *Culture, Media, Languages*, ed. Stuart Hall, Dorothy Hobson, Andrew Lowe and Paul Willis (London: Hutchinson: 1980), pp. 128-138.

★6　Roland Barthes, “Upon Leaving the Movie Theater,” trans. Bertrand Augst and Susan White, in *Apparatus. Cinematographic Apparatus: Selected Writings*, ed. Theresa Hak Kyung Cha (New York: Tanam Press, 1980), p. 2（ロラン・バルト『第三の意味』沢崎浩平訳、みすず書房、一九八四、一〇一－一〇二頁）.

★7　Lynn Spigel, *Make Room for TV. Television and the Family Ideal in Post-war America* (Chicago: University of Chicago Press, 1992); Cecelia Tichi, *Electronic Hearth: Creating an American Television Culture* (Oxford: Oxford University Press, 1991).

★8　Raymond Williams, *Television, Technology and Cultural Form* (Hanover, NH: Wesleyan University Press, 1992 [1974]), Ch. 4. この版に添えられたリン・スピーゲルによる啓発的な序文も参照のこと。

★9　Erkki Huhtamo, “What’s Victoria Got To Do With It? Toward an Archaeology of Domestic Video Gaming,” in *Before the Crash: Early Video Game History*, ed. Mark J. P. Wolf (Detroit: Wayne State University Press, 2012), pp. 30-52.

★10　Vito Acconci, “Television, Furniture & Sculpture: the Room with the American View,” in *The Luminous Image*, ed. Dorine Mignot (Amsterdam: Stedelijk Museum, 1984), pp. 13-22.

★11　映画館とたいていの民間ジェット機では携帯電話の使用は禁止されている。

★12　以下の論考は、フーコーのパノプティコンについての思考にたいして簡潔な手引きとなっている。“The Eye of Power: A Conversation with Jean-Pierre Barou and Michelle Perrot, ” in *CTRL Space, Rhetorics of Surveillance from Bentham to Big Brother*, ed. Thomas Y. Levin, Ursula Frohne, and Peter Weibel (Cambridge, Mass: The MIT Press and ZKM Center for Art and Media, 2002), pp. 94-101.

★13　Charles Mackay, *Memories of Extraordinary Popular Delusions and The Madness of the Crowds* (Ware, Hertfordshire: Wordsworth Editions Ltd, 1995 [1841, 1852])（チャールズ・マッケイ『狂気とバブル――なぜ人は集団になると愚行に走るのか』塩野未佳／宮口尚子訳、パンローリング、二〇〇四）.

★14　これらのコマーシャルには、このヴォイスオーヴァーによるメッセージと、二、三のちょっとしたことば以外に、音楽が添えられている。一作目にはドノヴァンの「魔女の季節（Season of the Witch）」が、二作目にはエドヴァルド・グリーグの組曲《ペール・ギュント》からとられた「ドヴレ山の魔王の広間にて（I Dovregubbens hall）」が使用されている。

★15　David Kravets and Roberto Baldwin, "Google is Forbidding Users From Reselling, Loaning Glass Eyewear," online at Wired.com., published April 17, 2013.

★16　この点に関しては、近刊『イリュージョンからインタラクションへ――インタラクティヴメディアのメディア考古学』（*From Illusions to Interactions. Media Archaeology of Interactive Media*（仮題）, The MIT Press, under contract）で論じる予定である。

★17　ワールド・ワイド・ウェブ、携帯電話、もしくはソーシャル・メディアが登場する以前に、スペクタクル社会という概念が引き続き妥当性を備えているのか、もしくは、時代遅れとなっているのかを考察した著作が刊行されている。以下を参照。Jonathan Crary, "Eclipse of the Spectacle," in *Art After Modernism, Rethinking Representation*, ed. Brian Wallis (New York: The New Museum of Contemporary Art, and Boston: David R. Godine, 1996 [1984]), pp. 283-294.

第7章　バックミラーのなかのアート――アートにおけるメディア考古学的伝統

★1　"Time Machines in the Gallery. An Archeological Approach in Media Arts," in *Immersed in Technology. Art and Virtual Environments*, ed. Mary Anne Moser with Douglas McLeod (Cambridge, MA: The MIT Press, 1996), 232-268. ワンダ・ストローヴェンは私の役割を認めてくれた。Wanda Strauven, "Media Archaeology: Where Film History, Media Art and New Media (Can) Meet," in *Preserving and Exhibiting Media Art. Challenges and Perspectives*, ed. Julia Noordegraaf, Cosetta Saba, Barbara Le Maitre, and Vinzenz Hediger (Chicago: University of Chicago Press, 2013), 65. また、以下も見よ。Garnet Hertz and Jussi Parikka, "Zombie Media: Circuit Bending Media Archaeology into an Art Method," *Leonardo*, Vol. 45, No. 5, 424-430.

★2　Erkki Huhtamo and Jussi Parikka, "An Archaeology of Media Archaeology," in *Media Archaeology: Approaches, Applications, and*

Implications*, ed. Erkki Huhtamo and Jussi Parikka (Berkeley: University of California Press, 2011), 1-21［本書第1章］.

★3　Raymond Williams, *Television: Technology and Cultural Form* (Hanover and London: Wesleyan University Press, 1992 [1974]).

★4　一九〇七年のこと。リー・ド・フォレストの助力による。拙論“Ennen broadcasting”（“Before Broadcasting”), *Lähikuva* (Turku: Finnish Society of Cinema Studies), No.1 (1992), 6-17 (ref. p. 11).

★5　Joseph Lanza, *Elevator Music. A Surreal History of Muzak, Easy-Listening and Other Moodsong* (Ann Arbor: University of Michigan Press, 2004)（ジョゼフ・ランザ『エレベーター・ミュージック――BGMの歴史』岩本正恵訳、白水社、一九九七〔一九九四年St. Martin's Press刊行の初版の訳〕）は、ケイヒルとテルハーモニウムについては言及していない。ミューザックということばは、ジョージ・オーウェン・スクワイヤにより一九三四年に案出された（ibid., 30）。

★6　Reynold Weidenaar, *Magic Music from the Telharmonium* (Metuchen, N.J., & London: The Scarecrow Press, 1995).

★7　Weidenaar, *Magic Music from the Telharmonium*, xiii.

★8　Lynn Spigel, introduction to Raymond Williams, *Television: Technology and Cultural Form* (Hanover and London: Wesleyan University Press, 1992 [1974]), xvi.

★9　Raymond Williams, *Television: Technology and Cultural Form* (Hanover and London: Wesleyan University Press, 1992 [1974]), 7.

★10　Williams, *Television*, 128.

★11　拙著参照。*Illusions in Motion: Media Archaeology of the Moving Panorama and Related Spectacles* (Cambridge, MA: The MIT Press, 2013).

★12　キットラーの最初の主著の英訳には『ディスコース・ネットワーク 1800/1900』（*Discourse Networks 1800/1900*, trans. Michael Metteer, with Chris Cullens (Stanford, CA: Stanford University Press, 1990, orig. 1985)）というタイトルがつけられている。キットラーのキー概念である“Aufshreibesysteme”の訳語としては、フーコー的な「ディスコース・ネットワーク」よりも、「書き込みシステム」や「表記システム」のほうがより精確であろう。

★13　Huhtamo and Parikka, “An Archaeology of Media Archaeology,” 3［本書第1章、九頁］.

★14　Jussia Parikka, *Insect Media: An Archaeology of Animals and Technology* (Minneapolis: University of Minnesota Press, 2010).

★15　Glenn Watkins, *The Gesualdo Hex. Music, Myth, and Memory* (New York: W. W. Norton, 2010), 14.

★16　拙論参照。“Seeking Deeper Contact: Interactive Art as Metacommentary,” *Convergence*, Vol. 1, No. 2 (1995), 81-104.

★17 Huhtamo and Parikka, “An Archaeology of Media Archaeology,” 3, 6-7, 14［本書第1章、八−九、一三−一五、二五−二六頁］.

★18 J. K. Birksted, *Le Corbusier and the Occult* (Cambridge, MA: The MIT Press, 2009).

★19 David Hockney, *Secret Knowledge: Rediscovering the Lost Techniques of the Old Masters* (New York: Viking Studio, 2001)（デイヴィッド・ホックニー『秘密の知識——巨匠も用いた知られざる技術の解明』木下哲夫訳、青幻社、二〇〇六）.

★20 言説として「生きる」カメラ・オブスクラに関してはSarah Kofman, *Camera Obscura of Ideology*, trans. Will Straw (Ithaca, N. Y. Cornell University Press, 1998 [orig. 1973]); Martine Bubb, *La Camera obscura. Philosophie d'un appareil* (Paris: L'Harmattan, 2010).

★21 Martin Kemp, *The Science of Art. Optical Themes in Western Art from Brunelleschi to Seurat* (New Haven and London: Yale University Press, 1990), 208-210.

★22 アナモルフォーズ、立体視などの光学的＝視覚的イリュージョンを使用したサルバドール・ダリの作品は、注目に値する。Dawn Ades, *Dali's Optical Illusions* (Hartford, Conn.: Wadsworth Atheneum Museum of Art and New Haven: Yale University Press, 2000).

★23 Jack Burnham, *Beyond Modern Sculpture. The Effects of Science and Technology on the Sculpture of the Twentieth Century* (New York: George Braziller, 1968), 185.

★24 *The Machine as seen at the End of the Mechanical Age*, ed. K. G. Pontus Hultén (New York: The Museum of Modern Art, 1968), 82-95.

★25 ジャネット・カーディフとジョージ・ビュレス・ミラーの《キリング・マシン》（二〇〇七）が、独身者機械を参照している。カフカの短篇『流刑地にて』に着想を得たこの作品は、ロボットを使った拷問劇である。そこでは、ライトが明滅し、禍々しい音が鳴り響き、メガフォン型のスピーカーが旋回する。二本のロボットアーム（歯医者のドリルを思わせる）が、リクライニングチェアの周囲で薄気味悪く動く。何らかの手術が進行しているのは明らかなのだが、その椅子に縛りつけられているはずの人間の姿は目には見えない。カーディフとミラーは、この作品以外のインスタレーション作品でも、過去のメディアテクノロジーの「亡霊」を呼び出している。Janet Cardiff & George Bures Miller, *The Killing Machine and Other Stories 1995-2007* (Ostfildern: Hatje Cantz Verlag, 2007).

★26 Michel Carrouges, *Les Machines Célibataires* (Paris & Liège: Arcanes, 1954); *Le machine celibi / The Bachelor Machines*, ed. Jean

Clair and Harald Szeemann (New York: Rizzoli, 1975)（ミシェル・カルージュ『《新訳》独身者機械』新島進訳、東洋書林、二〇一四）.

★27　マレーはコレージュ・ド・フランスに自身のデヴァイスを寄贈し、コレージュ・ド・フランスはそれを彼の故郷ボーヌのマレー美術館に永久貸与した。マレー美術館は二〇〇四年以降閉館されているが、ゾートロープはその所蔵庫にあるようだ。

★28　ラジオは二方向的なメディウムになるというベルトルト・ブレヒトの有名な訴え（一九三二）は、当時の文脈では希望的観測であった。彼の以下の論考を見よ。Bertold Brecht, "The Radio as an Apparatus of Communication," in *Video Culture. A Critical Investigation*, ed. John G. Hanhardt (Layton, UT: Peregrine Smith Books, 1986), 53-55.

★29　例えば《シュルレアリストの玩具》と《鏡のなかの旅人》（一九三二年頃）(in *Joseph Cornell/Marcel Duchamp...in resonance*, ed. Polly Koch [Ostfildern-Ruit: Cantz Verlag, 1998], 162-163）を見よ。盤についているひもを使ってソーマトロープを指のあいだで回転させると、盤の両面に描かれた図が一つになって見える。コーネルはちょっとした機械仕掛けの手持ち式回転デヴァイス（そうしたデヴァイスが販売されていたのだ）を使った。コーネルは発見された立体写真を半分に切って《ムッシュー・フォト》（一九三三）という「映画の台本」に使用している。Ibid., 165.

★30　*Frederick Kiesler. Arsite-architecte*, ed. Chantal Béret (Paris: Éditions du Centre Georges Pompidou, 1996).

★31　拙論参照。"Mr. Duchamp's Playtoy, or Reflections on Marcel Duchamp's Relationship to Optical Science," in *Experiencing the Media: Assemblages and Cross-Overs*, ed. Tanja Sihvonen and Pasi Väliaho (Turku: University of Turku, Media Studies, 2003), 54-72.

★32　"Mr. Duchamp's Playtoy," 64.

★33　Linda Dalrymple-Henderson, *Duchamp in Context: Science and Technology in the Large Glass and Related Works* (Princeton: Princeton University Press, 1998).

★34　今のところは、誰も《与えられたとせよ》をステレオスコープと結びつけてはいないようだ。ハラディンは、「内部のジオラマ」を見る《アクセスする》のには「覗き穴」を使うと言及しているだけである。Julian Jason Haladyn, *Marcel Duchamp: Étant donnés* (London: Afterall Books, 2010), 84.《与えられたとせよ》の厚紙を使ったモデルでは、デュシャンは「覗き魔の穴」という表現を使っている。Marcel Duchamp, *Manual of Instructions for Étant donnés* (Philadelphia: Philadelphia Museum of Art, 1987), separate insert.

★35　拙論参照。"Illusion and its Reverse: About Artistic Explorations of Stereoscopic 3D" / "Illusion und ihre Umkehrung. Über die künstlerische Erforschung des stereoscopischen 3D," in *Expanded Narration. Das neue Erzählen. B3 Biennale des Bewegten Bildes*, ed. Bernd Kracke and Marc Ries (Frankfurt: Biennale des Bewegten Bildes / Transcript Verlag, 2013), 122-133 (English section), 129-141 (German section).

★36　ティンゲリーの自己破壊マシンは、グスタフ・メッツガーの自動破壊芸術の初期のマニフェスト（一九五九－一九六一）と並行して制作された。Kerry Brougher, Russell Ferguson and Dario Gamboni, *Damage Control. Art and Destruction Since 1950* (Washington DC: Hirshhorn Museum and Sculpture Garden and Munich: DelMonaco – Prestel, 2013), 57-58, 178-181.

★37　Stewart Kranz, *Science and Technology in the Arts: A Tour Through the Realm of Science / Art* (New York: Van Nostrand Reinhold Co. 1974), 240. この作品はデュシャンの《自転車の車輪》（一九一三）と関連するかもしれない。

★38　ドリームマシンの歴史は数々の神話でコーティングされている。ブライオン・ガイシンのカルト・ヒーロー的な地位と、彼の自己中心的な著作に過剰に依拠しているためである。事の実情は、ジョン・ガイガーの著作『真実は存在しない　すべては許される――ブライオン・ガイシンの生涯』(John Geiger, *Nothing Is True – Everything is Permitted: The Life of Brion Gysin*〔New York: Disinformation Company Ltd, 2005〕）のタイトルとそれを出版した出版社の名前が、如実に（うっかり?・）物語っている。

★39　John Geiger, *Chapel of Extreme Experience: A Short History of Stroboscopic Light and the Dream Machine* (Brooklyn, NY: Soft Skull Press, 2003), 11-13. ガイガーの本は有益であるが、批判的に見ればその研究は全面的に信頼できるとは言い難い。

★40　Entry said to be from Gysin's diary, quoted in his "Dreammachine," in *Back in No Time: the Brion Gysin Reader*, ed. Jason Weiss (Middletown, CT: Wesleyan University Press, 2001), 113 (orig. *Olympia*, No. 2, Jan. 1962). ガイシン宛の手紙で、サマーヴィルも万華鏡を引き合いに出している。「目の前一面に万華鏡のように千変万化する色彩が見え出す。どんどん複雑になって、美しさを増していくんだ」(quot. in ibid, 114)。

★41　Willliam B. Carpenter, "On the Zoetrope and its Antecedents," *The Student and Intellectual Observer* (London: Groombridge and Sons), Vol. 1 (July 1868), 432. カーペンターの研究は、依然として説得力のある画期的な研究である。

★42　Gysin, "Dreammachine," 114.

★43　Reproduced as a color foldout in Laura Hoptman, *Brion Gysin: Dream Machine* (London and New York: Merrell and New Museum, 2010), 178-182.

★44　Geiger, *Chapel of Extreme Experience*, 49. ガイシンはペンキローラーに手を加えて、絵巻を制作している。その大半は壁に展示されたが、ドリームマシンの内部に置かれたものもあった。

★45　In an interview with Gérard-Georges Lemaire (August 1975), quot. Gladys C. Fabre, "I AM THAT AM I? Between Crystal and Smoke," in *Brion Gysin. Tuning in to the Multimedia Age*, ed. Jose Férez Kuri (London: Thames & Hudson, 2003), 169.

★46　In an interview with John Savage, quot. in Hoptman, *Brion Gysin*, 120-121.

★47　[Brion Gysin and Ian Sommerville,] "Construct Your Own Dream Machine," in *Olympia*, No. 2 (1962), reprinted in Hoptman, *Brion Gysin*, 178.

★48　ガレリア・トラステヴェレ（ローマ）、および、装飾芸術美術館（パリ）の「対象《ロブジェ》」展にて。一九六二年二月–三月。一九六二年一二月には、ドリームマシンは、パリのイリス・クレール画廊で展示された。Hoptman, *Brion Gysin*, 121.

★49　Gysin, "Dreammachine" (1962). ガイガーでさえ *Nothing Is True*, 172 でガイシンのことばを真に受けている。

★50　フランスの特許アーカイヴを探り、こうしたことを解明できたのは、特許史の専門家マルセル・ジュスト（チューリヒ）のおかげである。

★51　Geiger, *Chapel of Extreme Experience*, 66. アメリカでの後の尽力に関しては以下を見よ。John Grigsby Geiger, "Brion Gysin: his life and times," in *Brion Gysin. Tuning in to the Multimedia Age*, ed. Jose Férez Kuri (London: Thames & Hudson, 2003), 218-219. この点に関してはどちらの著作においても情報源なし。

★52　Gysin, "Dreammachine," 115.《ロトレリーフ》は言及されていない。

★53　アートとしての《ロトレリーフ》を制作したのが、ギャラリストのアルトゥーロ・シュルツである。その一方、バーゼルを拠点とする出版者カルロ・レヴィは、一九七九年の展覧会をきっかけとして、ドリームマシンの複製を制作した。Hoptman, *Brion Gysin*, 122.

★54　ニック・シーハンの長編ドキュメンタリー映画『フリッカー』（Making Movies Inc. and National Film Board of Canada, 2008）における、マリアンヌ・フェイスフルやイギー・ポップといった有名人たちのインタヴューを見よ。

★55　シリングは世に忘れられており、特にアングロ＝アメリカン的な世界ではそれが顕著である。主な情報源は *Alfons Schilling, Ich/Auge/Welt – The Art of Vision*, ed. Alfons Schilling (Vienna and New York: Springer, 1997).

★56 ダミアン・ハーストが一九九〇年代から開始した「スピン・ペインティング」は、静止した状態でのみ展示された作品である。ハーストがシリングを見落としていたのかもしれないとはいえ、私からすれば、ハーストのこの作品はシリングの猿真似としか思えない。ハーストの主張によれば、彼はブルー・ピーターと呼ばれる一九七〇年代の子ども向けテレビ番組で映った「パテント・ピクチャー・ペインター」からこの作品のアイディアを得ている。Mark Brown, "Damien Hirst credits Blue Peter with idea for his controversial spin paintings," *The Guardian*, August 29, 2012. シリングの作品は、「電気渦アート」のような、一九六〇年代初頭のおもちゃを生むきっかけとなった。

★57 裸眼立体視熱はとりわけ日本では強かった。以下を見よ。Itsuo Sakane, "New Developments in 3-D Perceptual Art," in *3D – Beyond the Stereography. Images and Technology Gallery Exhibition, Theme III* (Tokyo: Tokyo Metropolitan Museum of Photography 1996), 28-31（坂根厳夫「３D知覚現象アートの新しい展開をめざして」東京都写真美術館編『３D－ステレオを超えて』東京都歴史文化財団、一九九六、二四－二七頁）.

★58 Max Peintner, "Raumgewinn," in *Alfons Schilling, Ich/Auge/Welt*; Kemp, *The Science of Art*.

★59 Peintner, "Raumgewinn," 260.

★60 Ibid., 261. ブルネレスキの実験に関しては、Kemp, *The Science of Art*, 11-13を見よ。

★61 DeMarinis, "The Boy Mechanic – Mechanical Personae in the Works of Jim Pomeroy," in *For A Burning World Is Come To Dance Inane. Essays By and About Jim Pomeroy* ed. Timothy Druckrey and Nadine Lemmon (Brooklyn, N.Y.: Critical Press, 1993), 1-15. 私が知る限り、デマリニスの小論はポメロイについて書かれたもののなかで最良の一つである。

★62 James L. Sheldon and Jock Reynolds, *Motion and Document, Sequence and Time: Eadweard Muybridge and Contemporary American Photography* (Andover, MA: The Addison Gallery of American Art / Phillips Academy, 1991), 30, 41. デマリニスは、《ターボ・パン》（一九八五年頃）と呼ばれるポメロイのサウンドマシンを「聴覚版ゾートロープ」と呼んでいる（"The Boy Mechanic," 9）。

★63 メディア考古学的志向を備え、３D作品を制作しているもう一人のアーティストとしてペリー・ホバーマンが挙げられる。*Unexpected Obstacles. The Work of Perry Hoberman*, ed. Erkki Huhtamo and Päivi Talasmaa (Espoo: Osto Gallery ,1997).

★64 Jim Pomeroy, *A Retrospective* (San Francisco: New Langton Arts, 1999), 48-49.

★65 ポメロイは、キーストーン＝マスト・アーカイヴに場所を提供しているカリフォルニア写真美術館（カリフォルニア州リヴァーサイド）のアーティスト・イン・レジデンスとして、このシリーズを制作している。

★66 Jim Pomeroy, "Reading 'Reading Lessons'," text accompanying the View-Master package *Stereo Views - Ver Multidimensionales* (Syracuse, New York: Light Work, 1988)。そのセットは、ライト・ワークのロバート・B・メンシェル・フォトグラフィー・ギャラリー（シラキューズ、ＮＹ）でのポメロイの展覧会（一九八八年一月一〇日－二月一三日）に関連して制作された。

★67 ポメロイの３Ｄを使った他のパフォーマンスとしては、例えば《深いコンポジション＝オペラでの光》（一九八一）がある。それは、リアルタイムで制作される、ある種の影絵である。以下を見よ。DeMarinis, "The Boy Mechanic," 9-10.

★68 ポメロイによる攻撃の仕方の一つを以下で確認できる。www.jim-pomeroy.org/video/hiq.mov（最終訪問日二〇一四年三月一二日）。

★69 Roland Barthes, "The Photographic Image," in *Image, Music, Text*, ed. and trans. Stephen Heath (New York: Hill and Wang, 1977), 15-31. 後期バルトの概念「プンクトゥム」により、初期の彼の記号論的立場は部分的に危うくなっている。

★70 Jim Pomeroy, *Apollo Jest. An American Mythology (in depth)* (San Francisco: Shake Blues Press, 1983).

★71 Simon Frield, "Beginning...and beginning again," *Afterimage* (London), No. 8-9 (Spring 1981), 3.

★72 *Uliisses. Ein Film von Werner Nekes*, ed. Walter Schobert (Cologne: Verlag der Buchhandlung Walther König, no data). ネケスは光学デヴァイスの指折りのコレクターで、映画、ヴィデオ作品、および巡回展で、それらの実演を行なっている。

★73 Tom Gunning, "Never seen this Picture Before. Muybridge in Multiplicity," in Phillip Prodger, *Muybridge and the Instantaneous Photography Movement* (Stanford: The Iris & B. Gerald Cantor Center for Visual Arts at Stanford University in Association with Oxford University Press, 2003), 222-272.

★74 Bart Testa, *Back and Forth: Early Cinema and the Avant-Garde* (Toronto: Art Gallery of Ontario, 1992), 13, 36.

★75 *Daumenkino. The Flip Book Show*, ed. Daniel Gethmann, Peter Gorschlüter, Ulrike Groos, Christoph Benjamin Schulz (Düsseldorf: Kunsthalle Düsseldorff and Köln: Snoeck, 2005), 12-13. それ以外にもいくつかの特許が二〇世紀以前に授与されている。

★76 何と言っても*Daumenkino. The Flip Book Show*以上の情報源はない。そこにはこれらの作品が豊富に収録されているＤＶＤも付属しているのだ。

★77 *Daumenkino. The Flip Book Show*, 74.

★78　Testa, *Back and Forth*, 18.

★79　Tom Gunning, "An Unseen Energy Swallows Space: The Space in Early Film and Its Relation to American Avant-Garde Film," in *Film Before Griffith,* ed. John L. Fell (Berkeley: University of California Press, 1983), 355-366.

★80　Gunning, "Never Seen This Picture Before," particularly the section "Muybridge, My Contemporary: Tracking the Laws of Art in the 1970s" (263-272).

★81　James L. Sheldon and Jock Reynolds, *Motion and Document, Sequence and Time: Eadweard Muybridge and Contemporary American Photography* (Andover, Ma: The Addison Gallery of American Art / Phillips Academy, 1991), 29-31, 88-89. フランプトンのエッセイの収録先は*Artforum* (New York), Vol. 11, No. 7 (March 1973)である。ゆえに、このエッセイの初出は一九八一年の*October*だとするガニングの主張（"Never Seen This Picture Before," 267-268）は誤っている。

★82　Hollis Frampton, *Recollections Recreations* (Buffalo, NY: Albright-Knox Art Gallery and Cambridge, MA: The MIT Press, 1984), 76-85. もう一つのシリーズ「誤った印象」もマイブリッジを参照している（ibid., 86）。フランプトンは一九六八年にはすでにフェナキスティスコープのディスクを制作している。*Daumenkino. The Flip Book Show*, 298を見よ。

★83　Rebecca Cummins, *Selected Works 2003-2013,* self published catalogue, 2013. カミンズは他の作品でも、日時計と関連させて写真と運動を研究している。

★84　Steve Pippin, *Laundromat Locomotion* (San Francisco: SFMoMA, 1998).

★85　ピピンは他にも普通では考えられないような解決策を見つけ出している。例えば、バスタブを覆ってピンホールカメラにする、などである。いくつかの作品がロンドンのテートモダンに収蔵されている。以下で検索せよ。www.tate.org.uk .

★86　秘密めいた「ファンタスマゴリー」──一七九〇年代の上映会──でのエティエンヌ＝ガスパール・ロベールソンのように、ジェイコブズはそのパフォーマンス後、彼の器具を私に見せてくれなかった。それは、私も参加していた、アムステルダムでのソニック・アクツ・フェスティヴァルでのことである。ジェイコブズは幕の後ろに器具を隠してしまったのだ。

★87　Ken Jacobs, program notes for his *Cineprobe* presentation, January 19, 1981 (New York: The Museum of Modern Art, Dept. of Film), quot. in Schilling, *Ich/Auge/Welt*, 185. 私はそれ以来ジェイコブズがシリングに言及しているのを目にしたことがな

い。シリングの名は以下のケン・ジェイコブズの論考からも抜け落ちている。Ken Jacobs, "Le Nervous System Film Performance," in *Le Relief au cinéma*, ed. Thierry Lefebvre et Philippe-Alain Michaud, *1895*, Special Issue (Paris: l'Association française de recherche sur l'histoire du cinéma, 1997), 141-146.

★88 *Optic Antics. The Cinema of Ken Jacobs*, ed. Michele Pierson, David E. James, and Paul Arthur (New York: Oxford University Press, 2011), 16.

★89 Brooke Belisle, "Depth Readings: Ken Jacobs's Digital, Stereographic Films," *Cinema Journal*, Vol. 53, No. 2 (Winter 2014), 11. シリングが名前を綴る際には「Alfonse」や「Alfons」を使う。ベライルが述べている内容は不正確である。というのも、マジックランタンによるプロジェクションでは、高速回転するシャッターディスクは使用されなかったからだ。フェナキスティスコープのスライド（「生命の輪」）を映すときだけが例外である。ディゾルヴィング・ヴューの上演で、カーペンター&ウェスレイ（Carpenter & Westley）の湾曲した「三日月型」シャッターのようなデヴァイスが動いてレンズを露出させたり隠したりするのは、常時ではなくあくまで時折であった。

★90 *Films That Tell Time. A Ken Jacobs Retrospective.* デイヴィッド・シュヴァルツの企画編成による（New York: American Museum of the Moving Image, 1989）。以下で参照可。http://www.movingimagesource.us/articles/films-that-tell-time-20090206（最終訪問日二〇一四年一二月二七日）。

★91 その最も詳細な分析に関してはBelisle, "Depth Readings"を見よ。

★92 Kenneth Jacobs, "Eternalism, a method for creating an appearance of sustained three-dimensional motion-direction of unlimited duration, using a finite number of pictures," US. Patent 7,030, 902 B2, granted Apr. 2006 (filed Jan. 22 2002). シリングの発明は、一九七六年五月一二日にアメリカ合衆国商務省特許商標庁に正式に提出された開示文書No. 049265により保障されていたが、それは特許により保障されていたわけではなかった。*Alfons Schilling, Ich/Auge/Welt*, 188-191.

★93 Jacobs, "Eternalism," 14 (section is called "Embodiments"). メディア文化のトポス分析に関しては、以下の拙論参照。"Dismantling the Fairy Engine: Media Archaeology as Topos Study," in *Media Archaeology*, 27-47［本書第２章、二九－六〇頁］.

★94 Tony Oursler, *The Influence Machine* (New York: Public Art Fund and London: Artangel, 2000).

★95 ゼングミュラーは他にもいくつかのメディア考古学的プロジェクトを立案している。その一つが、《ヴィニール・ヴィデオ》である。ゼングミュラーはこのプロジェクトで、もう一つの時代遅れのテクノロジーであるＬＰ盤を低解像度のヴィデオ用メディウムに変化させている。彼はＬＰ盤を中心としたメディア産業をからかい半分に設立し、ヴィニール・ヴィデオ製品カタログに名称をつけてくれるよう、他のアーティストに呼びかけている。

★96 《半歩》に先だって行なわれたのが、《透明陽画》（一九九五－一九九八）と呼ばれた上映パフォーマンスである。メールはこの上映パフォーマンスで機械仕掛けのスライドを試み、発展させた。http://julienmaire.ideenshop.net/project4.shtml（最終訪問日二〇一四年二月二八日）。以来、メールは数多くの他の作品で創意に富んだ上映パフォーマンスを行なっている。

★97 拙論参照。"Excavating Media Dreams. Looking for a Context for Toshio Iwai's Art," *Toshio Iwai Exhibition*, ed. Päivi Talasmaa (Karlsruhe and Espoo: Zentrum für Kunst und Medientechnologie / Medienmuseum & Glleria OTSO, 1994).

★98 岩井俊雄の展覧会会場となったのは、エスポーのＯＴＳＯギャラリーである。私はカタログ *Toshio Iwai Exhibition* にメディア考古学的アートに関して寄稿している（pp. 8-11）。一九九五年に、私は季刊『InterCommunication』（Tokyo: NTT/ICC), No. 14「特集 映像メディアのアルケオロジー」の一部の記事を編集した。メディア考古学を日本で紹介したのはこれが最初である。

★99 以下の拙論参照。"From Kaleidoscomaniac to Cybernerd: Toward an Archaeology of the Media," *ISEA '94. The Fifth International Symposium of Electronic Art Catalogue*, ed. Minna Tarkka (Helsinki: University of Art and Design, 1994), 130-135. 私のレクチャーは「High & Low」と呼ばれるセクションの冒頭で行なわれた。私のこのテクストは何度も再版されている。シミュレーションライドの映画に関しては、ibid., 206-208. 私は後に集めた資料を使って《人生という乗り物》という作品を制作した。それは、液圧式のフライトシミュレーターをプラットフォームとして用い、シミュレーションライドの映画の歴史を通り抜けるという「メタ＝ライド」であった（ZKM, Karlsruhe, 1998）。

★100 ヘルシンキのアテネウムビルにある現代美術館にて。共同キュレーターはアスコ・マケラ。

★101 拙論参照。"Seeking Deeper Contact: Interactive Art as Metacommentary," *Convergence*, Vol. 1, No. 2 (1995), 81-104. この小論は以下の論文に基づいている。"Commentaries on Metacommentaries on Interactivitiy," in *Cultural Diversity in the Global Village. The Third International Symposium on Electronic Art, Sydney, Australia 9-13 November 1992*, ed. Alessio Cavallaro et al (Sydney: The Australian Network for Art and Technology, 1992), 93-98.

★102 Paul Virilio, *War and Cinema. The Logistics of Perception*, trans. Patrick Camiller (London: Verso, 1989, orig. 1985)（ポール・ヴ

イリリオ『戦争と映画——知覚の兵站術』石井直志／千葉文夫訳、平凡社、一九九七).

★103 *ISEA'94*, 138におけるカミンズによる記述を見よ。関連作品として、リン・ハーシュマンの《アメリカズ・ファイネスト》（一九九三-九四）がある。改造されたM-16アサルトライフルが三六〇度回転する銃座のてっぺんに据えつけられている。そのトリガーを引くと、ライフルを構えている人間の映像が諸々の戦争のイメージに重ね合わされたコラージュが照準器中に現われる。

★104 以下の拙論参照。"The Pleasures of the Peephole: An Archaeological Exploration of Peep Media," in *Book of Imaginary Media: Excavating the Dream of the Ultimate Communication Medium*, ed. Eric Kluitenberg (Rotterdam: NAi Publishers, 2006), 74-155.

★105 ネイマークは副産物として何枚かの静止画像を使ってステレオ写真を制作し、ヴィクトリア朝風のカード台紙《マウント》にはめ込んでいる。

★106 *ISEA'94*, 112. リチャーズの作品はしばしば初期の科学とテクノロジーを再現している。《ミレニアム末期の珍品キャビネット》は銅と木でできた大きなキャビネットで、ファラデーケージ（周囲の電磁場から遮蔽された空間）を再現している。一方、《チャージド・ハーツ》では、心臓の形をしたガラスに変化をもたらす錘形ガラスを持ち上げることで、観客の身体はこのインスタレーション作品に「挿入される」。《愛を発見するための装置》は、特許文書に似せた書類である。Catherine Richards, *Excitable Tissues, Tissus excitables* (Ottawa: The Ottawa Art Gallery, 2003). 次を見よ。Frances Dyson, *Sounding New Media: Immersion and Embodiment in the Arts and Culture* (Berkeley: University of California Press, 2009), 161-181. 以下も参照。Kim Sawchuk, "Charged Heart: the Electronic Art of Catherine Richards," *Horizonzero*, No. 6(Jan. 2003), at: www.horizonzero.ca/flashsite/issue6/issue6.html?lang=en&section=cover6.

★107 二〇〇五年にカナダのバンフで開催された第一回メディアアート史学会の際に、この類似点をリチャーズと話し合ってそうしたカメラ・オブスクラの映像を見せたところ、彼女は驚きの表情を見せた。

★108 Nathaniel Hawthorne, *Passages from the American Note-Books* (Boston and New York: Houghton, Mifflin and Company, 1896), 179-180.

★109 メディア装置《アパラトウス》とジェンダー化された観客を結びつけることに関わる手法は、ティッカの後期の作品にも見られる。www.heiditikka.com（最終訪問日二〇一四年三月一七日）.

★110 ヴァーチャルリアリティ用ヘッドマウントディスプレイは扱いにくかったため、それを使おうとしたアーティストはほとんどいなかった。その例外の一つが、カナダのバンフ・アートセンターでのアート・アンド・ヴァーチャル・エンヴァイロンメント・プロジェクトである。その結果は、拙論 "Time Machines in the Gallery" が掲載されている *Immersed in Technology* に収録されている。

★111　Terry Castle, *The Female Thermometer: Eighteenth-Century Culture and the Invention of the Uncanny* (New York: Oxford University Press, 1995); Rachel Maines, *The Technology of Orgasm: "Hysteria," the Vibrator, and Women's Sexual Satisfaction* (Baltimore: Johns Hopkins University Press, 2001).

★112　*Kara Walker: Narratives of a Negress*, ed. Ian Berry, Darby English, Vivian Patterson, Mark Reinhardt (New York: Rizzoli, 2007).

★113　ウォーカー以外にも、パノラマを使った重要な作品を制作しているアーティストには、ジェフリー・ショウ、マイケル・ネイマーク、およびリュック・クールシェヌがいる。これは非常に大きなトピックなので、機会を改めて詳細に議論する必要がある。

★114　Lynn Love, "Hidden Mechanisms: An Interview with Heidi Kumao," *Afterimage* (USA), Vol. 21, No. 7 (Feb. 1994), 6-9. このインタヴューでは、そのデヴァイスがどのようなものであり、その興行師が誰であったかということをクマオが知らなかったことが明らかにされている (p. 7)。

★115　ジョック・レイノルズは、モウリー・バーデンのフェナキスティスコープとクマオの《夕暮れ（1900－1991）》の両方を「ゾートロープ」と見なしているが、それは誤った一般化である。Sheldon and Reynolds, *Motion and Document, Sequence and Time*, 31. 実際には、クマオのデヴァイスは改造されたプロジェクション用プラキシノスコープである。クマオは「隠れたメカニズム」のなかで自身の作品の背後にあるアイディアに関して述べている。www.heidikumao.net/statement.html.

★116　レベッカ・カミンズは、カメラ・オブスクラを作品に使用している。例えば、ショッピングバッグをカメラ・オブスクラにした《バッグド》（二〇〇五）、ヒマラヤ杉の丸太でできたカメラ・オブスクラである《ログ・カム》（二〇一〇）、そしてモーター式のゴルフカートを四つのレンズがついた可動型カメラ・オブスクラにした《ゴルフ・カム》（二〇一一）などである（120; 145）。

★117　他の参加アーティストは、ドリト・サイピス、リーニー・サックとレスリー・ソーントンである。

★118　ノースの *Recollections of a Happy Life Being the Autobiography of Marianne North*, ed. Mrs John Addington Symons (London:

Macmillan and Co., 1892)ではそれについて言及されていないが、*Some Further Recollections of a Happy Life*, ed. Mrs John Addington Symons (London Macmillan and Co., 1893)では、「ロイヤルアカデミーの研修旅行奨学金をとった若き建築家」である旅行仲間のS氏が、「カイロからアブ・シンベルへの往復旅行で見つけたあらゆる四角いかたちをした石をスケッチする」のに、カメラ・オブスクラとかたちは異なるが目的は同じ器具であるカメラ・ルシダをどのように使っているのかということをノースは描写しているのだ。

★119　こうしたことをはっきり示しているのが、カメラ・オブスクラの内側にいる人々によって覗き見られていることに気がつかない恋人たちを描いた風刺漫画である。

★120　*On the Beaten Track: Tourism, Art and Place* (New York: New Press, 1999, 58)で、ルーシー・R・リッパードが述べるところによれば、ジャイアント・カメラの周りにたまたまいた通りすがりの観客は、その内部にいた観客たちとは全く異なるパフォーマンスを経験している。そのカメラ・オブスクラは一〇人も入ればいっぱいだったので、パフォーマンスは午前一一時から日没まで一五分おきにひっきりなしに繰り返された。Misha Berson, "Through a Glass, Brightly: Performance Art at Ocean Beach," *San Francisco Examiner*, June 15, 1986, 38.

★121　エクスプロラトリウムでは、オープニング時にのみパフォーマンスが催された。目玉は異なる時代を表象する三人の少女であった。そのなかには、一九世紀の広告ガールが含まれており、彼女のドレス、日傘、扇はみなすっかり写真で覆われていたのだ（メディアによるそうしたドレスアップが行なわれていたことは知られている）。Ellen Zweig, typewritten description of the work (author's archive).

★122　ツヴァイクはこうしたことに気づいていたに違いない。というのも、その描写がなされているのはジョン・H・ハモンドの *Camera Obscura – a Chronicle* (Bristol: Hilger, 1981, 18)においてなのだが、彼女はこの本を《彼女はその風景を求めて旅をした》の音声源として使用しているからである。Christine Tamblyn, "Whose Life Is It Anyway?," *Afterimage* (USA), Vol. 15, No. 1 (Summer 1987), 24.

★123　John Baptista Porta, *Natural Magick* (London: Thomas Young and Samuel Speed, 1658), 364-365, quot. Laurent Mannoni, *Great Art of Light and Shadow*, trans. Richard Crangle (Exeter: Exeter University Press, 2000), 9. See facsimile, *Della magia naturale del signor Gio: Battista della Porta Napolitano libri XX* (Napoli: Antonio Bulifon, CIDIDCLXXVII), 486, in Laurent Mannoni, Donata Pesenti Campagnoni & David Robinson, *Light and Movement. Incunabula of the Motion Picture, 1420-1896* (Gemona: Le Giornate del Cinema Muto, Cinémathèque française-Musée du Cinéma, Museo Nazionale del Cinema [Torino], 1996), 51.

★124　John Henry Pepper, *The True History of Pepper's Ghost* (London: The Projection Box, 1996, orig. 1890).

★125　Jussi Parikka, "With each project I find myself reimagining what cinema might be: An Interview with Zoe Beloff," in www.electronicbookreview.com（最終訪問日二〇一四年三月一二日）.

★126　このケースに関しては、Jeffrey Sconce, "On the Origins of the Origins of the Influencing Machine," in *Media Archaeology*, ed. Huhtamo and Parikka, 70-94. スカンスの *Haunted Media: Electronic Presence from Telegraphy to Television* (Durham: Duke University Press, 2000) は、メディア史を秘教的風潮と繋げている。

★127　*The Sonnambulists: A Compendium of Source Material,* ed. Zoe Beloff (New York: Christine Burgin, 2008).

★128　それらはアップグレードされて、二〇〇九年と二〇一〇年にベロフにより再リリースされた。

★129　テレビ番組「もうひとつの映像進化論」、What's Next、テレビ朝日、一九九〇（video copy of the program in author's archive）。

★130　英語での岩井研究には限りがある。初期の拙論参照。"Excavating Media Dreams. Looking for a Context for Toshio Iwai's Art," in *Toshio Iwai Exhibition*, ed. Päivi Talasmaa (Karlsruhe and Espoo: Zentrum für Kunst und Medientechnologie / Medienmuseum & Galleria OTSO, 1994), 8-11. 私はこの時点ですでに岩井のアートを「メディア考古学的」と呼んでいる（ibid., 11）。重要な情報源（一九九七年までの）として *The Trace of Toshio Iwai's Media Art – Open Studio*, ed. NTT InterCommunication Center (ICC) and Tomoe Moriyama (Tokyo: NTT Publishing Co., Ltd, 1997)（ＮＴＴインターコミュニケーション・センター〔ＩＣＣ〕＋森山朋絵企画編集『ＯＰＥＮ ＳＴＵＤＩＯ岩井俊雄展――そのメディア・アートの軌跡』ＮＴＴ出版、一九九七）. イヴォンヌ・シュピールマンは以下の著作で岩井のキャリアの概略を示している。*Hybrid Culture: Japanese Media Arts in Dialogue with the West*, trans. Anja Welle and Stan Jones (Cambridge, MA: The MIT Press, 2012), 107-112.

★131　このパラグラフはToshio Iwai, "Beginning," in *The Trace of Toshio Iwai's Media Art*, 35（『岩井俊雄展』三四頁）と、アーティストとの私的なやりとりに基づいている。私は二〇一一年一月に東京近郊の吉祥寺美術館で開催された岩井の展覧会で、この工作ブックを見た。

★132　個人的なやりとり。以下を見よ。*Toshio Iwai Works. Artist, Designer and Director SCAN#7* (Tokyo Rikuyosha, 2000)（岩井俊雄『岩井俊雄の仕事と周辺』六耀社、二〇〇〇）, 63. そのオルゴールがインスタレーション作品《*Piano as Image*

Media》の着想源となった。

★133 Iwai, in *The Trace of Toshio Iwai's Media Art*, 54（『岩井俊雄展』五四頁）. 彫刻家グレゴリー・バーサミアン（ＮＹＣ）は、機械を動力としたインスタレーション作品の多くでゾートロープを基本装置として使用している。

★134 複数の視点から同時に一連の連続写真を撮影するマイブリッジの実践がきっかけとなって制作されたのが、《Jumping Grand Prix!》（一九九六）である。この作品は、東京の科学技術館で展示された。

★135 わざと真面目くさって、岩井は後者（No. 3）については「一種のジョーク、または最もシンプルなヴァーチュアル・リアリティ」と、前者（No. 5）については「これも一種のジョーク」とコメントしている（*The Trace of Toshio Iwai's Media Art*, 91）（『岩井俊雄展』九〇頁）。

★136 Iwai, in *The Trace of Toshio Iwai's Media Art*, 98（『岩井俊雄展』九八頁）.

★137 エクスプロラトリウムで彼が制作したのが《*Wells of Light*》（一九九二）である。それは《時間層IV》をさらに発展させた作品であった。

★138 岩井とともに《TENORI-ON》を共同開発したのが、ヤマハのサウンドテクノロジー開発センターに所属していた西堀佑である。

★139 Toshio Iwai + NHK STRL, "Morphovision," at www.nhk.or.jp/strl/morphovision/index_e.html（最終訪問日二〇一四年三月一一日）. ＮＨＫとは日本放送協会のことである。

★140 Toshio Iwai, "Historical Description of Morphovision," in "Morphovision," www.nhk.or.jp/strl/morphovision（最終訪問日二〇一四年三月一一日）.

★141 Ibid.

★142 *Toshio Iwai Works*（『岩井俊雄の仕事と周辺』）, 46-47.

★143 一九九九年頃、東京の岩井のスタジオで彼が私にプロトタイプを見せてくれた際に語ったところによれば、視覚の持続に関わるデヴァイスを研究していたとき、アノーソスコープについては見落としていた、とのことである。

★144 私は二〇一一年一月に東京近郊の吉祥寺美術館でそうした作品を見た。また井の頭公園自然文化園でも岩井の展覧会が同時に開催されていた。両方とも子ども向けの展覧会である。どちらの展覧会でも、メディアアーティストとしての岩井の国際的なキャリアを指し示すものは何もなかった。

★145 そのシリーズの日本語タイトルは『100かいだてのいえ』である。二巻組の第一巻は、日本で一四〇万部発行されている。岩井のこの絵本は、台湾、韓国、中国、香港、タイ、フランス、そしてドイツでも出版されている。岩井俊雄から筆者へのEメールによる（二〇一四年三月一九日）。第三巻『うみの100かいだてのいえ』が二〇一四年六月に出版されている。

★146 SIGGRAPH 2006での私的な会話。そのとき、岩井は私に《エレクトロプランクトン》を一本くれた。

★147 Machiko Kusahara, "Historical Perspective of Art and Technology: Japanese Culture Revived in Digital Era. On Originality and Japanese Culture," at: www.f.waseda.jp/kusahara/Invencao.html (最終訪問日二〇一四年三月一一日).

★148 Masato Shirai, "Toshio Iwai – The Technology of Astonishment," in *The Trace of Toshio Iwai's Media Art*, 16(白井雅人「「驚き」を生むテクノロジー」、『岩井俊雄展』NTT出版、一三頁).

★149 Ibid.

★150 デマリニスは《主人の顔》（変化するエジソンの顔の映像が投影される）と《同志スターリンの訓戒》（スターリンの演説が収録され、その顔が彫られたラッカー盤）を含めて、《エジソン効果》を一三のピースからなる作品としている。*Paul Demarinis/Buried in Noise*, ed. Ingrid Beirer, Sabine Himmelsbach and Carsten Seiffarth (Heidelberg and Berlin: Kehrer Verlag, 2010), 126-139.

★151 Paul DeMarinis, "The Edison Effect," typewritten description (author's archive).

★152 アルとメアリーとは誰なのか？ その金魚なのだろうか？ それとも、映画『ジャズ・シンガー』（一九二七）に登場するアル・ジョルソンと、そのいい人であるメアリー・デイル（メイ・マカヴォイ）？ 「メアリー」は、エジソンのフォノグラフに最初に吹き込まれた単語でもある。デマリニスはCD「*The Edison Effect. A Listener's Companion*」(Eindhoven: Het Apollohuis, 1995) での三つのトラックで、この「メアリー」ということばを用いて演奏を行なっている。

★153 バーリンが「ビア樽ポルカ」を作曲したと思うかもしれないが、そうではない。「ビア樽ポルカ」はルー・ブラウン、ウラディミール・A・ティムとヤロミール・ヴェイヴォダによって一九二七年に作曲された。

★154 *Paul DeMarinis/Buried in Noise*, 129.

★155 Paul DeMarinis, "Essay in lieu of a Sonata" (1993), in *Paul DeMarinis/Buried in Noise*, 218-221.

★156 私が正確に思い出せる範囲では、その陶製のつぼの溝には、デマリニスが発明した方法により、ピグミーの歌が刻まれていた。《アーニーでの夕食》（一九九五）では、ヒッチコックの『めまい』からとられたサウンドがセラミックのプレートに録音されていた。織物に編み込まれた《シンガー・オブ・ソングス》（一九九六）では、改造されたミシンを使って音が再生された。

★157 Demarinis, "Gray Matter," *op. cit.*

★158 詳細な解釈に関しては拙論参照。"An Archaeology of Networked Art: A symptomatic Reading of The Messenger by Paul DeMarinis," in *Networked Narrative Environments*, ed. Andrea Zapp (Manchester: Manchester Metropolitan University, 2004), 32-44.

★159 Renny Pritikin, "An Interview with Paul DeMarinis," *Art Practical*, The Sound Issue, Vol. 3, No. 13 (April 17, 2012), at: http://www.artpractical.com/feature/interview_with_paul_demarinis/（最終訪問日二〇一四年三月一一日）.

★160 Paul DeMarinis, "The Messenger" (1998), in *Paul DeMarinis/Buried in Noise*, 240.

★161 Susan Douglas, *Inventing American Broadcasting, 1899-1922*, Balti more: Johns Hopkins University Press, 1989 (1987).

★162 *Paul DeMarinis/Buried in Noise*, 183.

★163 デマリニスは、ニューラングトン・アーツ・ギャラリーを中心とするアーティスト集団に属していた。ニューラングトン・アーツ・ギャラリーは、サンフランシスコのオルタナティヴなアートスペースで、ポメロイが設立者の一人である。このアートスペースで、ポメロイとデマリニスは二人で《オペラの1バイト》（一九七七）のパフォーマンスを行なっている。デマリニスは、ポメロイの死後に同じくニューラングトン・アーツ・ギャラリーで開催された回顧展の共同キュレーターを務めている。《グラインド・スネイクス・ブラインド・エイプス》と《ダスト》の両作品において、デマリニスは現われては消える蛍光性のイメージを使い、生のはかなさに触れている。

★164 DeMarinis, "The Boy Mechanic," 1-2.

★165 拙論参照。"Thinkering with Media: On The Art of Paul DeMarinis," in *Paul DeMarinis/Buried in Noise*, 33-39.

★166 Parikka and Hertz, "Zombie Media," 429. パリッカとヘルツは「方法《メソッド》」および「方法論《メソドロジー》」ということばを用いているが、そうしたことばを使うにはいくつか厄介な点があるので、もっと広きにわたる「アプローチ」ということばで語るほうが私には好ましい。芸術的実践に「方法」があり得ると言ってしまうと、それを誤解しかねない。芸術の制作とはむしろ予測がつかないものなのだ。

★167 *Paul DeMarinis/Buried in Noise*, 159, 217. デマリニスの特許番号はUS 6,095,889（二〇〇〇年八月一日）である。ギー

ディオンがこうした論点を取り上げて議論しているのが、傑作『機械化の歴史』である。この本はデマリニスのお気に入りの一冊である。

★168　拙論参照。"Between Lightness and Gravity: Bernie Lubell's Media-Archaeological Art," in *Sufficient Latitude. Interactive Wood Machines by Bernie Lubell*, exhibition catalogue (Pasadena: Art Center College of Design, 2008), 12 pages, unnumbered. Online at http://blubell.home.att.net/text.htm.

★169　Martin Riches, *Maskinerne / The Machines / Die Machinen* (Odense: Kunsthallen Brandts Klaedefabrik, 2004).

★170　ケントリッジの《フェナキスティスコープ》は実際に動くデヴァイスである。二枚のグラモフォンのレコードを再利用し、そこにスタンドと手回し用のハンドルがついたこのデヴァイスは、二〇〇〇年にニュー・ミュージアム・オブ・コンテンポラリー・アート（ＮＹＣ）により、限定四〇台で売りに出された。

★171　Open Reel Ensemble, *En-Cyclepedia*（Tokyo: Gakken, 2013, 日本語）(Open Reel Ensemble編著『回典：En-Cyclepedia』学研マーケティング、二〇一三).

★172　《手から口へ》（一九九三）では、ゲスは未露光のフィルムを口のなかに入れ、唇をシャッターとして使うことで、周りのものごとをピンホール写真として撮影している。その結果は、全周パノラマとして展示された。すなわち、メディア考古学的なよりどころがもう一つつけ加えられたのだ。以下を見よ。www.guess.fr/en/works/from_hand/to/mouth（最終訪問日二〇一四年三月一七日）.

★173　http://1x-upon.com/（最終訪問日二〇一四年三月一六日）.

★174　私はレトロゲーム、マシニマ、そしてゲームハッキングについてはこの論文では取り上げなかった。コーリー・アルカンジェルの「ヴィデオゲーム・モッド」である《スーパーマリオ・クラウズ》（二〇〇二）や《さまざまな自分がボーリング・ゲームをプレイする》（二〇一一）にはメディア考古学的関心が見られる。ゲームカルチャーのメディア考古学についてはRaiford Guins, *Game After: a Cultural Study of Video Game Afterlife* (Cambridge, MA: The MIT Press, 2014)［編訳者註：マシニマ（Machinima）とはマシン（machine）とシネマ（cinema）を組み合わせて作られた造語。３Ｄコンピューターゲームのアニメーションを利用した動画やムーヴィーを指す。DoomやQuakeといったファーストパーソン・シューティング（ＦＰＳ）の映像が加工・編集されることが多い］.

編訳者註

序文

☆1　**特異点**：原語はSingularity。アメリカの発明家・思想家レイ・カーツワイルによって提唱された概念。カーツワイルによれば「テクノロジーが急速に変化し、それにより甚大な影響がもたらされ、人間の生活が後戻りできないほどに変容してしまうような」（レイ・カーツワイル『ポスト・ヒューマン誕生』井上健監訳、小野木明恵／野中香方子／福田実共訳、NHK出版、二〇〇七、一六頁）未来を指す。カーツワイルはこの文章に続けて、特異点自体は「理想郷でも地獄でもない」と留保をつけているが、その議論からはテクノユートピア的（そして技術決定論的）な色合いが強く感じられる。カーツワイルのこうした議論は、フータモの主張をもじれば「新しいテクノロジーがもたらす新しい未来」という定型文句、すなわちトポスとして要約することもできるだろう。

第1章　メディア考古学の考古学

☆1　**この本**：原語はtechnical media。この論文が収録された以下の書籍をさす。Ed., Erkki Huhtamo and Jussi Parikka, *Media Archaeology: Approaches, Applications, and Implications* (University of California Press, 2011).

☆2　**技術メディア**：フータモはこのことばを厳密に定義して使用しているわけではない。彼によれば、技術メディアとは何らかの機械的部分を備えたメディアのことを指す（例えば、フータモは技術メディアでは「ない」メディアとして新聞を挙げる。新聞はメディアではあるが、それを読む体験には何らかのデヴァイスやマシンを使用しないので、新聞は技術メディアというカテゴリーには含まれない）。技術メディアというタームに関して最も重要だと思われるのが、フータモがメディア概念を区分している点である。また、このタームが使用される文脈に留意していただきたい。

☆3　**メディア病**：原語は*psychopathia medialis*。ツィーリンスキーによる造語。メディア産業や文化産業による標準化と画一化により、人間の精神が支配されてしまった状態。メディア考古学やメディアアートはこうした人間の心的状況を治療するものとして考えられている。

☆4　**メディアの深厚なる時間**：ツィーリンスキーのこの概念の主たる土台となっているのは、一八世紀の地質学者ジェームズ・ハットンの地質学的発想と、古生物学者スティーヴン・ジェイ・グールドによる生物の多様性についての考えである。ツィーリンスキーは時代を一種の地層とみなし、折り重なった「時間の層」を掘り下げることで、メディアテクノロジーの多様性や異種混交状態、もしくはそうした状態が生じた時代を発掘しようと試みる。また、ハットンの地質学的時間概念やグールドの進化論を下敷きとすることで、ツィーリンスキーは循環する時間概念を自身の議論に導入し、直線的で発展的な進歩史観や目的論的見地を退けようとしている。ツィーリンスキーの「メディアの深厚なる時間」、および「ディープ・タイム」という概念それ自体に関しては、ツィーリンスキーの著作に加え、スティーヴン・J・グールド『時間の矢、時間の環――地質学的時間をめぐる隠喩と神話』（渡辺政隆訳、工作舎、一九九〇）を参照。

☆5　**階差エンジン**：イギリスの数学者チャールズ・バベッジが考案した、階差法（差分法）を使用する機械式計算機。階差エンジンは、大別すると計算を担当する演算装置と、その結果を打ち出す印刷装置から構成されていた。

☆6　**カロタイプ**：一八四一年にタルボットが特許を取得した初期の写真法。例えば、ジル・モラ『写真のキーワード』（前川修、小林美香、佐藤守弘、青山勝訳、昭和堂、二〇〇一）二五頁を参照。

☆7　**航行可能性**：始まりと終わりが存在するリニアな映画とは異なり、映画という枠組みは残しつつも、ユーザーが映画のなかの情報に（例えばスマートフォンなどを使用して）アクセスし、自らが見る内容すなわち進むべき方向をインタラクティヴに決定できることを指す。フータモが例として挙げるのが、アーロン・コブリンの作品《アーケード・ファイア》である。

第2章　妖精エンジンを分解する

☆1　**メネ・メネ・テケル・ウパルシン**：ダニエル書第五章に登場し、ベルシャザル王の王国の滅亡を告げる預言。この文字は、ベルシャザル王が大宴会を催している最中に、忽然と現われた人間の手の指によってバビロン王宮の壁に書きつけられた。

☆2　**スマートファブリック**：体調の変化を測定・通達するセンサーなどが織り込まれた衣類。

☆3　**テレビ宣教師**：テレビを使って教会のメッセージを伝達する牧師。

第3章　異文化間のインターフェース

☆1　**ワヤン・ベベル**：横長の絵巻を使用し、物語を語るインドネシアの伝統的な影絵芝居。インドネシア語で「ワヤン」は「影」を、「ベベル」は「繰り広げる」を意味する。ヒンドゥー教の聖典である『マハーバーラタ』や『ラーマーヤーナ』から題材がとられることが多い。

第4章　世界はみな、ひとつの万華鏡

☆1　**本ジャーナル**：この論文のオリジナルの収録先 *Revista di estetica*, nub. 55, vol. 54, Jan. 2014を指す。

☆2　**セル、オブジェクトセル**：オブジェクトとはパターンを生み出す彩色ガラス片やビーズなどを指す。オブジェクトを詰める容器がセル（もしくはチェンバー）である。オブジェクトが詰まったセル、すなわちオブジェクトセルには、ドライタイプとオイルタイプの二種類がある。ドライタイプでは、オブジェクト同士のぶつかり合う音をも楽しむことができる。オイルタイプではセルにオイルが注入されており、オブジェクトが生み出すパターンの連続的な変化を楽しむことができる。また、オイルの種類や濃度を調節することで、オブジェクトが作り上げるパターンの速度に変化をつけることができる。

☆3　**詩についての註**：グリーンランド行きの船とは、一八一八年四月に開始されたジョン・ロス率いる探検隊による北西航路の発見の試みを指すと思われる。ウェリントン卿への狙撃とは、一八一八年二月に起こったアンドレ・カンティヨンというフランス将校によるウェリントン卿暗殺未遂事件を指示しているのであろう。「畏きかの御方」の原語は“The P……”である。おそらく伏せ字は着道楽で知られた後のジョージⅣ世を指す。「洒落者」として知られるボー・ブランメルはジョージⅣ世の友人であった。また、印刷中と述べられているバイロンの第四篇とは、一八一八年に出版された『チャイルド・ハロルドの巡礼』の第四篇だと思われる。

第5章　アーケードゲームの考古学

☆1　**ブレイクアウト**：日本では「ブロック崩し」の名で知られている。

☆2　**ミメオグラフ**：孔版印刷の一種。その原理は一八六一年にエジソンにより発明された。謄写版、ガリ版。

☆3　**トレード・スティミュレーター**：バーやタバコ屋などに置かれた、ペニーやダイム硬貨を使用する一種のギャンブルマシン。リールの図柄や数字をそろえることで、ユーザーはこのマシンから直接ガムなどの報酬を受け取ることもあれば、このマシンが置かれたバーの支配人などからタバコなどを報酬として受け取ることもできた。非常に多くの種類のトレード・スティミュレーターが存在する。

☆4　**ダイムミュージアム**：一九世紀末アメリカ都市部で流行した10セント博物館。矮人などの「フリークス」によるショーなどが上演され、見世物小屋的な性格をもっていた。大衆的博物館。例えば細馬宏通『ミッキーはなぜ口笛を吹くのか』（新潮社、二〇一三）三五－七二頁を参照。

☆5　**Doom／Quake**：ともにファーストパーソン・シューティング（FPS）の代表的なゲーム。

☆6　**ストアフロント**：ここでは、店舗の通り側に面した、すなわちショーウィンドウ側にある店の内部のスペースを指す。いわゆる店の外の「店先」ではないことに注意。

☆7　**コイン・イン・ザ・スロット**：基本的にコイン＝オプと同じくコイン式のマシンを指す。

☆8　**コスモラマ**：ここでは展示された絵などを視覚的に「拡大する」装置（覗きめがね）を使用して楽しむことのできる娯楽場を指す。

☆9　**ムーヴィー・パレス**：ここではピクチャー・パレス（映画宮殿）と同様の意味で使用されている。ピクチャー・パレスは、小規模で労働者階級をターゲットとしたニッケルオデオンとは異なり、中間層や上流層をターゲットとした豪奢な巨大映画館。一九一〇年代後半から二〇年代にかけて多数建築された。ピクチャー・パレスについては、例えば加藤幹郎『映画館と観客の文化史』（中央公論新社、二〇〇六）九八－一一四頁を参照。

第7章　バックミラーのなかのアート

☆1　**テクノロジー・アート**：原語はtechnology art、technological art。何らかの（メディア）テクノロジー、デヴァイスを使用したアートを指す。「技術メディア」と同様、フータモはこの用語に厳密に定義を与えた状態で使用しているわけではない。「技術メディア」の註で言及したのと同じく、このタームが使用されている文脈に留意しつつ、読解を行なっていただきたい。

☆2　**独身者機械**：「独身者機械」とは、一九五四年に出版されたミシェル・カルージュの同名の本のタイトルである。カルージュはデュシャンの通称「大ガラス」とカフカの『流刑地にて』における処刑機械から、独身者機械という概念およびタイトルを着想した。カルージュの『独身者機械』（新版）の訳者である新島進によれば、独身者機械の特性とは「「愛と生殖の拒否（ただし相手を求めてはいる）」「機械的工程としてのエロティシスム」「女性との関与や不可能性を模している機械」」（巽孝之・荻野アンナ編『人造美女は可能か？』慶應義塾大学出版会、二〇〇六、三八頁）である。独身者機械の概念については、新島による『独身者機械』の訳者解説が詳しい。

☆3　**ストックイメージ**：元来どのような目的のために使用されたのかということに言及されることなく、繰り返し使用され、一般的になったイメージ。現代ではビジネスにおいてしばしば使用される。

☆4　**オートバイナリ**：原語はAutobinary。シリングが考案した立体視の技法。プリズム式の単眼鏡を使用する。片目に単眼鏡をかけて両眼視を行なうことで、自動的に立体視体験がもたらされる。

☆5　**シャッターディスク、シャッターブレード、シャッターホイール**：この三者は間歇運動を通じて動くイメージを実現するパーツのひとつを指し、フータモは形状によってこれらの用語を使い分けている。形状がプロペラ・羽状の場合、シャッターブレードというタームが用いられる。形状がほぼ円盤の場合、シャッターディスクとシャッターホイールというタームが使用される。シャッターディスクとシャッターホイールは、おおむね同一のものとして考えてよい。

☆6　**シリング効果**：空間の深度を変化させる視覚器具を使用することでもたらされる、特殊な動く3Dイメージ効果。

☆7　**《アステアの顔を上るイモリ》**：ポメロイのこの作品の原タイトルは*Newt Ascending Astaire's Face*である。デュシャンの《階段を降りる裸体》の原タイトルは*Nude Descending a Staircase*であり、この作品タイトルはデュシャンのそれにたいする地口となっている。

☆8　**フリップブック**：絵や図が描かれているページを送ると、それらが動いているように見える本や漫画。パラパラ漫画。

☆9　**モーフィング**：コンピュータグラフィックスにより形態を微妙に変化させる手法。

☆10　**シネプローブ**：Cineprobe。ニューヨーク近代美術館（ＭｏＭＡ）の映画部門が後援する、インディペンデントのアヴァンギャルド映像作家の作品を紹介する上映会シリーズ。

☆11　**ミレニアム**：ニューヨークにあるミレニアム・フィルム・ワークショップ（The Millennium Film Workshop）のこ

と。一九六五－六六年に創立され、主にアヴァンギャルド映画や実験映画を収集・アーカイヴするアートセンター。類似するアートセンターとして、同じくニューヨークにあるアンソロジー・フィルム・アーカイヴス（Anthology Film Archives）が挙げられる。ジェイコブスはミレニアム・フィルム・ワークショップ初代ディレクターである。

☆12 **ペッパーズ・ゴースト**：板ガラスと照明による視覚トリック。照明のオン／オフにより、板ガラスに反射像を投影して現実の背景と重ね合わせたり、反射像を出現させたり消したりすることができる。ディズニーランドの人気アトラクション「ホーンテッドマンション」で使用されていることはよく知られている。

☆13 **デジタルプロッター**：図形や作図をデジタル方式で出力する装置。

☆14 **ステッピングモーター**：パルス信号により、回転角度と回転速度を正確に制御することのできるモーター。

☆15 **Mr.ウィザード**：一九五〇年代のアメリカの子供向けＴＶ番組「Watch Mr. Wizard」の登場人物で、子供たちに科学テクノロジーの実験や解説を行なう。

☆16 **デヴィッド・パッカード**：ヒューレット・パッカードの共同創業者。

☆17 **サーキットベンディング**：一般的には、電子機器の回路を「ハック」することにより、想定された使用方法とは異なるやり方で電子機器を用いる手法を指す。ここでの「サーキットベンディング」概念は、全面的ではないものの、フータモの「思索的よろず修繕（thinkering）」の概念と共鳴する。「思索的よろず修繕」は、「考える（think）」と「修繕（tinkering）」を組み合わせたフータモによる造語である。フータモによれば、この概念は「テクノロジー的にだけでなく、知的およびメディア考古学的姿勢をもって修繕に臨むこと」を指す。

☆18 **パタフィジック**：アルフレッド・ジャリによる造語。形而「超」学と訳されることもある。パタフィジックは形而上学を超えたところのものを探究する学問を指す。ジャリの定義によればパタフィジックとは「潜在性によって記述された対象の諸特性を象徴的に帰する、想像力の科学」（アルフレッド・ジャリ『フォーストロール博士言行録』相磯佳正訳、国書刊行会、一九八五、四四頁）である。

☆19 **アニマトロニクス**：人間や動物など、生物を模したロボットの動きを電子工学で制御する技術。もしくはそのロボットのこと。映画や演劇で使用される。

編訳者解説

本書は世界初のエルキ・フータモの選集である。各論文の原タイトルおよび出典は以下のとおりである。

第1章　メディア考古学の考古学

（"An Archaeology of Media Archaeology," *Media Archaeology: Approaches, Applications and Implications*, ed. Erkki Huhtamo and Jussi Parikka (Berkeley: University of California Press, 2011), pp. 1-21.

第2章　妖精エンジンを分解する

（"Dismantling the Fairy Engine," *Media Archaeology: Approaches, Applications and Implications*, ed. Erkki Huhtamo and Jussi Parikka (Berkeley: University of California Press, 2011), pp. 27-47.

第3章　異文化間のインターフェース

（"Intercultural Interfaces: Correcting the pro-Western Bias of Media History," Paper read at: Re-place. Second International Conference on the Histories of Media, Art, Science and Technology, Haus des Kulturen Der Welt, Berlin, Germany, November 17, 2007. Unpublished.）

第4章　世界はみな、ひとつの万華鏡

（"'All the World's a Kaleidoscope.' A Media Archaeological Perspective to the Incubation Era of Media Culture," *Rivista di estetica*, Nuova series, No. 55 (2014), Anno LIV, pp. 139-153.）

第5章　愉快なスロット、困ったスロット：アーケードゲームの考古学

（"Slots of Fun, Slots of Trouble: An Archaeology of Arcade Gaming," *Handbook of Computer Games Studies*, ed. Joost Raessens & Jeffrey Goldstein (Cambridge, Mass.: The MIT Press, 2005), pp. 1-21.）

第6章　ソーシャルメディアというパノプティコン

（"The Social Media Panopticon," Published in *WRO 2013: Pioneering Values. 15th Media Art Biennale*, ed. Piotr Krajewski and Klio Krajewska (Wroclaw: WRO Center, 2014), pp. 47-55.）

第7章　バックミラーのなかのアート

（"Art in the Rear-View Mirror: The Media Archaeological Tradition in Art," To be published in English in: *A Companion to Digital Art* (Blackwell Companions to Art History), ed. Christiane Paul.）

本書はこれらの七章から構成され、第1章から第3章までの第I部と第4章から第7章までの第II部に大別できる。理論編として設定された第I部には、フータモのメディア考古学の定義や理論的背景・射程を解明してくれる論文を収録した。実践・架橋編である第II部では、メディア考古学的アプローチを用いた研究の様相が具体的に把握でき、かつ本書に収録されている以外の内容についてのフータモの議論にも補助線となるような論文を

選択してある。本書全体としてはフータモの「メディア考古学」という概念・アプローチに焦点を当て、その輪郭を明確にすることを試みている。なお、邦訳がある文献は可能な限りそれらにあたり訳文を参考にさせていただいたが、引用などに際しては、議論の都合上、表現等を変更したものもある。また、各章は上述のテクストをもとに訳出されているが、フータモと協議のうえ適宜修正を施した箇所が存在するため、必ずしも原文と対応しない場合があることをここでお断りしておく。

さて、フータモは早稲田大学やＩＡＭＡＳ、京都大学などさまざまな場所でレクチャーを行なっているので、彼の名前は一部ではすでにおなじみのものかもしれない。しかしながら、この選集はフータモのことを知らない読者も想定して編まれているので、まずは彼の経歴や仕事について簡単に見ておくことにしよう。

エルキ・フータモ（Erkki Huhtamo 一九五八―）はフィンランド出身のメディア文化研究者で、フィンランドのトゥルク大学で博士号（文化史）を取得している。フィンランドで研究者や教育者としての、さらにはキュレーターやＴＶディレクターとしてのキャリアを積み、一九九九年にカリフォルニア大学ロサンゼルス校（ＵＣＬＡ）に客員教授として招聘される。二〇一五年現在、フータモはＵＣＬＡのデザイン｜メディアアーツ（Design|Media Arts）学科およびフィルム・テレビジョン・デジタルメディア（Film, Television and Digital Media）学科の二つの学科で教授職を兼任している。編訳者も在籍したデザイン｜メディアアーツ学科は、メディアアートなどを教える制作系の学部とすでに一定の実績を備えた若手メディアアーティストを対象とした修士課程から構成されている。そこでフータモは二人しかいない座学担当教員の一人として、大学院生すなわち世界各国から集まった若手のアーティストたちにメディア論などのメディアアートに関わる理論についての指導や論文の指導を行なっている。ちなみに、学部生向けにはデザインについての講義も行なっている。そこではデザイン論の古典的な理論であるヴィクター・パパネックの議論から、理論物理学者のスティーヴン・ホーキングのデザイン概念、日本のメディアアーティストの明和電機が制作したガジェット（の実演）まで、幅広い話題が取り上げられている。二〇一三年

には彼の初の単著*Illusions in Motion: Media Archaeology of the Moving Panorama and Related Spectacles*（MIT Press）が刊行された。二〇一四年にはフータモのウェブサイト（http://www.erkkihuhtamo.com/）が公開されており、フータモのキャリアなどについてはこのサイトを参照するのが最も確実である（経歴に加え、いくつかの論文も閲覧可能）。

こうした研究者・教育者としての顔に加え、本書でも言及されているように、フータモにはキュレーターやアーティストとしての側面もある。またロストメディアの有数のコレクターでもあり、ＵＣＬＡやロサンゼルスのパノラマ劇場（The Velaslavasay Panorama）で自身が所有するマジックランタンの実演を行なうなど、フータモの活動は決して授業やレクチャーのみを行なうという狭義のアカデミックな世界に留まるものではない。

図1　ヴィクトリア朝後期に作られたイギリス製ダブルレンズ式マジックランタンを使った上映を行なうエルキ・フータモ。「御貰いから北極探検家へ。フータモ教授のわらしべ長者的大冒険」。ヴェラスラヴァセイ・パノラマ、ロサンゼルス、2012年8月2-3日。

さて、フータモはメディア文化やその経験の分析のために「メディア考古学」という研究手法を練り上げた。もちろんメディア考古学という言葉を使用するのはフータモだけではない。ジークフリート・ツィーリンスキーやユシー・パリッカなどさまざまな研究者がこの用語を使用し、それに異なる意味合いを見込んでいる。それを踏まえたうえで「メディア考古学」を一般的に定義すれば、「日々相当な勢いで更新・増殖するメディアテクノロジーについての情報により、メディア文化やその経験に関わるも、埋もれてしまった言説を掘り起こす研究」と言うことができるだろう。

こうしたなかで、フータモ流メディア考古学の特徴はやはり「トポス概念」にある。繰り返されるトポス概念を中核に据えることで、フータモの議論では必然的にメディア文化の「連続性」が強調される。確かに、フータモ自身はトポス概念を通してメディア文化の断絶と連続の両方を考察するべきだと説いてはいる（「妖精エンジンを分解する」参照）が、その議論は断絶よりも連続に重きを置いていると言えよう。すなわち、フータモのメディア考古学とは、トポス概念を思考ツールとして、メディア文化・経験の湧昇流（の経路）を捉えることにほかならない。

フータモがメディア文化・経験の連続性を強調する理由の一つとして、例えばミシェル・フーコーやその議論を土台としたジョナサン・クレーリーなどが展開する、認識論的切断を主張・重視した議論への疑念が挙げられる。フータモにこうした疑念を抱かせる大きな契機となったのは、反復して姿を現わすトポス概念であることは間違いないだろう。

また、フーコーやキットラーなどと比較した場合、フータモの議論は豊富な実例と平易な語り口を用いているので、非常に取り組みやすいという点も挙げられる。フーコーやキットラーの議論も魅力的ではあるが、そうした議論に馴染みがない読者がいきなり手にとるには、ためらいを覚えることも事実ではないだろうか。その意味で、本書は（フータモの）メディア考古学についての議論の導入となると同時に、クレーリーやキットラーなどの、より抽象度の高いメディア研究に取り組むための足場ともなり得るだろう。

しかし、フーコーやクレーリーらとフータモは理論的に対立すると単純に考えるべきではない。本書の随所でも見られるように、こうしたメディア研究者たちは、進歩の概念に裏打ちされた目的論的で直線的な思考を厳しく批判している。メディアテクノロジーやメディア文化に関わる彼らの研究にはこうした問題意識が共通して通底していることを常に忘れてはならない。フータモのトポス概念は、こうした姿勢を如実に物語ってもいるのだ。

エルキ・フータモ・コレクションより。

右上） 3つのレンズを使ったぜんまい仕掛けのキノラ（動画鑑賞装置）、1902年頃。さまざまな種類の19世紀の万華鏡。生命の輪とも呼ばれたロンドン・ステレオスコピック・カンパニーのゾートロープ（Zootrope）、1870年頃。

左上） このキャビネットには、エミール・レイノーによる発明品（さまざまな種類のプラクシノスコープ、ランパスコープ・マジック・プロジェクター［現存する唯一の品］や、いろいろな付属品）に加え、日本の「ベビー・トーキー」のようなゾートロープも収められている。

右下） 向かって左側に置かれているのは、Th・マックアリスター製のディゾルヴィング・ヴュー用のペア式マジックランタン。ニューヨーク、1880年代。向かって右側に見えるのは、J・H・スチュワード製のダブルレンズ式マジックランタン。ロンドン、1894年。

左下） マジックランタン、覗きからくり箱など。画像向かって左側の床に置かれているのは、初期の鋳鉄製ミュートスコープ。右側の床に置かれているのは、J・B・コルトカンパニー（アメリカ合衆国）による1890年代のマジックランタン。

「バックミラーのなかのアート」で、フータモが岩井俊雄とポール・デマリニスに特に紙幅を割いていることは印象的であり、ここにもフータモ流のメディア考古学の特徴を見出すことができるだろう。それは、異なる（時間軸の）世界を常に眼の端に収めた複眼的思考／研究という点である。岩井は「驚き」により「ハレとケ」という異なる領域を紡ぎだし、デマリニスは条件法を用いて絶えず「今／ここではない」世界を「今／ここに」出現させる。いわば両者の作品は「あわい」を発生させる。フータモが両者の作品に惹かれ、重要視する理由はこうした点にもあるだろう。そしてそれは、（フータモの）トポス概念が持つ、錯綜し圧縮された時間感覚とも共鳴しよう。こうしたフータモのメディア考古学やトポス概念は、想像力という美学芸術学的な問題圏とも結びついていくように思われる。

もちろんフータモも認めるように、彼自身がタームを厳密に定義せず使用している部分もあれば、メディア考古学自体が不画定な「学問領域」であることなどから、その理論的射程・輪郭が明確でない部分も多い。だが、当然のことであるが、あらゆるものごとを一人（の研究者）に求めたり押しつけたりするべきではない。例えば、カルチュラル・スタディーズや新しい文化史などと比較しつつ、メディア文化・経験の研究の領域におけるメディア考古学の理論的位置づけや可能性を探るような研究を実践していくのは、本書を手にとった私たちであるべきであろう。それこそが、フータモの議論やメディア考古学と私たちの「対話」にほかならない。

先にも指摘したとおり、メディアアート／メディア文化研究者としてのフータモの顔は国内でも比較的知られているが、本書ではそれとは異なる彼の面をできるだけ盛り込み、トポス概念を通したフータモ流メディア考古学の輪郭を明確にすることを試みた。例えば、メディア文化・経験の研究を通した社会・文明批評的な論考がそうである。それでも、フータモは多作な研究者で、メディア文化について扱うトピックも非常に多岐にわたっているため、ジオラマなどの初期メディアに加え、スクリーン学／研究（Screenology）、クラウド概念など、手だけでなく足にも関わるインタラクション概念、巨人／巨大化（ガリヴァー化）（Gulliverization）、本書では全く触れることのできなかった彼の研究も多い。もちろん、これらのフータモの研究も本書の内容と深く結びついている。読者の皆様には、本書と上記の彼のウェブサイトを参考にしつつ、これらのトピックにも眼を向けてもらえれば幸いである。また、編訳者はオンラインの現代美術用語辞典Artwords（http://artscape.jp/artword/index.php）で「メディア考古学」の解説執筆を担当しているので、よろしければ参考にしていただきたい。

私としては、読者の皆様の手元にフータモ選集を届けることができたこと、そして少しでもメディア考古学やフータモの議論の面白さを感じていただければ、それ以上は何も望むことはない。訳文に関しては、可能な限り関連文献や資料に当たったが、見落としや誤訳などもあるだろう。それらはすべて編訳者の責任であり、読者諸氏のご賢察やご批判を待つ次第である。

このフータモ選集を上梓できたのは、もちろん私一人の力ではない。まずは編集を担当してくださったＮＴＴ出版の柴俊一氏。柴さんの尽力がなければ、この選集を刊行することは不可能だった。この柴さんとのあいだを取り持ってくれたのがＩＣＣ学芸員（当時）の植田憲司氏である。下訳のチェックには京都大学大学院の後輩である永江敬祐君、樫田祐一郎君、雁木聡君の三人にお世話になった。三人からは有益な助言をいくつもいただくことができ、おかげで訳文も締まり、リーダブルになったと確信している。神戸大学の松谷容作氏には、映写装置関係を中心にその意味や訳語についてご教授いただいた。京都工芸繊維大学の平芳幸浩先生にはデュシャンやその作品についてご示唆をいただいた。関西学院大学の加藤哲弘先生にはヴァールブルク関係でご意見をいただくことができた。早稲田大学の草原真知子先生からは、からくりなどに関する専門用語や訳文について数多くのご助言をいただいた。そして、何よりもフータモとの接点を作っていただいた指導教官の吉岡洋先生。編訳者は京都大学教育研究振興財団より助成を受け、二〇一一年から二〇一二年にかけてフータモを受入教官としてＵＣＬＡで在外研究に従事した。この際に選集の話が一気に進んだのであるが、その下地やきっかけを作ってくださったのは吉岡先生であった。吉岡先生にはいろいろと迷惑をかけ続けているので、少しでもこの仕事でお返しができたのならば、望外の幸せである。また、他にもさまざまな先生方や友人たちから貴重なアドヴァイスをいただいた。この場を借りて御礼を申し上げたい。

百万遍近辺や下宿で一緒に飲んだみなさん。みなさんがいたからこそ、アメリカで研究を行ない、帰国し、こうして一冊の本の出版に関わることができました。その意味で、この選集はみなさんとともに生み出した書籍です。本当にありがとう。またどこかで飲み、話すことを楽しみにしています。それではまた！

編訳者記す

二〇一五年一月八日

日本語で読めるエルキ・フータモの文献リスト

1　「どうぞ触ってください！――インタラクティヴ・アートの系譜学」矢野久美子訳、『InterCommunication』第7号、NTT出版、一九九三年、一〇六－一〇八頁。

2　「不確かな光景のヴァーチュアルな旅――ジェフリー・ショー論」矢野久美子訳、アグネス・ヘゲドゥシュほか『Media Passage (InterCommunication '93)』NTT出版、一九九三年、四二－四五頁。

3　「教室の中のスーパーマリオ――テレビゲームと教育」鈴木圭介訳、伊藤俊治監修『テクノカルチャー・マトリクス』NTT出版、一九九四年、二〇六－二〇七頁。

4　「ポール・サーマン」遠藤徹訳、『InterCommunication』第11号、NTT出版、一九九四年、一一〇－一一一頁。

5　「メディア・アート・ゴーズ・トゥ・モスクワ――「ニューメディアトピア」展／「ニューメディアロジア」シンポジウムをめぐって」鈴木圭介訳、『InterCommunication』第12号、NTT出版、一九九五年、二二一－二二四頁。

6　「テクノロジーの過去が復活する――メディア・アート考古学序説」藤原えりみ訳、『InterCommunication』第14号、NTT出版、一九九五年、一一八－一二二頁。

7　「EXCAVATION AREA：考古学的アート・ギャラリー」遠藤徹＋矢野久美子訳、『InterCommunication』第14号、NTT出版、一九九五年、一三四－一四七頁。

8　「天使はどこにいるのか？――ヴァーチュアル・コミュニティにおける実在の表象　フィリップ・ケオインタヴュー」太田佳代子訳、『InterCommunication』第18号、NTT出版、一九九六年、五〇－五四頁。

9　「ソーナル96――快楽と怠惰と」鈴木圭介訳、『InterCommunication』第18号、NTT出版、一九九六年、五八－五九頁。

10　「AEC――第一歩」鈴木圭介訳、『InterCommunication』第19号、NTT出版、一九九七年、一四－一六頁。

11　「ウッディ・ヴァスルカ：インタヴュー」、『ウッディ・ヴァスルカ：ザ・ブラザーフッド――インタラクティヴ・メディアによる6つのインスタレーション』篠儀直子訳、NTT出版、一九九八年、三〇、三二、四四－四五、五六、五八、六八－六九、七八、九六、九八、一〇〇頁。

12 「身体へのヴァーチュアルなタッチ――シーグラフ98、アート・ギャラリー「Touchware」」白井雅人訳、『InterCommunication』第27号、NTT出版、一九九九年、二四–二五頁。

13 「河口洋一郎のタッチ」草原真知子訳、深谷治之編『河口洋一郎のCG世界――成長・進化する電脳宇宙』茨城県つくば美術館、二〇〇二年、五頁。

14 「三次元のメディア・アート――立体像と現代芸術」堀潤之訳、『Future Cinema――来るべき時代の映像表現に向けて』NTT出版、二〇〇三年、一一〇–一一七頁。

15 「カプセル化された動く身体――シミュレーターと完全な没入の探求（上・下）」堀潤之訳、『InterCommunication』第52号、NTT出版、二〇〇五年、七五–八四頁／第53号、二〇〇五年、七一–八一頁。

16 「モバイルメディアの考古学」吉岡洋訳、『新記号論叢書（セミオトポス2）』、日本記号学会編、慶應義塾大学出版会、二〇〇五年、九二–一〇九頁。

17 「家庭こそメディアの場所である」太田純貴訳、京都大学グローバルCOEプログラム「親密圏と公共圏の再編成をめざすアジア拠点」二〇〇八–二〇〇九年度国際共同研究「東西の美術における家庭、女性、子供の表象」最終成果報告書、二〇一〇年、一五一–一六七頁。

18 「メディアアート／メディアアーツ――概念の考古学」サイマル・インターナショナル＋小池隆太訳、富士通総研編『「メディア芸術」の地域性と普遍性――〝クールジャパン〟を越えて』文化庁、二〇一一年、一六–二二頁（日英併記）。

19 「スピログラフ：革命的動画装置、転じて負け犬となる」藤岡朝子訳、東京国立近代美術館フィルムセンター編『第63回国際フィルム・アーカイブ連盟東京会議2007シンポジウム「短命映画規格の保存学的研究」の記録』国立美術館／東京国立近代美術館、二〇一二年、一九〇–一九二頁。

20 「家庭こそメディアの場所である」太田純貴訳、中村俊春編『絵画と私的世界の表象（変容する親密圏／公共圏）』京都大学出版会、二〇一二年、二四三–二七二頁。

21 「メディア考古学――〈進歩〉の批評的脱構築」城丸美香訳、内田桂子編『第三回世界メディア芸術コンベンション 異種混交的文化における〈批評〉の可能性』文化庁、二〇一三年、六六–七一、八六–九一頁（日英併記）。

索引

ノンブルのあとの「f」は図版を示す.

人名索引

事項索引

▼装置・事象・概念など

▼会社・美術館など

著者　**エルキ・フータモ**（Erkki Huhtamo）
1958年フィンランド生まれ．カリフォルニア大学ロサンゼルス校（UCLA）デザイン｜メディアアーツ学科およびフィルム・テレビジョン・デジタルメディア学科教授．メディアアートを含むメディア文化論全般の世界的権威．数々のメディアアート関連の展覧会のキュレーションも手がける．NTTインターコミュニケーション・センター（ICC）設立時にアドバイザーを務めるなど，日本との関係も深い．早稲田大学，京都大学，情報科学芸術大学院大学（IAMAS）など，日本国内でも定期的にレクチャーを行い，文化庁「世界メディア芸術コンベンション」の常連パネリストでもある．著書＝*Illusions in Motion*（MIT Press, 2013）．編著＝*Media Archæology: Approaches, Applications, and Implications*（ユシー・パリッカと共編，University of California Press, 2011）．

編訳者　**太田純貴**（おおた・よしたか）
1980年長野県生まれ．美学美術史学．京都大学文学部卒業．京都大学大学院文学研究科修了．京都大学大学院博士後期課程単位取得満期退学．2009‐11年，日本学術振興会特別研究員（DC2）．2011‐12年，京都大学教育研究振興財団より在外研究長期助成を受け，カリフォルニア大学ロサンゼルス校（UCLA）デザイン｜メディアアーツ学科で在外研究に従事し，エルキ・フータモ教授に師事した．

メディア考古学——過去・現在・未来の対話のために

2015年3月2日　初版第1刷発行

著　者　エルキ・フータモ
編訳者　太田純貴
発行者　長谷部敏治
発行所　NTT出版株式会社
〒141-8654　東京都品川区上大崎3-1-1 JR東急目黒ビル
営業担当　TEL 03(5434)1010　FAX 03(5434)1008
編集担当　TEL 03(5434)1001　http://www.nttpub.co.jp/
印刷・製本　図書印刷株式会社

ISBN 978-4-7571-0354-2　C0036